Jornadas.port

Caderno de Atividades 8
Língua Portuguesa

Edição: Daisy Pereira Daniel
Conrad Pichler

APRESENTAÇÃO

Caro estudante,

Este caderno foi elaborado com a finalidade de ajudá-lo a organizar seu conhecimento. Ao resolver as atividades propostas, você terá a oportunidade de buscar informações, utilizar a própria experiência e conhecimento prévio sobre os assuntos tratados, desenvolver habilidades, elaborar opiniões sobre assuntos da atualidade, refletir sobre atitudes e comportamentos e ampliar a sua visão do mundo.

As atividades estão distribuídas em oito unidades, correspondendo às unidades do livro para que possa retomar e ampliar os tópicos estudados. A cada unidade, você encontrará as seguintes seções: Reveja a jornada, Outro olhar e Leitura do mundo.

- Em **Reveja a jornada**, você irá aplicar os conceitos gramaticais trabalhados e organizá-los no quadro Para lembrar.

- A seção **Outro olhar** propõe sempre uma leitura complementar, (verbal ou não verbal) ligada a algum tema ou gênero trabalhado na unidade do livro. As atividades visam trabalhar aspectos que não foram abordados no livro ou que são tratados sob outro aspecto.

- Na seção **Leitura do mundo**, você será incentivado a refletir e se posicionar em relação a assuntos da atualidade e que envolvem temas como Consumo e Educação financeira, Ética, Direitos humanos e Cidadania, Sustentabilidade, Culturas africanas e indígenas e Tecnologias digitais. Ao final das atividades, há quase sempre um produto final: pesquisa, entrevista, coleta de dados para chegar a uma conclusão, um *post* nas redes sociais, uma crítica sobre um filme ou livro etc.

Esperamos que sua jornada por este caderno seja bastante produtiva e o auxilie a desenvolver a autonomia nos estudos.

As autoras

SUMÁRIO

1 Faça seu comentário, 4
Reveja a jornada, **4**
Para lembrar, **9**
Outro olhar, **10**
Leitura do mundo, **12**

2 Cena aberta, 15
Reveja a jornada, **15**
Para lembrar, **21**
Outro olhar, **22**
Leitura do mundo, **24**

3 Uma palavrinha, por favor, 25
Reveja a jornada, **25**
Para lembrar, **30**
Outro olhar, **31**
Leitura do mundo, **33**

4 Viagens a lugares que não existem, 35
Reveja a jornada, **35**
Para lembrar, **40**
Outro olhar, **41**
Leitura do mundo, **42**

5 Poesia e transgressão, 45
Reveja a jornada, **45**
Para lembrar, **49**
Outro olhar, **50**
Leitura do mundo, **52**

6 Ciência ao alcance de todos, 54
Reveja a jornada, **54**
Para lembrar, **60**
Outro olhar, **61**
Leitura do mundo, **64**

7 Decifra-me ou te devoro, 66
Reveja a jornada, **66**
Para lembrar, **71**
Outro olhar, **72**
Leitura do mundo, **73**

8 De olho na atualidade, 74
Reveja a jornada, **74**
Para lembrar, **76**
Outro olhar, **77**
Leitura do mundo, **79**

UNIDADE 1

Faça seu comentário

Reveja a jornada

Nesta unidade, você refletiu sobre as propriedades do predicado verbal e sobre o uso e função dos complementos verbais na construção de orações. Retome os conceitos de sujeito indeterminado e de oração sem sujeito, no livro, e realize as atividades a seguir.

1. Leia e observe as formas verbais destacadas.

> "Eram 9 e meia quando nós chegamos no ponto do bonde e **fomos** ver um presépio que **fizeram** na garagem que está vaga. Havia uma placa onde se lia: entrada grátis. Mas no presépio tinha uma bandeja com cédulas de 1 a 100."
>
> JESUS, Carolina Maria de. *Nós e os outros*: histórias de diferentes culturas. São Paulo: Ática, 2000. p. 63.

a) A forma verbal *fomos* aparece sem o sujeito expresso claramente, mas é possível recuperá-lo de duas formas. Quais são essas formas?

_____

b) A forma verbal *fizeram* também aparece sem o sujeito expresso claramente. É possível recuperá-lo ou se trata de sujeito indeterminado?

_____

2. Construa diálogos a partir dos enunciados a seguir, completando-os com uma oração com sujeito indeterminado (na 3ª pessoa do plural) que indique o desconhecimento de a quem se refere a ação expressa pelo verbo.

a) – Há algum recado para mim? _____

b) – De onde veio este pacote? _____

c) – Onde você encontrou este livro? _____

d) – Como você ficou sabendo? _____

e) – Isso é verdade? _____

3. Leia este trecho de uma crônica de Fernando Sabino.

Conversinha mineira

plataforma: programa político anunciado por um candidato a cargo eletivo.

[...]

— Eu gostaria de saber quem é que vai ganhar a eleição aqui.

— Eu também gostaria. Uns falam que é um, outros falam que outro. [...]

— Você, certamente, já tem candidato.

— Quem, eu? Estou esperando as plataformas.

— Mas tem ali o retrato de um candidato dependurado na parede, que história é essa?

— Aonde, ali? Uê, gente: penduraram isso aí...

SABINO, Fernando. Conversinha mineira. In: ANDRADE, Carlos Drummond de et alii. *Para gostar de ler*. São Paulo: Ática, 1980. v. 5. p. 29.

a) Releia esta oração em que o interlocutor usa sujeito indeterminado: "Uê, gente: penduraram isso aí...". Nesse contexto, em sua opinião, esse uso indica desconhecimento real ou falta de vontade de dar uma resposta precisa? Justifique sua resposta.

_____

_____

b) O emprego do sujeito indeterminado, nesse contexto, pode ser caracterizado como um recurso que provoca que tipo de reação no leitor?

_____

4. Leia esta publicação.

Necessita-se de doador de medula

Disponível em: <http://site.ufsm.br/noticias/exibir/ necessita-se-de-doadores-de-medula>. Acesso em: 13 jan. 2016.

a) Nessa frase, temos sujeito indeterminado ou oração sem sujeito?

_____

b) Reescreva cada uma das orações, empregando as formas verbais destacadas da mesma maneira que na frase acima.

Exemplo: Alguém **necessita** de apoio. ⟶ Necessita-se de apoio.

- Alguém **precisa** de ajuda.

_____

- Na campanha, alguém **apelou** para os mais favorecidos.

_____

- Alguém **tratou** de questões delicadas naquela reunião.

_____

5. Leia esta notícia.

Atrizes dominam as atenções no início da corrida para o Oscar

A corrida para o próximo Oscar começou há apenas seis semanas, mas um tema já está emergindo com clareza: diferentemente da maioria dos anos, em que homens dominam a repercussão crítica em torno de papéis fortes, este ano são as mulheres as mais comentadas em Hollywood.

Disponível em: <http://www1.folha.uol.com.br/ilustrada/816212-atrizes-dominam-as-atencoes-no-inicio-da-corrida-para-o-oscar.shtml>. Acesso em: 28 jan. 2016.

a) Na frase inicial, o verbo *haver* indica a duração do tempo, já passado, em que esse assunto está sendo comentado. Esse verbo foi usado de forma pessoal ou impessoal? Por quê?

_____

b) Complete as frases a seguir com o verbo *haver*, empregando-o da mesma forma para expressar tempo passado.

I. Morava em Salvador _____ muitos anos, afastado da família e dos amigos.

II. Não _____ dados suficientes que possam explicar a origem do Universo.

III. _____ sérias dúvidas sobre a honestidade dele, por isso foi impedido de participar das últimas eleições.

IV. _____ várias brigas no jogo de ontem.

6. Leia este trecho inicial de uma matéria jornalística.

Em busca do Eldorado africano

No início do século XIX, o interior da África ainda era um universo desconhecido para os europeus. Instalados havia séculos no litoral, eles não tinham se aventurado por aquelas terras, e as informações que tinham daquela parte do continente se resumiam aos relatos dos gregos antigos e dos viajantes árabes que exploraram a região a partir da Idade Média.

Disponível em: <http://www2.uol.com.br/historiaviva/reportagens/em_busca_do_eldorado_africano_imprimir.html>. Acesso em: 13 jan. 2016.

a) Releia a frase a seguir. Substitua o verbo *haver* pelo verbo *fazer* e reescreva-a, fazendo as adaptações.

> Havia séculos instalados no litoral, os europeus desconheciam o interior da África.

_____

_____

_____

b) Complete as frases a seguir com uma das formas do verbo *fazer*, empregando-a para indicar tempo passado.

I. _____ 72 anos que Virgulino Ferreira, o Lampião, foi assassinado.

II. O alho é utilizado _____ centenas de anos para combater vários tipos de doenças.

c) Escreva orações sem sujeito com as expressões a seguir, empregando o verbo *fazer* no passado.

fazer / cinco semanas

_____

fazer / duas horas

_____

7. Leia o início desta crônica.

> Era uma quinta-feira de maio e a gaivota vinha das Tijucas, em voo quase rasante sobre a falésia da Avenida Niemeyer, longas asas armadas na corrente aérea que virava do Sul, lenta, levando o seu corpo leve e descarnado, seu esqueleto pontiagudo, geometricamente estruturado para reduzir ao mínimo a resistência do ar e da água. [...]
>
> CAMPOS, Paulo Mendes. Sobrevoando Ipanema. *Crônicas escolhidas.* São Paulo: Ática, 1981. p. 21.

a) Qual é o verbo empregado para indicar que dia da semana era? Esse verbo foi empregado de forma pessoal ou impessoal?

_____

_____

b) Para expressar o dia em que ocorre esse fato, o narrador emprega uma oração sem sujeito. Qual é ela?

_____

_____

8. Leia estas informações e observe o emprego do verbo *haver*.

> **I.** A amoreira é uma árvore que chega facilmente a 12 metros de altura se não houver podas.
>
> **II.** Há vários nomes diferentes para definir a araucária, pinheiro brasileiro que tem tronco ereto e galhos arqueados de tufos espinhosos nas pontas.
>
> **III.** O peixe-boi está sob ameaça de extinção e até o início da década de oitenta não havia esforços governamentais para sua preservação no país.
>
> Disponível em: <http://eptv.globo.com/terradagente/default.aspx>. (Adaptado) . Acesso em: 29 fev. 2016.
>
> **IV.** As vias [nas Marginais do Tietê e do Pinheiros] vão ganhar monitoramento total, 24 horas, e será possível fazer o rastreamento dos veículos. Haverá ainda controles de acessos em 16 pontos.
>
> Disponível em: <http://www.estadao.com.br/noticias/geral,em-sp-16-acessos-as-marginais-poderao-ser-restritos,623737>. Acesso em: 29 fev. 2016.

a) Nesses trechos, o verbo *haver* indica existência ou tempo passado?

_____

_____

b) Escreva orações sem sujeito com as expressões a seguir, empregando o verbo *haver* com o mesmo sentido. Use-o no presente, passado ou futuro.

haver / manchas

_____

_____

haver / graves desentendimentos

_____

_____

haver / esperança

_____

_____

haver / problemas

_____

_____

_____

Para lembrar

- Preencha, a seguir, as definições que faltam no quadro conceitual sobre o sujeito indeterminado e a oração sem sujeito.

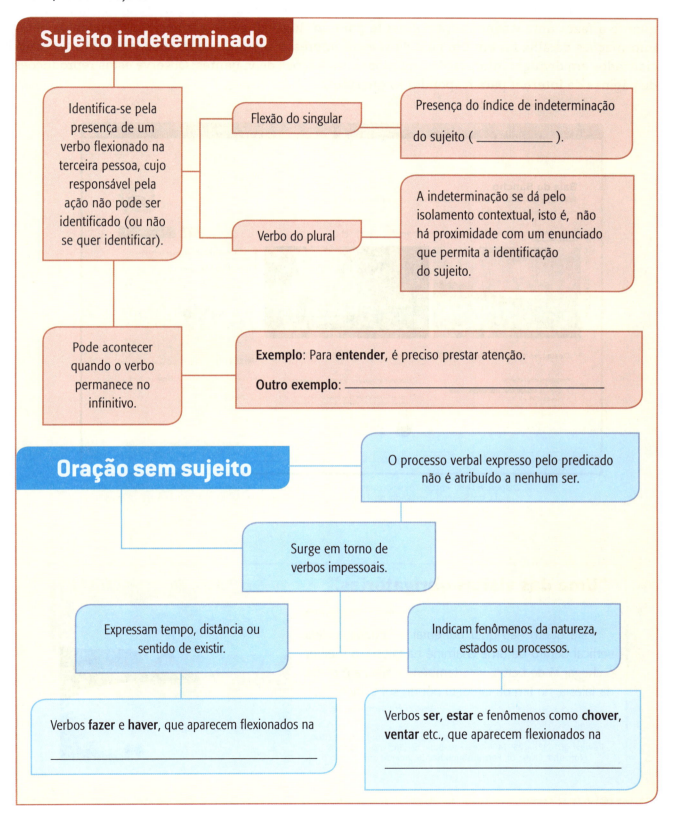

Outro olhar

Resenhas são textos que, publicados em jornais, revistas e internet, ajudam no momento em que queremos escolher entre ir a uma exposição ou a um *show*, ver um filme ou ler um livro. E quanto a fazer uma viagem, especialmente para um lugar que não conhecemos? Podemos obter informações detalhadas em um guia de viagem impresso; além desse recurso, existem *sites* especializados em divulgar informações, opiniões e avaliações de viajantes. Observe estas reproduções de páginas da internet para responder às questões.

Disponível em: <https://www.tripadvisor.com.br/ShowUserReviews-g616328-d2391494-r333528640-Baia_do_Sancho-Fernando_de_Noronha_State_of_Pernambuco.html#>. Acesso em: 2 mar. 2016.

"Uma das visitas obrigatórias."

Avaliou 4 semanas atrás

Para quem não quer enfrentar a famosa escada vertical dentro de uma chaminé na falésia, o melhor é chegar lá de barco. Vale também a trilha até o alto da falésia, no fim da tarde. O pôr do sol é lindo.

Visitou em dezembro de 2015

Disponível em: <https://www.tripadvisor.com.br/Attraction_Review-g616328-d2391494-Reviews-Baia_do_Sancho-Fernando_de_Noronha_State_of_Pernambuco.html>. Acesso em: 2 mar. 2016.

1. Que elementos de uma resenha escrita você identifica nestas páginas?

( ) informações

( ) título

( ) vocabulário específico

( ) organização (introdução, desenvolvimento, conclusão)

( ) fotos

( ) resumo

( ) avaliação, opinião

( ) argumento

2. Além da avaliação que consta da página, existe uma tabela que contabiliza as pontuações feitas pelos visitantes que fizeram essa viagem. De todas as avaliações publicadas, os que consideraram a viagem excelente foram:

a) ( ) 50% dos visitantes.   **b)** ( ) 100% dos visitantes.   **c)** ( ) 93% dos visitantes.

3. Diferentemente da resenha impressa, uma grande parte das informações pode ser obtida por meio de hipertextos (os *links*, ao serem clicados, levam a mais conteúdo). Quais são eles?

_____

4. A interatividade se faz de duas maneiras diferentes. Uma delas é a possibilidade de obter informações e conhecer avaliações.

a) Qual é a outra?

_____

_____

b) É possível a existência de resenhas interativas sobre filmes ou livros em *sites* especializados? Se sim, além da avaliação, que hipertextos poderiam ser oferecidos ao usuário com possibilidade de mais conteúdo?

_____

_____

_____

_____

_____

5. Em sua opinião, *sites* como esse ajudam quem quer fazer uma viagem? Para você, são mais ou menos eficientes que um guia impresso?

_____

_____

Leitura do mundo

Na *Leitura 1* desta unidade, vimos a grande contribuição que a tecnologia trouxe para a área do entretenimento, com novas técnicas, aplicadas em diversos campos da criação artística, como filmes, animações e *videogames*.

Na área de Medicina e Saúde, o avanço da tecnologia também tem contribuído para uma melhor qualidade de vida, com vacinas mais eficientes, medicamentos novos e mais poderosos, cirurgias feitas a distância e tratamentos mais eficazes. No entanto, alguns avanços da Medicina, como o uso de células-tronco no tratamento de certas doenças ou deficiências ainda causa polêmica. Em 2005, as pesquisas com células-tronco foram autorizadas no Brasil, porém com algumas restrições.

Leia este texto para mais informações sobre o assunto.

Entenda o uso das células-tronco

O que é

A importância das células-tronco deriva de seu potencial para se transformar em qualquer célula ou tecido de um organismo, o que é precisamente promissor para o tratamento de doenças degenerativas.

Existem dois tipos de células-tronco: embrionárias e adultas. Nas embrionárias, é maior a capacidade de diferenciação.

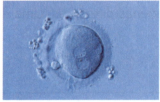
Fase 1

Fase 2

FOTOGRAFIAS: SHUTTERSTOCK

As células-tronco embrionárias estão presentes apenas nos primeiros estágios de formação de um organismo.

As adultas são encontradas em certas partes do corpo, como medula, sangue e fígado.

Interesse científico

O estudo e a manipulação tecnológica de células-tronco poderão dar origem a terapias para o tratamento de diversas doenças, para a recuperação de pessoas paralisadas em acidentes e, até, para a criação de tecidos para transplante.

A maioria dos cientistas concorda que a forma mais promissora das células-tronco para o estudo e o desenvolvimento de terapias é a embrionária.

No entanto, a extração dessas células leva à destruição de um embrião humano. Muitas pessoas acreditam que o embrião já tem o mesmo direito à vida que um ser humano desenvolvido, e deve ser preservado. E aí reside a polêmica...

Fase 3

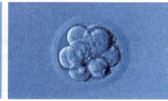
Fase 4

Polêmica

As células são retiradas de embriões em estágio anterior a 14 dias e, portanto, o sistema neural ainda não começou a ser formado. A formação do sistema neural é considerada importante porque é a partir daí que o novo ser começa a ter a capacidade de sentir dor ou desenvolver consciência. Já os críticos das pesquisas afirmam que o desenvolvimento é um processo contínuo desencadeado a partir da concepção, e não se pode ser interrompido em momento algum.

Fase 5

Fase 6 - Embrião

FOTOGRAFIAS: SHUTTERSTOCK

Disponível em: <http://www.estadao.com.br/infograficos/entenda-o-uso-das-celulas-tronco,ciencia,321450>.
Acesso em: 15 fev. 2016.

1. Qual é o argumento que os defensores do uso de células-tronco apresentam?

2. Qual é a posição dos que são contra o uso das células-tronco e que argumento apresentam para defendê-la?

3. Qual é o contra-argumento que os defensores desse uso apresentam em relação a esse argumento dos críticos?

13

4. As pesquisas com as células-tronco continuam no Brasil e no mundo. Faça uma pesquisa e procure se informar sobre a Lei de Biossegurança (que também trata dos OGM, Organismos Geneticamente Modificados, os quais vimos na seção *Do texto para o cotidiano*). Leia o texto e:

a) escreva resumidamente as restrições impostas ao uso das células-tronco no Brasil;

b) escreva sua opinião sobre o assunto, apresentando um argumento para justificá-la.

UNIDADE 2

Cena aberta

Reveja a jornada

Nesta unidade, trabalhamos com a noção de polissemia e com a formação de palavras. Reveja, no livro, o que você aprendeu fazendo as atividades a seguir.

1. Leia esta notícia.

Alvorada enfrenta 35 dias consecutivos de enchente

Em Alvorada, a enchente ainda não deu trégua. É a terceira deste ano. A única cidade da Bacia do Rio Gravataí que ainda não possui prevenção própria contra enchentes enfrenta há 35 dias seguidos um alagamento que atinge mais de 11 mil pessoas, as obriga a alugar moradias em lugares secos e deixa parte dos bairros Americana e Nova Americana embaixo d'água e abandonados.

Segundo a Defesa Civil municipal, 2.556 pessoas seguem fora de casa – 146 delas estão em dois prédios da prefeitura. [...]

Disponível em: <http://diariogaucho.clicrbs.com.br/rs/dia-a-dia/noticia/2015/10/alvorada-enfrenta-35-dias-consecutivos-de-enchente-4888987.html>. Acesso em: 15 jan. 2016.

a) Leia estes verbetes e compare-os com os fragmentos da notícia reproduzidos abaixo.

> **Casa:** construção de forma e tamanho variados, destinada a habitação; moradia; residência.
>
> **Moradia:** casa, apartamento, lugar em que se mora; habitação; domicílio.

[...] alagamento atinge mais de 11 mil pessoas, as obriga a alugar moradias [...]

[...] 2.556 pessoas seguem fora de casa.

b) Casa e moradia são, em geral, consideradas palavras sinônimas. Elas podem ser consideradas sinônimas, com o mesmo sentido, no contexto da notícia? Explique sua resposta.

_____

_____

_____

c) Pela leitura dos verbetes e comparação entre as duas palavras, podemos dizer que as palavras casa, moradia e residência sempre apresentam o mesmo significado? Por quê?

_____

_____

_____

2. Leia agora esta piada.

> Um homem estava a caminho do trabalho, quando um passarinho bateu em sua moto e desmaiou.
> O motoqueiro pensou: "Coitadinho! Se eu deixar ele aí, vão passar por cima dele!". E levou o passarinho para casa.
> Chegando lá, colocou o passarinho numa gaiola com água e comida, mas nada de o bichinho acordar. O dono da moto foi trabalhar e algumas horas depois o bichinho acordou. Olhou para um lado, olhou para o outro e pensou: "Xiii! Matei o cara da moto e fui preso!".
>
> TADEU, Paulo. *Proibido para maiores*: as melhores piadas para crianças. São Paulo: Matrix, 2007.

● As personagens principais da piada são um homem e um passarinho.

a) Quais são as palavras e expressões que se referem ao homem no texto?

_____

_____

b) Qual dessas palavras, nesse contexto, pode ser considerada um sinônimo para homem?

_____

_____

c) Quais são as palavras que se referem ao passarinho?

_____

_____

d) Essas palavras podem ser consideradas sinônimos para passarinho?

_____

_____

_____

_____

_____

3. Leia e compare as palavras destacadas nas notícias abaixo.

Choro e abraços marcam sessão de estreia de novo "Star Wars" em São Paulo

Disponível em: <http://cinema.uol.com.br/noticias/redacao/2015/12/17/choro-e-abracos-marcam-sessao-de-estreia-de-novo-star-wars-em-sao-paulo.htm>. Acesso em: 15 jan. 2016.

The Force

"A sua dose diária de *Star Wars*", anuncia o *slogan* deste *site*, o ambiente ideal para todo fanático pela saga criada por George Lucas. Tudo que você queria saber sobre o tema e mais um monte de coisas que nem sabia que podia perguntar!

O que tem de melhor – A grande atração é a seção Fan Films, com um punhado de produções amadoras inspiradas em sucessos como *Matrix*, *Batman*, *Sexta-feira 13* – além de *Star Wars*, claro.

Disponível em: <http://mundoestranho.abril.com.br/materia/os-100-enderecos-mais-bacanas-da-rede>. Acesso em: 15 jan. 2016.

a) Qual o sentido das palavras **sessão** e **seção**?

_____

b) Essas palavras são:

( ) sinônimas.   ( ) parônimas.   ( ) homônimas.

4. Leia e observe as palavras destacadas.

> Seja **paciente** na estrada para não ser **paciente** no hospital. (frase de caminhão)
>
> Se você **liga** para qualidade, então, **liga** pra gente!

Considerando as palavras destacadas, temos exemplos de:

a) ( ) sinonímia.   **b)** ( ) paranonímia.   **c)** ( ) polissemia.   **d)** ( ) homonímia.

5. Leia e compare estes dois verbetes.

> **Olhar:** 1. Fitar os olhos em, mirar. 2. Prestar atenção, **ver**. 3. Sondar, examinar, estudar. 4. Tomar conta de, vigiar, cuidar. 5. Julgar, considerar.
>
> **Ver.** 1. Perceber pela vista, enxergar, avistar, **olhar**. 2. Ser espectador, assistir. 3. Distinguir, perceber, entender. 4. Encontrar-se com alguém. 5. Observar, notar, reconhecer.

a) Em que sentido os verbos *olhar* e *ver* são considerados como tendo o mesmo significado?

___

b) Leia e observe as formas verbais destacadas.

Rolling Stones: 2,5 milhões de pessoas viram o *show* na TV - TM

Disponível em: <http://www.tenhomaisdiscosqueamigos.com/2013/07/03/rolling-stones-glastonbury-tv/>. Acesso em: 18 jan. 2016.

Brasil ganha da forte equipe de Cuba

Ainda faltavam alguns minutos para o jogo começar em Nagoya. Na entrada da quadra, as jogadoras nem se olharam . O clima era de tensão. Há dois anos, Brasil e Cuba não se enfrentavam. [...]

Disponível em: <http://www.suasnoticias.com.br/materia.asp?idmt=7929&idnot=4>. Acesso em: 18 jan. 2016.

- Considerando que *olhar* e *ver* podem, em alguns casos, ser sinônimos, é possível nesses trechos substituir *viram* por *olharam*? Por quê?

___

6. Leia e compare estes dois enunciados.

a) Qual é o assunto comum entre os dois enunciados?

___

b) Nos dois enunciados, quais são as palavras que estruturam a comparação feita entre eles?

___

c) A comparação é feita por semelhança (com sinônimos) ou por oposição (com antônimos) de significado?

___

7. Compare as imagens ao lado e leia os textos.

a) Quais são as palavras consideradas homônimas nos dois textos?

_____

_____

_____

_____

_____

Disponível em: <https://amanhecer.wordpress.com/page/2/>. Acesso em: 2 mar. 2016.

b) São também homônimos os pares:

( ) imergir – emergir

( ) assento – acento

( ) descrição – discrição

( ) cerrar – serrar

Disponível em: <http://www.sapataria silva.com.br/>. Acesso em: 2 mar. 2016.

8. Leia e observe estes dois conceitos.

> **Acidente**: evento imprevisto e indesejável, instantâneo ou não, que resultou em dano à pessoa (inclui a doença do trabalho e a doença profissional), ao patrimônio (próprio ou de terceiros) ou impacto ao meio ambiente.
>
> **Incidente**: evento imprevisto e indesejável que poderia ter resultado em dano à pessoa, ao patrimônio (próprio ou de terceiros) ou impacto ao meio ambiente.
>
> Disponível em: <http://www.br.com.br/wps/wcm/connect/0de96a8048fd9e42a6bfff7bf93389a9/integ-padro-02-acidentes.pdf?MOD=AJPERES>. Acesso em: 28 jan. 2016.

a) As palavras *acidente* e *incidente* são consideradas homônimos ou parônimos? Por quê?

_____

b) Se você, ao caminhar para a escola, tropeçar em uma pedra e, por isso, se atrasar para a primeira aula, esse fato é considerado um incidente ou um acidente?

_____

9. Leia a piada.

> Um jogador de futebol está tomando banho. Um dos seus companheiros olha para ele e diz:
> — Por que você está tomando banho antes do jogo?
> — Porque o técnico me pediu para jogar limpo.
>
> LITVIN, Aníbal. *Piadas (muito) bobas*. Cotia: Vergara & Riba, 2008. p. 17.

a) Qual a palavra empregada no texto da piada que estabelece a presença de polissemia e provoca humor?

_____

b) Quais são os sentidos que essa palavra pode ter? Em que sentido ela foi empregada no texto?

_____

Reveja no livro o conceito de derivação e faça as próximas atividades.

10. Observe os verbos da coluna 1.

a) Una cada palavra a seu significado.

1. Borboletear   Falar sem refletir
2. Emburrar   Deixar sujo
3. Emporcalhar   Não fixar a atenção em nada
4. Papaguear   Mostrar-se magoado sem razão

b) Esses verbos são formados a partir de outras palavras já existentes ou são palavras primitivas? Explique sua resposta.

_____

11. Leia estas chamadas no sumário de uma revista.

P0RQU3 3RR4M05?

Ciência explica o que está por trás das nossas falhas e mostra por que elas são essenciais ao nosso aprendizado

Estranhos aos olhos

O fotógrafo americano Thomas Shahan torna visível a beleza *– e a esquisitice – microscópica de insetos com suas lentes de aumento*

Troque o salmão pela sardinha

Enquanto enchíamos o prato com peixões, eles sumiram dos mares. Mas os pequenos se multiplicaram. Optar pelos menores é restabelecer *o equilíbrio*

Papai está estressado

Os homens estão realizando uma revolução silenciosa *nos lares americanos, mas enfrentam o mesmo dilema feminino do passado, de conciliar carreira e família*

Revista GALILEU. Ed. 237, abril de 2011.

a) Una as palavras destacadas no texto acima à palavra da qual elas derivam.

I.   aprendizado   silêncio
II. beleza   aprender
III. restabelecer   estabelecer
IV. silenciosa   belo

Para lembrar

- Preencha, a seguir, as definições que faltam no quadro conceitual sobre os antônimos, sinônimos, parônimos e homônimos e sobre a formação de palavras.

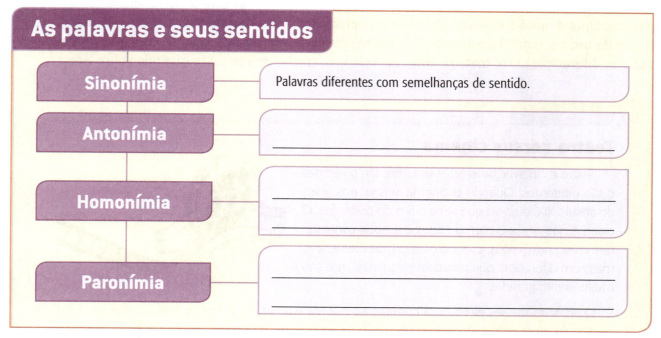

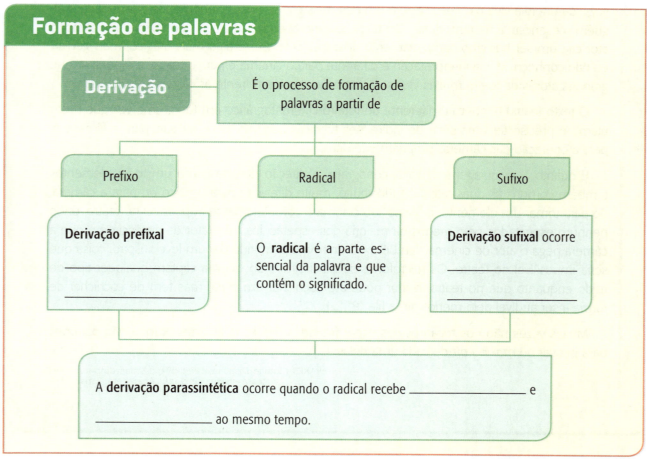

Outro olhar

Na seção *Como o texto se organiza*, vimos que o texto dramático, embora apresente semelhanças com o romance, a crônica e o conto, tem também características que o diferenciam desses outros gêneros. Uma delas é o contato direto do espectador com os personagens em cena sem a intermediação de um narrador. Isso acontece também, em geral, em outra forma de arte, que é o cinema. E quais as diferenças entre teatro e cinema? Leia este trecho de um texto que fala sobre isso.

Teatro *versus* cinema

Teatro e cinema: duas artes distintas, tão parecidas e tão diferentes. Quando o cinema surgiu, nos finais do século XIX, dizia-se que seria o fim do teatro [...]. O cinema não acabou com o teatro e ambos continuaram crescendo juntos, usando os mesmos elementos, mas com diferenças que parecem pequenas, mas são muito, muito grandes.

O primeiro desses elementos comuns ao cinema e ao teatro é a interpretação, em que uma pessoa (o ator) se transforma em outra (o personagem); o primeiro empresta seu corpo, sua voz, sua energia viva para esse que é um dos mais espetaculares fenômenos que é dado a alguém presenciar: a metamorfose. Do nada, usando apenas as palavras do texto e seu corpo, o ator cria um ser humano completamente diferente dele. Existe algo mais mágico, mais genial? Eu não conheço. Mas a interpretação é diferente para o cinema e para o teatro, e é por isso que grandes atores de teatro muitas vezes não se saem bem em frente às câmeras, e vice-versa.

O texto teatral também é diferente do roteiro cinematográfico em tudo, uma vez que neste último é preciso ter uma série de indicações técnicas que vão servir de guia para a filmagem, para a operação das câmeras propriamente ditas. [...]

E quanto à maquiagem, figurino, cenografia, a direção de arte como um todo, elementos também comuns às duas artes, é tudo muito, muito diferente para o palco ou para a câmera. Só para tomar um elemento, o "close" do cinema é completamente impossível no teatro, onde nenhum espectador, pelo menos na maioria dos espetáculos, vê o ator da distância em que a câmera pega o ator de cinema. Também no cinema é permitido dar um leve suspiro, coisa que seria impossível no teatro. Os microfones sensibilíssimos do cinema captam qualquer tipo de ruído enquanto que no teatro, o ator pode até cochichar em cena, mas tem de cochichar de forma a ser audível pelo menos até a fila "P" [...]

Muitas vezes não nos tocamos das especificidades dessas duas artes porque não paramos para pensar no *making-off* de cada uma delas. [...]

TAVARES, Clotilde. Disponível em: <http://umaseoutras.com.br/teatro-versus-cinema/>. Acesso em: 2 mar. 2016.

1. Para a autora, teatro e cinema são duas formas de arte parecidas, mas diferentes. Qual é a primeira semelhança que ela aponta entre essas duas manifestações artísticas?

_____

_____

2. Quais os outros elementos comuns ao teatro e ao cinema que a autora aponta?

_____

_____

3. Releia.

> "O texto teatral também é diferente do roteiro cinematográfico em tudo, uma vez que neste último é preciso ter uma série de indicações técnicas que vão servir de guia para a filmagem, para a operação das câmeras propriamente ditas."

- Depois de ter estudado as características do texto dramático que vimos nesta unidade, você concorda com a autora? Explique sua resposta.

_____

_____

_____

4. Segundo a autora, qual é a grande diferença entre cinema e teatro?

_____

_____

_____

_____

_____

_____

5. Que argumento ou razão ela apresenta para justificar o ponto de vista que expõe?

_____

_____

_____

_____

_____

Leitura do mundo

Na seção *Além das linhas do texto*, conversamos sobre ética na política; o termo **ética**, entretanto, é muito mais amplo, abrangendo não só a política, mas sim toda atividade humana, com o significado de conjunto de valores morais e princípios que regem a conduta individual e coletiva de grupos sociais.

Cada sociedade ou grupo social tem seu próprio código de ética, embora existam alguns princípios que são universais, como o respeito à vida e ao ser humano. Ser ético – ou ter ética – seja na escola, no trabalho, nos esportes ou simplesmente na vida cotidiana em geral é dever de todos, pois levar em conta princípios e valores da sociedade em que cada um se encontra inserido norteia as boas relações interpessoais.

Algumas pessoas, por desconhecimento, não seguem os padrões éticos vigentes em seu grupo social e prejudicam a coletividade sendo, por isso, taxadas de antiéticas.

- O que seriam, para você, comportamentos antiéticos? Veja alguns exemplos e, em seguida, complete a lista de dez itens a partir desses três exemplos, justificando por que você os considera antiéticos.

1. Jogar lixo nas ruas da cidade. Por que é antiético?

Cada um deve ser responsável por sua própria sujeira. O lixo jogado e acumulado nas ruas entope bueiros e impede o escoamento da água da chuva, causando enchentes e ruas alagadas, além de poluir a terra, o ar e as águas.

2. "Furar" fila. Por que é antiético?

Todas as pessoas que estão em uma fila chegaram ali antes daquele que tenta passar na frente de todos. Isso é uma falta de respeito para com essas pessoas.

3. Gritar no cinema, gerar barulho indevido nos transportes coletivos, nas ruas e praças, com música em alto som. Por que é antiético?

Cinemas, transportes coletivos, ruas e praças são locais públicos, que pertencem a toda a coletividade. Ter um comportamento individualizado que incomode e aborreça outras pessoas é falta de respeito para com elas.

4. _____

_____

_____

5. _____

_____

_____

6. _____

_____

UNIDADE 3

Uma palavrinha, por favor

Reveja a jornada

Nesta unidade, você refletiu sobre as propriedades do predicado e sua relação com outros termos na construção de orações. Falamos também sobre os recursos utilizados para transcrever falas em um texto. Revise, no livro, os conceitos de verbo de ligação, predicativo do sujeito, verbo significativo, predicado nominal e predicado verbal.

1. Leia o trecho de uma entrevista do cantor e compositor Lenine.

> ### Como o interesse pela música surgiu?
>
> **Para ser bem honesto, a música foi a minha redentora**. Quando jovem, era muito feio, cara cheia de espinha, me achava a coisa mais estranha do mundo. Eu tinha a incapacidade muito grande de lidar com o ser humano e de dividir. Era meio excluído de tudo, acredito que todo adolescente passa um pouco por isso. A música chega para mim nessa época. Lá em casa, todo mundo tocava um pouco. **Descobri que, com o instrumento, eu enfrentava qualquer um, chegava na festinha e arrasava**. Tinha uma facilidade de absorver e transportar aquilo que ouvia para o que eu tocava. Foi redentor.
>
> Disponível em: <http://divirta-se.uai.com.br/app/noticia/musica/2014/03/17/noticia_musica,152612/confira-entrevista-com-o-cantor-e-compositor-lenine.shtml>. Acesso em: 18 jan. 2016.

a) Quantas orações aparecem no título? O verbo que nele aparece é significativo ou é de ligação?

_____

_____

b) Observe a primeira oração destacada. O verbo, nessa oração, liga o sujeito "a música" ao termo que exprime uma avaliação atribuída a ele. Qual é esse termo?

_____

_____

c) Nesse caso, o predicado é verbal ou nominal?

_____

2. Observe agora a segunda oração destacada: "... eu enfrentava qualquer um...".

   a) O verbo **enfrentar**, nessa oração, liga o sujeito a um termo que exprime uma característica atribuída a ele? Explique.
   _____

   b) O predicado é verbal ou nominal? Qual é o sujeito?
   _____

3. Leia agora esta tira.

Disponível em: <http://tiras-recruta-zero.blogspot.com.br/>. Acesso em: 2 mar. 2016.

   a) Observe as falas das duas personagens no primeiro quadrinho.

   I. Qual o sujeito das duas orações que compõem as falas?
   _____

   II. Em ambas as falas aparecem termos que fazem uma avaliação do sujeito. Quais são?
   _____
   _____

   III. Qual é a função desses termos na oração?
   _____

   IV. Que tipo de verbo aparece em ambas as orações?
   _____

   V. Nesse caso, apresentam predicado verbal ou nominal? Por quê?
   _____

   b) Observe agora a fala do recruta Zero no segundo quadrinho.

   I. Os verbos que apresenta são de ligação ou significativos?
   _____

   II. Nesse caso, o predicado é verbal ou nominal?
   _____

26

4. Leia agora um trecho de notícia publicada na internet e observe a oração destacada.

> "Quando o nosso governo tem informação sobre um conhecido extremista e essa informação não é partilhada e trabalhada e esse extremista embarca num avião com explosivos perigosos que poderiam ter custado a vida a 300 pessoas, ocorreu uma falha do sistema e **considero isso totalmente inaceitável**", referiu o Presidente norte-americano, citado pela Reuters.
>
> Disponível em: <http://www.tvi24.iol.pt/internacional/eua/atentado-obama-critica-falha-inaceitavel-do-sistema>. Acesso em: 19 jan. 2016.

a) O verbo *considerar* que aparece no predicado é um verbo significativo que necessita de objeto direto para complementar seu sentido. Qual é esse objeto no contexto da oração?

( ) O substantivo *sistema*.

( ) O pronome *eu*.

( ) O pronome *isso*.

b) O adjetivo *inaceitável* refere-se ao sujeito ou ao objeto?

_____

c) Ele atribui característica ao sujeito ou expressa uma opinião?

_____

d) O termo que atribui ao objeto uma característica, uma qualidade ou um estado é chamado de:

( ) predicativo do sujeito.

( ) verbo transitivo.

( ) predicativo do objeto.

Retome, no livro, o conceito de predicado verbo-nominal antes de realizar as próximas atividades.

5. Leia estes trechos de comentários.

I.

> Deixando as brincadeiras de lado, **achei o final do filme muito emocionante**. O reencontro da Tip com a mãe foi lindo. Não tem como não se emocionar.
>
> Disponível em: <https://contosereconto.wordpress.com/2015/05/11/filme-cada-um-na-sua-casa/>. Acesso em: 19 jan. 2016.

II.

> Muitas pessoas manifestaram apoio aos candidatos. Estudantes **que chegaram atrasados** foram barrados nos portões. (que = os quais, os estudantes)

a) Em qual das orações destacadas há a atribuição de uma característica ao sujeito?

_____

_____

b) Em qual delas aparece predicativo do objeto? Qual é?

_____

_____

c) Nessa oração, o predicativo expressa opinião ou caracteriza o objeto?

_____

_____

d) Qual das duas orações apresenta predicado verbo-nominal?

_____

_____

6. Em uma das frases abaixo, o predicativo aparece iniciando o período. Identifique em qual delas isso acontece.

a) (   ) A dificílima viagem será realizada por um ser humano.

b) (   ) Humanizada, a Lua resplandeceu com a presença dos viajantes da Terra.

c) (   ) Depois da dificílima viagem, o ser humano se sentirá satisfeito?

7. Leia a manchete abaixo.

Revoltados, torcedores do Cruzeiro criam *site* para cobrar diretoria e reforços

Disponível em: <http://torcedores.com/noticias/2015/07/revoltados-torcedores-do-cruzeiro-criam-site-para-cobrar-diretoria-e-reforcos>. Acesso em: 19 jan. 2016.

a) Em "Revoltados, torcedores do Cruzeiro criam *site* [...]", qual é o sujeito? E o objeto direto de **criar**?

_____

_____

b) O predicativo **revoltados** se refere ao sujeito ou ao objeto?

_____

_____

c) Explique por que há vírgula depois de **revoltados**.

_____

_____

Retome os conceitos de discurso direto e discurso indireto para realizar esta atividade.

8. Leia estes fragmentos de uma entrevista com ex-goleiro do São Paulo Futebol Clube, Rogério Ceni.

Ceni diz que corrupção na CBF reflete país [...]

No início da noite de sábado (5), o goleiro Rogério Ceni concedeu entrevista em Goiânia na qual revelou que chorou nos últimos dias de tristeza pela aposentadoria e avaliou que seria "egoísmo" jogar o último jogo do Brasileiro machucado. [...]

"A situação política da CBF nada mais é que um reflexo da situação do nosso país. Aquela sensação de impunidade, de que se pode tudo. Mas tenho a sensação de que isso está mudando. Hoje você já vê político corrupto preso, empresário corrupto preso, milionário preso... Acho que isso era algo impensável há 20 anos [...]"

Disponível em: <http://www1.folha.uol.com.br/esporte/2015/12/1715631-ceni-diz-que-corrupcao-na-cbf-reflete-pais-e-sugere-renuncia-de-dilma.shtml>. Acesso em: 19 jan. 2016.

a) Releia o título da entrevista: o que é possível notar no modo de apresentação da fala do entrevistado?

_____
_____
_____

b) Observe agora os dois parágrafos reproduzidos.

I. Em qual deles aparece a apresentação feita pelo entrevistador? _____

II. Em qual deles a fala do entrevistado foi reproduzida de forma direta? E na forma indireta?

_____

c) Por que foram utilizadas aspas no segundo parágrafo?

_____
_____

Para lembrar

- Preencha as lacunas e complete as definições relacionadas à organização do predicado e à maneira de reproduzir a fala em diferentes gêneros.

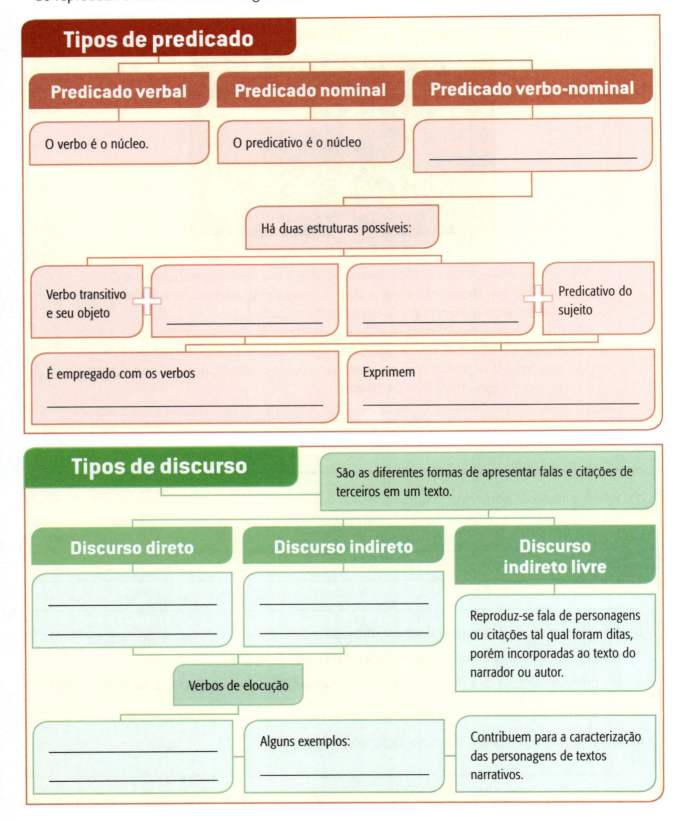

Outro olhar

Um gênero textual que, como a entrevista, nos permite conhecer o olhar de uma pessoa sobre a realidade que a cerca é o **depoimento**. Por meio dele se narram fatos reais vividos por uma pessoa de forma que o narrador seja onipresente e sempre protagonista da narrativa. Hoje, o depoimento pessoal é um recurso textual muito utilizado nas redes sociais, onde é comum encontrarmos pessoas que expõem suas angústias, alegrias, decepções... Leia este trecho de um depoimento.

Depoimento de R. L. – FM-USP

Primeiramente inicio com uma frase: É possível, porém exigirá de você um esforço a mais. Para mim particularmente estudar na FM-USP (Faculdade de Medicina da USP) parecia uma coisa utópica, reservada somente àqueles que popularmente denominamos "gênios", porém não foi esse o final do enredo da minha história.

Estudei em um ótimo colégio de SP, porém não era a aluna nota 10, tinha boas notas, mas nada digno de ser chamada de "gênio". Observei alguns colegas terem enorme êxito no vestibular da Fuvest e entrarem na Pinheiros direto do terceiro, não foi meu caso.

Ingressei num cursinho de excelência e lá iniciei minha "batalha" para ser um dos 175 nomes para a Medicina USP.

Estudei por três anos e nunca abri mão de minha vida social e diversão. Confesso que o período que passei no cursinho foi muito agradável e divertido, mas também houve momentos de desânimo e até desespero, lá fiz amizades que levo até hoje e considero essenciais na minha vitória.

Além da receita básica: estudos + disciplina, recomendo a todos vocês, futuros colegas de profissão, uma dose de diversão, de prazer, de tirar aquela tarde de estudos para ir ao cinema com os amigos. Ter um equilíbrio psicológico conta às vezes muito mais do que um conhecimento "extraterrestre" da matéria.

Aqueles que passam podem ter certeza que não sabiam tudo, mas tiveram a calma de manejar seu tempo de prova e com certeza colocaram no papel o máximo do que sabiam.

Disponível em: <http://projetomedicina.com.br/portal/depoimentos/depoimento-de-rebeca-lopes-fmusp/>. Acesso em: 19 jan. 2016. (Adaptado)

1. Quem é o autor do depoimento? Como ele se caracteriza?

_____

_____

_____

_____

2. A autora do depoimento cita em seu texto fatos que ela considera importantes para a compreensão de sua trajetória pessoal.

a) Quais os principais fatos que ela cita?

_____

_____

b) O que ela pretendeu com esse depoimento?

_____

_____

3. Qual é o público-alvo desse depoimento?

_____

_____

_____

_____

4. No texto, aparecem marcas que caracterizam um depoimento. Avalie as afirmações que apresentam características do gênero textual e verifique quais delas estão presentes no depoimento lido.

I. Narrativa, em ordem cronológica ou não, que apresenta fatos importantes para o autor.

II. Depoimento em primeira pessoa.

III. Apresentação de fatos verídicos.

IV. Apelo à memória pessoal do autor.

V. Narração de fatos do passado, o que leva os verbos, em sua maioria, a serem utilizados nos tempos pretéritos do indicativo.

a) (   ) Todas as marcas estão presentes no depoimento reproduzido.

b) (   ) Somente II e III estão presentes no texto reproduzido.

c) (   ) Apenas I, III e V estão presentes nesse texto.

5. Componha um pequeno depoimento sobre uma experiência marcante. Use como modelo o depoimento que acabou de ler e as características do gênero que estudou.

_____

_____

_____

_____

_____

_____

Leitura do mundo

Na seção *Depois da leitura*, você viu um exemplo de formato de entrevista diferente do que estudamos na leitura 1: a entrevista pingue-pongue, em que se apresentam temas ao entrevistado que fala livremente sobre eles. A que lemos na seção foi realizada não com o objetivo de nos permitir conhecer melhor a vida ou o ponto de vista do entrevistado, mas como recurso para produzir humor.

Vamos falar agora da forma tradicional de realizar uma entrevista como essa, uma entrevista que, em geral, contém respostas curtas e, como no tradicional jogo de pingue-pongue, apresenta "uma bola (um tema) que vai e vem, sem parar" entre entrevistado e entrevistador.

Confira um pingue-pongue com a cantora Ivete Sangalo

O *site* do programa *Altas Horas* disponibilizou um pingue-pongue com Ivete Sangalo. A cantora baiana falou de gostos pessoais relacionados a cinema, culinária e música. Confira as respostas e conheça um pouco mais sobre Ivete.

AH: Praia ou Campo?
I: Os dois…
AH: Tipo de música?
I: A que eu faço.
AH: Tipo de culinária?
I: A baiana.
AH: Teatro, TV ou cinema?
I: Cinema.
AH: O que te incomoda?
I: [...] gente preconceituosa.
AH: O que você admira?
I: Determinação e respeito.
AH: Se você não fosse cantora seria…
I: Cantora.
AH: O que não pode faltar na sua bolsa?
I: De preferência dinheiro. O resto a gente dá um jeito…
AH: Noite ou dia?
I: Dia.

Disponível em: <http://www.bahianoticias.com.br/holofote/noticia/9227-confira-um-ping-pong-com-a-cantora-ivete-sangalo.html>. Acesso em: 19 jan. 2016.

1. Quais das características de uma entrevista pingue-pongue encontramos na entrevista do programa *Altas Horas*?

a) ( ) Apresenta temas que, comentados livremente, permitem conhecer um pouco da vida ou o ponto de vista do entrevistado.

b) ( ) Contém respostas curtas que tornam a leitura mais fácil.

c) (   ) Possui texto introdutório contendo a informação de mais impacto.

d) (   ) Apresenta breve perfil do entrevistado e outras informações como local e data da entrevista.

e) (   ) Apresenta breve resumo do texto.

2. Se você identificou alguma ausência na relação acima, justifique sua resposta.

_____

_____

3. Leia agora as orientações que o jornal *Folha de S.Paulo* dá a jornalistas que realizarão entrevistas pingue-pongue.

> […]
> O trecho com perguntas e respostas deve ser uma transcrição fiel, mas nem sempre completa, da entrevista. Selecione os melhores trechos. Corrija erros de português ou problemas da linguagem coloquial quando for imprescindível para a perfeita compreensão do que foi dito. Mas não troque palavras ou modifique o estilo da linguagem do entrevistado. Se relevantes, eventuais erros ou atos falhos do entrevistado podem ser destacados com a expressão latina *sic* entre parênteses. Restrinja o uso desse recurso.
> […]
>
> Disponível em: <http://www1.folha.uol.com.br/folha/circulo/manual_producao_e.htm>. Acesso em: 19 jan. 2016.

sic: palavra latina que significa *assim*; é usada, geralmente entre parênteses, para indicar que uma palavra ou frase é assim mesmo, ainda que pareça estranha ou seja errada.

4. Realize uma entrevista com um colega e transcreva-a neste caderno.

Você poderá, a critério do professor, trocar o texto com um colega para que, com a leitura, vocês fiquem conhecendo melhor os alunos da classe. Para realizar a entrevista você deverá:

- conversar com o aluno que pretende entrevistar, perguntando-lhe se aceita ser entrevistado;
- informar que cada tema apresentado pede respostas breves;
- listar os temas que pretende apresentar. Não há necessidade de um número grande de perguntas;
- no dia da entrevista, levar um caderno ou gravador para registrar as respostas dadas;
- organizar as informações coletadas no espaço abaixo, editando as respostas. Para isso, aja segundo as orientações da *Folha de S.Paulo*, que leu acima.

_____

_____

_____

UNIDADE 4
Viagens a lugares que não existem

Reveja a jornada

Nesta unidade, estudamos alguns termos da oração – o complemento nominal, o adjunto adnominal e o adjunto adverbial – e sua importância na construção das orações. Retome, no livro, o conceito de complemento nominal para realizar as primeiras atividades.

1. Observe o cartum abaixo.

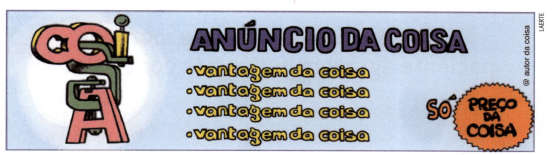

Folha de S. Paulo, 03 dez. 2007.

a) O leitor fica sabendo o que está sendo anunciado e seu respectivo preço? Justifique.
_____
_____

b) Se você substituísse a palavra coisa por um produto – sabonete, por exemplo – como ficaria o texto do cartum?
_____

c) Retome: anúncio, vantagem, preço. A que classe gramatical pertencem essas três palavras?
_____

d) A partir de sua resposta aos itens anteriores é possível concluir que:

( ) As palavras **anúncio**, **vantagem** e **preço** pedem complemento.

( ) Essas três palavras são substantivos.

( ) Apenas os verbos pedem complemento.

( ) Como acontece com os verbos, há nomes que precisam de complemento.

( ) Os complementos dos nomes são fundamentais para a compreensão da oração.

35

2. Leia estes títulos de notícias, prestando atenção às palavras destacadas em cada um deles.

I.

Novo tremor provocou medo de *tsunami*

Disponível em: <http://www.correiobraziliense.com.br/app/noticia/mundo/2010/03/04/
interna_mundo,177422/novo-tremor-provocou-medo-de-tsunami.shtml>. Acesso em: 28 jan. 2016.

II.

Ministro condenado por excesso de velocidade é libertado

Disponível em: <http://g1.globo.com/mundo/noticia/2013/05/
ministro-condenado-por-excesso-de-velocidade-e-libertado.html>. Acesso em: 28 jan. 2016.

III.

Falta de medicamentos e morte de paciente agravam denúncias contra CAPS

Disponível em: <http://fatoreal.com.br/site/
falta-de-medicamentos-e-morte-de-paciente-agravam-denuncias-contra-caps/>. Acesso em: 28 jan. 2016.

IV.

Dia Mundial da Luta Contra a Aids — 1º de dezembro

Disponível em: <http://www.digitalmed.com.br/noticia/dia-mundial-da-luta-contra-aids/>.
Acesso em: 28 jan. 2016.

V.

Greve dos bancários está perto do fim

Disponível em: <http://www.em.com.br/app/noticia/economia/2014/10/05/internas_economia,576081/
greve-dos-bancarios-esta-perto-do-fim.shtml >. Acesso em: 28 jan. 2016.

a) A que classe gramatical pertencem as palavras destacadas?

_____

_____

b) Cada uma dessas palavras pede um complemento. Quais são eles?
_____
_____

c) Por que o uso do complemento nominal nesses títulos é importante para o leitor?
_____
_____

3. Os complementos nominais são sempre introduzidos por preposições. Retome os títulos de notícia do exercício anterior e identifique a preposição que introduz cada complemento nominal.
_____
_____
_____

4. Leia a tira.

Disponível em: <https://tiroletas.files.wordpress.com/2014/08/complementos-nominais.jpg>. Acesso em: 2 mar. 2016.

- De onde provém o humor da tira? Assinale a afirmação que melhor responde a essa pergunta.

( ) Do fato de o menino não ter medo de nenhuma das coisas mencionadas pela professora.

( ) Do fato de apenas o menino conseguir responder corretamente ao que foi perguntado.

( ) Do fato de o menino ter medo de complementos nominais.

5. Complete o sentido das orações acrescentando a cada uma um complemento nominal.

a) Você seria capaz _____

b) Sou favorável _____

c) Todos devem ter orgulho _____

d) Os desabrigados têm necessidade_____

e) Ninguém manifestava entusiasmo _____

6. Reescreva os fragmentos das matérias jornalísticas a seguir, transformando o substantivo destacado em verbo, de forma a converter o complemento nominal em um complemento verbal. Faça as modificações necessárias.

a) Justiça determina a **suspensão** imediata da greve dos policiais civis.

Disponível em: <http://g1.globo.com/se/sergipe/noticia/2015/08/justica-determina-suspensao-imediata-da-greve-dos-policiais-civis.html>. Acesso em: 2 mar. 2016.

_____

b) Comunidade francesa faz **homenagem** às vítimas de ataques em Paris.

Disponível em: <http://g1.globo.com/to/tocantins/noticia/2015/11/comunidade-francesa-faz-homenagem-vitimas-de-ataques-em-paris.html>. Acesso em: 2 mar. 2016.

_____

7. Agora, transforme o verbo destacado em substantivo de forma a converter o complemento verbal em complemento nominal.

a) Tudo o que você precisa saber para **ajudar** desabrigados de Mariana.

Disponível em: <http://www.em.com.br/app/noticia/gerais/2015/11/06>. Acesso em: 2 mar. 2016.

_____

b) Durante nossa entrevista, Ilci **mencionou** a importância do esporte durante a infância, além de dar uma série de dicas para os pais se aproximarem e ajudarem seus filhos em seu desenvolvimento.

Disponível em: <https://www.youtube.com/watch?v=gWiVBL4A0to>. Acesso em: 2 mar. 2016.

_____

c) Código Florestal permite **derrubar** mata nativa em área igual ao Paraná.

Disponível em: <http://www.gazetadopovo.com.br/vida-publica/codigo-florestal-permite-derrubar-mata-nativa-em-area-igual-ao-parana-3trhtnai9ph6dnq81qfxmn87i>. Acesso em: 2 mar. 2016.

_____

8. Releia um trecho do relato da primeira aventura de Gulliver em suas viagens, observando os substantivos destacados. Depois leia o mesmo trecho reescrito.

A notícia da chegada de um **homem** prodigiosamente grande espalhara-se em **todo o** império e atraíra grande **número** de **pessoas** ociosas e curiosas, de maneira que as aldeias ficaram quase despovoadas e o **cultivo** das terras ficaria abandonado, o que seria uma enorme **calamidade** para o país, se Sua Majestade imperial não providenciasse com a publicação de decretos.

A notícia da chegada de homem prodigiosamente espalhara-se em todo o império e atraíra número de pessoas de maneira que as aldeias ficaram quase despovoadas e o cultivo ficaria abandonado, o que seria uma calamidade para o país, se Sua Majestade imperial não providenciasse com a publicação de decretos.

Disponível em: <http://www.dominiopublico.gov.br/download/texto/eb000001.pdf>. Acesso em: 21 mar. 2016.

a) No trecho reescrito, foram eliminadas algumas palavras que acompanham os substantivos destacados. Localize-as.

b) Todas as palavras que encontrou desempenham a mesma função? Qual?

c) O que é possível notar na comparação entre os dois trechos? Escolha a afirmação que, para você, apresenta a conclusão mais adequada.

( ) A omissão das palavras que acompanham o substantivo acarreta total modificação no sentido das orações.

( ) A omissão das palavras que acompanham o substantivo compromete o sentido do texto como um todo.

( ) A presença dessas palavras não é indispensável ao entendimento do trecho, mas sua ausência impede a especificação das informações, comprometendo a compreensão.

9. Releia o trecho original e observe os adjetivos destacados. Em seguida, avalie se as afirmações a seguir são falsas ou verdadeiras em relação à função dos adjuntos adnominais na oração.

a) ( ) ... **imperial** delimita o sentido de Sua Majestade.
b) ( ) ... **um grande** caracteriza o substantivo que acompanha, homem.
c) ( ) ... **ociosas** e **curiosas** caracterizam o substantivo pessoas.
d) ( ) ... **enorme** caracteriza o substantivo calamidade.

Reveja, no livro, o conceito e as classificações dos adjuntos adnominais para responder à seguinte questão.

10. Dos dois títulos abaixo, apenas um apresenta complemento nominal. Qual deles? Explique.

I.

É campeão! Brasil vence a Sérvia e conquista seu primeiro título mundial

Disponível em: <http://globoesporte.globo.com/handebol/noticia/2013/12/brasil-bate-servia-faz-historia-e-e-campeao-mundial-de-forma-invicta.html>. Acesso em: 2 mar. 2016.

II.

Jogadores do Botafogo comemoram a conquista do título nacional

Disponível em: <http://www.fpf.org.br/Not%C3%ADcias/%C3%9Altimas+Not%C3%ADcias/201511/94490/Jogadores+do+Botafogo+comemoram+a+conquista+do+t%C3%ADtulo+nacional>. Acesso em: mar. 2016.

Para lembrar

- Complete os espaços que faltam no quadro conceitual sobre complementos nominais, adjuntos adnominais e adjuntos adverbiais.

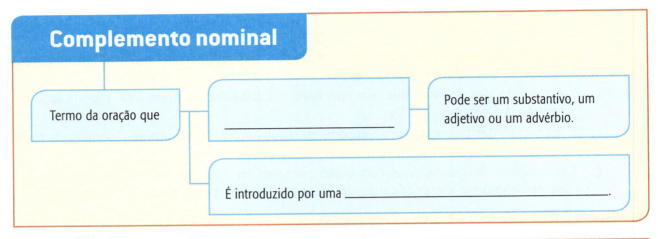

Complemento nominal

- Termo da oração que _____
- _____
- Pode ser um substantivo, um adjetivo ou um advérbio.
- É introduzido por uma _____.

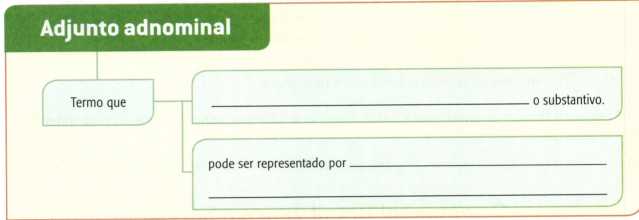

Adjunto adnominal

- Termo que
  - _____ o substantivo.
  - pode ser representado por _____

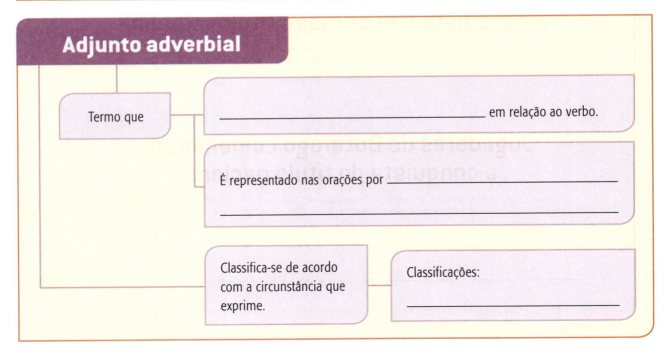

Adjunto adverbial

- Termo que
  - _____ em relação ao verbo.
  - É representado nas orações por _____
  - Classifica-se de acordo com a circunstância que exprime.
  - Classificações: _____

Outro olhar

Você leu na unidade uma das aventuras de Gulliver, passada na ilha voadora. Mas a história não se inicia aí. O primeiro lugar onde ele chega é Lilipute. Ao chegar, Gulliver é feito prisioneiro e visitado pelo rei e por pessoas importantes em Lilipute. Leia a descrição que ele faz do rei.

[...] O Imperador já havia descido da torre, e aproximava-se a cavalo, o que lhe poderia ter custado caro; pois o animal, desacostumado a uma tal visão, que era como se uma montanha se movesse à sua frente, empinou-se: porém, o Príncipe em questão, que é um excelente cavaleiro, manteve-se na sela até chegarem seus palafreneiros. [...]. A Imperatriz e jovens príncipes de sangue de ambos os sexos, acompanhados de muitas damas, assistiam a tudo sentados em cadeiras a alguma distância dali; porém o acidente ocorrido com o cavalo do Imperador levou todos a se levantarem e se aproximarem de sua pessoa, a qual agora passo a descrever. Ele é mais alto, por pouco menos que a largura de minha unha, do que qualquer membro de sua corte, fato que por si só é o bastante para despertar veneração em todos os que o veem. Suas feições são fortes e másculas, com lábios austríacos e nariz aquilino, tez azeitonada, porte ereto, tronco e membros bem-proporcionados, todos os movimentos graciosos e uma figura majestosa. Na época, já não era mais jovem, tendo vinte e oito anos e nove meses de idade, estando no trono havia cerca de sete anos, e reinando com muito sucesso, quase sempre vitorioso.

Disponível em: <http://www.companhiadasletras.com.br/trechos/85007.pdf>.
Acesso em: 21 jan. 2016.

aquilino: recurvo como o bico de uma águia.
tez: pele

O imperador da ilha à qual Gulliver chegou é minuciosamente descrito.

1. Como o narrador descreve o imperador?

_____

_____

_____

2. Quem faz a descrição? Por que foi escolhido esse ponto de vista? Explique.

_____

_____

3. No contexto da cena, cite a importância de dizer que:

a) "o Príncipe em questão, que é um excelente cavaleiro";

_____

_____

b) o Imperador é "mais alto que qualquer membro de sua corte";

_____

_____

Leitura do mundo

Na unidade 4, realizamos uma atividade de escuta que falava de utopia e distopia. Relembre esses conceitos no livro.

Vamos agora conhecer um pouco da obra de Thomas Morus, o criador da palavra **Utopia**. Para realizar a atividade, primeiro leia este trecho de um artigo que apresenta a obra ao leitor.

Utopia: Obra de Thomas Morus propõe sociedade alternativa e perfeita

[...]

A "Utopia", de Morus, divide-se em dois livros: o primeiro, de caráter negativo, faz a crítica à Inglaterra da época em que o autor vivia; o segundo, em contraponto, apresenta uma sociedade que lhe é alternativa. Em ambos os livros, Rafael Hitlodeu – personagem que é o "alter-ego" de Morus – narra sua viagem a Utopia e descreve a sociedade que viu.

Como se disse, a primeira parte é de crítica a uma Inglaterra em que os camponeses estão sendo expulsos do campo para as cidades, onde há bandos de ladrões e uma justiça cega, porém cruel, a realeza ávida de riquezas e sempre pronta para a guerra, sem falar nas perseguições religiosas. Essas regras são invertidas na República de Utopia.

No âmbito religioso, por exemplo, não se pode prejudicar ninguém em nome da religião. A intolerância e o fanatismo são punidos com o exílio e a servidão. O povo pode escolher suas crenças e vários cultos coexistem em harmonia ecumênica.

Da mesma maneira, Morus/Hitlodeu descrevem os benefícios da paz e os horrores da guerra – numa crítica direta às guerras travadas por Henrique 8º por ganância ou por paixão pela glória militar. Nesse sentido, mostra-se como o interesse da comunidade é sacrificado pela paixão dos príncipes pela guerra, que só enriquecerá os nobres e os novos proprietários (burguesia).

Enquanto isso, o povo, cada vez mais oprimido pelo trabalho incessante, precisa manter o exército, a corte e uma multidão de ociosos. A sede de dinheiro dos reis, dos nobres e dos grandes burgueses cria a miséria da maioria, alarga cada vez mais o abismo entre as classes sociais, transforma os juízes em carrascos e as penas em castigos pavorosos.

Em Utopia, naturalmente, nada disso existe, ou melhor, existe o contrário disso, numa República em que o Parlamento zela pelo bem do povo, o qual descobre que a propriedade individual e o dinheiro são incompatíveis com a felicidade.

Disponível em: <http://educacao.uol.com.br/disciplinas/filosofia/utopia-obra-de-thomas-morus-propoe-sociedade-alternativa-e-perfeita.htm>. Acesso em: 20 jan. 2016.

1. Thomas Morus realiza em sua obra uma feroz crítica a todas as instituições de sociedades injustas que não se voltam para o bem comum. Assinale os pontos que, segundo o artigo anterior, caracterizavam a sociedade inglesa em que vivia o autor.

a) ( ) Camponeses miseráveis expulsos do campo para as cidades.

b) ( ) Corrupção desenfreada.

c) ( ) Bandos de ladrões e uma justiça cega, porém cruel, aterrorizando o povo.

d) ( ) Realeza sedenta de riquezas e sempre pronta para a guerra.

e) ( ) Perseguições religiosas.

f) ( ) Nobres mantendo o exército, a corte e uma multidão de ociosos.

2. Como Morus realiza sua crítica a essa realidade?

_____

_____

3. Leia agora um fragmento da própria *Utopia*, um dos momentos do relato em que o narrador descreve a Morus a sociedade que viu.

> Há pelos campos casas comodamente construídas, providas de toda a espécie de instrumentos de agricultura, e que servem de morada aos exércitos de trabalhadores que a cidade envia periodicamente ao campo.
>
> A família agrícola se compõe pelo menos de quarenta indivíduos, homens e mulheres, e de dois escravos. Está sob a direção de um pai e de uma mãe de família, pessoas graves e prudentes.
>
> Trinta famílias são dirigidas por um filarca.
>
> Todos os anos vinte cultivadores de cada família regressam à cidade; são os que terminaram seus dois anos de serviço agrícola. São substituídos, então, por vinte indivíduos que ainda não serviram. Os recém-chegados recebem instrução dos que já trabalharam um ano no campo, e, no ano seguinte, se tornam instrutores por sua vez. Assim os cultivadores não são, nunca, todos de uma vez, ignorantes e novatos, e a subsistência pública não tem nada a temer da imperícia dos cidadãos encarregados de mantê-la.
>
> Esta renovação anual tem ainda outra finalidade que é a de não consumir por muito tempo a vida dos cidadãos nos trabalhos materiais e penosos. [...]
>
> MORUS, Thomas *Utopia*. Disponível em: <http://www.dominiopublico.gov.br/download/texto/eb000001.pdf>. Acesso em: 2 mar. 2016.

filarca: magistrado.

4. Que aspecto da sociedade de *Utopia* é abordado no trecho que lemos?

_____

5. Analise como falsa ou verdadeira cada uma das afirmações em relação ao que caracteriza a vida agrícola em *Utopia*.

a) (   ) A família agrícola congrega mais pessoas que as famílias que conhecemos hoje.

b) (   ) A famílias realizam uma seleção para ver se moram na cidade ou no campo.

c) (   ) Periodicamente substituem-se os trabalhadores do campo por outros que vêm da cidade.

d) (   ) Os recém-chegados são orientados pelos que já trabalharam um ano no campo, e, no ano seguinte, se tornam instrutores por sua vez.

e) (   ) A produção agrícola é ampliada com o uso de modernas tecnologias.

6. Quais as vantagens de um sistema agrícola como o reinante na ilha?

_____

_____

7. Thomas Morus idealizou uma sociedade perfeita, justa e racional fundada na igualdade de direitos e na cooperação. No entanto, há um ponto incoerente com essa proposta no trecho que lemos. Qual é?

_____

8. A *Utopia* termina com a seguinte frase: "Desejo-o mais do que espero". Como você entende essa afirmação?

_____

_____

9. Analise cada uma das afirmativas abaixo, verificando se concorda ou discorda de cada uma delas. Depois selecione uma para defender, apresentando argumentos que fundamentem sua opinião.

I. A felicidade humana, resultante de um estilo de vida baseado na razão e na organização social fundada na cooperação entre os cidadãos é um sonho que nunca será alcançado.

II. Não adianta conhecer uma obra como a *Utopia*, um sonho ilusório, sem nenhuma possibilidade de se tornar real.

III. Uma sociedade como a retratada em *Utopia* pode servir como norte e como fermento para os interessados em lutar por uma sociedade mais justa.

IV. Uma vida como a descrita em *Utopia* é muito desinteressante para o homem contemporâneo.

V. A alternância do trabalho na cidade e no campo é uma verdadeira tolice, que não tem a menor chance de dar certo.

_____

_____

_____

_____

_____

UNIDADE 5 — Poesia e transgressão

Reveja a jornada

Nesta unidade você estudou alguns casos de regência em geral e de regência nominal em particular. Refletiu também sobre as principais regras que orientam o uso do acento indicador de crase. Retome os conceitos, no livro, antes de realizar as atividades.

1. Leia a tirinha abaixo.

Disponível em: <http://www2.uol.com.br/laerte/tiras/.>. Acesso em: 2 mar. 2016.

- Releia.

I. "... os que **sobrevivem** ao seu ataque... têm **inveja** dos que morrem."

II. "mal posso acreditar que acabo de **inventá**-la."

a) Qual o complemento das palavras destacadas?

b) Qual o termo regente e qual o termo regido em cada caso?

c) Observe, em cada caso, se o termo regente é verbo ou nome (substantivo, adjetivo ou advérbio)?

d) Qual dos complementos foi introduzido por preposição?

e) Em qual desses casos temos regência verbal? E em qual, regência nominal?

2. Releia agora esta estrofe do texto da Leitura 1 da unidade.

> [...]
> Eu, que, quando a hora do soco surgiu, me tenho agachado
> Para fora da **possibilidade** do soco;
> Eu, que **tenho sofrido** a angústia das pequenas coisas ridículas,
> Eu verifico que não tenho par nisto tudo neste mundo.
> [...]
>
> CAMPOS, Álvaro de. In: PESSOA, Fernando. *Obra completa.*
> Rio de Janeiro: Aguilar, 1969.

a) Os termos destacados são termos regentes. São nomes ou verbos?

_____

b) Qual deles pede complemento regido por preposição? Que preposição introduz o termo regido?

_____

c) Qual a função do termo regido?

_____

Retome, no livro, o conceito de crase para realizar as atividades a seguir.

3. Leia este título de uma notícia.

Acesso à internet chega a 78% das escolas públicas urbanas

Disponível em: <http://www.valor.com.br/brasil/4345156/
acesso-internet-chega-78-das-escolas-publicas-urbanas>. Acesso em: 21 jan. 2016.

a) No título, o termo regente *acesso* refere-se a que termo? _____

b) Que preposição o termo regente pede? _____

c) Por que ocorre crase nesse caso?

_____

d) Pelo que você já aprendeu sobre a ocorrência de crase e por suas respostas anteriores, qual das afirmações está correta?

(   ) Sempre que houver uma palavra no feminino em termos regidos, ocorre a **crase**, indicada por um **a** com acento grave (**à**).

(   ) Quando o termo regente pede preposição **a** e o termo regido é precedido pelo artigo **a**, ocorre a **crase**, indicada por um **a** com acento grave (**à**).

4. Observe agora.

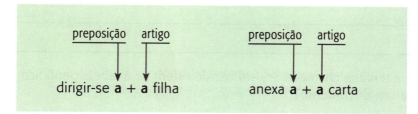

a) A partir das observações do esquema anterior, o que é possível concluir a respeito da classe gramatical do termo regente?

_____

b) Construa uma oração que ilustre cada um desses casos.

_____

c) Considere suas respostas anteriores. O que é possível afirmar a respeito da ocorrência de crase? Assinale os fragmentos que completem adequadamente a frase.

Pode ocorrer crase

I. (   ) sempre que houver termo regente que pede preposição *a* e termo regido que inicie com artigo *a*.

II. (   ) sempre que houver termo regente que pede preposição *a* e termo regido que inicie com palavra iniciada pela letra *a*.

III. (   ) quer seja o termo regente um nome ou um verbo.

IV. (   ) sempre que o termo regente for um nome ou um verbo.

5. Leia estas chamadas de matérias jornalísticas.

> **Como a internet das coisas irá mudar o nosso dia a dia**

> **4 tecnologias pelas quais vale a pena esperar em 2016**

> **Quatro novos elementos são adicionados à tabela periódica**

Disponível em: <http://revistagalileu.globo.com/>. Acesso em: 2 mar. 2016.

a) Por que em apenas uma dessas chamadas ocorre crase?

_____

_____

b) Como ficaria a terceira chamada se, em vez de referir-se à tabela periódica, o autor da chamada se referisse a um documento?

_____

_____

c) Nesse caso, o acento indicativo da crase seria mantido?

_____

_____

6. Leia as frases abaixo, retiradas de *sites* da internet.

I. Próximas sessões **a** partir de quinta-feira, 28 de janeiro.

II. Decisão judicial desfavorável **à** publicidade infantil tida como abusiva.

III. Referia-se **a** 80% dos entrevistados.

a) As palavras destacadas são preposições ou artigos?

_____

_____

b) Em apenas uma das frases acima ocorre crase. Justifique por que não houve crase nas demais.

_____

_____

_____

7. Observe a ocorrência da crase diante dos pronomes demonstrativos *aquele*, *aquela*, *aqueles*. Marque a(s) alternativa(s) na(s) qual(quais) o sinal indicador de crase foi utilizado corretamente.

a) (   ) Considera como maior infâmia preferir a vida à honra e por amor àquela, perder a razão de viver. (Juvenal).

b) (   ) Fez referência àquela prisão injusta.

c) (   ) Vi àquele magistrado injusto condenar o réu inocente.

d) (   ) Fez referência àquele acordo absurdo.

e) (   ) Insisti na versão de que àquela atitude traria sérias consequências.

8. Como você explica a ocorrência de crase apenas nas frases que assinalou?

_____

_____

Para lembrar

- Complete as definições para compor um quadro conceitual sobre regência.

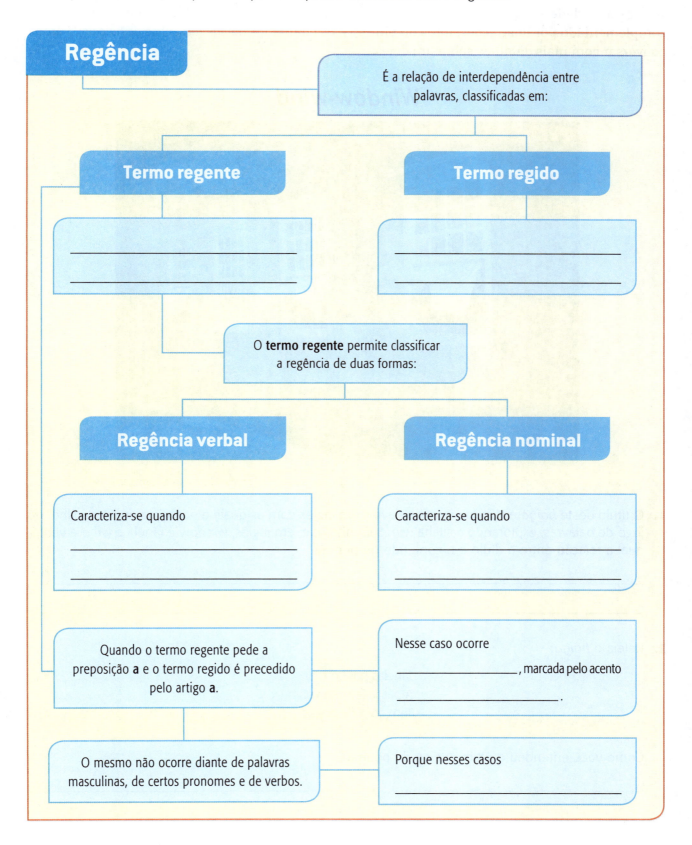

Outro olhar

Nesta unidade em que falamos de haicais, mencionamos que existem haicais cujo significado é complementado por ilustrações, fotos ou pinturas, os chamados *haigas* (*desenhos de haicais*). Vamos conversar com mais detalhes sobre um deles.

Window-wind

Disponível em: <http://s27.photobucket.com/user/RogerioViana/media/Photo-haiku/Cortinas-janelas01.jpg.html>. Acesso em: 2 mar. 2016.

1. O título deste *haiga* é *Window-wind*, palavras em inglês com as quais o poeta faz um trocadilho, ou jogo de palavras, explorando a sílaba *win*. Sabendo que, em inglês, *window* é janela e *wind* é vento, qual a relação entre o título e o conteúdo do poema?
_____
_____

2. Releia o *haiga*:

> Janelas para o mar
> A passagem do vento
> Tem som de adeus

Como você entendeu o último verso do poema?
_____
_____

50

3. Para relembrar o que você já sabe sobre as características dos haicais, avalie como falsas ou verdadeiras as afirmações em relação a esse gênero.

a) (   ) O **haicai** (ou *haikai*) é uma forma tradicional de poesia japonesa.

b) (   ) Tem catorze versos, sendo dois quartetos e dois tercetos.

c) (   ) É uma forma de poema que registra, de forma simples e direta, um momento, uma sensação, uma impressão do eu lírico ou um fato da natureza.

d) (   ) Todos os seus versos são rimados.

e) (   ) Uma de suas características é a organização em três versos.

f) (   ) A pontuação segue as normas gramaticais.

4. Agora, assinale as características do haicai que estão presentes no *haiga* reproduzido.

a) (   ) Tem número constante de versos.

b) (   ) Tem como tema a natureza, as estações do ano.

c) (   ) Tem como tema impressões ou constatações do eu lírico sobre a vida.

d) (   ) Geralmente, o primeiro e o terceiro versos são rimados.

5. Você anotou acima características que fazem do *haiga* uma forma de haicai. O que torna o poema anterior um *haiga* e não um haicai?

_____

6. Componha um *haiga*. Procure uma imagem que, para você, é poética e cole-a no espaço a seguir. Para finalizar, componha o título.

_____

Cole a imagem aqui.

Leitura do mundo

Na seção *Do texto para o cotidiano* desta unidade, vimos um poema no qual o eu poético fala da falta de reação das pessoas diante de abusos do poder e das injustiças. Vamos ler mais um poema de Carlos Drummond de Andrade; fala-nos sobre as incertezas e o medo que desesperava as pessoas no fim da década de 1930 e no início da década de 1940, quando se vivia a Segunda Grande Guerra Mundial.

Congresso Internacional do Medo

Provisoriamente não cantaremos o amor,
que se refugiou mais abaixo dos subterrâneos.
Cantaremos o medo, que esteriliza os abraços,
não cantaremos o ódio porque esse não existe,
existe apenas o medo, nosso pai e nosso companheiro,
o medo grande dos sertões, dos mares, dos desertos,
o medo dos soldados, o medo das mães, o medo das igrejas,
cantaremos o medo dos ditadores, o medo dos democratas,
cantaremos o medo da morte e o medo de depois da morte,
depois morreremos de medo
e sobre nossos túmulos nascerão flores amarelas e medrosas.

ANDRADE, Carlos Drummond de. *Alguma poesia*.
Disponível em: <http://drummond.memoriaviva.com.br/alguma-poesia/congresso-internacional-do-medo/>. Acesso em: 23 jan. 2016.

1. Releia e explique como entende o título do poema.

_____

_____

2. Você acha que o eu poético vê essa fase em que reina o medo como algo que durará para sempre? Explique.

_____

3. Releia.

> Cantaremos o medo, que esteriliza os abraços

Como você entende esse verso?

_____

_____

4. A que o eu poético recorre para demonstrar que o medo é realmente universal? Coloque F ou V para afirmações falsas ou verdadeiras.

a) (   ) Cita elementos do espaço físico, tais como: "sertões", "mares", "desertos", "igrejas", "túmulos" e "flores".

b) (   ) Fala de um medo que vai além de quaisquer limites, pois é encontrado nas mães, nos soldados assim como no medo que se sente dos ditadores, dos democratas.

c) (   ) Afirma que "não cantaremos o ódio porque esse não existe".

d) (   ) Menciona que "Provisoriamente não cantaremos o amor".

e) (   ) Utiliza a primeira pessoa do plural para referir-se tanto ao próprio poeta como às pessoas de seu tempo e mesmo do tempo atual.

5. Drummond utiliza doze vezes a palavra medo num poema de apenas onze versos. Que efeito essa repetição provoca no leitor?

_____

_____

6. Você concorda com o poeta quando diz que o medo é uma constante em nossas vidas? Dê sua opinião elaborando um texto fundamentando-o com argumentos que convençam seu leitor da validade de seu ponto de vista.

_____

_____

_____

_____

_____

_____

_____

_____

_____

_____

_____

_____

_____

_____

_____

_____

_____

UNIDADE 6
Ciência ao alcance de todos

Reveja a jornada

Em outra unidade, você refletiu sobre a relação de determinados verbos com seu complemento, fenômeno a que damos o nome de **regência**. Nesta unidade, você estudou em especial a regência verbal. Retome os conceitos no livro e realize as atividades a seguir.

1. Leia este cartaz.

Disponível em: <http://agenciab2work.blogspot.com.br/2011/05/contribua-com-o-hospital-do-cancer-de.html>. Acesso em: 2 mar. 2016.

a) No texto do cartaz, o verbo *contribuir* é transitivo direto ou indireto?
_____

b) Esse verbo exige preposição entre ele e seu complemento? Explique.
_____

54

2. Releia esta frase do texto de abertura da unidade do livro.

> Os sinais de rádio e televisão [...] não necessitam de um meio físico para se propagar, ou seja, podem viajar pelo espaço sideral.

a) O verbo *viajar* exige complemento? _____

b) Nas manchetes a seguir, quais dos verbos destacados regem preposições? Circule-o(s).

I.

Brasileiros não obedecem às leis de trânsito para bicicletas, diz Proteste

Disponível em: <http://www.infomoney.com.br/minhas-financas/carros/noticia/3578047/
brasileiros-nao-obedecem-leis-transito-para-bicicletas-diz-proteste>. Acesso em: 22 jan. 2016.

II.

Paulistanos desafiam seus limites em competição de triatlo para iniciantes

Folha de S.Paulo, 28 dez. 2015.

III.

Rogue one: assista ao primeiro *trailer* do novo filme de *Star Wars*

Disponível em: <br.ign.com/star-wars-rogue-one/21237/news/rogue-one-assista
-ao-primeiro-trailer-do-novo-film>. Acesso em 18 abr. 2016.

3. Leia este título de uma matéria jornalística.

Bicicloteca: *bike* itinerante doa livros a moradores de rua

Disponível em: <http://planetasustentavel.abril.com.br/inc/pop_print.html>. Acesso em: 22 jan. 2016.

a) Quais são os complementos do verbo *doar*?

_____

b) Qual dos complementos é regido por preposição?

4. Releia estes trechos do texto da Leitura 1 da unidade.

> [...] Um ano-luz equivale a aproximadamente 10 trilhões de quilômetros [...]
>
> Esses equipamentos [os radiotelescópios] constituem-se de antenas usadas para captar emissões na faixa das ondas de rádio oriundas de objetos celestes.

a) No contexto do trecho, há dois verbos transitivos indiretos. Que preposição cada um deles exige?

b) Quais são os complementos desses verbos?

5. Explique qual é a regência do verbo *levar* de acordo com seu significado nestes trechos de notícias e matérias jornalísticas.

I.

Ginástica: Preguiça leva ao infarto

Disponível em: <http://super.abril.com.br/saude/ginastica-preguica-leva-ao-infarto-439005.shtml>. Acesso em: 22 jan. 2016.

II.

Lagarta leva um ano para virar borboleta

Disponível em: <http://super.abril.com.br/mundo-animal/lagarta-leva-ano-virar-borboleta-488821.shtml>. Acesso em: 26 jan. 2016.

III.

Uma rota aos súditos do turismo

Ontem, passagem de cargas de ouro e diamante, hoje a Estrada Real leva a uma viagem por parte importante da história do Brasil

Diário do Nordeste. Disponível em: <http://diariodonordeste.verdesmares.com.br/suplementos/tur/uma-rota-aos-suditos-do-turismo-1.731710>. Acesso em: 26 jan. 2016.

6. Leia.

> ### Brincadeiras da região Norte: lendas e tombos divertem no Amazonas
>
> Na beira do rio Negro, em Manaus, crianças tomam suco de tucumã e brincam de curupira. A cena corriqueira é uma pequena mostra de como a floresta Amazônica e os grandes rios **que a cruzam** não são apenas aspectos geográficos da região norte do Brasil. Eles influenciam a gastronomia, os hábitos culturais e, como se vê, até a diversão da criançada.
>
> *Revista Nova Escola.*
> Disponível em: <http://revistaescola.abril.com.br/creche-pre-escola/brincadeiras-regiao-norte-lenda-tombos-divertem-amazonas-693515.shtml>. Acesso em: 26 jan. 2016.

a) A que termo se refere o pronome **a** em "que a cruzam"?

_____

b) O verbo **cruzar** liga-se ao seu complemento com ou sem preposição?

_____

c) Qual a função do pronome **a** no trecho: objeto direto ou indireto?

_____

7. No trecho:

> ### A São Paulo dos imigrantes
>
> Exposição conta história do Bom Retiro, bairro onde se estabeleceram os primeiros estrangeiros que chegaram à capital paulista no século XIX
>
> Revista *História Viva*. São Paulo, Duetto, 28 out. 2009. Disponível em: <http://www2.uol.com.br/historiaviva/noticias/bom_retiro_o_berco_cosmopolita_de_sao_paulo.html>. Acesso em: 26 jan. 2016.

a) Por que foi usado o acento grave indicativo da crase em "chegaram à capital paulista"?

_____

b) Por que não ocorre crase em "A São Paulo dos imigrantes"?

_____

8. Leia este título de reportagem.

> ### Viver próximo a parques ajuda a reduzir *stress* da cidade
>
> *Pesquisa mostra que pessoas que se mudam para áreas urbanas verdes têm saúde mental em melhores condições*
>
> Disponível em: <https://catracalivre.com.br/sp/tag/verde/>. Acesso em: 26 jan. 2016.

- Por que não foi empregado o sinal indicativo de crase em:

a) "próximo a"?

_____

b) "ajuda a reduzir"?

_____

9. Leia.

> ### Facebook: Zuckerberg recruta estudantes de Harvard
>
> O fundador e presidente executivo da plataforma Facebook, Mark Zuckerberg, visitou a Universidade de Harvard, para recrutar alunos do curso de Ciências da Computação para um estágio na empresa.
>
> Sete anos depois, e milhões de euros mais rico, Zuckerberg **regressou àquela universidade** (Harvard), após abandonar os estudos em 2004, para criar aquela que é hoje a maior rede social do mundo.
>
> [...]
>
> Disponível em: <http://www.agenciafinanceira.iol.pt/empresas/mark-zuckerberg-facebook-redes-sociais-harvard-mit-agencia-financeira/1296999-1728.html>. Acesso em: 26 jan. 2016.

a) Explique a ocorrência de crase no trecho "regressou àquela universidade".

_____

b) Reescreva esse trecho trocando o pronome **aquela** por **essa**. Faça os ajustes necessários.

_____

c) Ocorre crase no trecho reescrito por você? Por quê?

_____

10. Leia os títulos das notícias.

> **Vai dar praia no feriadão?**
> **Então fique atento às dicas de segurança**
>
> Disponível em: <http://www.saopaulo.sp.gov.br/spnoticias/lenoticia2.php?id=242296&c=5364>.
> Acesso em: 26 jan. 2016.

> **Vai viajar? Então fique atento ao uso**
> **do cinto de segurança em todos os bancos**
>
> Disponível em: <http://www.saopaulo.sp.gov.br/spnoticias/lenoticia2.php?id=242295>.
> Acesso em: 26 jan. 2016.

- Compare.

> "atento **às** dicas"   "atento **ao** uso do cinto de segurança"

Por que ocorre o sinal indicativo de crase no primeiro caso e não ocorre no segundo?

_____

_____

_____

_____

11. Reescreva as frases abaixo, substituindo os termos destacados pelos indicados entre parênteses e usando o acento indicador de crase adequadamente. Faça os ajustes necessários.

a) Nunca fui ao **Uruguai** (Portugal), mas já fui ao **Chile** (França).

_____

b) Assistimos ao **filme** (*show*) ontem na TV.

_____

c) Muitos turistas que visitam o Brasil vão ao **Nordeste** (Amazônia).

_____

d) Os seres humanos já chegaram ao **planeta Marte** (Lua).

_____

⬤ PARA LEMBRAR

- Preencha, a seguir, as definições que faltam no quadro conceitual sobre regência verbal.

Regência verbal

- É a relação de interdependência que um _____ estabelece com seu(s) complemento(s).

- Essa relação pode se dar de forma direta (_____) ou indireta (_____).

- Determinados verbos apresentam regência ligada à ocorrência de _____.

Crase

- É a _____ da preposição _____ com o artigo feminino **a**, ou com o **a** inicial dos pronomes demonstrativos – aquele (s), aquela (s), aquilo – ou com o pronome relativo a qual (as quais).

Não ocorre crase diante de:

_____

_____

_____

_____

60

Outro olhar

Visitar outros planetas, outros mundos, ter contato com civilizações exóticas e desconhecidas sempre exerceu grande fascínio nos seres humanos, o que é comentado no texto de Leitura 1 da unidade. Esse fascínio, ao longo dos tempos, fez surgir a chamada ficção científica, gênero que mescla um enredo baseado em conhecimentos científicos a previsões, indagações e especulação sobre o que o futuro poderá trazer. Seus temas mais comuns são, em geral, o grande avanço da tecnologia, o contato com seres de outros planetas, viagens no tempo, entre outros.

A ficção científica fez surgirem filmes, contos, romances, HQs que exploram o tema e cativam espectadores e leitores. Um filme que alcançou grande sucesso ao longo de quase quarenta anos é a saga *Star Wars*, com sete episódios até 2015, que fala de um universo de mitos e fantasia em uma galáxia muito distante, com seus exóticos habitantes.

- Observe as imagens e leia os textos que as acompanham.

CORUSCANT
Toda a sua superfície é ocupada por uma única cidade, na qual ficam o Senado Galáctico e o Templo dos Jedi. Muito importante nos episódios I, II e III, o planeta faz uma aparição fugaz em *O Despertar da Força*.

ENDOR
Na lua florestal de Endor, é travada a batalha decisiva entre o Império e os rebeldes no episódio VI. As forças do bem ganham uma providencial ajuda dos nativos de Endor: os ewoks, tribo de criaturinhas que parecem ursos de pelúcia.

HOTH
O planeta gelado foi base para os rebeldes que lutavam contra o império do mal — e cenário de uma das melhores batalhas da série, no episódio V.

MUSTAFAR
É neste planeta vulcânico que Anakin Skywalker é derrotado ao lutar contra seu mestre, Obi-Wan Kenobi. Queimado e mutilado, ele se converte em Darth Vader, nas cenas finais do episódio III.

DAGOBAH
Pantanoso e sombrio, serviu de abrigo para Yoda depois que os Jedi foram perseguidos. É onde o pequeno mestre ensina Luke Skywalker sobre os caminhos da Força.

JAKKU
Desértico e cheio de contrabandistas e ladrões, é lá que Rey, a heroína de *O Despertar da Força*, aparece pela primeira vez.

NABOO
Coberta de florestas e com cidades opulentas, esta é a terra da rainha Padmé, mãe de Luke Skywalker e da princesa Leia, e de Jar Jar Binks, a criatura mais irritante da série.

TATOOINE
Neste planeta desértico nasceu Anakin Skywalker, ou Darth Vader. E é lá que, no episódio IV, o herói Luke Skywalker aparece pela primeira vez.

Revista *Veja*, 23 de dezembro de 2015.

1. Que elementos da Via Láctea, galáxia em que está situado nosso planeta, você identifica na imagem ou no texto?

a) (   ) Existência de vários planetas.

b) (   ) Existência de lua.

c) (   ) Presença de uma estrela como o Sol.

d) (   ) Ordem e distribuição dos planetas em torno de um ponto central como na Via Láctea.

e) (   ) Mares e praias.

f) (   ) Biomas, como florestas e pântanos.

g) (   ) Planetas desérticos.

2. Releia a descrição dos diferentes planetas. Com base em como são caracterizados, faça a correspondência entre possíveis semelhanças entre os planetas do universo de *Star Wars* e referências que conhecemos.

a) Endor

b) Mustafar

c) Hoth

d) Naboo

e) Tattoine

( ) Antártida

( ) Amazônia

( ) Terra

( ) Vênus

( ) Deserto do Saara

3. Na história de *Star Wars*, desenrola-se uma luta entre o Bem e o Mal e a disputa de poder sobre a galáxia. O Bem é representado pelos *Jedis*, cavaleiros guardiões da República e que lutam a favor da justiça e da liberdade, e o Mal, representado pelas forças do *Império*, nos primeiros filmes, e agora, no filme atual, pela *Primeira Ordem*, forças totalitárias e opressoras. Em relação a esse aspecto, você vê alguma semelhança entre o universo ficcional de *Star Wars* e nosso mundo real?

_____

_____

_____

4. Compare as informações do texto de divulgação científica que lemos e as informações que constam do infográfico.

a) Qual é a grande diferença entre elas?

_____

_____

_____

b) Em sua opinião, a ficção científica parte de dados da realidade conhecida para criar mundos imaginários ou cria tudo a partir da imaginação?

_____

_____

_____

c) Considere a presença e o uso dos aparelhos de telefonia celular no dia a dia, crie uma descrição de ficção científica de como será a comunicação no ano de 2120.

_____

_____

_____

_____

_____

_____

Leitura do mundo

Na exploração do texto de Leitura 1 desta unidade, vimos como os cientistas buscam, há muitos anos, estabelecer comunicação com o Universo além dos limites do Sistema Solar, em busca de formas de vida. A exploração espacial envolve o desenvolvimento de tecnologias complexas e caras que permitem voos tripulados ou não dentro do Sistema Solar, como os que chegaram até a Lua e Marte, ou fora dele em busca de planetas semelhantes à Terra em outras galáxias.

Muitas pessoas, porém, são contra as viagens espaciais, apesar dos vários benefícios que novas tecnologias advindas da pesquisa espacial trouxeram para o nosso cotidiano.

Leia este texto sobre o assunto.

Por que viagens espaciais?

[...] Por que gastar somas enormes de dinheiro com a exploração humana no espaço? Agora e sempre, cada moeda de impostos que recolhemos deve ser medida pelo benefício que ganhamos com essa despesa. Em uma pesquisa realizada nos Estados Unidos, a maioria das pessoas não tem ideia se gastar em voos espaciais tripulados é um dinheiro bem gasto. No entanto, a pesquisa espacial é essencial e os seres humanos no espaço são uma parte vital dela.

A exploração espacial criou produtos e serviços inegáveis à atividade humana contemporânea. As previsões meteorológicas e informações sobre os impactos de longo alcance das mudanças climáticas vêm principalmente de fontes do espaço.

Telecomunicações globais, incluindo telefones, televisão e internet dependem em grande parte das atividades espaciais. Sistemas de GPS já são essenciais para as operações aéreas e estão se tornando essenciais para automóveis, que em breve poderão autodirigir-se com os dados vindos do espaço.

As redes de energia que atendem pessoas em todo o globo também dependem das atividades solares. Não temos bola de cristal e não podemos prever com certeza as inovações do amanhã. Mas temos confiança que essas inovações do futuro dependerão cada vez mais do espaço, resultando em novas tecnologias que serão fundamentais para nossas vidas cotidianas. [...]

Disponível em: <http://www.agenciamarcospontes.com.br/noticia/92/por-que-viagens-espaciais>. Acesso em: 26 jan. 2016.

Veja outros argumentos a favor e contra a exploração espacial.

A favor

- Além da internet, novas tecnologias na área das telecomunicações e produtos como celulares, *tablets*, *notebooks* e computadores, o forno de micro-ondas, as panelas com fundo de teflon são inovações decorrentes da pesquisa espacial.

- O custo com as viagens espaciais pode ser atenuado pela transferência de tecnologias entre países, contribuindo para o desenvolvimento de todos.

- O estudo do espaço abriu a possibilidade de reflexão a respeito de nosso próprio planeta: o conhecimento sobre as condições do planeta Vênus, por exemplo, revelou que, se a humanidade não for capaz de controlar o efeito estufa, a Terra, num futuro distante, poderá ficar como Vênus, tornando a vida impraticável.

- A pesquisa científica espacial oferece a possibilidade de responder algumas das perguntas mais fascinantes da nossa existência, como: De onde viemos? Há vida fora do Sistema Solar? Há civilizações mais adiantadas do que a nossa?

Contra

- Seria melhor gastar dinheiro resolvendo os problemas deste planeta, como a mudança climática e a poluição, em vez de desperdiçá-lo em uma busca possivelmente infrutífera por um novo planeta.

- O que se gasta na pesquisa espacial deveria ser remanejado para o fornecimento de alimentos às crianças que têm fome no mundo todo.

- As pesquisas espaciais são complexas e demandam muito tempo e dedicação de cientistas que poderiam estar trabalhando em áreas que abrangem necessidades mais básicas da humanidade, como por exemplo, o desenvolvimento de técnicas agrícolas mais eficientes em países que têm problemas com a falta de alimento.

- As novas tecnologias que vieram das pesquisas espaciais não são acessíveis a todos os habitantes do planeta; populações mais miseráveis precisam de comida e educação e não de tecnologia.

REFLITA: Com base na leitura do texto e dos argumentos anteriores, você é contra ou a favor da pesquisa e exploração do espaço? Escreva um texto, apresentando argumentos para defender seu ponto de vista. No dia combinado pelo professor, apresente seu texto para seus colegas de classe.

UNIDADE 7

Decifra-me ou te devoro

Reveja a jornada

Nesta unidade, você estudou diversos conteúdos, entre eles vozes verbais, agente da passiva e índice de indeterminação do sujeito. Retome os conceitos no livro para realizar as próximas atividades.

1. Leia o provérbio abaixo.

> "Cachorro que muito **ladra** não **morde**".

a) Qual o sujeito dos verbos destacados? _____

b) Nesse período, quem pratica a ação expressa pelos verbos? _____

c) Nesse caso, o sujeito é agente ou paciente? _____

2. Compare agora.

I.
De A a Z:
Nasa monta alfabeto com paisagens.

Disponível em: <http://g1.globo.com/index.html>. Acesso em: 2 mar. 2016.

II.
"De A a Z: alfabeto com paisagens é montado pela Nasa."

a) No período reescrito, o sujeito pratica a ação expressa pelos verbos?

_____

b) Nesse último caso, o verbo está na voz ativa ou passiva?

_____

3. Leia este título de notícia.

6 empreiteiras
negociam colaboração na Lava Jato

Disponível em: <http://g1.globo.com/index.html>. Acesso em: 2 mar. 2016.

a) Qual o sujeito do verbo **negociar**? É agente ou paciente?

_____

b) Como ficaria essa oração se o redator quisesse escrever a oração na voz passiva?

_____

c) Na oração que você escreveu, o sujeito recebe a ação. Nesse caso, qual o termo que indica quem praticou a ação?

_____

d) Em qual das orações, na original ou na reescrita, é dada maior ênfase ao sujeito?

_____

4. Observe o quadro abaixo.

Sujeito paciente (sofre a ação)	Locuções verbais	Termo que indica quem pratica a ação
Colaboração na Lava Jato	foi negociada	por seis empreiteiras
Alfabeto	é montado	pela Nasa

a) Nessas orações, quem é o agente, ou seja, quem pratica a ação?

_____

b) De que forma os termos que indicam quem pratica a ação estão ligados às formas verbais?

_____

_____

c) Como se chama esse termo que indica quem pratica a ação na voz passiva?

_____

5. Em qual das alternativas abaixo o termo destacado em negrito exerce a mesma função do destacado no título de notícia?

Reitor da Univasf é condecorado **pelo** Conselho Federal de Farmácia

Disponível em: <http://www.anoticiadovale.com/index.php/cidades/petrolina/127-reitor-da-univasf-e-condecorado-pelo-conselho-federal-de-farmacia>. Acesso em: 27 jan. 2016.

a) ( ) Fotógrafo compra câmera de R$ 6 mil **pela** internet e recebe garrafa de água

Disponível em: <http://g1.globo.com/bahia/noticia/2016/01/fotografo-compra-camera-de-r-6-mil-pela-internet-e-recebe-garrafa-de-agua.html>. Acesso em: 27 jan. 2016.

b) ( ) "Não sei **por onde** vou, só sei que não vou **por aí**."

RÉGIO, José. "Cântico Negro" (fragmento do poema).

c) ( ) "A força-tarefa foi criada **pelo** Movimento em Prol da BR-319"

(fragmento de notícia)

6. A maneira mais comum de construir a voz passiva é utilizando os verbos auxiliares **ser** ou **estar** e o particípio do verbo principal.

Ministério Público denuncia 16 por suposta compra de medida provisória

Disponível em: <http://g1.globo.com/politica/noticia/2015/11/ministerio-publico-denuncia-16-por-suposta-compra-de-medida-provisoria.html>. Acesso em: 27 jan. 2016.

a) Reescreva o título desta notícia empregando a voz passiva. Utilize as formas verbais adequadamente e faça as alterações necessárias.

_____

_____

b) Qual o agente da passiva na oração que você reescreveu?

c) Uma das duas versões dá mais ênfase à ação do Ministério Público. Qual delas?

Relembre.

- Na **voz reflexiva**, o verbo é acompanhado de um pronome oblíquo (**me**, **te**, **se**, **nos**, **vos**), que exerce o papel de objeto do verbo.
- Na **voz reflexiva**, o pronome é sempre o da mesma pessoa gramatical do sujeito.
- Quando um ser pratica a ação verbal sobre outro, ao mesmo tempo que recebe a ação dele, dizemos que o verbo está na voz **reflexiva recíproca**.

7. Leia este fragmento de uma canção.

> [...]
> Então ela se fez bonita como há muito tempo não queria ousar
> Com seu vestido decotado cheirando a guardado de tanto esperar
> Depois os dois deram-se os braços como
> há muito tempo não se usava dar
> E cheios de ternura e graça foram para a praça
> E começaram a se abraçar
> [...]
>
> HOLANDA, Chico Buarque de e MORAES, Vinicius de. *Valsinha*.
> Disponível em: <http://www.chicobuarque.com.br/construcao/mestre.
> asp?pg=valsinha_70.htm>. Acesso em: 27 jan. 2016.

a) Observe o trecho destacado.

> **Então ela se fez bonita** como há muito tempo não queria ousar

- Nesse verso, o verbo está na voz reflexiva. Justifique a afirmação feita.

b) Observe agora estes versos.

> • Depois os **dois deram-se os braços** como há muito tempo não se usava dar [...]
> • E **começaram a se abraçar**.

I. Em que voz verbal estão os trechos destacados?

II. Qual a importância da utilização desse recurso no contexto do poema?

8. Na voz passiva pronominal, isto é, naquela formada por um verbo transitivo direto acompanhado do pronome **se**, o verbo concorda com o sujeito posposto. Reescreva as frases abaixo, utilizando o sujeito paciente no plural. Fique atento à concordância.

   a) Procura-se (cão).
   _____

   b) Aluga-se (bicicleta).
   _____

   c) Abriu-se (a inscrição) para o curso.
   _____

   d) Aceita-se (encomenda).
   _____

   e) Entrega-se (pizza).
   _____

   Retome no livro os conceitos de **voz passiva analítica** e **voz passiva sintética** ou **pronominal**.

9. Observe o cartaz. Depois, diga se são falsas ou verdadeiras as afirmações feitas.

   a) (   ) Por meio do cartaz ficamos sabendo como é o animal procurado. Ficamos também sabendo quem o está procurando.

   b) (   ) As frases verbais que aparecem no cartaz estão na voz passiva.

   c) (   ) Nas duas frases verbais, há verbo transitivo direto.

   d) (   ) Não há necessidade de usar o sujeito paciente, pois essa informação não é essencial para o objetivo do cartaz.

Disponível em: <http://www.sidneyrezende.com/noticia/75962+procura+se+branquinha+oferece+se+recompensa>. Acesso em: 2 mar. 2016.

PARA LEMBRAR

- Preencha as lacunas de modo a completar as explicações dadas.

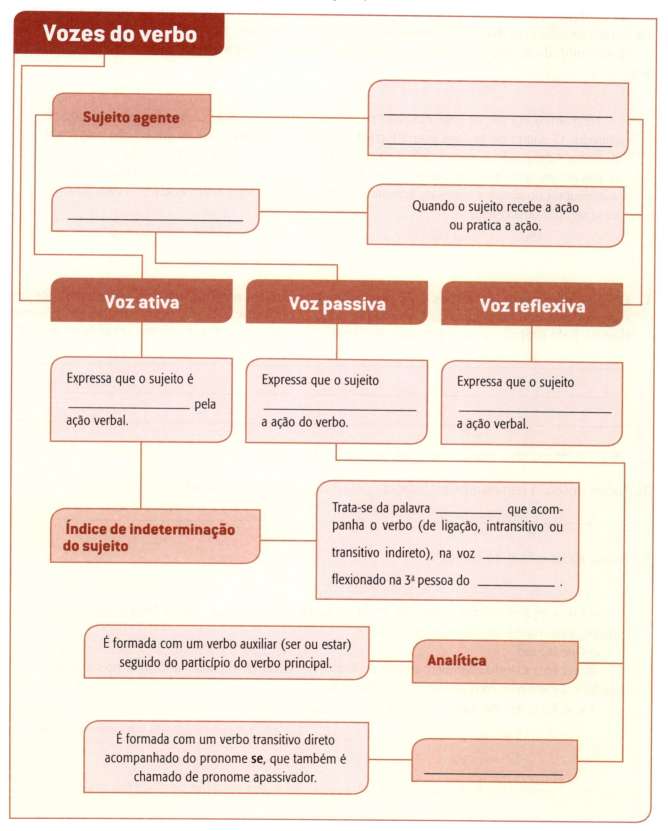

Outro olhar

Na unidade 7, falamos sobre o papel do narrador em narrativas de enigma e de suspense. Retome estes conceitos no livro para responder às questões a seguir.

Nesta unidade, lemos um conto de suspense chamado *Crime mais que perfeito*. Releia um trecho dele.

> Ninguém o vira sair de casa, ninguém presenciara a sua volta. Subiu a escada, estacionando no corredor. O quarto de tia Olga estava fechado, mas no de Cláudia a luz riscava o chão pela fresta da porta. Achegou-se e, com a palma da mão, empurrou-a com cuidado. Pousando mansamente os pés no assoalho, introduziu-se na alcova, moveu-se até a mesa da cabeceira, reclinou-se, ergueu o interruptor do abajur e, antes de comprimi-lo, contemplou a irmã adormecida. [...] Para Davi, ela seria sempre uma criança.
>
> COELHO, Luiz Lopes. Crime mais que perfeito. Em: *Maravilhas do conto moderno brasileiro*. São Paulo: Cultrix, 1958.

1. Observe novamente os verbos e os pronomes. O conto foi narrado em terceira pessoa, por um narrador que não participou da história que conta. Como ficaria esse trecho narrado em primeira pessoa, pelo próprio personagem que apresentaria os fatos como se tivessem ocorrido com ele?

_____

_____

_____

_____

2. Nesse trecho, a narrativa foi prejudicada pela mudança do foco narrativo?

_____

3. Releia agora o final do conto.

> — Estou aqui em cumprimento de um dever bastante desagradável. Jorge Antar foi encontrado morto, esta manhã, na casa em que morava.
>
> — Que horror!
>
> — Sua irmã Cláudia... também morta. Ao lado dele. Casamento contrariado, informou a empregada. Suicidaram-se com veneno misturado no leite.
>
> A vida ficou pesada para Davi e, um dia, ele a jogou no mar.
>
> COELHO, Luiz Lopes. Obra citada.

- Você acha que esse final poderia ser narrado também em primeira pessoa? Por quê?

_____

Leitura do mundo

Nesta unidade, falamos de contos, narrativas ficcionais de autoria definida. Trata-se de um gênero que se destaca pela concisão e que, numa concepção clássica, apresenta poucas personagens, tempo e espaço restritos e ações que giram em torno de um único conflito. Leia o que se diz sobre conto neste trecho de artigo.

> O grande mestre do conto moderno, Edgar Allan Poe, talvez tenha sido quem primeiro colocou o efeito pretendido no topo dos objetivos do escritor. Ainda hoje é considerado um bom conto aquele que consegue provocar algo no leitor, seja medo, compaixão ou reflexão. Quando temos uma simples descrição, não chega a ocorrer no leitor este efeito, por menor que seja, enquanto em uma narrativa como a do Leonardo Brasiliense o leitor não tem como não pensar na sua adolescência ou na sua atitude com os próprios filhos.
>
> SPALDING, Marcelo. *Pequena poética do miniconto*. Disponível em: <http://www.minicontos.com.br/?apid=2989&tipo=12&dt=0&wd=&titulo=Pequena%20po%E9tica%20do%20miniconto>. Acesso em: 27 jan. 2016.

- Leia agora o conto que o autor do texto anterior menciona.

TV NO QUARTO

E os pais na sala, assistindo a um documentário sobre os dramas da adolescência.

BRASILIENSE, Leonardo. *Adeus conto de fadas*, 2006, apud Marcelo Spalding.

O conto que você leu é um miniconto, narrativa, extremamente breve, que se caracteriza pela concisão. Nele não se fica sabendo quem eram e como eram os pais, se altos, magros, agressivos ou educados. Quem deve preencher todas essas lacunas é o leitor a partir de suas próprias vivências.

1. Um conto conciso como esse nos pega de surpresa, nos faz refletir, recorrer a nossos conhecimentos de mundo e a nossas experiências para lhe atribuir sentido. Sobre o que trata o conto?

_____

2. Qual a grande personagem ausente no conto, que deve ser colocada em cena pelo leitor?

_____

3. Como você imagina serem os pais representados no conto?

_____

4. Qual a grande ironia que constitui o conto?

_____

UNIDADE 8
De olho na atualidade

Reveja a jornada

Nesta unidade, trabalhamos com a colocação dos pronomes átonos nas orações de acordo com a norma-padrão. Reveja, no livro, o que foi estudado e faça as atividades a seguir.

1. Leia a tira.

Flavio Soarez. Disponível em: <http://www.avidacomlogan.com.br/index.php/2009/06/18/a-tirinha-da-semana-12/>. Acesso em: 18 mar. 2016.

a) Releia.

> Além disso, o gato tentou **me** unhar umas quatro vezes [...]
> Imagina! Nós **nos** vestimos assim todos os dias [...]

b) Os pronomes destacados foram usados em próclise. A quem se referem?

_____

c) De que outros modos se poderia escrever a segunda frase, alterando a posição do pronome átono?

_____

2. Leia esta propaganda.

a) Em que tempo foi empregado o verbo?

_____

b) Temos um exemplo de próclise, ênclise ou mesóclise?

_____

Revista *Veja São Paulo*, 12 de janeiro de 2011.

74

3. Leia este trecho de um conto.

Conto de escola

Na verdade, o mestre fitava-nos. Como era mais severo para o filho, buscava-o muitas vezes com os olhos, para trazê-lo mais aperreado. Mas nós também éramos finos; metemos o nariz no livro e continuamos a ler. […]

No fim de algum tempo – dez ou doze minutos – Raimundo meteu a mão no bolso das calças e olhou para mim.

– Sabe o que tenho aqui?
– Não.
– Uma pratinha que mamãe me deu.
– Hoje?
– Não, no outro dia, quando fiz anos...
– Pratinha de verdade?
– De verdade.

[…]

ASSIS, Machado de. Conto de escola. In: ____ et alii.
A palavra é... escola. São Paulo: Scipione, 1992.

a) Há duas "vozes" nesse trecho narrativo. Você consegue identificá-las?

_____

_____

b) Qual é a posição ocupada pelos pronomes no primeiro parágrafo?

_____

_____

c) A colocação do pronome em próclise ocorre em outro momento do texto. Escreva a frase em que isso ocorre.

_____

_____

d) Levante uma hipótese. Por que no primeiro parágrafo é usada mais a ênclise e em um segundo momento, no diálogo, a próclise?

_____

_____

_____

Para lembrar

- Preencha, a seguir, as definições que faltam no quadro conceitual sobre colocação pronominal.

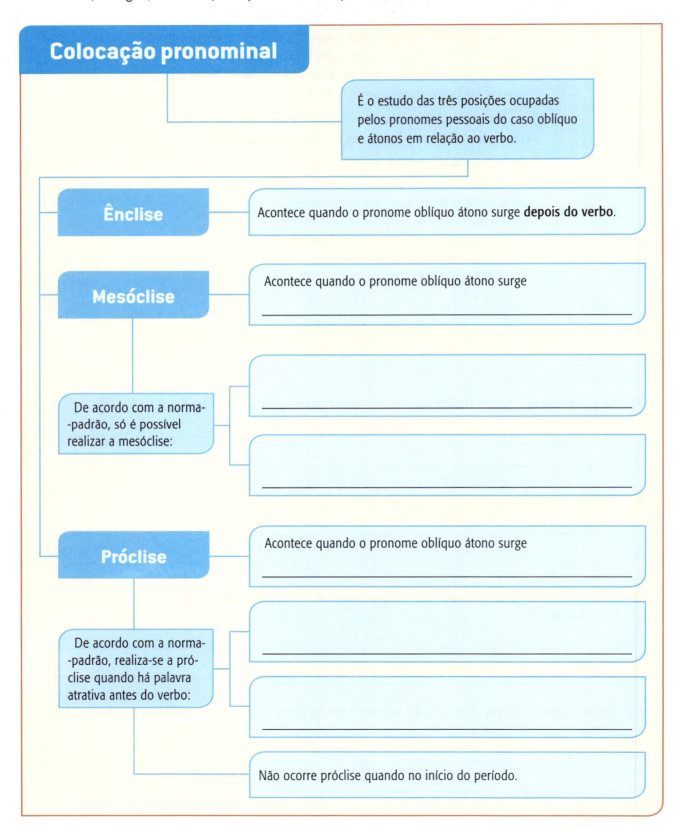

Outro olhar

Nesta unidade, estudamos um gênero da esfera jornalística, a reportagem. Além da reportagem e da notícia e entrevista, gêneros que você já conhece, outro gênero dessa esfera é o perfil jornalístico. Trata-se de uma narrativa sintética, que tem como foco alguns fatos marcantes da vida de uma pessoa. Diferentemente de outros gêneros jornalísticos, o perfil jornalístico, além de conter fatos e dados, inclui descrições psicológicas, impressões e interpretações do repórter que enriquecem o texto, o que geralmente não está presente na reportagem nem na notícia.

1. Leia este trecho de um perfil.

> Um garoto de classe média criado no Brás, bairro de imigrantes pobres, órfão de mãe aos quatro anos, ele sempre disse que ia ser médico. O sonho só foi ameaçado uma vez, quando prestou vestibular e, no segundo dia de exame, travou de puro *stress*. "Ele pousou a caneta na carteira e não conseguia mais acertar uma questão", conta a irmã mais velha, Maria Helena. Um ano depois, foi aprovado na USP em segundo lugar. Hoje, mais do que médico de sucesso, ele representa uma referência obrigatória quando se fala de saúde e está sempre envolvido em grandes projetos. A cada dois meses, viaja para Manaus, onde acompanha uma pesquisa da flora amazônica. [...] Ele é o âncora do programa batizado de *O que é que eu faço, doutor?*, um ambicioso projeto do Ministério da Saúde a ser exibido a partir deste mês por todas as televisões educativas do País. Na pauta, automedicação, tabagismo, dengue, pré-natal e Aids entre outros temas. [...]
>
> O tom brincalhão é um traço dominante em Drauzio, como lembra a atriz Regina Braga, 51 anos, sua mulher há 18. Regina conheceu o marido em 1981 ao dar um curso de teatro no Museu de Arte Moderna.
>
> Disponível em: <http://www.istoe.com.br/reportagens/31839_O+MEDICO+QUE+ABRIU+O+CORACAO>.
> Acesso em: 28 jan. 2016.

a) Como outros gêneros da esfera jornalística, o autor apresenta fatos da vida de quem faz o perfil. Cite dois deles.

_____

_____

b) O autor do perfil relata um fato ocorrido com o médico Drauzio quando jovem. Que elemento psicológico ele acrescenta sobre o que relata?

_____

c) Em que momento o autor expõe impressões pessoais? Localize a frase em que isso acontece e anote-a aqui.

_____

2. Uma variação do perfil jornalístico, o chamado perfil social, tornou-se muito comum com o advento das mídias digitais. Em redes sociais como o *Facebook* e o *Twitter*, os internautas costumam postar miniperfis, contando um pouco sobre si mesmos de forma a se comunicarem com outros internautas. Entretanto, nem sempre tais perfis contêm informações verdadeiras; há casos de perfis falsos. Leia esta notícia.

Perfil falso na internet dá 5 anos de prisão

Crime de falsidade ideológica é praticado por quem cria páginas de terceiros na internet

Alessandra Horto

Rio – Se passar por outra pessoa na internet é crime de Falsidade Ideológica e o usuário pode pegar até cinco anos de reclusão, mesmo que não haja o intuito de prejudicar quem teve o nome utilizado. Além disso, o perfil criado com a finalidade de obter vantagem ilícita, induzindo ou mantendo alguém em erro pode ser enquadrado no crime de estelionato, com o mesmo tempo de pena.

Especialista em Direito Digital e sócio do escritório Patricia Peck Pinheiro Advogados, Márcio Mello Chaves [...] ressalta que qualquer usuário pode ser vítima desse tipo de crime, principalmente diante da quantidade de informações pessoais que são compartilhadas e permitem a coleta *on-line* [..]; reduzir suas informações pessoais, evitando compartilhá-las e solicitando sua remoção, com base no Marco Civil da Internet, pode diminuir a confusão".

Disponível em: <http://odia.ig.com.br/noticia/economia/2014-07-08/
perfil-falso-na-internet-da-5-anos-de-prisao.html>. Acesso em: 2 mar. 2016.

a) Qual é o conselho que o especialista dá para evitar que alguém crie um perfil falso com seus dados?

_____

_____

_____

b) Você conhece alguém ou ouviu falar de alguém que sofreu essa experiência? O que a pessoa fez para resolver o problema?

_____

_____

_____

_____

_____

_____

Leitura do mundo

A era digital trouxe inúmeras vantagens para quem tem acesso à tecnologia. Uma delas é a facilidade de produzir e compartilhar conhecimento e a facilidade de comunicação. Entretanto, trouxe também a possibilidade de pessoas de má-fé se utilizarem dela para atos antiéticos que podem ser tipificados como crime.

1. Leia esta notícia.

Justiça está mais rígida com quem usa a internet para difamar pessoas

Quem posta ou compartilha também é punido.
Responsável pela ofensa pode pagar multa.

A justiça brasileira está mais rígida com quem usa as redes sociais e os grupos de conversas de celular para ofender, falar mal, difamar os outros. Quem posta a ofensa é punido, quem compartilha é punido e quem simplesmente entra na página e concorda com o que viu também é punido. [...]

O mundo que se exibe numa tela, onde a vida é meio de verdade, meio de mentira, meio civilizada, meio selvagem, e cada um diz o que quer acreditando estar livre de qualquer consequência, a cada dia fica mais parecido com o mundo real.

Nos últimos seis anos, passaram pela Justiça brasileira mais de 500 casos de vítimas de ofensas virtuais. Na grande maioria, quem ofendeu foi julgado criminalmente e, além disso, pagou uma multa de R$ 20 mil a R$ 30 mil.

"[…] Em termos de resultados para isso é que a internet gera mais provas. Está tudo documentado", diz a advogada especialista em crimes virtuais, Patrícia Peck. "Alguém começa uma piada, uma brincadeira de mau gosto e as outras pessoas curtem e começam a compartilhar isso achando que 'tudo bem, não vai me acontecer nada'. Mas não é assim. Todos os que se juntam na ofensa a uma pessoa, respondem junto com a pessoa que publicou aquele conteúdo", explica a advogada.

"A internet promove uma certa covardia. É público, mas acaba sendo, de uma forma, pelas costas, com requinte de maldade. Hoje crimes tipificáveis pelo Código Penal Brasileiro tem sido o de difamação, que seria você expor a honra, a imagem de uma pessoa pela internet, e esse crime pode estar associado a outros: incitação ao crime, por exemplo, a ameaça. Se decidir ir para justiça tem prova para punir essas pessoas", completa a advogada.

Disponível em: <http://g1.globo.com/jornal-hoje/noticia/2015/02/justica-esta-mais-rigida-com-quem-usa-internet-para-difamar-pessoas.html>. Acesso em: 2 mar. 2016.

2. De acordo com a advogada entrevistada na notícia, a ofensa e a difamação na internet ocorrem porque as pessoas:

a) (   ) acreditam que o uso da internet é anônimo.

b) (   ) desconhecem as consequências criminais de seus atos.

c) (   ) querem se divertir.

d) (   ) acreditam que têm total liberdade para dizer o que querem.

e) (   ) querem se vingar de quem falou mal delas.

3. Coloque F para falso e V para verdadeiro.

a) (   ) Difamar significa falar mal, atacar a honra ou expor a imagem de uma pessoa.

b) (   ) Só é punido quem escreve o *post*.

c) (   ) Ofensas e difamação na internet são difíceis de serem comprovadas.

d) (   ) O mundo virtual fica cada dia mais parecido com o mundo real.

4. Diversas condutas são consideradas crime quando cometidas via internet. Veja algumas delas.

- Agressões verbais dirigidas às pessoas, como comunidades criadas com o título de "Eu odeio... (nome da pessoa)".

- Criação de *sites*, blogues e participação em *chats* ou comunidades que divulguem informações que atinjam a honra e a dignidade de pessoas ou grupos sociais.

- Divulgação de fotos particulares, recebidas de amigos ou conhecidos, que revelem a intimidade dessas pessoas ou deturpem o significado das imagens.

Escreva abaixo ou em um *post* e, se possível, divulgue-o em sua página do *Facebook* ou *Twitter* ou outra rede social, posicionando-se contra o ato de ofender, falar mal ou difamar pessoas na internet. Divulgue as informações de que você tomou conhecimento nestas atividades. Acrescente um argumento de explicação ou de citação de autoridade para compor seu *post*.

_____

_____

_____

_____

_____

_____

_____

_____

_____

Dileta Delmanto
Licenciada em Letras (Português e Inglês)
Mestra em Língua Portuguesa pela PUC-SP
Professora das redes estadual e particular de São Paulo

Laiz B. de Carvalho
Licenciada em Letras e Mestra em Literatura Brasileira pela Universidade Sagrado Coração (USC-Bauru-SP)
Professora das redes estadual e particular de São Paulo

Jornadas.port 8
Língua Portuguesa

Editora Saraiva

Jornadas.port – Língua Portuguesa – 8º ano (Ensino Fundamental)
© Dileta Delmanto, Laiz B. de Carvalho, 2016
Direitos desta edição:
Saraiva Educação Ltda., São Paulo, 2016
Todos os direitos reservados

Dados Internacionais de Catalogação na Publicação (CIP)
(Câmara Brasileira do Livro, SP, Brasil)

Delmanto, Dileta
   Jornadas.port : língua portuguesa, 8º ano : ensino fundamental / Dileta Delmanto, Laiz B. de Carvalho. -- 3. ed. -- São Paulo : Saraiva, 2016.

   Suplementado pelo manual do professor.
   Bibliografia.
   ISBN 978-85-472-0055-8 (aluno)
   ISBN 978-85-472-0056-5 (professor)

   1. Língua portuguesa (Ensino fundamental) I. Carvalho, Laiz B. de. II. Título.

15-08273   CDD-372.6

Índice para catálogo sistemático:
1. Língua portuguesa: Ensino fundamental   372.6

Gerente editorial	M. Esther Nejm
Editor responsável	Olivia Maria Neto
Editor	Daisy Pereira Daniel
Coordenador de revisão	Camila Christi Gazzani
Revisores	Lilian Miyoko Kumai, Patrícia Cordeiro, Sueli Bossi
Produtor editorial	Roseli Said
Coordenador de iconografia	Cristina Akisino
Pesquisa iconográfica	Mariana Valeiro, Ana Szcypula, Wabatan Mantovanello
Licenciamento de textos	Ricardo Corridoni
Gerente de artes	Ricardo Borges
Coordenador de artes	Narjara Lara
Design	Casa Paulistana de Comunicação
Capa	Sérgio Cândido com imagem de Thinkstock/Getty Images
Edição de arte	Rodrigo Bastos Marchini
Diagramação	Dito e Feito comunicação
Assistente	Camilla Cianelli
Ilustrações	Andrea Ebert, BIS, Daniel Araujo, Fernando Pires, Quanta Estúdio
Tratamento de imagens	Emerson de Lima
Produtor gráfico	Thais Mendes Petruci Galvão
Impressão e acabamento	Bercrom Gráfica e Editora

603748.003.001

O material de publicidade e propaganda reproduzido nesta obra está sendo utilizado apenas para fins didáticos, não representando qualquer tipo de recomendação de produtos ou empresas por parte do(s) autor(es) e da editora.

Avenida das Nações Unidas, 7221 – 1º andar – Setor C – Pinheiros – CEP 05425-902

"Palavras são ferramentas que usamos para desmontar o mundo e remontá-lo dentro de nossa cabeça. Sem as ferramentas precisas, ficamos a espanar parafusos com pontas de facas, a destruir porcas com alicates. (Antonio Prata)"

Caro(a) aluno(a)

Gostamos muito dessa reflexão sobre a importância da língua como ferramenta para entender o mundo. Por isso, a escolhemos para iniciar este livro que trata de palavras e ideias, sentimentos e razões, fantasia e realidade e de escritores e de leitores que precisam conhecer e manejar essas ferramentas com precisão e sensibilidade para que possam interagir de forma eficiente com o mundo que os cerca.

Para tecer esta proposta, da qual você e seu professor serão os protagonistas, procuramos selecionar textos e atividades que possam fazer você se apaixonar cada vez mais pela leitura, percebendo-a como uma fonte inesgotável de prazer e de conhecimento que permite transformar a visão de mundo, reavaliar os sentimentos, suscitar emoções, conhecer novos mundos sem sair do lugar, viajar no tempo, compreender outras culturas e civilizações e ter contato com inúmeros livros.

Desejamos que as atividades deste livro propiciem a você muitas oportunidades de refletir sobre a realidade que o cerca, de expressar seu pensamento, de decidir como agir em relação aos desafios, de perceber a importância de atribuir sentido adequado aos textos que povoam nosso cotidiano e de conhecer as inúmeras possibilidades de expressão que a língua oferece.

Concluindo, esperamos que este livro possa levá-lo a novas descobertas e novas reflexões.

Grande abraço,

As autoras

APRESENTAÇÃO

CONHEÇA SEU LIVRO

Este livro está organizado em oito unidades. O desenvolvimento dos temas foi distribuído em diferentes seções, cada uma com finalidade específica.

Conheça essa estrutura.

Abertura da Unidade

Estas páginas são um aquecimento para o estudo da unidade. Aproveite as perguntas da seção **Trocando ideias** para conversar sobre a imagem e os assuntos que serão estudados a seguir, ao longo da unidade.

O boxe **Nesta unidade você vai** apresenta algumas das principais habilidades e conteúdos desenvolvidos na unidade.

Leitura 1 e 2

Nestas seções, sempre duas por unidade, você estudará um conjunto diversificado de gêneros textuais, como conto, fábula, lenda, poema, texto teatral, roteiro de cinema, crônica, letra de samba-enredo. Antes de iniciar a leitura desses textos, algumas perguntas em *Antes de ler* irão despertar o seu interesse pelo tema e antecipar o estudo do gênero.

Depois da leitura

Ao explorar vários aspectos da intertextualidade, sua compreensão do texto lido será expandida.

DEPOIS DA LEITURA

O HAICAI E OUTROS POEMAS BREVES

Leia.

Quantas memórias
Me trazem à mente
Cerejeiras em flor
  BASHÔ, Matsuo. Trilha estreita ao confim. São Paulo: Iluminuras, 1997.

Abrindo um antigo caderno
Foi que eu descobri:
Antigamente eu era eterno
  LEMINSKI, Paulo. Distraídos venceremos. São Paulo: Brasiliense, 1987.

esta vida é uma viagem
pena eu estar
só de passagem
  LEMINSKI, Paulo. La vie en close. São Paulo: Brasiliense, 1995.

A chuva passou.
A noite um instante volta
A ser fim de tarde.
  FRANCHETTI, Paulo. Disponível em: <http://terebess.hu/english/haiku/paulo.html>. Acesso em: 19 abr. 2015.

Cerejeiras em flor, na primavera.

Os poemas acima são exemplos de haicais.

> O haicai (ou *haiku*) é uma forma tradicional de poesia japonesa que registra, de forma simples e direta e em apenas três versos, um momento, uma sensação, uma impressão do eu poético ou um fato da natureza.

O primeiro foi composto por Matsuo Bashô (1644-1694), célebre poeta japonês, um dos primeiros a se dedicar à composição de haicais; os demais, por poetas brasileiros.

1. Há rimas nesses haicais? Se houver, que versos rimam?
2. Assim como o clique de uma máquina fotográfica, os haicais costumam registrar um [...] sensação ou impressão do eu poético ou um fato da natureza. Esses temas aparecem n[...]

Exploração do texto

O trabalho realizado nesta seção permitirá que você desenvolva habilidades de linguagem necessárias para se firmar como um leitor competente. Você também vai conhecer a estrutura e a função social do gênero a que pertence o texto lido, a relação entre texto, suporte e meio de circulação e outros recursos linguísticos.

EXPLORAÇÃO DO TEXTO

Antes de iniciar o estudo do texto, tente descobrir o sentido das palavras desconhecidas pelo contexto em que elas aparecem. Se for preciso, consulte o dicionário.

1. Na segunda cena, há várias informações sobre o defunto que está sendo carregado: quem é ele, quem o está trazendo, de onde e para onde?

2. No texto, o corpo do Severino Lavrador é carregado em uma rede, como na imagem I. Na imagem II, uma cena de enterro, o corpo é carregado da mesma forma? Que outras diferenças são notadas entre as imagens e o texto?

Capa de disco de vinil com músicas compostas por Chico Buarque para o poema de João Cabral.

Enterro, 1959, de Candido Portinari, Museu de Arte Contemporânea de Pernambuco.

Origem medieval
Morte e vida severina inspira-se em autos medievais e na cultura popular nordestina. Na Idade Média, em Portugal e na Espanha, os autos eram peças de teatro curtas, de assunto religioso ou não, sereno ou cômico. Tinham como finalidade divertir, moralizar, satirizar, criticar, catequizar. Conto o poema de João Cabral encerra-se com uma exaltação à vida, com o nascimento de uma criança, recebeu o subtítulo de "Auto de Natal pernambucano".

3. Responda no caderno.
   a) Por que Severino Lavrador foi morto?
   b) O que acontecerá com seu assassino?
   c) Em que trechos do texto você se baseou para responder?
   d) De acordo com o poema, a morte de Severino Lavrador foi um fato excepcional? Justifique sua resposta.

Do texto para o cotidiano

Aqui o objetivo é discutir temas como Cidadania, Ética, Meio ambiente e Pluralidade cultural.

DO TEXTO PARA O COTIDIANO

Nos filmes da série *Planeta dos macacos*, César é um animal geneticamente modificado. Você sabe o que é engenharia genética? Trata-se de uma ciência que realiza experimentos com os genes, responsáveis pela manifestação e transmissão das características hereditárias de seres vivos. Leia esta matéria para saber o que há de novo sobre o assunto.

A nova cara dos transgênicos

Criada para fazer bem à saúde e longe dos laboratórios das multinacionais, a terceira geração desses alimentos promete mudar a imagem negativa ainda associada a eles

Luciana Vicária

A trivial salada de alface nunca mais será a mesma. Embora idêntico na aparência, um novo tipo de hortaliça, com status de superalimento, terá 30% mais de ácido fólico em suas folhas. O vegetal supernutritivo é o representante brasileiro da nova geração de transgênicos, com características genéticas que trazem benefícios à saúde. Produzida nos laboratórios da Empresa Brasileira de Pesquisa Agropecuária (Embrapa), a alface pode mudar a imagem negativa que os alimentos geneticamente modificados carregam no país há duas décadas. [...]

Há muitos experimentos que tentam mudar os nutrientes de vegetais como feijão, banana, mamão e batata, mas poucos estão perto de ser liberados para consumo. A alface da Embrapa faz parte da terceira geração de transgênicos. Eles devem ser usados como fonte de ingredientes com efeito direto em tratamentos de saúde. A Embrapa também testa uma alface com propriedades capazes de fazer diagnósticos mais precisos e baratos para a dengue. Esse tipo de alimento ainda está em fase experimental em todo o mundo.

A carga de ácido fólico em 12 gramas da alface da Embrapa supre 70% da necessidade diária do organismo humano. A insuficiência de ácido fólico pode causar depressão e problemas na gravidez. A possibilidade de substituir as pílulas de ácido fólico – de consumo obrigatório pelas gestantes – pelas folhas verdinhas e crespinhas [...] é o que promete fazer dessa alface, cuja comercialização deverá ser iniciada em cinco anos, "um transgênico do bem". Há outros em desenvolvimento fora do país. É o caso da soja enriqueci-

Os transgênicos do bem

Esqueça as propriedades tradicionais dos alimentos. A nova safra será tão rica em ômega 3 quanto o salmão, e a batata terá proteína como a carne.

ARROZ
O arroz será **rico em vitamina A** como a cenoura e deverá reduzir os altos índices de cegueira e diarreia infantil por desnutrição

TOMATE
O tomate será rico em flavonoides e ajudará a prevenir cânceres e doenças no coração

ALFACE
A alface terá 15 vezes **mais ácido fólico** que o brócolis e poderá diminuir a incidência de problemas neurológicos em bebês

---

Produção oral e Produção escrita

As produções propostas nestas seções são trabalhadas passo a passo. Entre os gêneros orais, você terá a oportunidade de elaborar um *rap* e apresentá-lo em público, participar de exposições orais e debates e apresentar uma propaganda em um programa de rádio. E o trabalho com gêneros escritos incluirá conto, notícia, relato de viagem, propaganda, artigo de opinião e editorial.

PRODUÇÃO ESCRITA

REPORTAGEM

Vamos escrever em conjunto uma reportagem para o projeto de nosso jornal?

Você já aprendeu que uma reportagem pode se originar de um fato noticiado, de algo que o repórter presenciou ou pesquisou. Para redigir uma reportagem sobre um assunto de seu interesse, você e seus colegas terão de pesquisar material sobre o assunto, entrevistar pessoas, tirar fotos ou criar ilustrações, fazer resumos, redigir a reportagem no formato do gênero etc. Vamos começar?

Antes de começar

Leia esta notícia.

Fauna
Jiboia com filhotes é encontrada em fábrica

Policiais ambientais chamados para apanhar uma cobra que apareceu no pátio de uma multinacional em Sorocaba (SP), anteontem, tiveram uma surpresa: a serpente, uma jiboia, tinha um ninho com 20 filhotes. A ninhada estava num buraco próximo do alambrado que cerca a empresa ZF do Brasil, na zona industrial do município. Com a ajuda de veterinário Rodrigo Teixeira, do zoológico municipal, os policiais recolheram mãe e filhotes numa operação que durou cerca de uma hora. A jiboia mãe media cerca de 2 metros, e os filhos, em torno de 20 centímetros. Os répteis foram levados para o zoológico e serão soltos numa área de mata próxima da cidade.

O Estado de S. Paulo, 20 jan. 2013.

Jiboia encontrada com cerca de vinte filhotes no pátio de uma multinacional, em Sorocaba, SP.

1. A notícia relata a presença de uma jiboia e seus filhotes em um ambiente urbano. Por que, possivelmente, o animal buscou refúgio nesse local?

2. Que reportagem a leitura dessa notícia poderia sugerir?
3. Que questão investigativa ela poderia inspirar?
4. Encontre no texto as palavras específicas que se referem à jiboia e a seus filhotes.

Planejando o texto

1. Depois da escolha do assunto e da divisão da turma em grupos, sente-se com os colegas de seu grupo. Cada grupo receberá uma tarefa específica.

   1º grupo – Pesquisa:
   - Leitura e pesquisa de textos referentes ao assunto com elaboração dos resumos necessários.

   2º grupo – Entrevistas:
   - Preparação das perguntas e seleção dos entrevistados.

   3º grupo – Elaboração do texto:
   - Abertura, ampliação dos fatos e conclusão, com base nas entrevistas e resumos.
   - Inclusão das falas dos entrevistados por meio de discurso direto ou indireto.
   - Uso dos verbos de dizer (ou verbos de elocução).
   - Vocabulário de acordo com o assunto.

   4º grupo – Fotos, ilustrações:
   - Seleção de fotos e redação de legendas; criação de ilustrações.

   5º grupo – Quadros e infográfico:
   - Elaboração de quadros e, se for o caso, de um infográfico: elaborar o texto de um ou mais quadros e montar o infográfico com base no texto da reportagem.

2. Em conjunto, a turma montará a reportagem com o resultado do trabalho dos grupos.

Avaliação e reescrita

1. Após finalizarem os textos, façam uma avaliação coletiva, considerando:
   - Todos os elementos necessários a uma reportagem estão presentes?
   - O objetivo da reportagem está claro para os leitores?
   - Os leitores da revista da turma entenderão o texto facilmente?
   - Os elementos de um texto de reportagem estão presentes (título, subtítulo, sobretítulo, quadros etc.)?
   - A linguagem é adequada ao perfil dos leitores da publicação?

Teia do saber

Esta seção levará você a retomar os conhecimentos sobre língua abordados anteriormente, por meio do trabalho com alguns gêneros.

Reflexão sobre a língua

As atividades desta seção permitem que você reflita sobre o uso da gramática como recurso para uma comunicação oral e escrita competente e expressiva.

Fique atento

Este é um momento especial para a observação de questões relacionadas a ortografia, acentuação e pontuação, além de aspectos da textualidade, como coesão, coerência e conexão.

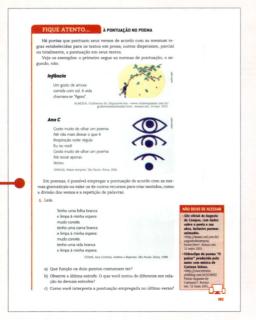

Experimente fazer

Nesta seção, você trabalha com as ferramentas indispensáveis ao estudo de todas as disciplinas: como pesquisar com eficácia, tomar notas, resumir textos, encontrar a ideia principal e secundárias de um texto e elaborar um mapa conceitual.

Ativando habilidades

Esta seção relaciona os temas vistos na unidade com a sua aplicação em provas oficiais.

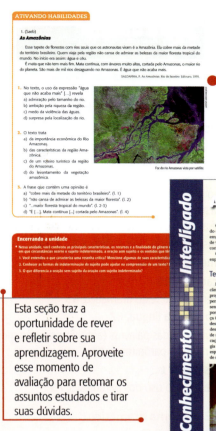

Conhecimento interligado

Esta seção explora a relação interdisciplinar que a área de Língua Portuguesa estabelece com as demais áreas do conhecimento (História, Geografia, Arte etc.)

Esta seção traz a oportunidade de rever e refletir sobre sua aprendizagem. Aproveite esse momento de avaliação para retomar os assuntos estudados e tirar suas dúvidas.

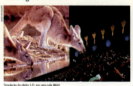

Projeto do ano

Trabalhando em equipe, você vai organizar, planejar e realizar um grande projeto, ao longo do ano, utilizando as produções feitas no decorrer do estudo das unidades.

Infográficos

Este recurso, que reúne imagens e textos, é utilizado para comunicar de maneira dinâmica e direta o conteúdo trabalhado. Por meio dele, você compreende melhor os assuntos estudados.

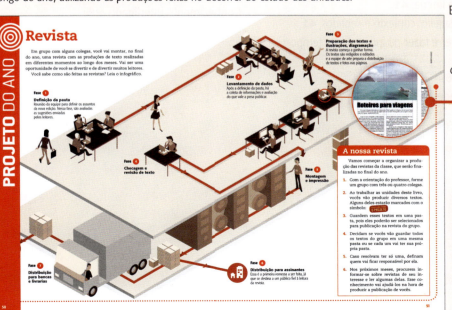

SUMÁRIO

1 Faça seu comentário

LEITURA 1 — Resenha crítica (Um novo patamar de atuação dos "macacos" – resenha do filme *Planeta dos macacos* – o confronto), **14**

Exploração do texto, **16**
  Nas linhas do texto, **16**
  Nas entrelinhas do texto, **17**
  Além das linhas do texto, **17**
Como o texto se organiza, **18**
Recursos linguísticos, **21**
Fique atento… à pontuação na resenha, **23**
Depois da leitura – Divergência de opinião, **24**
Do texto para o cotidiano (tema: transgênicos), **26**
Reflexão sobre a língua, **28**
  A posição do sujeito na oração, **28**
  Sujeito indeterminado: contexto e sentidos na oração, **29**
Teia do saber, **33**
Fique atento… à diferença entre sujeito indeterminado e sujeito implícito, **35**

LEITURA 2 — Resenha crítica (*Diante dos olhos de Marcelo* – resenha do livro *O rapaz que não era de Liverpool*, de Caio Riter), **36**

Exploração do texto, **37**
Produção escrita, **39**
  Resenha crítica, **39**
  Atividade de escuta, **40**
Reflexão sobre a língua, **41**
  A oração sem sujeito: contexto e sentidos, **41**
  Os verbos **haver** e **fazer** na indicação de tempo decorrido, **43**
Teia do saber, **46**
Ativando habilidades, **49**

PROJETO DO ANO (apresentação) — Revista, **50**

2 Cena aberta

LEITURA 1 — Texto dramático (*Odorico, o bem-amado*, Dias Gomes), **54**

Exploração do texto, **57**
  Nas linhas do texto, **57**
  Nas entrelinhas do texto, **58**
  Além das linhas do texto, **59**
Como o texto se organiza, **60**
Recursos linguísticos, **61**
Fique atento… à pontuação no texto dramático, **62**
Depois da leitura – Infográfico, **63**
Experimente fazer, **64**
Produção oral, **65**
  Encenação de texto dramático, **65**
Reflexão sobre a língua, **67**
  A significação das palavras (antônimos, sinônimos, homônimos e parônimos), **67**
Teia do saber, **71**
Fique atento… ao uso dos parênteses, **73**

LEITURA 2 — Poema dramático (*Morte e vida severina*, João Cabral de Melo Neto), **75**

Exploração do texto, **78**
Reflexão sobre a língua, **81**
  Processos de formação de palavras: a derivação, **81**
Teia do saber, **84**
Ativando habilidades, **86**
Conhecimento interligado, **88**

IMAX® DIVULGAÇÃO

3 Uma palavrinha, por favor...

LEITURA 1 – Entrevista (*"O futuro do cinema é uma fusão entre tecnologia e talento"* – entrevista com James Cameron, diretor do filme *Avatar*), **92**

- Exploração do texto, **95**
  - Nas linhas do texto, **95**
  - Nas entrelinhas do texto, **95**
  - Além das linhas do texto, **96**
- Como o texto se organiza, **97**
- Recursos linguísticos, **98**
- Fique atento... à pontuação na entrevista, **99**
- Depois da leitura – Outros formatos, **100**
- Do texto para o cotidiano (tema: gravidez na adolescência), **101**
- Produção oral, **102**
  - Discussão e exposição oral: características da entrevista ao vivo, **102**
- Reflexão sobre a língua, **104**
  - O predicado na construção da oração, **104**
- Teia do saber, **108**
- Fique atento... à pontuação na oração com predicativo, **110**

LEITURA 2 – Entrevista em *chat* (Bate-papo: Dia Nacional da Leitura – entrevista com Daniel Munduruku), **112**

- Exploração do texto, **115**
- Produção escrita, **117**
  - Entrevista fictícia, **117**
- Reflexão sobre a língua, **119**
  - Discurso direto e discurso indireto, **119**
- Teia do saber, **123**
- Ativando habilidades, **124**

4 Viagens a lugares que não existem

LEITURA 1 – Romance de aventura (*"Uma ilha que voa"*, capítulo de *Viagens de Gulliver*, Jonathan Swift), **128**

- Exploração do texto, **132**
  - Nas linhas do texto, **132**
  - Nas entrelinhas do texto, **133**
  - Além das linhas do texto, **134**
- Como o texto se organiza, **135**
- Recursos linguísticos, **136**
- Depois da leitura – A quarta capa, **138**
- Atividade de escuta, **140**
- Produção escrita, **141**
  - Capítulo de romance de aventuras, **141**
- Reflexão sobre a língua, **143**
  - Complemento nominal, **143**
- Teia do saber, **145**

LEITURA 2 – Conto maravilhoso (*"Simbad e os elefantes"* – história de *As mil e uma noites*), **146**

- Exploração do texto, **149**
  - Do texto para o cotidiano (tema: exploração de animais para obter riquezas), **150**
- Reflexão sobre a língua, **152**
  - Adjunto adnominal: contexto e sentidos, **152**
  - Adjunto adverbial: contexto e sentidos, **153**
- Teia do saber, **156**
- Fique atento... à pontuação da frase com adjunto adverbial, **159**
- Ativando habilidades, **160**
- **Conhecimento interligado, 162**

5 — Poesia e transgressão

LEITURA 1 – Poema (*Poema em linha reta*, Álvaro de Campos), **166**

  Exploração do texto, 168
- Nas linhas do texto, **168**
- Nas entrelinhas do texto, **169**
- Além das linhas do texto, **170**
- Como o texto se organiza, **171**
- Recursos linguísticos, **172**
- Depois da leitura – O haicai e outros poemas breves, **174**
- Do texto para o cotidiano (tema: literatura X transformação social), **176**

  Produção escrita, 177
- Criação de poema com base em texto em prosa, **177**

  Reflexão sobre a língua, 179
- Regência: relações e sentido, **179**
- Crase, **181**

  Teia do saber, 184

Fique atento... à pontuação no poema, **185**

LEITURA 2 – Poema visual, caligrama, poema concreto, poema digital, **187**

  Produção escrita, 192
- Poema, **192**

  Reflexão sobre a língua, 195
- Regência nominal, **195**

  Teia do saber, 196

Ativando habilidades, **198**

6 — Divulgação científica

LEITURA 1 – Texto de divulgação científica (*A mensagem na garrafa*, Adilson de Oliveira), **202**

  Exploração do texto, 205
- Nas linhas do texto, **205**
- Nas entrelinhas do texto, **205**
- Além das linhas do texto, **206**
- Como o texto se organiza, **207**
- Recursos linguísticos, **209**
- Fique atento... à pontuação no gênero texto de divulgação científica, **212**
- Depois da leitura – Mesmo tema, outro gênero, **213**
- Do texto para o cotidiano (tema: lixo espacial), **214**

  Produção escrita, 215
- Texto de divulgação científica, **215**
- Atividade de escuta, **216**

  Reflexão sobre a língua, 217
- Regência verbal, **217**
- Verbos transitivos diretos, **218**
- Verbos transitivos indiretos, **218**
- Verbos transitivos diretos e indiretos, **219**
- Crase: ocorrências ligadas à regência de alguns verbos, **221**

  Teia do saber, 225

Fique atento... ao uso do travessão em explicações, **227**

LEITURA 2 – Texto paradidático (*As possibilidades e os limites do corpo*, Lídia Rosenberg Aratangy), **228**

  Exploração do texto, 230
- Do texto para o cotidiano (tema: aparência física X popularidade), **232**

  Reflexão sobre a língua, 233
- Regência verbal: contexto, **233**
- A regência verbal na linguagem informal, **235**
- Crase: outros casos, **237**

  Teia do saber, 239

Ativando habilidades, **240**

Conhecimento interligado, 242

7 Decifra-me ou te devoro

LEITURA 1 – Conto de enigma (*O enigma dos furtos temporários*, H. Edward Hunsburger), **246**

- Exploração do texto, **249**
  - Nas linhas do texto, **249**
  - Nas entrelinhas do texto, **249**
  - Além das linhas do texto, **250**
- Como o texto se organiza, **251**
- Recursos linguísticos, **253**
- Depois da leitura – Intertextualidade, **255**
- Do texto para o cotidiano (tema: enigmas e previsão do futuro), **256**
- Reflexão sobre a língua, **257**
  - Vozes verbais: contexto e sentidos, **257**
- Teia do saber, **262**

LEITURA 2 – Conto de suspense (*Crime mais que perfeito*, Luiz Lopes Coelho), **264**

- Exploração do texto, **267**
- Produção escrita, **269**
  - Conto de suspense, **269**
- Reflexão sobre a língua, **271**
  - Voz passiva, **271**
  - Voz passiva analítica e voz passiva sintética (ou pronominal), **272**
  - Índice de indeterminação do sujeito, **274**
- Teia do saber, **276**
- Fique atento... à acentuação, **278**
- Ativando habilidades, **279**

8 De olho na atualidade

LEITURA 1 – Reportagem (*Painel alerta para migração de espécies*, Giovana Girardi), **282**

- Exploração do texto, **285**
  - Nas linhas do texto, **285**
  - Nas entrelinhas do texto, **285**
  - Além das linhas do texto, **287**
- Como o texto se organiza, **288**
- Recursos linguísticos, **289**
- Depois da leitura – Notícia *versus* reportagem, **291**
- Do texto para o cotidiano (tema: sustentabilidade), **292**
- Produção oral, **294**
  - Resumo de informações, **294**
- Experimente fazer, **296**
- Reflexão sobre a língua, **298**
  - Colocação pronominal, **298**
- Teia do saber, **301**

LEITURA 2 – Infográfico (*Em 2013, brasileiro produziu 3 milhões de toneladas de lixo a mais*, Adriana Ferraz), **303**

- Exploração do texto, **305**
- Produção escrita, **306**
  - Reportagem, **306**
- Reflexão sobre a língua, **308**
  - A colocação pronominal e a norma-padrão, **308**
- Teia do saber, **312**
- Fique atento... ao uso dos dois-pontos e do ponto e vírgula, **313**
- Ativando habilidades, **315**
- Conhecimento interligado, **316**

PROJETO DO ANO (elaboração) – Revista, **318**

BIBLIOGRAFIA, **320**

UNIDADE 1

Faça seu comentário

Nesta unidade você vai:

- ler resenhas para obter informações sobre um objeto cultural
- aprender como se organiza o gênero, suas principais características, recursos e finalidades
- planejar e produzir uma resenha
- realizar uma atividade de escuta para comparar uma resenha a uma sinopse
- conhecer em que circunstâncias ocorre o sujeito indeterminado e a oração sem sujeito, e os sentidos que têm no texto

TROCANDO IDEIAS

Ao lado você tem um cartaz de divulgação de um dos filmes da trilogia *O Hobbit*, série dirigida, coescrita e produzida por Peter Jackson, com base no livro de mesmo nome, do escritor inglês J. R. R. Tolkien. Os hobbits são um povo calmo, dedicado à vida campestre. Não alcançam um metro de altura e têm pés enormes. A trilogia conta a história de Bilbo Baggins, convocado pelo mago Gandalf para acompanhar a saga de treze anões em uma missão de resgate até a Montanha Solitária, situada na Terra Média. O grupo tentará recuperar os tesouros dos anões roubados por um dragão. Durante essa viagem, Bilbo apossa-se de um anel de estranhos poderes.

1. Assim como acontece em uma pintura, a fotografia de um filme joga com a luz.
   a) Como isso se dá no cartaz reproduzido?
   b) Na imagem aparece um foco de luz que orienta o olhar. Para onde a iluminação leva nossa atenção e que sentido ela ganha aqui?

2. Observe a figura e os elementos que compõem a imagem. Bilbo é representado nela. Considerando o resumo acima, o que você acha que poderia estar acontecendo na cena representada no cartaz?

3. De que modo esse cenário contribui para estimular a imaginação do leitor a respeito da história que será contada no filme?

4. Se você ainda não assistiu a este filme, teria curiosidade de vê-lo? Antes de vê-lo, pediria a opinião de alguém que já o tivesse visto? Se já viu, gostaria de saber como outras pessoas o avaliaram? Por quê?

LEITURA 1

ANTES DE LER

1. Quando quer obter informações a respeito de um filme, um livro, um jogo eletrônico ou um evento cultural em sua cidade, onde costuma buscá-las: com amigos, na internet, em revistas, suplementos de jornal?

2. Você já leu algum texto em jornal, revista ou *site* que aconselhava o leitor a assistir a determinado filme ou a ler um livro publicado? Se a resposta for afirmativa, o que era aconselhado e como era esse texto?

Muitas vezes nos vemos diante de questões como: decidir se vamos ou não ver um filme, se vamos a uma exposição de gibis ou de pinturas, que livro ler, que DVD ou jogo eletrônico comprar. Existem textos publicados em revistas, jornais e internet que dão informações desse tipo: são as resenhas críticas. Leia a resenha de um filme, que é a continuação de uma história contada em outros anteriores, para obter informações sobre ela. Será que a história despertaria seu interesse em assistir ao filme?

Cinema Estreia

Um novo patamar de atuação dos "macacos"

Em "O confronto", a trilha e a criação de Andy Serkis, como César, excedem

Luiz Carlos Merten

Combate. A violência corre solta num mundo de fanatismo.

Contemporâneo de *2001 – Uma odisseia no espaço*, de Stanley Kubrick, o primeiro *Planeta dos macacos* foi considerado um marco da ficção científica adulta no cinema. O curioso é que deveria ter surgido quatro anos antes, em 1964, e em outro estúdio. Ocorre que a Warner se assustou com o orçamento e desistiu. [...]

Tudo isso é história. O *Planeta dos macacos* teve quatro sequências, virou série, teve um *remake* – bem ruinzinho – de Tim Burton no começo dos anos 2000, e voltou agora com duas aventuras que dão marcha a ré. Depois de *Planeta dos macacos – A origem*, de Rupert Wyatt, chega *Planeta dos macacos – O confronto*, de Matt Reeves. Há duas semanas o filme ocupa o topo das bilheterias nos EUA e alimenta debates sobre o insumo de violência na série. A cena inicial é brutal – uma armação de filme de guerra, com os macacos perfilando-se para o combate. Não, ainda não é o confronto com os humanos.

O início é uma caçada ao veado na floresta próxima a São Francisco [cidade dos Estados Unidos], onde os macacos construíram sua civilização, após o colapso da humanidade pela peste símia, criada em laboratório e que se alastrou como praga. A cena é impactante e vai num crescendo – surge um urso, o macaco fica acuado e, no limite, surgem os assustados humanos, que receberão de César, o macaco falante do primeiro filme, a permissão para regressar à antiga base militar em que a frágil humanidade está sitiada. A situação é periclitante. Os humanos não têm energia e dependem do funcionamento da represa que o grupo de Malcolm (Jason Clarke) descobriu na floresta. Malcolm e César respeitam-se, mas de ambos os lados há os que acreditam e investem no confronto.

Os protagonistas Malcolm (Jason Clarke) e César (criado por Andy Serkis).

A violência corre solta e o diretor Reeves já disse que bebeu na fonte de – quem? – Fernando Meirelles, exortando o espectador a identificar a cena inspirada em *City of God*, *Cidade de Deus*. Foram necessários todos esses anos – e filmes – para o macaco chegar à conclusão de que macacos e homens não são, afinal, tão diferentes. Assim como o personagem de Gary Oldman do lado dos humanos, o lugar-tenente de César trai seu comandante e ainda arrasta o filho de César na escalada de violência. [...]

Mais do que no confronto, *Planeta dos macacos* termina em suspenso, e outro episódio deve vir por aí, ainda mais com o rio de dinheiro correndo nas bilheterias. O interessante é que o filme começa sem diálogos, demorando bastante até a primeira fala. Mas, depois, macacos e homens não param de falar. César e Malcolm são homens de família, voltados ao diálogo, num mundo de fanatismo em que a palavra é aviltada por meio de provas forjadas (a maneira como Koba, o segundo de César, tenta fazer crer que foram os humanos que atacaram o líder).

Crer ou não crer – em macacos falantes que criam um novo mundo. É mais ou menos como os robôs alienígenas do bem *versus* os do mal na série *Transformers*, de Michael Bay, e o quarto filme da franquia, *A Era da Extinção*, só não é disparadamente o melhor porque a batalha final é massacrante (as cenas em Monument Valley, em contrapartida, são magníficas). Na entrevista que deu ao *Estado*, Bay falou do tempo e do dinheiro investidos na humanização de **Optimus Prime** e seus **Autobots**, para dar expressão e mobilidade aos rostos. As máscaras do velho *Planeta dos macacos* (de Schaffner) valeram a John Chambers o Oscar de maquiagem. Isso é passado. Desde *A origem*, César e seus comandados são produtos das avançadas técnicas de *motion capture* que Peter Jackson introduziu em *O senhor dos anéis*.

Andy Serkis, que já criara o Gollum, é de novo prodigioso como César. Um dos atores menos conhecidos do mundo, ele permanece quase anônimo escondido atrás dos jogos de máscaras que os diretores desenvolvem para ele. Com Serkis, a arte da interpretação já chegou ao futuro, e só a Academia de Hollywood ainda não percebeu isso, caso contrário ele já teria recebido o Oscar. Pelo Gollum, pelo rei Kong ou agora por César. E há a trilha de Michael Giacchino. Como Reeves, o diretor de Cloverfield, Giacchino é cria do produtor e diretor JJ Abrams. Sobre a trilha original de Jerry Goldsmith, ele compõe uma partitura rica em nuances, do épico ao intimismo.

PLANETA DOS MACACOS – O CONFRONTO
Direção: Matt Reeves. Gênero: Drama (EUA/2014, 130 minutos).
Classificação: 12 anos.

O Estado de S.Paulo, 24 de julho de 2014, Caderno 2, p. C9.

> **Optimus Prime** é a personagem principal do filme de animação *Transformers* (2007), dirigido por Michel Bay. A personagem é líder dos **Autobots** (abreviação de *autonomous robotic organisms* = organismos robóticos autônomos, em inglês), robôs alienígenas capazes de alterar sua forma, vindo daí o título do filme.

15

EXPLORAÇÃO DO TEXTO

Antes de iniciar o estudo do texto, tente descobrir o sentido das palavras desconhecidas pelo contexto em que elas aparecem. Se for preciso, consulte o dicionário.

Nas linhas do texto

1. Onde a resenha foi publicada e quem é seu autor?

2. Uma resenha, além do conteúdo, traz dados técnicos sobre o objeto cultural de que fala. Anote no caderno os itens técnicos, presentes na resenha, referentes a:
   a) título do filme;
   b) duração;
   c) trilha sonora;
   d) diretor;
   e) protagonista.

3. O resenhista apresenta o resumo da história contada no filme.
   a) Em que parágrafo ou parágrafos da resenha o leitor fica sabendo o que acontece na história?
   b) De que forma César, líder dos primatas, e Malcolm, líder do grupo de humanos, são caracterizados?
   c) Qual é a relação que existe entre humanos e macacos?
   d) Qual é o fato que desencadeia essa situação?

4. Em uma resenha ficamos conhecendo a opinião de quem a escreveu.
   a) Nessa resenha, em que momento o resenhista apresenta ao leitor sua opinião?
   b) Os comentários que você apontou expressam uma visão positiva ou negativa do objeto resenhado, nesse caso, o filme?

5. A resenha pressupõe um leitor que conheça um filme ou filmes anteriores que deram origem a esse. Isso fica evidenciado em algum momento? Explique sua resposta.

6. Releia.

   Um novo patamar de atuação dos "macacos"

   a) Responda no caderno: a expressão destacada acima quer dizer que o filme:
      I. apresentou grandes novidades.
      II. atingiu um alto grau de qualidade.
      III. atingiu um nível destacado na bilheteria dos mais assistidos.
      IV. trouxe um novo tipo de desempenho das personagens "macacos".
   b) Levando em consideração o contexto da resenha, por que a palavra "macacos" aparece entre aspas?

A tecnologia no entretenimento

Motion capture

A técnica do *motion capture* ("captura de movimento") é um recurso bastante utilizado atualmente em diversos campos ligados à criação artística, como a animação em filmes e videogames. Em filmes, permite que os atores, vestidos com trajes especiais, atuem de forma verossímil na concepção e visualização de seres virtuais, como aconteceu no filme *Planeta dos macacos – A origem* e *Planeta dos macacos – O confronto*, com César e os demais macacos.

Andy Serkis com equipamento de *motion capture* e abaixo, sua versão final como César.

FOTOS: HANDOUT/REUTERS/LATINSTOCK

Nas entrelinhas do texto

1. Leia a sinopse (um breve resumo) do filme inicial, *Planeta dos macacos*.

   O *Planeta dos macacos* (1968), do diretor Franklin J. Schaffner, conta a história de um astronauta estadunidense, sobrevivente de uma missão espacial, que viaja pelo espaço durante certo tempo, em estado de hibernação. Ao aterrissar em um planeta que lhe parece semelhante à Terra, depara com um mundo criado por macacos falantes que dominam e escravizam seres humanos. No final do filme, descobre que se encontra na própria Terra, devastada e destruída.

   a) Na resenha, são mencionados os títulos dos filmes que dão sequência a esse. Quais são?

   b) No contexto da resenha, qual o significado do título *Planeta dos macacos – A origem*?

   c) Qual significado se pode atribuir ao título do segundo filme, *Planeta dos macacos – O confronto*?

2. Releia estes trechos.

   a) "A violência corre solta e o diretor Reeves já disse que bebeu na fonte de — quem?" O resenhista espera que o leitor responda a essa pergunta? Explique.

   b) "... e outro episódio deve vir por aí". Por que o autor faz essa afirmação?

3. O resenhista relata o enredo do filme, mas omite o final.

   a) Que efeito isso cria?

   b) A resenha lida recomenda explicitamente ao leitor que vá ou que não vá assistir ao filme?

Além das linhas do texto

1. Ao comentar o enredo do filme, o autor da resenha fala de respeito, mas fala também de traição. César, no filme, chega à conclusão de que "macacos e homens não são, afinal, tão diferentes." Por que ele afirma isso, segundo o resenhista?

2. Alguns críticos consideraram esse filme uma **parábola**, gênero de texto narrativo que traz um ensinamento moral, religioso ou filosófico. Pelas palavras do protagonista, "macacos e homens não são, afinal, tão diferentes", você diria que a história de César encerra um ensinamento? Explique.

NÃO DEIXE DE LER

- ***Super-heróis no cinema e nos longas-metragens da TV***, de André Morelli, editora Europa

  Esse livro reúne informações sobre filmes com super-heróis e sobre os quadrinhos que deram origem a eles. São mais de 150 filmes resenhados e inúmeras fotos.

COMO O TEXTO SE ORGANIZA

A resenha crítica tem como objetivo orientar o leitor na escolha de filmes, livros, espetáculos teatrais, exposições, CDs etc. Contém informações e avaliações sobre o objeto resenhado e apresenta argumentos para justificá-las. Observe a organização da resenha lida para responder às questões.

Título → **Um novo patamar de atuação dos "macacos"** ← **Subtítulo**

Em "O confronto", a trilha sonora e a criação de Andy Serkins, como César, excedem ← **Apresentação**

Imagem

Contemporâneo de *2001 – Uma Odisseia no Espaço*, de Stanley Kubrick, o primeiro *Planeta dos macacos* foi considerado um marco da ficção científica adulta no cinema. O curioso é que deveria ter surgido quatro anos antes, em 1964, e em outro estúdio. Ocorre que a Warner se assustou com o orçamento e desistiu. [...]

Tudo isso é história. *O Planeta dos macacos* teve quatro sequências, virou série, teve um *remake* [...] e voltou agora com duas aventuras [...]. A cena inicial é brutal – uma armação de filme de guerra, com os macacos perfilando-se para o combate. Não, ainda não é o confronto com os humanos.

Combate. A violência corre solta num mundo de fanatismo ← **Legenda**

O início é uma caçada ao veado na floresta próxima a São Francisco [...], onde os macacos construíram sua civilização, após o colapso da humanidade pela peste símia, criada em laboratório e que se alastrou como praga. A cena é impactante e vai num crescendo – surge um urso, o macaco fica acuado e, no limite, surgem os assustados humanos, que receberão de César, o macaco falante do primeiro filme, a permissão para regressar à antiga base militar em que a frágil humanidade está sitiada. A situação é periclitante. Os humanos não têm energia e dependem do funcionamento da represa que o grupo de Malcolm (Jason Clarke) descobriu na floresta. Malcolm e César respeitam-se, mas de ambos os lados há os que acreditam e investem no confronto. ← **Informação e Avaliação / Resumo**

A violência corre solta [...]. Foram necessários todos esses anos – e filmes – para o macaco chegar à conclusão de que macacos e homens não são, afinal, tão diferentes. Assim como o personagem de Gary Oldman do lado dos humanos, o lugar-tenente de César trai seu comandante e ainda arrasta o filho de César na escalada de violência. [...] ← **Avaliação + Argumentação**

Mais do que no confronto, *Planeta dos macacos* termina em suspenso, e outro episódio deve vir por aí, ainda mais com o rio de dinheiro correndo nas bilheterias. O interessante é que o filme começa sem diálogos, demorando bastante até a primeira fala. Mas, depois, macacos e homens não param de falar. César e Malcolm são homens de família, voltados ao diálogo, num mundo de fanatismo em que a palavra é aviltada por meio de provas forjadas (a maneira como Koba, o segundo de César, tenta fazer crer que foram os humanos que atacaram o líder).

[...]. Na entrevista que deu ao *Estado*, Bay falou do tempo e do dinheiro investidos na humanização de Optimus Prime e seus Autobots, para dar expressão e mobilidade aos rostos. As máscaras do velho *Planeta dos macacos* (de Schaffner) valeram a John Chambers o Oscar de maquiagem. Isso é passado. Desde *A Origem*, César e seus comandados são produtos das avançadas técnicas de *motion capture* que Peter Jackson introduziu em *O Senhor dos Anéis*. ← **Avaliação**

[...]

Com Serkis, a arte da interpretação já chegou ao futuro, e só a Academia de Hollywood ainda não percebeu isso, caso contrário ele já teria recebido o Oscar. Pelo Gollum, pelo rei Kong ou agora por César. [...]. ← **Conclusão**

PLANETA DOS MACACOS – O CONFRONTO
Direção: Matt Reeves.
Gênero: Drama (EUA/2014, 130 minutos).
Classificação: 12 anos.

← **Ficha técnica**

O Estado de S.Paulo, 24 jul. 2014, Caderno 2, p. C9.

1. Além do título, as resenhas críticas podem apresentar subtítulo. O título remete o leitor aos aspectos que serão destacados no texto ou ao ponto de vista defendido.

a) Qual a função do título na resenha lida? Justifique sua resposta.

b) Qual é a função do subtítulo nessa resenha?

2. Observe a imagem que acompanha a resenha.

a) O que ela mostra?

b) Que função têm as fotos que acompanham uma resenha?

c) Qual a função da legenda no caso dessa resenha?

3. Observe os elementos paratextuais no final da resenha.

a) Qual a função dos elementos paratextuais em uma resenha?

b) É importante fornecer esses dados ao leitor? Por quê?

4. Nessa resenha, o resumo da história está intercalado entre avaliações para defender a posição de que o filme é ótimo. Anote no caderno os trechos que contêm o resumo do enredo e depois os que são avaliações do resenhista para convencer o leitor da qualidade do filme.

a) "A situação é periclitante. Os humanos não têm energia e dependem do funcionamento da represa que o grupo de Malcolm descobriu na floresta."

b) "Mais do que no confronto, *Planeta dos macacos* termina em suspenso, e outro episódio deve vir por aí."

c) "O interessante é que o filme começa sem diálogos, demorando bastante até a primeira fala."

d) "... os macacos construíram sua civilização, após o colapso da humanidade pela peste símia, criada em laboratório e que se alastrou como praga."

5. Observe a organização deste trecho.

> Andy Serkis, que já criara o Gollum, é de novo prodigioso como César. Um dos atores menos conhecidos do mundo, ele permanece quase anônimo escondido atrás dos jogos de máscaras que os diretores desenvolvem para ele. Com Serkis, a arte da interpretação já chegou ao futuro, e só a Academia de Hollywood ainda não percebeu isso, caso contrário ele já teria recebido o Oscar. Pelo Gollum, pelo rei Kong ou agora por César.

Depois de afirmar que Andy Serkis é de novo prodigioso, o resenhista diz que ele "permanece quase anônimo escondido atrás dos jogos de máscaras". Em seguida, apresenta um argumento para justificar sua opinião de que Serkis faz um trabalho extraordinário.

Com Serkis, a arte da interpretação já chegou ao futuro — **Argumento**

a) Procure nesse trecho e anote no caderno mais um argumento apresentado pelo resenhista para defender sua opinião.

b) Nesse mesmo trecho o autor apresenta ainda um exemplo para fundamentar seus argumentos. Qual é ele?

6. Em uma resenha, como em outros textos argumentativos, não basta apresentar uma opinião, é preciso justificá-la e, para isso, o resenhista recorre a argumentos. Procure no texto e anote no caderno os argumentos apresentados para justificar estas opiniões.

a) Opinião: "... outro episódio deve vir por aí...".

b) Opinião: "As máscaras do velho *Planeta dos macacos* (de Schaffner) valeram a John Chambers o Oscar de maquiagem. Isso é passado."

> Em uma resenha crítica, os argumentos são as razões ou explicações apresentadas para convencer o leitor a reconhecer a validade do ponto de vista exposto.

7. As resenhas críticas publicadas em jornais e revistas de circulação nacional e em *sites* confiáveis são geralmente escritas por especialistas: críticos de cinema e literatura, jornalistas etc. Fazer escolhas com base na leitura de resenhas é um bom caminho para decidir o que ver ou ler? Por quê?

8. As resenhas sobre filmes ou livros, em geral, resumem o enredo ou o roteiro, mas não contam o final da história. Por quê?

9. Reveja o quadro de organização da resenha lida. A conclusão apresentada é coerente, ou seja, está de acordo com a opinião exposta no início da resenha e com os argumentos dados? Explique.

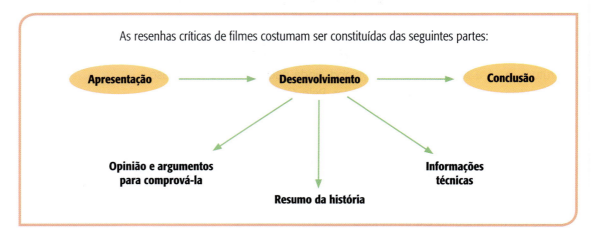

As resenhas críticas de filmes costumam ser constituídas das seguintes partes: Apresentação → Desenvolvimento → Conclusão. Desenvolvimento: Opinião e argumentos para comprová-la; Resumo da história; Informações técnicas.

RECURSOS LINGUÍSTICOS

1. Na resenha lida alterna-se o uso de verbos no passado e no presente.

a) Qual tempo predomina?

b) Releia e observe as formas verbais destacadas.

> "A cena inicial **é** brutal – uma armação de filme de guerra, com os macacos perfilando-se para o combate. Não, ainda não **é** o confronto com os humanos."
>
> "A cena **é** impactante e **vai** num crescendo – **surge** um urso, o macaco **fica** acuado e, no limite, **surgem** os assustados humanos..."
>
> "A violência **corre** solta..."

Que efeito o presente do indicativo produz nesses trechos da resenha?

c) Observe as formas verbais destacadas.

> "O *Planeta dos macacos* **teve** quatro sequências, **virou** série, **teve** um *remake* – bem ruinzinho – de Tim Burton no começo dos anos 2000, e **voltou** agora com duas aventuras..."
>
> "... os macacos **construíram** sua civilização, após o colapso da humanidade pela peste símia, criada em laboratório e que se **alastrou** como praga."

Por que foi empregado o passado nesses trechos?

d) Observe agora as formas verbais destacadas no futuro do pretérito.

> "O curioso é que **deveria** ter surgido quatro anos antes, em 1964, e em outro estúdio."
>
> ".... só a Academia de Hollywood ainda não percebeu isso, caso contrário ele já **teria** recebido o Oscar."

Qual das formas verbais expressa uma possibilidade?

2. Vimos que essa resenha é favorável ao filme resenhado.

a) No título, qual é a expressão que revela essa opinião?

b) Encontre outros adjetivos e advérbios que expressem alguma avaliação por parte do resenhista.

3. Releia este trecho e observe o uso das conjunções.

> "Os humanos não têm energia **e** dependem do funcionamento da represa..."

conjunção que indica relação de adição, **soma**

Observe as ==conjunções== e ==locuções== destacadas e, no caderno, explique a relação que elas indicam conforme o quadro.

> **Conjunções** e **locuções** estabelecem relações de sentido entre frases ou segmentos de frase.

ALTERNÂNCIA	OPOSIÇÃO	COMPARAÇÃO	CAUSA

a) "Malcolm e César respeitam-se, **mas** de ambos os lados há os que acreditam e investem no confronto."

b) "**Assim como** o personagem de Gary Oldman do lado dos humanos [trai], o lugar-tenente de César trai seu comandante..."

c) "Crer **ou** não crer – em macacos falantes que criam um novo mundo."

d) [...] *"A Era da Extinção*, só não é disparadamente o melhor **porque** a batalha final é massacrante (as cenas em Monument Valley, **em contrapartida**, são magníficas)".

4. Em resenhas, usa-se o vocabulário específico da área em que se insere o assunto de que tratam. Observe.

> "O *Planeta dos macacos* teve quatro sequências, virou **série**, teve um *remake*..."

Campo semântico

Chamamos de campo semântico o conjunto das palavras ligadas a uma mesma área de conhecimento, a uma mesma arte, ciência, profissão etc. Por exemplo, as palavras banda, vocalista, ensaio, agudo, desafinado etc. pertencem ao campo semântico da música.

As palavras destacadas referem-se à arte cinematográfica, ou seja, a cinema.

a) Encontre na resenha outras palavras que façam parte desse universo.

b) Que palavras se espera encontrar na resenha de um livro?

5. Ao lado de expressões coloquiais como "bem ruinzinho", "rios de dinheiro", "dão marcha a ré", a resenha contém termos como **patamar**, **insumo**, **aviltada**, **periclitante** e **exortando**. O que essas palavras permitem supor sobre a escolaridade do autor e do leitor da resenha?

Reflita: a linguagem dessa resenha é adequada ao público a que se destina e a seu assunto? Explique.

> A **linguagem das resenhas** pode ser mais ou menos formal, de acordo com seu leitor, com o veículo em que é publicada e com o produto resenhado.

FIQUE ATENTO... À PONTUAÇÃO NA RESENHA

1. Com exceção de uma única frase ("[…] o diretor Reeves já disse que bebeu na fonte de — quem?"), todas as demais, nessa resenha, são declarativas.

a) Que relação se pode deduzir entre o predomínio de frases declarativas e o gênero resenha?

b) Quais são os sinais de pontuação empregados na resenha?

c) Que sinal de pontuação predomina? Por quê?

2. Os parênteses e travessões duplos são sinais comumente empregados em resenhas e outros gêneros textuais. Leia os enunciados a seguir e responda às questões.

"*A era da extinção* só não é disparadamente o melhor porque a batalha final é massacrante (as cenas em Monument Valley, em contrapartida, são magníficas)."

"O *Planeta dos macacos* teve quatro sequências, virou série, teve um *remake* — bem ruinzinho — de Tim Burton..."

a) Qual a função dos parênteses no primeiro enunciado?

b) Qual a função do travessão duplo no segundo enunciado?

3. O resenhista usa vírgulas para separar o aposto. Observe.

"... a maneira como Koba, **o segundo de César**, tenta fazer crer que foram os humanos..."

Qual a função do aposto destacado, inserido entre vírgulas?

4. Com base na resenha que você leu, escreva uma breve avaliação sobre o filme, empregando parênteses ou travessão duplo com suas funções específicas. Acrescente um aposto para valorizar o trecho. Se quiser, escolha outro filme a que tenha assistido para comentar.

PARA LEMBRAR

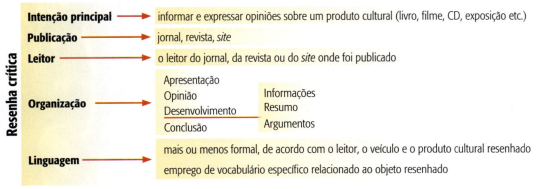

DEPOIS DA LEITURA

Divergência de opinião

O que seria do vermelho se todos gostassem do amarelo?

Diferenças de opinião são inevitáveis, e é preciso conviver com elas.

Vamos ler trechos de outra resenha, publicada em um *site*, e observar a posição do autor diante do objeto resenhado.

Marvel Studios amplia suas fronteiras

Érico Borgo

18 de abril de 2011

[...]

Em *Thor*, afinal, somos apresentados aos asgardianos, seres imortais de outra dimensão, que, ao revelarem-se aos *vikings*, foram confundidos com deuses, iniciando a mitologia nórdica. *Thor* (Chris Hemsworth) é um príncipe desse povo, um jovem impetuoso e tolo, cujas ações desencadeiam uma nova guerra contra os Gigantes do Gelo, liderados pelo Rei Laufey (Colm Feore). Banido para a Terra por seu pai, Odin (Anthony Hopkins), ele precisa aprender lições de humildade se quiser tornar-se digno de brandir novamente sua arma, o martelo Mjolnir, e com ele seu poder imortal.

Toda a construção de Asgard, a morada dos asgardianos, enche os olhos, assim como a cultura desse povo. Figurinos, o *design* da cidade, a iluminação e as cores, é tudo impressionante – especialmente para quem cresceu lendo as aventuras do Deus do Trovão nas histórias em quadrinhos. Asgard nunca foi tão bem retratada no papel ou fora dele.

[...]

[O diretor Kenneth] Branagh também aproveita a natureza épica do roteiro para criar batalhas emocionantes, à altura das maiores aventuras do personagem nas páginas dos quadrinhos. O embate de Thor com o Destruidor, por exemplo, é um dos mais empolgantes já mostrados em filmes do gênero.

Os problemas de *Thor* começam quando a trama, escrita por J. Michael Straczynski e Mark Protosevich, sai do plano de Asgard em direção à Terra. A necessidade de tornar a trama mais palatável ao grande público obriga o roteiro a martelar relacionamentos e situações mais próximas da realidade do espectador. [...]

[...]

Igualmente estranha é a opção de Branagh de filmar quase tudo no "ângulo holandês". Em linguagem cinematográfica, a inclinação da linha do horizonte é usada para causar desequilíbrio e sensação de deslocamento. Mas, quando o recurso é usado em excesso, o resultado em certos momentos beira a comicidade. Essa estética, combinada ao 3D, que pouco acrescenta ao filme, tira muito do mérito de *Thor*.

[...]

BORGO, Érico. Disponível em: <http://chapa.omelete.uol.com.br/filmes/criticas/thor?critica=2>. Acesso em: 21 abr. 2015.

O ator Chris Hemsworth em cena do filme *Thor*.

1. A resenha apresentava uma visão positiva do filme resenhado. Os trechos a seguir indicam avaliações positivas ou negativas do filme *Thor*?

a) "Toda a construção de Asgard, a morada dos asgardianos, enche os olhos, assim como a cultura desse povo. Figurinos, o *design* da cidade, a iluminação e as cores, é tudo impressionante."

b) "Branagh também aproveita a natureza épica do roteiro para criar batalhas emocionantes, à altura das maiores aventuras do personagem nas páginas dos quadrinhos."

c) "Os problemas de *Thor* começam quando a trama [...] sai do plano de Asgard em direção à Terra. A necessidade de tornar a trama mais palatável ao grande público obriga o roteiro a martelar relacionamentos e situações mais próximas da realidade do espectador."

d) "Igualmente estranha é a opção de Branagh de filmar quase tudo no 'ângulo holandês'. [...] quando o recurso é usado em excesso, o resultado em certos momentos beira a comicidade."

2. Leia agora comentários de internautas postados em um *site* especializado em cinema a respeito do filme *Thor*.

> **Ângulo holandês** é aquele em que a câmera tem uma inclinação lateral de 25 a 45 graus, o que faz com que as linhas horizontais apareçam como diagonais na tela.

Comentários dos usuários

R. em 1º/5/2011

NOTA: ★★★★☆

... Gostei muito de *Thor*, mas confesso que esperava um pouco mais, pois conta com a direção de um dos meus diretores favoritos. Em termos de efeitos especiais, apesar da boa qualidade, não acrescentou nada de novo. Em termos de lutas épicas, também nada me deixou surpreendida. Adorei a escolha do ator principal. [...]

M. em 8/5/2011

(SEM NOTA)

... Sei que serei criticado, mas o filme não me impressionou, apesar de adorar os heróis Marvel. Tirando os efeitos especiais, sobra uma história fraca, o que salva no filme é a interpretação do ator que faz o Locky. [...]

Disponível em: <http://www.adorocinema.com/filmes/thor/comentarios/>.
Acesso em: 3 out. 2011.

a) Observe a avaliação feita nos dois comentários sobre o mesmo filme: é positiva ou negativa?

b) Nesses comentários virtuais, os internautas lançam mão de outros recursos de avaliação além dos argumentos por escrito. Quais são esses recursos?

DO TEXTO PARA O COTIDIANO

Nos filmes da série *Planeta dos macacos*, César é um animal geneticamente modificado. Você sabe o que é engenharia genética? Trata-se de uma ciência que realiza experimentos com os genes, responsáveis pela manifestação e transmissão das características hereditárias de seres vivos. Leia esta matéria para saber o que há de novo sobre o assunto.

A nova cara dos transgênicos

Criada para fazer bem à saúde e longe dos laboratórios das multinacionais, a terceira geração desses alimentos promete mudar a imagem negativa ainda associada a eles

Luciana Vicáriai

A trivial salada de alface nunca mais será a mesma. Embora idêntico na aparência, um novo tipo da hortaliça, com *status* de superalimento, terá 30% mais de ácido fólico em suas folhas. O vegetal supernutritivo é o representante brasileiro da nova geração de transgênicos, com características genéticas que trazem benefícios à saúde. Produzida nos laboratórios da Empresa Brasileira de Pesquisa Agropecuária (Embrapa), a alface pode mudar a imagem negativa que os alimentos geneticamente modificados carregam no país há duas décadas. [...]

Há muitos experimentos que tentam mudar os nutrientes de vegetais como feijão, banana, mamão e batata, mas poucos estão perto de ser liberados para consumo. A alface da Embrapa faz parte da terceira geração de transgênicos. Eles devem ser usados como fonte de ingredientes com efeito direto em tratamentos de saúde. A Embrapa também testa uma alface com propriedades capazes de fazer diagnósticos mais precisos e baratos para a dengue. Esse tipo de alimento ainda está em fase experimental em todo o mundo.

A carga de ácido fólico em 12 gramas da alface da Embrapa supre 70% da necessidade diária do organismo humano. A insuficiência de ácido fólico pode causar depressão e problemas na gravidez. A possibilidade de substituir as pílulas do ácido – de consumo obrigatório pelas gestantes – pelas folhas verdinhas e crespinhas [...] é o que promete fazer dessa alface, cuja comercialização deverá ser iniciada em cinco anos, "um transgênico do bem". Há outros em desenvolvimento fora do país. É o caso da soja enriqueci-

Os transgênicos do bem

Esqueça as propriedades tradicionais dos alimentos. A nova soja será tão rica em ômega 3 quanto o salmão, e a batata terá proteína como a carne

ARROZ
O arroz será **rico em vitamina A** como a cenoura e deverá reduzir os altos índices de cegueira e diarreia infantil por desnutrição

TOMATE
O tomate será rico em flavonoides e ajudará a prevenir cânceres e doenças no coração

ALFACE
A alface terá 15 vezes **mais ácido fólico** que o brócolis e poderá diminuir a incidência de problemas neurológicos em bebês

FOTOS: THINKSTOCK/GETTY IMAGES

SOJA
A nova soja terá **alto teor de ômega 3** e ajudará a proteger contra doenças coronarianas

TRIGO
O trigo com **vitamina B9** ajudará a melhorar a defesa do organismo, evitando a anemia

BATATA
A batata com 33% **mais proteínas** será aliada no combate à fome e à mortalidade infantil

FOTOS: THINKSTOCK/GETTY IMAGES

da com ômega 3, que diminui o nível de triglicérides e o colesterol ruim e pode ajudar a evitar especialmente doenças cardíacas (*leia o quadro acima*).

[...]

Revista *Época*, disponível em: <http://revistaepoca.globo.com/Saude-e-bem-estar/noticia/2012/12/nova-cara-dos-transgenicos.html>. Acesso em: 21 abr. 2015.

1. Qual é o fato de que trata a notícia?

2. Pela sua relação direta ou indireta com a vida humana e o meio ambiente, os experimentos da engenharia genética causam polêmica mundial. Geralmente, há dois aspectos a considerar nessa discussão:

1) seus defensores acreditam que alimentos geneticamente modificados por meio de experimentos sérios e controlados podem acabar com muitos problemas de fome e de doenças;

2) seus críticos afirmam que ainda não se conhecem completamente seus efeitos no ser humano e nos animais, e que poderão causar desequilíbrio irreversível na genética da vida e da natureza.

a) O que você acha da produção de alimentos geneticamente modificados: defende ou critica? Por quê?

b) Alimentos modificados geneticamente já estão à venda em supermercados. De que modo podemos saber se um produto que consumimos no dia a dia sofreu alterações genéticas?

Engenharia genética

Há diferença entre Organismos Geneticamente Modificados (OGM) e transgênicos. Os OGM são organismos manipulados geneticamente, seja para alterar cor, tamanho, acrescentar ou potencializar propriedades. Transgênico é um organismo que contém uma sequência de genes de outro organismo, ou seja, material genético externo de outro organismo diferente dele; o prefixo *trans-* indica "para além de". Todo transgênico é um organismo geneticamente modificado, mas nem todo OGM é um transgênico.

A posição do sujeito na oração

1. Leia as manchetes e identifique o sujeito em cada uma delas. Para isso, procure o verbo ou locução verbal no predicado e verifique a quem ele se refere.

   I
   ### Rio na China fica vermelho sangue e assusta moradores

   Revista *Exame*. Disponível em: <http://exame.abril.com.br/mundo/noticias/rio-na-china-fica-vermelho-sangue-e-assusta-moradores>. Acesso em: 5 mar. 2015.

   II
   ### Chega a hora do confronto

   O ano é 2026. Primatas geneticamente modificados e sobreviventes humanos estão à beira de uma guerra em *Planeta dos Macacos – O Confronto*

   Jornal *Diário do Nordeste*. Disponível em: <http://diariodonordeste.verdesmares.com.br/cadernos/zoeira/chega-a-hora-do-confronto-1.1063950>. Acesso em: 5 mar. 2015.

   III
   ### Agricultores apostam em música clássica para melhorar cultivo de plantas

   Jornal *Estado de Minas*. Disponível em: <www.em.com.br/app/noticia/economia/2014/08/04/internas_economia,554960/agricultores-apostam-em-musica-classica-para-melhorar-cultivo-de-plantas.shtml>. Acesso em: 21 abr. 2015.

   IV
   ### Cai para 14,4 mil o número de pessoas fora de casa por enchentes no RS

   Jornal *Correio do Povo*, Rio Grande do Sul. Disponível em: <http://www2.correiodopovo.com.br/Noticias/?Noticia=530221>. Acesso em: 5 mar. 2015.

   a) Em quais manchetes o sujeito aparece antes do verbo? Em quais aparece depois?
   b) Que efeito se cria ao colocar o sujeito depois do verbo?

   > O **sujeito** pode aparecer **anteposto** ou **posposto** ao verbo.

2. Existem muitas formas de retomar o sujeito mencionado anteriormente, sem empregar as mesmas palavras. Leia.

   O filme foi fantástico, pois **a história** reuniu tudo o que agrada aos espectadores.
   ↓
   expressão de sentido equivalente a **o filme**

   O filme foi fantástico, pois **ele** reuniu tudo o que agrada aos espectadores.
   ↓
   pronome que substitui **o filme**

   O filme foi fantástico, pois reuniu tudo o que agrada aos espectadores. → o sujeito de **reuniu** está subentendido: **sujeito desinencial**

   Nos trechos a seguir, identifique o sujeito do verbo ou locução destacados. Indique a palavra que permite identificar tais sujeitos.

   a) "Homer é um egoísta que quer sempre se dar bem [...]. Se às vezes ele se **atrapalha** nos papéis de pai e marido [...], é também capaz de sacrificar um sonho diante da ameaça de perder essas pessoas."

   b) "Os habitantes revoltados descobrem quem foi o autor da presepada e **tentam linchar** Homer e a família [...]"

> Quando o sujeito da oração está implícito, é possível identificá-lo:
> - pela **terminação do verbo**;
> - pelo **contexto** (observando-se, por exemplo, o sujeito da oração anterior).

3. Localize o sujeito destas orações. Em uma resenha crítica, que termos poderiam ser usados para substituí-los?

a) A personagem principal é uma guerreira, livre e corajosa.

b) Nos momentos mais emocionantes, as músicas ajudavam a criar o clima adequado e sensibilizar a plateia.

c) Mesmo com participações modestas, os atores secundários fizeram um bom trabalho.

d) Ao final da projeção, os espectadores saíram em silêncio, comovidos.

Sujeito indeterminado: contexto e sentidos na oração

1. Leia a charge.

Folha de Vitória, 31 ago. 2009.

Os pássaros estão em uma ponte estaiada, tipo de ponte suspensa por cabos em diagonal.

a) Quais foram os grupos esquecidos na construção da nova ponte, segundo uma das personagens?

b) Que elemento na estrutura da ponte revela que não se pensou no bem-estar dos pássaros ao construí-la?

c) A personagem informa quem esqueceu a existência desses três grupos ao construir a ponte?

d) A terminação da forma verbal **esqueceram** indica a 3ª pessoa do plural. Essa informação é suficiente para identificar ou determinar o sujeito? Explique.

> Quando não é possível identificar o sujeito de uma oração, temos um **sujeito indeterminado**. Isso pode ocorrer: 1º) quando o locutor não sabe a quem se refere a ação expressa pelo verbo; 2º) quando não há interesse ou intenção de identificar o sujeito.

2. Releia a fala do pássaro.

   NESSA PONTE NOVA ESQUECERAM OS PEDESTRES, CICLISTAS E UMA OUTRA CLASSE...

   Gramaticalmente, não é possível determinar qual é o sujeito dessa oração. Mas, pelo contexto, é possível imaginar quem esqueceu os pedestres, os ciclistas e os pássaros. Quem seriam essas pessoas?

   > Pode ocorrer sujeito indeterminado com o verbo na 3ª pessoa do plural. Exemplos: **Deixaram** um recado para você. **Estão chamando** você na Secretaria.

3. Há outra forma de indeterminar o sujeito em uma oração. Leia as informações sobre este filme.

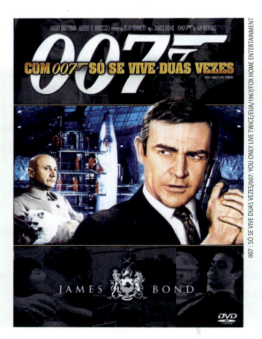

Com 007 só se vive duas vezes

Título original: You only live twice
Lançamento: 1967 (EUA)
Direção: Lewis Gilbert
Atores: Sean Connery, Akiko Wakabayashi, Mie Hama, Tetsuo Tamba, Teru Shimada
Duração: 114 min
Gênero: aventura

a) Em "**...só se vive duas vezes**", temos também uma oração com sujeito indeterminado. Por que não é possível determinar a quem se refere a forma verbal **vive**?

b) Nesse título, a forma verbal é o núcleo do predicado. Em que pessoa o verbo está conjugado?

> Pode também ocorrer sujeito indeterminado com o verbo na 3ª pessoa do singular, acompanhado do pronome pessoal se. Exemplos:
> **Precisa-se** de garçons.
> Em Itacaré, **vive-se** bem.

4. Leia estes provérbios.

> De tostão em tostão, **se chega** ao milhão.
> Devagar **se vai** longe.
> Aqui **se faz**, aqui **se paga**.
> Quanto mais **se tem**, mais **se quer**.

a) Em que pessoa e número estão empregadas as formas verbais nesses provérbios?

b) É possível determinar qual é o sujeito? Por quê?

c) No caderno, anote a afirmação ou afirmações mais adequadas ao que podemos concluir em relação ao sujeito indeterminado nesses provérbios.

    I. Não se determina o sujeito em provérbios porque não se sabe a quem esse conselho ou ensinamento é destinado.

    II. O uso do sujeito indeterminado em provérbios faz com que o conselho ou ensinamento possa ser aplicado à população em geral.

    III. Não se determina o sujeito nesses provérbios porque não se sabe quem age dessa forma.

    IV. Não há interesse em determinar o sujeito, pois podemos entender que o ensinamento ou conselho destina-se a toda e qualquer pessoa.

5. Releia este trecho de outra resenha sobre o filme *Planeta dos macacos – o confronto*.

> "No filme anterior, os macacos evoluídos liderados por César (Andy Serkis) tocaram o terror em São Francisco. [...] Dez anos depois destes acontecimentos, os macacos sumiram literalmente no meio do mato e ninguém sabe mais deles."

Disponível em:
<http://rollingstone.uol.com.br/
noticia/iplaneta-dos-macacos-
o-confrontoi-aborda-temas-como-o-
preconceito-e-decadencia-do-progresso/>.
Acesso em: 5 mar. 2015.

a) A palavra **deles** refere-se a quem no trecho?

b) Em "...ninguém sabe mais deles.", qual é o sujeito da oração?

c) Vemos que o sujeito pode ser expresso também por um pronome. Como se classifica esse sujeito: é simples ou indeterminado?

6. Observe o título e o subtítulo desta matéria.

Ninguém esquece um episódio de Os Simpsons

Aquela estupidez memorável do Homer não sai da sua cabeça? Você não é o único. Seriado foi o mais lembrado em um estudo sobre memória.

Revista *Galileu*. São Paulo, Globo, out. 2008.

a) O que quer dizer, nesse contexto, a expressão **estupidez memorável**?

b) Qual é o sujeito da oração que é o título da matéria?

c) Como se classifica esse sujeito: é simples ou indeterminado?

Observe que, mesmo que não se fale de uma pessoa específica, há uma palavra, na oração, que ocupa a posição de sujeito: o pronome **ninguém**.

Veja outros exemplos de sujeito simples representado por pronome.

> **Nada** se faz sem tempo.
> **Alguém** sempre precisa de alguém.
> **Ninguém** acerta sempre.

> Pronomes indefinidos, como **alguém**, **ninguém**, **tudo**, **nada**, e pronomes interrogativos, como **quem**, podem ocupar a posição de sujeito em uma oração.

ORALIDADE

O texto abaixo é a transcrição do trecho de uma resenha oral, no qual foram conservadas marcas próprias da oralidade. Leia-o, pense nas diferenças entre língua escrita e língua falada e, em seguida, faça as atividades propostas.

Teatro: Iara, sereia dos rios

Eu sou André Bortolanza, diretor da *Iara, sereia dos rios*, espetáculo que *tá* aqui no teatro Humboldt… […] A gente partiu de uma ideia, de músicas do George Passos, e a partir disso fomos pesquisando assim histórias, lendas da Iara e chegamos à conclusão assim que tem várias lendas, que são várias as histórias e a gente *tá* contan… trazendo algumas aqui. São três lavadeiras que estão assim na beira dum rio, ali enquanto estão no trabalho ali lavando a roupa *tão* contando e contando as histórias e cada uma conta a su… a sua história assim do seu modo como imagina. […] A peça segue até que o rio… que começa a chegar sujeira no rio, o lixo da cidade que vai se acumulando ali no rio e elas ficam sur… surpresas assim e… incomodadas também com toda aquela sujeira na água que até então elas lavavam a roupa, de repente não dá mais *pra lavá ropa* porque a água *tá* suja. […]

Disponível em: <www.youtube.com/watch?v=WPxC1J_2Vag>. Acesso em: 3 fev. 2015.

1. O resenhista adota um ponto de vista pessoal. Observe.

> A gente partiu de uma ideia, de músicas do George Passos e a partir disso fomos pesquisando assim histórias, lendas da Iara…

a) Quais são os sujeitos das formas verbais **partiu** e **fomos**?

b) Quando emprega esses sujeitos, a quem se refere o resenhista?

c) Por que o resenhista empregou o segundo verbo no plural **fomos** se falava antes na 3ª pessoa do singular, com a forma verbal **partiu**?

2. Releia.

> …tem várias lendas…

a) Há sujeito nessa oração?

b) Que outras formas verbais poderiam ser usadas para substituir a forma verbal **tem**?

3. O emprego que o resenhista faz do sujeito reflete marcas da modalidade oral da língua. Identifique no texto outras marcas da modalidade oral da língua e responda.

a) Em que elas se diferenciam das marcas de uma resenha na modalidade escrita?

b) Essas diferenças interferem no conteúdo da resenha? Explique.

4. Releia o primeiro parágrafo e reescreva as duas primeiras frases "Eu sou André… trazendo algumas aqui", apontando que tipo de interferências você fez.

1. Leia este trecho de uma reportagem.

O lado B da tecnologia

A cada dois anos um micro é substituído. O resultado é uma montanha de lixo tóxico que escapa ao controle das autoridades

Reciclagem de CPU.

Hoje os lançamentos são simultâneos e existe uma febre de substituir os equipamentos assim que chega algo novo ao mercado. [...] A cada dois anos e meio um *chip* dobra de capacidade e o anterior sai de cena. Somente no Brasil são produzidas, por ano, 3 mil toneladas de celulares. Para onde vai isso tudo? "Depende da política de cada município", explica Eduardo Castagnari, presidente da Abrelpe (Associação Brasileira de Empresas de Limpeza Pública e Resíduos Especiais), "mas na maioria dos casos o destino é equivocado". Supõe-se que no Brasil a maior parte dos resíduos eletrônicos tenha um fim semelhante aos resíduos urbanos, ou seja, os aterros sanitários.

ARTONI, Camila. O lado B da tecnologia. *Galileu*. São Paulo, Globo, fev. 2007.

a) De que tipo de lixo trata o texto?

b) Qual é o sujeito a que se refere a locução verbal **são produzidas**? Trata-se de um sujeito posposto ou anteposto ao verbo?

c) A que se refere a expressão "isso tudo"?

d) Observe e compare.

Ao fazer essa pergunta e, em seguida, oferecer a resposta, em qual das duas orações o autor do trecho enfatiza mais o destino do lixo do que o próprio lixo?

2. Anote no caderno as orações abaixo, colocando o sujeito depois do verbo.

   I. Erro pode ocorrer em qualquer tarefa.

   II. O melhor jogador do time faltou naquela partida.

   III. O braço doía-lhe.

   IV. Nosso esforço felizmente foi reconhecido.

   a) Compare as orações propostas com as que você alterou no caderno. Qual das posições do sujeito lhe parece mais eficiente para a comunicação: sujeito posposto ou anteposto?

   b) Em sua opinião, em um texto, quando o sujeito deve vir anteposto e quando deve vir posposto?

3. Volte às orações da atividade 2.
   a) Anote no caderno as orações com sujeito posposto, agora passando o sujeito para o plural.
   b) O que ocorre com a forma verbal que é o núcleo do predicado?

4. Leia esta tira.

Disponível em: <http://www2.uol.com.br/laerte/tiras/dia-a-dia/imoveis/tira23.gif>. Acesso em: 11 maio 2015.

Releia.

"Levaram tudo!... Os móveis, o som, a..., a..."

   a) No primeiro quadrinho, quem a personagem imagina que tenha levado suas coisas?
   b) É possível identificar o sujeito da forma verbal **levaram**?
   c) Levante uma hipótese: por que, na fala da personagem, não é importante explicar o sujeito de **levaram**?

5. Leia este trecho de uma resenha.

> Dizem que os homens não gostam de comédias românticas. Bobagem. Se apenas as mulheres vissem esse tipo de filme ele não faria o sucesso que faz. [...]
>
> MARTINS, Ivan. Disponível em:
> <http://revistaepoca.globo.com/Revista/Epoca/0,,EMI173732-15230,00-EMOCOES+BARATAS.html>.
> Acesso em: 5 mar. 2015.

   a) Que argumento a resenha apresenta para provar que os homens também gostam de comédias românticas?
   b) Há três formas verbais na terceira pessoa do plural nesse trecho. Qual ou quais delas têm sujeito indeterminado e qual ou quais não?

6. Leia este anúncio classificado, publicado na internet.

> 12/8/2010
>
> Precisa-se de tosador(a) experiente, responsável, ágil, dinâmico(a) e comunicativo(a) para trabalhar em clínica veterinária na zona Oeste.
>
> Disponível em: <http://www.petbrasil.com.br/clasva.asp>. Acesso em: 3 out. 2011.

a) Qual é a principal atribuição de quem trabalha como tosador(a)?

b) Compare.

I. "Precisa-se de tosador(a) experiente, responsável, ágil, dinâmico(a) e comunicativo(a) para trabalhar em clínica veterinária na zona Oeste."

II. Clínica veterinária na zona Oeste precisa de tosador(a) experiente, responsável, ágil, dinâmico(a) e comunicativo(a).

Qual é o sujeito do verbo **precisar** em cada frase?

c) Na frase I, o que tem mais destaque: o empregador ou o empregado procurado? E na frase II?

FIQUE ATENTO...

À DIFERENÇA ENTRE SUJEITO INDETERMINADO E SUJEITO IMPLÍCITO

O sujeito indeterminado com verbo na terceira pessoa do plural pode ser confundido com o sujeito implícito, construído com verbo na terceira pessoa do plural.

Leia o início de um conto.

Não foi da noite para o dia que os alicerces **surgiram** e **começaram** a erguer as paredes. Houve preparação do terreno, medições, marcações, durante meses. Acontece que os fatos posteriores **ficaram** nebulosos, criaram-se lendas e hoje todos **juram** que os alicerces **apareceram** num dia, o edifício ficou pronto no outro e a grande máquina foi instalada no terceiro. Então **passaram** a contratar pessoas.

Na verdade, o início pouco interessa. Os dados relativos àquela época, essenciais à situação, **são** os seguintes: **instalaram** a grande máquina num bairro operário, sem calçamentos e esgotos, não atingido pela especulação imobiliária.

BRANDÃO, Ignácio de Loyola. O homem que procurava a máquina. In: _____. *O homem do furo na mão*. São Paulo: Ática, 2009.

1. O prédio começou a ser erguido normalmente, mas surgiram lendas a respeito. Por quê?

2. Para quais formas verbais destacadas é possível identificar o sujeito?

3. Quais das formas verbais destacadas têm sujeito indeterminado?

4. Anote no caderno a resposta correta. Nesse conto, as orações com sujeito indeterminado contribuem para criar um clima de:

a) humor

b) romantismo

c) mistério

d) violência

LEITURA 2

ANTES DE LER

Nesta unidade, você leu a resenha de um filme. Será que resenhas de livros são muito diferentes da que vimos?

Leia a resenha crítica sobre um livro destinado ao público adolescente. Será que ela despertará seu interesse pelo livro?

Diante dos olhos de Marcelo

Os olhos castanhos de Marcelo eram únicos naquela família e não havia mais como negar as evidências. Na aula de Biologia, o professor explicara: características recessivas, características dominantes – e as ervilhas rodavam à mente. A velha desconfiança. Nenhuma foto da mãe esperando por ele, nenhuma com Marcelo fechado em seu ventre. Seus olhos não tinham a cor do mar, a cor do céu. Era só um Marcelo, adotado. E só.

Tristeza? Desespero? Amargura, porque viveu quinze anos sob a custódia da traição? O que sente Marcelo? O que pensa? Seus pais, ou melhor, Inês e Pedro Paulo, não tinham esse direito. De trocar uma história por outra. E ele caminha pelo quarto, como se tudo ali fosse diferentemente novo. Estranho. No entanto, tão familiar. Ele, a não exceção às regras de Mendel, o filho de coração, o rapaz que não era de Liverpool. Qual a sua verdadeira história? Os Beatles eram mesmo, realmente e apenas quatro, como Pedro Paulo, Inês, Ramiro e Maria. Alguém sobrava naquela casa. Era ele. Ali, fora da questão. Olhos nos olhos. Todas essas pessoas solitárias, de onde elas vieram?

Muita gente afirma que toda uma vida pode passar, diante de nossos olhos – claros, escuros, castanhos, azuis, não importa –, como um filme em alta velocidade. Caio Riter traduz essa sensação para o leitor, emprestando voz ao personagem, pois é Marcelo, em primeira pessoa, quem narra o torvelinho de imagens e de suas emoções em fragmentos, e igualmente lançando mão das técnicas cinematográficas para compor a organização do texto. O livro é dividido em cinco capítulos, nos quais a ação no presente se estende por pouco mais de uma semana e alguns dias. Esse plano é interrompido por cenas recuperadas à força das digressões como as memórias de fatos isolados e também aqueles instantes anteriores à conversa com a mãe e à derradeira confirmação, que marca o início da narrativa, às primeiras linhas do capítulo um.

Ora, ninguém mais se espanta com as idas e vindas dentro de um texto ou o congelamento da ação com o uso do *flashback*, recurso que ajuda a erguer estruturas não lineares de efabulação. Mas é exatamente na interpolação de diferentes planos que se confirma a originalidade do autor e um laborioso trabalho técnico. [...]

[...] E, a todo momento, torcemos por Marcelo. Pela resposta, por sua resposta, pela paz. Céu e mar.

Disponível em: <www.dobrasdaleitura.com/vitrine/2006/12cr.html>.
Acesso em: 22 abr. 2015.

36

EXPLORAÇÃO DO TEXTO

Antes de iniciar a exploração do texto, tente descobrir o sentido das palavras desconhecidas pelo contexto em que elas aparecem. Se for preciso, consulte um dicionário.

1. Releia estas informações.

Caio Riter
O rapaz que não era de Liverpool
Ilustração da capa: Graça Lima
Edições SM, 2006, 128 p.

Reflita: qual a importância dessas informações para o leitor da resenha?

2. No caderno, relacione os parágrafos a seus respectivos conteúdos.

a) Primeiro parágrafo.　　I. Informações sobre o enredo.

b) Segundo parágrafo.　　II. Opinião (positiva ou negativa).

c) Terceiro parágrafo.　　III. Informações sobre a estrutura do livro e técnicas usadas na narração.

d) Quarto parágrafo.

e) Quinto parágrafo.　　IV. Conclusão.

3. Pela leitura da resenha, é possível ter uma noção do enredo.

a) Qual é o conflito vivido pela personagem Marcelo?

b) Qual a importância da cor dos olhos de Marcelo para o estabelecimento desse conflito?

4. Releia.

"Ora, ninguém mais se espanta com as idas e vindas dentro de um texto ou o congelamento da ação com o uso do *flashback* [...] Mas é exatamente na interpolação de diferentes planos que se confirma a originalidade do autor [...]".

a) O que você entende por "idas e vindas" dentro do texto?

b) Interpolar é "alternar, revezar". Quais seriam os diferentes planos que se alternam na narrativa?

c) Anote no caderno quais frases do texto poderiam se referir ao presente (a dor de saber a verdade) e a um tempo passado (as lembranças).

NÃO DEIXE DE LER

- *O rapaz que não era de Liverpool*, de Caio Riter, Edições SM

Com um formato que lembra as técnicas cinematográficas, esse livro é de leitura agradável e instigante, e você ficará sabendo qual foi a resposta de Marcelo a suas próprias indagações.

Gregor J. Mendel.

O padre cientista

Gregor Johann Mendel (1822-1884), considerado "o pai da genética", foi um monge e botânico austríaco. Trabalhando com o cruzamento de sementes de ervilha, ele propôs a teoria, mais tarde confirmada, da existência de características biológicas que se transmitem pela hereditariedade, ou seja, de pais para filhos.

37

I. "Nenhuma foto da mãe esperando por ele, nenhuma com Marcelo fechado em seu ventre."

II. "Ele, a não exceção às regras de Mendel, o filho de coração, o rapaz que não era de Liverpool. Qual a sua verdadeira história?"

III. "[...] memórias de fatos isolados e também aqueles instantes anteriores à conversa com a mãe [...]"

IV. "E ele caminha pelo quarto, como se tudo ali fosse diferentemente novo. Estranho. No entanto, tão familiar."

5. Responda no caderno.

a) O autor da resenha tem uma opinião positiva ou negativa a respeito do livro? Com que argumentos ele fundamenta sua opinião?

b) O último parágrafo reforça a opinião sobre o livro? Explique.

6. Releia estas frases.

> "Seus pais, ou melhor, Inês e Pedro Paulo, não tinham esse direito. De trocar uma história por outra."

No contexto da história resumida na resenha, qual o significado da afirmação de que os pais adotivos do garoto não tinham o direito de "trocar uma história por outra"?

7. Nessa resenha, assim como na que lemos anteriormente, emprega-se vocabulário específico da área a que pertence o produto resenhado. Copie no caderno palavras e expressões que façam parte do universo dos livros.

8. Releia esta frase da resenha.

> "E, a todo momento, torcemos por Marcelo. Pela resposta, por sua resposta, pela paz."

Considerando o conflito vivido por Marcelo, em sua opinião, qual seria a resposta, a solução que ele daria a esse conflito?

9. Resenhas não devem antecipar informações que comprometam o impacto do filme ou livro de que falam. Compare o que se diz em cada resenha.

> "Mais não se deve contar, para não estragar a graça."
> "E, a todo momento, torcemos por Marcelo. Pela resposta, por sua resposta, pela paz."

Essas resenhas cumpriram sua finalidade com relação a você, como espectador e leitor? Por quê?

NÃO DEIXE DE LER

• *Vínculos,* de Lúcia Pimentel Goes, editora Atual

Laura, uma garota sensível e introspectiva, descobre, de forma inesperada, que é filha adotiva. Apesar de muito amada pela família, percorre um caminho de muitos conflitos interiores antes de aceitar esse fato.

PRODUÇÃO ESCRITA

Resenha crítica

Você vai produzir uma resenha e ajudar seus colegas a decidir que livro ler, qual filme, peça, espetáculo ou exposição ver etc.

Sua resenha será afixada em um mural da classe ou da biblioteca e, no fim do ano, será aproveitada na revista a ser publicada pela classe. Vamos lá?

Antes de começar

1. Nas resenhas, emprega-se o vocabulário específico da área à qual pertence o objeto resenhado.

    a) Pelo campo semântico a que as palavras pertencem, tente deduzir: a que produto cultural se refere a resenha de onde cada grupo de palavras foi tirado?

    I. plateia, aparelhagem de som, guitarrista, telão, vocalista, banda, iluminação

    II. picadeiro, lona, plateia, palhaço, malabarista, equilibrista, mágico

    b) Agora faça o contrário: escreva no caderno palavras que provavelmente seriam usadas em uma resenha sobre:

    I. uma peça de teatro;

    II. um espetáculo de dança.

2. As resenhas devem fornecer ao leitor alguns dados técnicos. Veja o tipo de informação que consta das resenhas lidas.

Planeta dos macacos – O confronto	
Duração	nome do autor
Nome do diretor	nome do ilustrador
Nome das personagens principais	nome da editora
	ano de publicação
	número de páginas

Que dados são essenciais em uma resenha sobre:

a) um espetáculo musical?

b) uma exposição de pintura?

Planejando o texto

1. Sua cidade ou as cidades próximas têm cinema, teatro, museu, livraria ou biblioteca? Procure se informar:

    a) Há filmes, peças, espetáculos de dança e música interessantes em cartaz? Há alguma exposição? Qual?

    b) Entre os livros disponíveis para venda em livrarias ou para empréstimo em biblioteca, quais são os imperdíveis, aqueles que seus colegas não podem deixar de ler?

NÃO DEIXE DE ACESSAR

- http://www.lendo.org/resenhas-de-livros/

Esse endereço dá acesso a diversas resenhas, não só dos clássicos da literatura mundial, mas também dos livros mais vendidos atualmente.

2. Entre esses produtos culturais, escolha um para ser objeto de sua resenha. Tem de ser algo que você conheça bem, para dar informações confiáveis e argumentos válidos.

3. Planeje as partes da resenha.
   a) Apresentação: diga ao leitor qual produto cultural será avaliado e, se quiser, antecipe sua opinião sobre ele.
   b) Opinião: exponha sua opinião, que pode ser positiva ou negativa.
   c) Argumentação: dê ao leitor argumentos para comprovar sua opinião.
   d) Dados: se não tiver as informações necessárias, recolha-as em jornais e revistas ou na internet.
   e) Resumo: se sua resenha é sobre um livro, filme ou peça, prepare o resumo da história, sem tirar a surpresa do desfecho.
   f) Na conclusão, confirme seu ponto de vista.

4. Empregue vocabulário específico da área e use linguagem adequada a seus leitores.

5. Use recursos linguísticos adequados ao gênero: emprego das formas verbais no presente e no passado, conjunções apropriadas ao contexto e adjetivos para expressar sua avaliação.

6. Explore a pontuação, empregando parênteses ou travessão duplo para intercalar comentários, informações adicionais ou explicações quando oportuno.

Avaliação e reescrita

1. Faça uma autoavaliação, verificando se os elementos mais importantes de uma resenha estão presentes.
   - As informações sobre o produto cultural que o leitor não pode deixar de ter foram dadas?
   - O resumo da história é claro, mas sem estragar a surpresa do final?
   - Fica claro para o leitor se você recomenda o produto e por quais razões?
   - A linguagem é adequada ao leitor e também ao produto que está sendo resenhado?

2. Reescreva o que for preciso e entregue a resenha ao professor.

3. Após a avaliação do professor, monte com seus colegas um painel na sala de aula ou na biblioteca. Deve ser um espaço de fácil acesso para todos. Vocês podem, por exemplo, expor uma parte das resenhas a cada dia. Atentem para as datas: o leitor deve encontrar informações sobre filmes, peças e espetáculos que ainda estão em cartaz.

Livros são produtos culturais que podem se tornar clássicos com o passar do tempo, como *Os sofrimentos do jovem Werther*, de Goethe, ou revelar-se um sucesso de venda já no lançamento, como *Os contos de Beedle, o bardo*, de J. K. Rowling.

ATIVIDADE DE ESCUTA

Você conheceu o gênero resenha e trabalhou com uma resenha sobre um filme e outra sobre um livro. Existe ainda outro gênero que também trata de produtos culturais, a **sinopse**. Ouça com atenção a leitura da sinopse do filme que foi resenhado na *Leitura 1*. Ao final, você deverá ser capaz de apontar uma semelhança e uma diferença entre uma resenha e uma sinopse.

A oração sem sujeito: contexto e sentidos

1. Leia o início de uma crônica sobre o Copan, famoso edifício da cidade de São Paulo.

> Chove sobre o Copan, chove muito. Agora faz sol. Calor. Agora chove outra vez. Faz frio. O sol volta, a chuva volta, o calor volta, o frio volta e esse vaivém é parte do plano secreto da natureza que pretende fazer nevar sobre o Copan. A natureza é ardilosa.
> Nesse ritmo, logo, logo vai nevar sobre o Copan. Gaúchos, mineiros, cariocas, goianos, pernambucanos, paraenses. Faça chuva ou sol, o país inteiro cabe no Copan. [...]

Nelson de Oliveira. Disponível em: <http://www1.folha.uol.com.br/fsp/mais/fs0912200717.htm>. Acesso em: 21 abr. 2015.

O edifício Copan, em São Paulo, foi projetado pelo arquiteto Oscar Niemayer; tem 1160 apartamentos e é habitado por mais de 2000 pessoas.

a) O autor mostra que o Copan se mantém inabalável diante das ações da natureza. Que ações são essas? Indique-as no caderno.
b) O autor afirma que "o país inteiro cabe no Copan". No contexto da notícia, como se pode interpretar essa frase?

2. Releia estas orações, em que os verbos e expressões destacados indicam fenômenos da natureza.

> "**Chove** sobre o Copan, chove muito."
> "Agora **faz sol**."
> "Faz **frio**."
> "Nesse ritmo, logo, logo vai **nevar** sobre o Copan."

O autor da crônica refere-se a vários fenômenos da natureza, usando os verbos ou expressões **chover**, **fazer frio**, **fazer sol** e **nevar** para mostrar as mudanças de clima pelas quais o Copan passa. Nessas orações:

a) é possível identificar o sujeito desses verbos?
b) é possível determinar com que palavra(s) essas formas verbais concordam?
c) é possível identificar o sujeito desses verbos?
d) é possível atribuir essas ações a um ser que tenha praticado todas elas?

Nessas orações, temos ação verbal, mas não há um sujeito a quem atribuir essa ação. As ações de **chover**, **fazer sol**, **fazer frio** e **nevar** independem da existência de um sujeito. Quando não existe a quem atribuir o processo verbal, dizemos que o verbo é impessoal e que não há sujeito na oração. Trata-se, então, de uma **oração sem sujeito**.

> **Verbo impessoal** é aquele que só é usado na terceira pessoa do singular.

> **Oração sem sujeito** é aquela em que o processo verbal expresso pelo predicado não é atribuído a nenhum ser.
> A oração sem sujeito não deve ser confundida com a oração com sujeito indeterminado; na oração sem sujeito, como o próprio nome indica, o sujeito não existe. Na oração com sujeito indeterminado, ele existe, mas não se pode ou não se quer identificá-lo.

REFLEXÃO SOBRE A LÍNGUA

41

3. Leia este trecho de um guia de viagem *on-line*.

> **Maravilha em reflexo**
>
> Paraíso de *trekkers* e aventureiros em geral, Patagônia chilena tem cenários deslumbrantes, daqueles que ficam por muito tempo na lembrança.
>
> [...]
>
> Quem decidir se aventurar na reserva de outubro a abril verá o parque em seu esplendor, repleto de flores. A época também **é** perfeita para os que vão investir em trilhas. O dia **é** mais longo – amanhece às 5 horas e só anoitece perto das 22 horas [...].
>
> Disponível em: <www.estadao.com.br/noticias/suplementos,maravilha-em-reflexo,602861,0.htm>. Acesso em: 25 fev. 2015.

a) Que tipo de esporte praticam os *trekkers*?

b) No gênero guia de viagem, é comum o emprego de predicativos; quais predicativos se ligam às duas formas do verbo ser destacadas?

c) Qual é o sujeito das formas verbais amanhece e anoitece?

d) Observe e compare.

"...**amanhece** às 5 horas..."

Dia **amanhece** nublado e deve permanecer fechado em todo MS

Disponível em: <http://falams.com/dia-amanhece-nublado-e-deve-permanecer-fechado-em-todo-ms/>. Acesso em: 5 mar. 2015.

Nessas orações, a forma verbal **amanhece** refere-se ao mesmo tipo de sujeito? Por quê?

4. Existem outros casos de oração sem sujeito. Veja mais um deles. Leia.

> Há pouca diferença no uso da pontuação ao redor do mundo. Ela é ajustada à língua pelas regras gramaticais. Um exemplo é a interrogação, que em espanhol aparece no início e no final da frase, ao contrário do que ocorre no português.
>
> Marcelo Duarte. *O guia dos curiosos – Língua portuguesa*. São Paulo: Panda Books, 2003.
>
> "Por que essa cara triste?", "Helga me pôs de dieta!"

a) O verbo **haver**, na primeira oração, foi empregado com o sentido de "existir" ou com o sentido de tempo decorrido?

b) Em que pessoa está a forma verbal **há**?

c) É possível identificar o sujeito da forma verbal **há**? Por quê?

5. Leia e observe estes provérbios.

Onde **há** fumaça, **há** fogo.

Há males que vêm para bem.

a) Esses provérbios são construídos com orações sem sujeito. O verbo *haver* foi empregado de modo pessoal ou impessoal?

b) Qual o significado do verbo haver nesse contexto?

> Orações construídas com o verbo **haver** com o sentido de "existir" na terceira pessoa do singular são **orações sem sujeito**.

42

Os verbos haver e fazer na indicação de tempo decorrido

Veja outros exemplos de oração sem sujeito nestes provérbios.

Onde **há** fumaça, **há** fogo.

verbo impessoal, terceira pessoa do singular

Há males que vêm para bem.

verbo impessoal, terceira pessoa do singular

1. Leia estes títulos de notícias.

Agora faz frio o ano inteiro em Gramado
Disponível em: <www.gazetadopovo.com.br/turismo/conteudo.phtml?id=1426940&tit=Agora-faz-frio-o-ano-inteiro-em-Gramado>. Acesso em: 5 mar. 2015.

Depois da chuva o frio voltou
Disponível em: www.climatempo.com.br/olhonotempo/162103/depois-da-chuva-o-frio-voltou>. Acesso em: 5 mar. 2015

Compare.

Agora **faz** frio.... ... o frio **voltou**.

a) Você costuma procurar informações sobre o tempo? O que essas duas manchetes têm em comum?
b) Em qual das orações não há sujeito, ou seja, trata-se de uma oração sem sujeito? De que modo você chegou a essa conclusão?
c) Qual é o verbo empregado na oração que você indicou?

2. Leia esta notícia.

Forevis! 20 anos sem Mussum
De Lucas Salgado • terça-feira, 29 de julho de 2014 - 09h30

Há vinte anos, o Brasil perdia um de seus mais marcantes comediantes, um eterno Trapalhão. Fica aqui nossa lembrança

Cacildis! Já faz 20 anos que o Brasil ficou um pouco mais triste... Há duas décadas, morria aos 53 anos Antônio Carlos Bernardes Gomes, mais conhecido como Mussum.

Disponível em: <www.adorocinema.com/noticias/filmes/noticia-108519/>. Acesso em: 5 mar. 2015.

a) A expressão **20 anos** para indicar tempo foi substituída no contexto por outra com o mesmo sentido. Qual é ela?
b) Releia.

Já faz vinte anos que o Brasil ficou um pouco mais triste.

O verbo **fazer** foi usado no singular. Ele exprime ação ou tempo decorrido?
c) Em **Já faz vinte anos...**, temos uma oração sem sujeito. Por quê?

Mussum, durante as filmagens de *O vagabundo e os Trapalhões*, de 1982.

Mussum, apelido do comediante Antônio Carlos Bernardes Gomes (1941-1994), fez parte do grupo Os Trapalhões, junto com Dedé Santana, Renato Aragão e Zacarias. Palavras recriadas com a terminação "is" foram uma das marcas de seu humor, como "Forevis" e "Cacildis". Como parte do quarteto, Mussum alcançou fama nacional e reconhecimento por seu trabalho.

d) Que outra expressão no texto da notícia indica tempo decorrido?

> Orações construídas com o verbo **fazer** na terceira pessoa do singular para indicar fenômeno da natureza ou expressar tempo decorrido são **orações sem sujeito**. Nesse caso, o verbo é empregado de modo **impessoal**.

3. Leia esta notícia.

Fernando de Noronha sofre falta d'água há três semanas

[...]

A população local começou a se manifestar no sábado, 8, com um protesto na BR-363. A via foi interditada por cerca de duas horas em horário de voos, impedindo turistas de deixarem o local. [...]

Há registro de fechamento de restaurante e de pousadas por causa da escassez de água e turistas chegam a usar piscinas para tomar banho. [...]

> Disponível em: <www.jornaldebrasilia.com.br/noticias/brasil/534891/
> fernando-de-noronha-sofre-falta-dagua-ha-tres-semanas/>. Acesso em: 5 mar. 2015.

a) O verbo **haver** aparece duas vezes nessa notícia, na terceira pessoa do singular. Ele foi empregado com o sentido de tempo decorrido ou com o sentido de **existir**?

b) Por que não é possível indicar o sujeito dessas orações?

> Orações construídas com o verbo **haver** na terceira pessoa do singular e com sentido de tempo decorrido são **orações sem sujeito**; nesse caso, o verbo é empregado de modo **impessoal**.

4. Veja mais um caso de oração sem sujeito, observando o emprego do verbo **ser** nestes trechos.

> Já **era quase meio-dia** e não havia mais peixe na beirada do desgastado píer. Solitário, o filho de pescador estava sobre as pedras recolhendo o seu material de trabalho. [...]
>
> Disponível em: <www.opovo.com.br/www/opovo/economia/832529.html>.
> Acesso em: 5 out. 2011.

> O jogo vai ser na Fazenda São Luiz, contra os meninos da colônia, reforçado com os filhos dos patrões e do administrador. [...] Nós vamos sair daqui de casa às sete da manhã. Daqui até lá **são vinte quilômetros** e, portanto, devemos chegar às dez.
>
> SANTOS, Antônio Carlos Afonso dos. Disponível em:
> <www.recantodasletras.uol.com.br/juvenil/145612>. Acesso em: 22 abr. 2015.

a) Em que pessoa foi empregado o verbo ser nas orações destacadas?

b) É possível identificar o sujeito de **era** e **são**?

c) Reflita: por que, nesse contexto, ocorre a variação de número nas formas desse verbo?

O verbo **ser** pode ser empregado para expressar tempo (hora, dia, mês etc.) e distância em orações sem sujeito.

> Orações construídas com o verbo **ser** na terceira pessoa do singular indicando tempo, distância ou fenômeno meteorológico são **orações sem sujeito**; o verbo **ser**, nesses casos, é chamado de **impessoal**.

Impessoais que podem ser pessoais

Quando empregados em sentido figurado, os verbos impessoais podem apresentar sujeito. Veja.

O vento
venta
e inventa
mil maneiras de ventar;
venta fraco
venta forte
venta gostoso
feito um beijo antes de dormir.

> CAMARGO, Luís.
> *O cata-vento e o ventilador.*
> São Paulo: FTD, 1998.

O verbo **ventar**, que normalmente é impessoal, aqui foi empregado em sentido figurado, por isso apresenta sujeito: **o vento** (o vento venta). Quando funciona como verbo auxiliar, em uma locução verbal, o verbo haver é pessoal e concorda com seu sujeito. Exemplo: Os meninos **haviam** saído de manhãzinha.

44

A LÍNGUA NÃO É SEMPRE A MESMA

1. Leia a tira.

Laerte. *Striptiras*. Porto Alegre: L&PM, 2008. v. 3.

a) Onde a personagem parece estar?

b) Releia o segundo balão. O sentido habitual do verbo ter é "possuir". Ele foi empregado com esse sentido na tirinha? Explique.

c) A oração "Ei, tem um rato enorme aqui!!" tem sujeito?

d) Compare.

"Ei, tem um rato enorme aqui!!"   Ei, há um rato enorme aqui!!

O significado dessas frases é diferente? Qual delas é mais formal?

> Na linguagem informal, escrita ou oral, o verbo **ter** é frequentemente empregado como impessoal, com o significado de "existir" (assim como acontece com o verbo haver).

2. Leia, abaixo, trecho de uma crônica, o diálogo entre o cronista e um motorista de táxi, em uma noite chuvosa.

> […]
> Depois que meu amigo desceu do carro, o chofer aproveitou um sinal fechado para voltar-se para mim:
> – O senhor vai desculpar, eu estava aqui a ouvir sua conversa. Mas, tem mesmo luar lá em cima?
> Confirmei: sim, acima da nossa noite preta e enlameada e torpe havia uma outra – pura, perfeita e linda.
> – Mas, que coisa...
> Ele chegou a pôr a cabeça para fora do carro para olhar o céu fechado de chuva.
>
> BRAGA, Rubem. A outra noite. *In*: Carlos Drummond de Andrade et alii. Para gostar de ler. São Paulo: Ática, 2011. v. 2.

a) O motorista de táxi, ao saber que havia luar acima das nuvens escuras de chuva, demonstra incredulidade, medo, admiração ou interesse?

b) Anote no caderno a alternativa em que há uma oração sem sujeito e própria da linguagem informal:

   I. "Ele chegou a pôr a cabeça para fora do carro para olhar o céu fechado de chuva."
   II. "Depois que meu amigo desceu do carro, o chofer aproveitou um sinal fechado […]"
   III. "Mas, tem mesmo luar lá em cima?"
   IV. "[…] sim, acima da nossa noite preta e enlameada e torpe havia uma outra […]"

c) Entre as orações acima, há outra sem sujeito. Anote-a no caderno.

1. Leia.

Há vida fora da Terra?

Perguntinha difícil, essa. Há séculos o homem vem tentando respondê-la, mas está longe de um consenso. Os cientistas costumam se dividir em dois grupos: os otimistas e os pessimistas. Os primeiros acreditam que, sim, o Universo está cheio de vida e, a qualquer momento, poderemos fazer contato com civilizações extraterrestres. [...] Já os pessimistas lembram que, apesar de todas as buscas realizadas, até hoje não foi encontrada uma evidência sólida sobre a existência de vida fora do nosso planeta. [...]

LOBATO, Flávia. Revista *Superinteressante*.
São Paulo: Abril, jun. 2005.

a) Por que a pergunta do título é classificada como difícil?
b) Copie no caderno as duas orações em que aparece o verbo **haver**. Em que sentido ele foi empregado nessas orações?
c) É possível identificar o sujeito dessas duas orações?

2. Leia o início desta crônica.

Segredo

Há muitas coisas que a psicologia não nos explica. Suponhamos que você esteja em um 12º andar, em companhia de amigos e, debruçando-se à janela, distinga lá embaixo, inesperada naquele momento, a figura de seu pai, procurando atravessar a rua ou descansando em um banco diante do mar. Só isso. Por que, então, todo esse alvoroço que visita a sua alma de repente, essa animação provocada pela presença distante de uma pessoa de sua intimidade? [...]

CAMPOS, Paulo Mendes. In: Carlos Drummond de Andrade et alii. *Crônicas 4*.
São Paulo: Ática, 2011. (Col. Para Gostar de Ler).

a) Segundo o texto, qual é uma das coisas que a psicologia não nos explica?
b) Qual é o verbo empregado para afirmar que existem coisas inexplicáveis?
c) A palavra ou as palavras que expressam o que existe estão no plural ou no singular?
d) O verbo que você apontou fica impessoal ou concorda com essa(s) palavra(s)?
e) Imagine que o autor quisesse tornar a linguagem da crônica mais informal. Nesse caso, qual destes verbos pessoais poderia substituir com mais adequação o verbo **haver** no início da crônica?

| surgir | existir | viver | acontecer | aparecer |

3. Anote as frases a seguir no caderno, inserindo adequadamente o verbo **haver** no sentido de existir. Empregue o tempo verbal adequado ao sentido das frases.

a) As testemunhas afirmam que diversas provas contra o réu.

b) Desenvolver uma consciência ecológica é importante, e várias maneiras de colaborar.

c) Foi difícil decidir, pois muitas alternativas.

d) Fique tranquilo quanto ao futuro; certamente muitas possibilidades de emprego.

e) Durante o jogo de ontem muita confusão, pois as regras não foram bem definidas.

f) Em 1914, muitas razões para iniciar-se um conflito mundial.

4. Leia esta tira.

BROWNE, Dik. *O melhor de Hagar, o horrível*. Porto Alegre: L&PM, 2003. v. 1.

a) Hagar está furioso com a chuva. O comentário da personagem Sortudo consegue acalmá-lo? Explique sua resposta.

b) Quantas orações há em "Está chovendo há semanas!"? Quais são?

c) O verbo **haver** foi empregado como impessoal. Copie no caderno o verbo que poderia substituí-lo no contexto dessa frase.

| passar | existir | fazer | ser |

d) Reescreva a frase trocando **haver** pelo verbo que você indicou no item anterior. A frase reescrita com esse verbo fica mais ou menos formal que a original?

e) Chover é verbo impessoal, exceto quando usado em sentido figurado. Em quais das frases a seguir esse verbo é pessoal e, nesse caso, qual seu sujeito?

  I. Durante nossa viagem, todo dia choveu.

  II. Vou sair, nem que chovam canivetes.

  III. Choveram pedrinhas de gelo durante a tempestade.

5. Leia este trecho de uma matéria jornalística.

É tempo de romã

A fruta que alimenta simpatias populares e decora mesas em diversas celebrações, ainda mais nesta época do ano, agora é festejada até em laboratórios, graças à sua incrível capacidade de afastar doenças cardiovasculares e tumores.

GRATON, Vinícius. Disponível em: <https://nutricaosadia.wordpress.com/category/doencas-cardiovasculares/page/8/>. Acesso em: 6 mar. 2015.

a) As palavras podem ser usadas em sentido próprio (ou denotativo) ou figurado (conotativo). Em "A fruta que alimenta simpatias populares...", o verbo **alimentar** é empregado em sentido denotativo ou conotativo? Explique sua resposta.

b) Nos verbetes a seguir, com qual dos sentidos a palavra **simpatia** foi empregada no texto?

   1. Afinidade moral, semelhança no sentir e no pensar que aproxima duas ou mais pessoas.
   2. Sentimento caloroso e espontâneo que uma pessoa tem em relação a outra.
   3. Faculdade de compreender as ideias ou sentimentos de outras pessoas.
   4. Ritual praticado supersticiosamente para conseguir algo que se deseja.

c) No título "É tempo de romã", o verbo **ser** é pessoal ou impessoal? Explique sua resposta.

d) No texto da matéria, esse verbo aparece novamente. Nesse caso, ele é pessoal ou impessoal? Justifique.

> **Denotação** é o significado próprio de uma palavra ou expressão; sentido próprio ou denotativo é o sentido comum dessa palavra ou expressão. **Conotação** é o sentido figurado ou conotativo que uma palavra ou expressão pode adquirir em determinadas situações de uso da língua.

✓ REVISORES DO COTIDIANO

Um cronista que costumava publicar suas crônicas em uma revista teve, certa vez, uma surpresa. Ao receber a última edição da revista, procurou, nas páginas finais, seu texto e, quando o releu, encontrou um problema. Imediatamente, escreveu um *e-mail* ao editor-chefe da publicação, com esta reclamação.

> Escrevi em meu texto, que saiu na edição passada, a frase: "Que assombrosos mistérios protege aquele chapéu". Mas o revisor colocou o verbo **proteger** no plural: "Que assombrosos mistérios **protegem** aquele chapéu!". Isso mudou totalmente o sentido do que escrevi!

1. Por que, provavelmente, o revisor fez essa modificação?
2. Na oração originalmente escrita pelo autor, qual era o sujeito?
3. O autor afirma que o revisor modificou totalmente o sentido de sua frase. Ele está certo? Você também teria passado o verbo para o plural?

ATIVANDO HABILIDADES

1. (Saeb)

As Amazônias

Esse tapete de florestas com rios azuis que os astronautas viram é a Amazônia. Ela cobre mais da metade do território brasileiro. Quem viaja pela região não cansa de admirar as belezas da maior floresta tropical do mundo. No início era assim: água e céu.

É mata que não tem mais fim. Mata contínua, com árvores muito altas, cortada pelo Amazonas, o maior rio do planeta. São mais de mil rios desaguando no Amazonas. É água que não acaba mais.

SALDANHA, P. *As Amazônias*. Rio de Janeiro: Ediouro, 1995.

Foz do rio Amazonas vista por satélite.

1. No texto, o uso da expressão "água que não acaba mais" […] revela
   a) admiração pelo tamanho do rio.
   b) ambição pela riqueza da região.
   c) medo da violência das águas.
   d) surpresa pela localização do rio.

2. O texto trata
   a) da importância econômica do Rio Amazonas.
   b) das características da região Amazônica.
   c) de um roteiro turístico da região do Amazonas.
   d) do levantamento da vegetação amazônica.

3. A frase que contém uma opinião é
   a) "cobre mais da metade do território brasileiro". (l. 1)
   b) "não cansa de admirar as belezas da maior floresta". (l. 2)
   c) "...maior floresta tropical do mundo". (l. 2-3)
   d) "É […]. Mata contínua [...] cortada pelo Amazonas". (l. 4)

Encerrando a unidade

- Nessa unidade, você conheceu as principais características, os recursos e a finalidade do gênero resenha e estudou em que circunstâncias ocorre o sujeito indeterminado, a oração sem sujeito e os sentidos que têm no texto.

   1. Você entendeu o que caracteriza uma resenha crítica? Mencione algumas de suas características.
   2. Conhecer as formas de indeterminação do sujeito pode ajudar na compreensão de um texto? Explique.
   3. O que diferencia a oração sem sujeito da oração com sujeito indeterminado?

PROJETO DO ANO

Revista

Em grupo com alguns colegas, você vai montar, no final do ano, uma revista com as produções de texto realizadas em diferentes momentos ao longo dos meses. Vai ser uma oportunidade de você se divertir e de divertir muitos leitores. Você sabe como são feitas as revistas? Leia o infográfico.

Fase 1
Definição da pauta
Reunião da equipe para definir os assuntos da nova edição. Nessa fase, são avaliadas as sugestões enviadas pelos leitores.

Fase 4
Checagem e revisão de texto

Fase 7
Distribuição para bancas e livrarias

Fase 3

Preparação dos textos e ilustrações, diagramação
A revista começa a ganhar forma. Os textos são redigidos e editados e a equipe de arte prepara a distribuição de textos e fotos nas páginas.

Fase 2

Levantamento de dados
Após a definição da pauta, há a coleta de informações e avaliação do que vale a pena publicar.

Fase 5

Montagem e impressão

Fase 6

Distribuição para assinantes
Essa é a primeira remessa a ser feita, já que se destina a um público fiel à leitura da revista.

A nossa revista

Vamos começar a organizar a produção das revistas da classe, que serão finalizadas no final do ano.

1. Com a orientação do professor, forme um grupo com três ou quatro colegas.

2. Ao trabalhar as unidades deste livro, vocês vão produzir diversos textos. Alguns deles estarão marcados com o símbolo: PRODUÇÃO PARA O PROJETO

3. Guardem esses textos em uma pasta, pois eles poderão ser selecionados para publicação na revista do grupo.

4. Decidam se vocês vão guardar todos os textos do grupo em uma mesma pasta ou se cada um vai ter sua própria pasta.

5. Caso resolvam ter só uma, definam quem vai ficar responsável por ela.

6. Nos próximos meses, procurem informar-se sobre revistas de seu interesse e ler algumas delas. Esse conhecimento vai ajudá-los na hora de produzir a publicação de vocês.

51

UNIDADE

2

Cena aberta

Nesta unidade você vai

- conhecer como se organiza um texto e um poema dramáticos
- reconhecer a função das rubricas em um texto dramático
- analisar os recursos usados na elaboração de um texto dramático
- preparar-se para falar em uma situação formal diante de um público
- refletir sobre os recursos que permitem a formação de novas palavras

TROCANDO IDEIAS

1. A imagem mostra uma apresentação do Ukraine Quartet De.Kru, grupo de mímica da Ucrânia. Que elementos você observa na imagem? Descreva-a em poucas palavras.
2. A imagem mostra a cena de um espetáculo de mímica. Você já viu uma apresentação de mímica ou sabe o que é uma pantomima? Converse com seus colegas e professor a respeito.
3. A apresentação é feita em um palco. Que tipo de história poderia se passar aí?
4. Você costuma frequentar teatros? A que peças já assistiu? Conte para seu professor e seus colegas.

53

LEITURA 1

ANTES DE LER

1. Você já assistiu a alguma peça teatral? Qual foi e onde a viu?
2. Já leu um texto que fosse uma peça de teatro? Se sim, conte como era a história.
3. Além do teatro, existem inúmeras outras manifestações artísticas, como a dança, a música, o cinema, a literatura. Que outras formas de arte você conhece e aprecia?

Você vai ler agora um trecho de um texto dramático que conta a história de Odorico Paraguaçu, candidato a prefeito na fictícia cidade de Sucupira. A peça é dividida em nove quadros. Leia o início do primeiro quadro.

Odorico, o bem-amado

Primeiro quadro

Pequena praça de uma cidadezinha de veraneio do litoral baiano. Há uma grande árvore, um coreto e uma venda. Sob a árvore, sentado no chão, Chico Moleza dedilha molemente o violão. Em frente à vendola, Seu Dermeval remenda uma rede de pescar. É um mulato gordo e bonachão, de idade já avançada.

Passa-se meio minuto. Entram Mestre Ambrósio e Zelão carregando um defunto numa rede.

MESTRE AMBRÓSIO – Vamos molhar um pouco a goela na venda de seu Demerval, Zelão.

ZELÃO – É bom.

DEMERVAL – *(Indicando o defunto.)* Mestre Leonel?

MESTRE AMBRÓSIO – É. Embarcou, coitado.

DEMERVAL – *(Dirige-se à venda.)* No mar?

MESTRE AMBRÓSIO – Qui-o-quê. Jananína quis saber dele não. Esticou em terra mesmo. [...] Vamos se chegando, Zelão, que ainda temos três léguas pela proa.

DEMERVAL – Três léguas. Quando chegarem lá, em vez de um defunto vão ter dois para enterrar.

MESTRE AMBRÓSIO – Isto é uma terra infeliz, que nem cemitério tem. Pra se enterrar um defunto é preciso ir para outra cidade.

MOLEZA – Não era melhor jogar o corpo no mar?

MESTRE AMBRÓSIO – Pra quê? Pra vir dar na praia de manhã?

[...]

O ator Paulo Gracindo interpretou Odorico Paraguaçu na telenovela baseada na peça *O bem-amado*, em 1973.

Odorico entra, suando por todos os poros. Não é propriamente um belo homem, mas não se lhe pode negar certo magnetismo pessoal. Demagogo, bem-falante, teatral no mau sentido, sua palavra prende, sua figura impressiona e convence. Veste um terno branco, chapéu-panamá.

ODORICO – Ah, lá estão! Ainda cheguei a tempo.

DERMEVAL – Bom dia, Coronel Odorico.

ODORICO – Bom dia, minha gente.

Ao verem Odorico, Mestre Ambrósio e Zelão deixam o balcão. Moleza para de tocar.

MESTRE AMBRÓSIO – Bom dia, Coronel. Fizemos uma parada rápida, pra molhar a goela. Vamos ter que gramar três léguas.

ODORICO – Três léguas. Pra se enterrar um defunto é preciso andar três léguas.

DERMEVAL – Um vexame!

MOLEZA – Vexame pro defunto: ter que viajar tanto depois de morto.

ODORICO – E uma humilhação para a cidade, uma humilhação para todos nós, que aqui nascemos e que aqui não podemos ser enterrados.

MOLEZA – Muito bem dito.

Entram Dorotea e Judicea. A primeira é professora do grupo escolar, de maneiras pouco femininas, com qualidades evidentes de liderança. Paradoxalmente, Odorico exerce sobre ela terrível fascínio. Também sobre Juju esse fascínio se faz sentir. E isso poderia ser explicado por diferentes tipos de frustração.

ODORICO – Quem ama sua terra deseja nela descansar. Aqui, nesta cidade infeliz, ninguém pode realizar esse sonho, ninguém pode dormir o sono eterno no seio da terra em que nasceu. Isto está direito, minha gente?

TODOS – Está não!

ODORICO – Merecem os nossos mortos esse tratamento?

DOROTEA e JUJU – Merecem não.

Entram Dulcinea e Dirceu Borboleta, este com uma vara de caçar borboletas e uma sacola. Odorico exerce sobre ela o mesmo fascínio que sobre suas irmãs Judicea e Dorotea. Quanto a ele, é um tipo fisicamente frágil, de óculos, com ar desligado.

ODORICO – *(Já passando a um tom de discurso:)* Vejam este pobre homem: viveu quase oitenta anos neste lugar. Aqui nasceu, trabalhou, teve filhos, aqui terminou seus dias. Nunca se afastou daqui. Agora, em estado de defuntice compulsória, é obrigado a emigrar; pegam seu corpo e vão sepultar em terra estranha, no meio de gente estranha. Poderá ele dormir tranquilamente o sono eterno? Poderá sua alma alcançar a paz?

TODOS – Não. Claro que não.

Populares são atraídos pelo discurso de Odorico, que se empolga, sobe ao coreto.

ODORICO – Meus conterrâneos: vim de branco para ser mais claro. Esta cidade precisa ter um cemitério.

TODOS – Muito bem! Apoiado!

DOROTEA – Uma cidade que não respeita seus mortos não pode ser respeitada pelos vivos!

ODORICO – Diz muito bem Dona Dorotea Cajazeira, dedicada professora do nosso grupo escolar. É incrível que esta cidade, orgulho do nosso Estado pela beleza de sua paisagem, por seu clima privilegiado, por sua água radioativa, pelo seu azeite de dendê, que é o melhor do mundo, até hoje ainda não tenha onde enterrar seus mortos. Esse prefeito que aí está...

DOROTEA, DULCINEA e JUJU – (*Vaiam.*) Uuuuuu!

ODORICO – Esse prefeito que aí está, que fez até hoje para satisfazer o maior anseio do povo desta terra?

DIRCEU – Só pensa em construir hotéis para veranistas!

DULCINEA – Engarrafar água para vender aos veranistas!

ODORICO – Tudo para veranistas, pessoas que vêm aqui passar um mês ou dois e voltam para suas terras, onde, com toda certeza, não falta um cemitério. Mas aqui também haverá! Aqui também haverá um cemitério!

JUJU – (*Grita histericamente:*) Queremos o nosso cemitério!

DOROTEA, JUJU, DIRCEU e DULCINEA – Queremos o cemitério! Queremos o cemitério!

ODORICO – E haveremos de tê-lo. Cidadãos sucupiranos! Se eleito nas próximas eleições, meu primeiro ato como prefeito será ordenar a construção imediata do cemitério municipal.

TODOS – (*Aplausos.*) Muito bem! Muito bem!

Uma faixa surge no meio do povo.

VOTE NUM HOMEM SÉRIO

E GANHE SEU CEMITÉRIO

ODORICO – Bom governante, minha gente, é aquele que governa com o pé no presente e o olho no futuro. E o futuro de todos nós é o campo-santo.

MOLEZA – O campo-santo.

DULCINEA – Que homem!

DIRCEU – (*Repreende-a:*) Du, tenha modos!

ODORICO – É preciso garantir o depois de amanhã, para ter paz e tranquilidade no agora. Quem é que pode viver em paz mormentemente sabendo que, depois de morto, defunto, vai ter que defuntar três léguas pra ser enterrado?

MOLEZA – É mesmo um pecado!

ODORICO – Uma vergonha! Mas eu, Odorico Paraguaçu, vou acabar com essa vergonha. [...]

DIAS GOMES. *O bem-amado*. São Paulo: Ediouro, 2003.

Peça, novela, série, filme...

A peça teatral *O bem-amado* foi escrita por Dias Gomes (1922-1999), em 1962, e encenada pela primeira vez em 1969. O sucesso foi tão grande que a história foi adaptada para a televisão como telenovela (1973) e como seriado (de 1980 a 1984); posteriormente, foi transformada em filme para o cinema (2010) e em microssérie de TV (2011).

Cena da telenovela baseada na peça.

Antes de iniciar a exploração do texto, tente descobrir o sentido das palavras desconhecidas pelo contexto em que elas aparecem. Se for preciso, consulte um dicionário.

Nas linhas do texto

1. Releia os dois primeiros parágrafos do texto.

  a) Que informações eles dão sobre o cenário e as personagens?

  b) O cenário muda ao longo do primeiro quadro da peça? Explique.

2. Releia o trecho que contém a caracterização de Odorico.

> "Odorico entra, suando por todos os poros. Não é propriamente um belo homem, mas não se lhe pode negar certo magnetismo pessoal. Demagogo, bem-falante, teatral no mau sentido, sua palavra prende, sua figura impressiona e convence. Veste um terno branco, chapéu-panamá."

Paulo Gracindo em cena da telenovela.

  a) Com que adjetivos, expressões e frases ele é caracterizado?

  b) Procure trechos que expliquem por que a personagem é caracterizada como:

   I. uma pessoa que impressiona e convence;

   II. um demagogo.

3. Nesse primeiro quadro há quatro cenas; à cena inicial seguem-se outras, marcadas pelos parágrafos descritivos e pela indicação de quem entra em cena.

  a) Releia.

> "**MESTRE AMBRÓSIO** – Vamos molhar um pouco a goela na venda de seu Demerval, Zelão.
> **ZELÃO** – É bom.
> **DERMEVAL** – *(Indicando o defunto.)* Mestre Leonel?
> **MESTRE AMBRÓSIO** – É. Embarcou, coitado. [...]"

Quais são as personagens dessa cena inicial?

  b) Indique no caderno as personagens das demais cenas.

4. O texto começa com a referência a um fato já ocorrido.

  a) Qual é esse fato?

  b) Qual é o problema enfrentado pelas personagens?

  c) A conversa sobre esse problema leva ao assunto principal do primeiro quadro, ao longo das cenas seguintes. Qual é ele?

> **Ato:** cada uma das partes em que se divide uma peça de teatro, uma ópera, um balé etc.
>
> **Quadro:** subdivisão de um ato, caracterizada pela troca de cenário.
>
> **Cena:** unidade de ação em uma peça teatral, indicada pela entrada ou saída dos atores, com alteração ou não de cenário.

Nas entrelinhas do texto

1. A morte de um sucupirano, que será enterrado em outra cidade, leva Odorico a iniciar um discurso.

    a) Por que, provavelmente, Odorico se aproveita desse fato para começar um discurso?

    b) Odorico, como candidato a um cargo em eleições, baseia sua campanha em promessas. O que ele promete aos sucupiranos?

2. Que recurso Odorico emprega em cada trecho a seguir para envolver o povo: exagero, chantagem emocional ou bajulação?

    a) "Aqui, nesta cidade infeliz, ninguém pode realizar esse sonho, ninguém pode dormir o sono eterno no seio da terra em que nasceu."

    b) "[…] esta cidade, orgulho do nosso Estado […]"

    c) "Vejam este pobre homem: viveu quase oitenta anos neste lugar. Aqui nasceu, trabalhou, teve filhos, aqui terminou seus dias. […] Agora […] pegam seu corpo e vão sepultar em terra estranha, no meio de gente estranha. Poderá ele dormir tranquilamente o sono eterno? Poderá sua alma alcançar a paz?"

3. Odorico chega antes de Mestre Ambrósio e Zelão levarem embora o corpo do falecido. Até a chegada dele, não há conflito na narrativa. Explique por que a chegada de Odorico representa o início do conflito.

Conflito: elemento básico da ação dramática em torno do qual se estruturam as ações da peça.

4. Odorico faz várias perguntas às pessoas que se aglomeram para ouvi-lo. Veja.

    "Isto está direito, minha gente?"
    "Merecem os nossos mortos esse tratamento?"
    "Poderá ele dormir tranquilamente o sono eterno? Poderá sua alma alcançar a paz?"

    a) Ele espera resposta a essas perguntas? Explique.

    b) Qual a intenção de Odorico ao dirigir-se à plateia com tais indagações?

5. Releia.

    I. "Quem ama sua terra deseja nela descansar."
    II. "Aqui, nesta cidade infeliz, ninguém pode realizar esse sonho […]"
    III. "[…] ninguém pode dormir o sono eterno no seio da terra em que nasceu."

    Essas frases de Odorico têm um objetivo em comum. Qual é ele?

6. Ao criar essas personagens, principalmente um político como Odorico, e desenvolver a peça em torno dele, qual a intenção do autor?

Cartaz da peça *O bem-amado*, encenada pelo grupo de teatro Lusotaque, formado por alunos de português da cidade de Colônia (Köln), na Alemanha.

Além das linhas do texto

Leia este texto postado em um *blog*.

Eles estão de volta

Estamos em mais um ano eleitoral, portanto, tomem muito cuidado; eles, os candidatos a deputados, estão de volta com velhos refrões: "meu povo", "povo de minha terra", "meus amigos"... discursos demagogos. Alguns chegam a chorar, distribuem saco de cimento, blocos; compram votos; levam eleitores para tirar título eleitoral; cestas básicas; candidatos usando a máquina pública. [...] Claro que existem no meio dos políticos alguns em quem podemos e devemos depositar confiança, nem tudo está perdido. Mesmo assim, tomemos cuidado na hora de votar. [...]

Disponível em: <http://folhadeoliveira.blogspot.com/2010/04/eles-estao-de-volta.html>. Acesso em: 22 abr. 2015. Adaptado.

1. Algumas das características que o autor do *blog* atribui aos candidatos a cargos políticos podem ser associadas à personagem Odorico Paraguaçu.

   a) Quais são elas?

   b) Para o autor desse *blog*, a maioria dos candidatos é confiável ou não? Você concorda com essa opinião? Por quê?

2. Odorico fazia promessas ao povo somente com o objetivo de ganhar votos.

   a) O que seria, para você, uma promessa que só visasse ganhar votos, sem a preocupação de resolver os problemas de uma cidade?

   b) O que seria uma promessa vinculada à resolução de problemas de uma cidade e de seus habitantes?

   c) Quais seriam as consequências para a população se os eleitores de uma cidade só votassem em políticos demagogos?

3. Você acha ética a atitude de pessoas que votam em um candidato porque ele prometeu algo para elas ou para sua família? Justifique sua resposta.

NÃO DEIXE DE LER

- ***Histórias sobre ética***, de Jean de La Fontaine e outros, editora Ática (coleção Para Gostar de Ler, v. 27)

Contos de diferentes autores, como La Fontaine, Machado de Assis, Lourenço Diaféria e Voltaire, que retratam o ser humano às voltas com a escolha entre o certo e o errado.

COMO O TEXTO SE ORGANIZA

1. Em geral, textos narrativos como fábulas, contos, romances são formados por cinco partes: situação inicial, complicação, desenvolvimento, clímax e desfecho. O trecho lido contém todas essas partes? Explique.

2. As personagens são essenciais para dar vida a um texto dramático. Leia.

> As personagens de uma peça podem ter maior ou menor importância para o desenrolar da trama.
> **Protagonista** ou **personagem principal**: personagem mais importante na história.
> **Personagem secundária** ou **coadjuvante**: participa da ação, mas sem ter papel decisivo.
> Os **figurantes** não têm participação no desenrolar da ação, cabendo-lhes apenas ajudar a compor um ambiente ou espaço social. Geralmente não possuem fala.

a) Quem é o protagonista e quem são as personagens secundárias na cena lida?

b) Qual a função dos figurantes nessa cena?

Trama ou **enredo** é a sucessão de acontecimentos que constituem a ação em uma obra de ficção: novela, peça teatral, filme, romance etc.

3. O espaço nas cenas contribui para o desenvolvimento da ação em uma peça teatral.

a) Qual é o espaço onde se desenvolve a ação da cena lida?

b) Complete a frase no caderno com a resposta certa. O espaço, na cena lida, colabora para o desenvolvimento da ação de Odorico porque:
  I. umas poucas pessoas se juntam para ver e homenagear o defunto, e ficam comovidas com a morte de um conterrâneo.
  II. a praça é um local público por onde passam os moradores do lugar, e Odorico aproveita o momento para conquistar a atenção deles.

> **Espaço da cena** ou **espaço cênico** é o local representado, constituído pelo cenário onde se desenvolve a ação. Equivale ao espaço físico que se pretende recriar no palco.

4. Também o tempo está ligado à ação que se desenvolve na peça.

a) Quanto tempo, provavelmente, dura a ação que se desenrola na cena lida?

b) Esse tempo está explicitamente marcado? Como o leitor consegue perceber a passagem de tempo na cena?

> **Tempo da cena** ou **tempo cênico** é a duração da ação representada.

Máscaras de teatro grego da Antiguidade.

No teatro grego antigo, as máscaras representavam a tragédia (enfrentamento do ser humano contra os deuses e o destino) e a comédia (crítica aos homens comuns). Como todos os papéis eram representados por homens, que também faziam os papéis femininos, as peças eram encenadas com máscaras.

5. Os textos dramáticos têm características que os diferenciam de outros gêneros, como os romances, as crônicas e os contos.

a) Que diferenças, em relação a outros textos narrativos, chamaram sua atenção nesse texto?

b) Em contos, fábulas, lendas e outros textos narrativos, quem conduz a história é o narrador. Isso também acontece no texto dramático? Explique.

c) Por que é possível dispensar o narrador em um texto dramático?

6. No texto dramático, não são usados os verbos de elocução característicos do diálogo em textos narrativos nem temos a voz do narrador.

a) De que modo o leitor sabe a quem pertence determinada fala?

b) Que recurso é empregado para indicar com que intenção ou expressão uma fala deve ser proferida? Anote no caderno um exemplo tirado do texto.

c) De que modo se faz a descrição das personagens e a separação entre as cenas? Anote no caderno um trecho.

d) Essas indicações e descrições, características do texto teatral, são chamadas de **rubricas**. A quem elas são dirigidas?

> As **rubricas** não fazem parte dos diálogos de uma peça teatral, mas indicam detalhes essenciais: refletem a voz do dramaturgo e têm a função de orientar os atores, o diretor e outros profissionais envolvidos na encenação.

7. As rubricas compõem um texto secundário em relação ao texto principal, que reúne as falas das personagens.

a) Com base no quadro acima, que tipos de rubrica estão presentes no texto lido?

b) Anote no caderno uma rubrica que dê orientação sobre:

I. o figurino usado pelas personagens;

II. o cenário.

NÃO DEIXE DE ASSISTIR

• ***O bem-amado*** (Brasil, 2010), direção de Guel Arraes
Baseado no texto de Dias Gomes, o filme conta, com algumas adaptações, a história de Odorico Paraguaçu, vivido pelo ator Marco Nanini.

RECURSOS LINGUÍSTICOS

1. Releia algumas rubricas.

> "Odorico entra [...]"
> "Entram Dorotea e Judicea."
> "Repreende-a."

a) Que tempo verbal predomina nas rubricas?

b) Por que razão isso ocorre?

2. A personagem Odorico inventa palavras.

a) Encontre no texto um substantivo e um verbo criados pela personagem.

b) Com que intenção o autor coloca na boca de Odorico palavras inventadas?

3. Veja agora outro recurso de linguagem que a personagem emprega.

> "Aqui, nesta cidade infeliz, ninguém [...] pode dormir o sono eterno no seio da terra em que nasceu."

a) O que significa a expressão **dormir o sono eterno**?

b) Palavras usadas para amenizar o sentido de outras são chamadas de eufemismos. Encontre no texto outros eufemismos com o mesmo sentido de **dormir o sono eterno**.

c) Você conhece outros eufemismos com esse sentido? Se sim, quais são?

Eufemismo é a palavra ou expressão que se usa para amenizar o peso ou o sentido desagradável de outra palavra ou expressão.

4. Releia.

"[...] vim de branco para ser mais claro."

a) Explique o jogo de palavras nessa fala.
b) Que efeito esse jogo de palavras produz?

5. As falas das personagens ajudam a construir sua caracterização. Releia.

"Ah, lá estão! Ainda cheguei a tempo."

Pelo uso da interjeição e pelo ponto de exclamação, como Odorico parece sentir-se nesse momento?

FIQUE ATENTO... À PONTUAÇÃO NO TEXTO DRAMÁTICO

1. Releia e observe.

DEMERVAL – (*Dirige-se à venda.*) No mar?
TODOS – *(Aplausos.)* Muito bem! Muito bem!
Uma faixa surge no meio do povo.

a) Que sinal de pontuação é usado para indicar as rubricas?
b) Que recurso o autor emprega para descrever o que acontece na cena?

2. O texto dramático, como vimos, é estruturado em diálogos.

a) Que sinais de pontuação, característicos do diálogo, não são empregados nesse gênero e aparecem em outros que contêm diálogos?
b) As falas de Odorico são cheias de pontos de exclamação e de interrogação. Qual é o efeito de sentido provocado no texto pelo uso repetido desses sinais nos momentos em que a personagem se manifesta?

🛈 Para lembrar

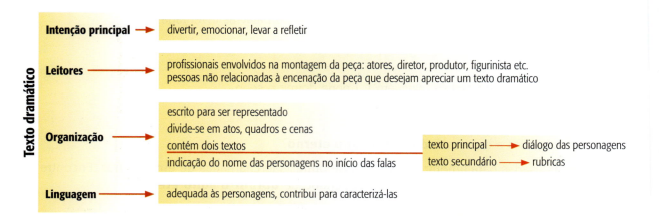

DEPOIS DA LEITURA

INFOGRÁFICO

Você costuma ir ao teatro, cinema, eventos esportivos ou a *shows*?

Estudantes têm o direito a meia-entrada nesses espetáculos, o que é garantido pelo Estatuto da Juventude (2013). Uma nova lei, já aprovada, prevê a cota de 40% de meias-entradas para estudantes e jovens carentes do total das entradas vendidas. Leia o infográfico e entenda as regras da meia-entrada.

Disponível em: <http://www1.folha.uol.com.br/ilustrada/2014/03/1423282-mesmo-sem-a-lei-produtores-ja-reduzem-oferta-de-meia-entrada.shtml>. Acesso em: 6 fev. 2015.

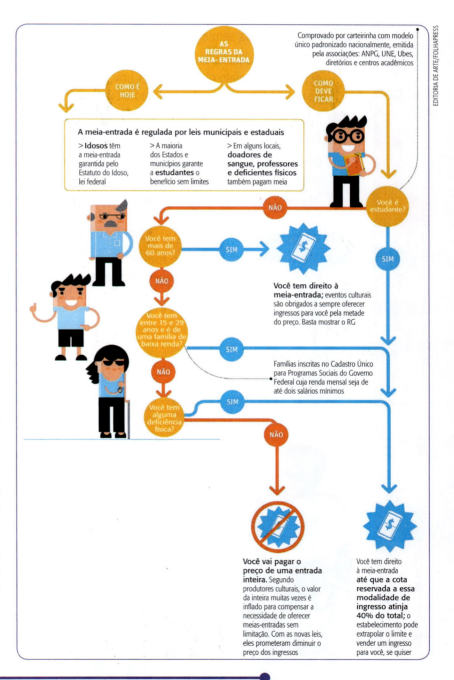

1. De acordo com esse infográfico quais são as pessoas com direito à meia-entrada?

2. Siga as setas do infográfico para responder às questões.

    a) O que devem apresentar os estudantes para comprovar seu direito?

    b) O que devem apresentar os idosos?

    c) Quem é considerado um jovem carente?

3. Além do texto verbal, de que recursos não verbais se vale o infográfico para apresentar as informações?

4. O infográfico é estruturado em uma divisão de vários caminhos possíveis.

    a) De que modo isso é diagramado na página para o leitor?

    b) O que acontece se a cota de 40% for preenchida e você chegar para comprar seu ingresso?

5. Em sua cidade há teatro, sala de espetáculos, estádio ou um centro cultural? Você os frequenta? Em caso positivo, com que regularidade ou em que ocasiões? Em caso negativo, por quê?

63

EXPERIMENTE FAZER

▶ Como falar em público em uma exposição oral

Falar em público, com clareza e articulando bem as palavras, é um requisito essencial na sociedade moderna. Na escola, seja em um comunicado para seus colegas ou professor, durante uma exposição oral, debate ou na leitura oral de um texto, na apresentação de um poema ou encenação de texto teatral, o modo como você fala certamente contribuirá para o sucesso de seu desempenho. Veja como se apresentar em público em uma situação mais formal do que uma conversa entre amigos ou colegas.

1. Comece cumprimentando os presentes e, se for o caso, apresentando-se pessoalmente. Informe o assunto de sua fala.
2. Pronuncie bem as palavras, articulando cada sílaba até o final. Treine antecipadamente sua fala, porém sem decorá-la.
3. Fale com calma, sem atropelo. Faça pausas adequadas e respire antes de começar um novo trecho.
4. Ajuste a intensidade, a velocidade e o ritmo de sua fala; nem muito alto nem muito baixo; não muito devagar nem muito rápido. Se tiver um tempo predeterminado, treine em casa para ajustar o tempo. Se possível, grave sua apresentação e ouça-a depois para ajustar o que for necessário.
5. Adote uma postura adequada, evitando movimentar-se inutilmente. Gesticule com moderação. Encerre sua fala agradecendo a atenção dos ouvintes.
6. Em apresentações mais longas, prepare um roteiro com os pontos principais de sua fala ou use o quadro-negro.
Se puder, prepare material de apoio: cartazes, transparências, *slides*.

Atividade

Veja como preparar um breve roteiro de apoio. Leia com atenção os tópicos a seguir, relacionados à Astronomia, ciência que estuda os astros. No caderno, anote-os na ordem em que deveriam aparecer em uma exposição oral, por exemplo, sobre corpos celestes.

- Características
- Choque com a Terra
- Corpos celestes
- Corpos celestes no Sistema Solar e fora do Sistema Solar
- O que são corpos celestes
- Tipos de corpos celestes

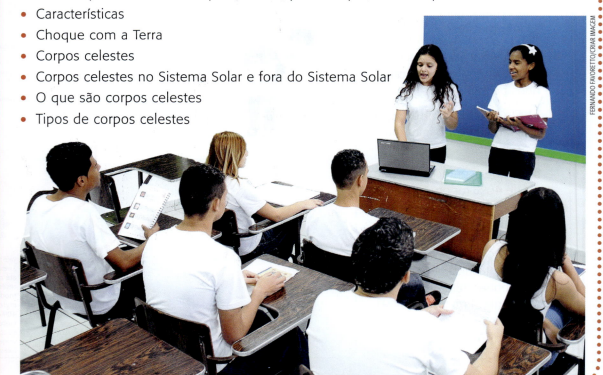

FERNANDO FAVORETTO/CRIAR IMAGEM

PRODUÇÃO ORAL

Encenação de texto dramático

O trecho de O bem-amado que lemos é o início do primeiro quadro da peça. Como seriam as cenas de continuação desse trecho? Por exemplo: será que o coronel Odorico foi eleito? Se foi, vai cumprir sua promessa? Se não foi, que providências tomaria?

Vamos representar no palco a sequência desses acontecimentos possíveis? Crie mais uma cena. Apresente-a ao vivo com seus colegas em um evento da escola. Como seus espectadores podem não conhecer a história, é importante que alguém da turma apresente um breve resumo da peça antes da encenação.

Antes de começar

Leia este trecho de um episódio do seriado O bem-amado, em que Odorico conversa com a delegada da cidade, Chica Bandeira. Ela o acusa de ter mandado atacar camponeses para forçá-los a sair das terras onde vivem, pois quer vendê-las a uma multinacional.

ODORICO – A senhora Delegada tem alguma prova do que está dizendo?

CHICA – Infelizmente, não, Coronel. Mas todos os posseiros acusam os seus jagunços. [...]

Dirceu entra, afobado e estabanado.

DIRCEU – Coronel! Com licença…

ODORICO – O seu Dirceu, não vê que estou em confabulância secretíssima com a senhora Delegada?

DIRCEU – Mas é uma notícia importante. Também para a Delegada. Um dos posseiros feridos está em coma!

Odorico deixa transparecer uma alegria maquiavélica.

ODORICO – Vai morrer?!

DIRCEU – É bem possível! Tá morre-não-morre!
Chica se mostra preocupada.

CHICA – Péssima notícia. Se esse posseiro morrer, os outros se revoltam e ninguém sabe o que pode acontecer. Vou já para a Delegacia. Dá licença, senhor Prefeito.

ODORICO – Toda.

Episódio de O bem-amado, seriado exibido pela rede Globo (1980 a 1984). In: Dias Gomes, Literatura comentada. São Paulo: Abril Educação, 1982.

> **NÃO DEIXE DE LER**
>
> - **O santo e a porca**, de Ariano Suassuna, editora José Olympio
>
>   Comédia dividida em três atos que narra a história de Eurico Árabe, um velho avarento, devoto de Santo Antônio, que esconde em sua casa uma porca cheia de dinheiro.

1. Releia as rubricas.

    a) Que adjetivos são empregados para orientar os atores?

    b) Crie no caderno uma rubrica que poderia ser inserida antes da última fala de Odorico, explicando que gesto ou expressão o ator deve ter ao falar.

2. De que modo o leitor percebe que há mudança de cena nesse trecho?

Planejando a cena

1. Planeje sua cena definindo estas questões.

    a) Em que situação as personagens estarão envolvidas? Onde e quando ocorre e quanto tempo dura?

    b) Além de Odorico, que outras personagens participarão?

2. Crie a cena, seguindo a estrutura do gênero texto dramático.

    a) Use rubricas para orientar sobre o cenário e anote o nome da personagem em cada fala.

3. Lembre-se de que as falas das personagens ajudam a construir a caracterização delas, por isso mantenha o modo de falar delas.

4. Nas rubricas, empregue verbos no presente. Procure ser claro e preciso, pois os atores precisarão delas.

5. Quem desempenhar um dos papéis deve decorar suas falas e ensaiar bastante, procurando assumir as características de sua personagem.

> Fique atento: no texto dramático, são as **falas** que **conduzem o enredo** e o fazem progredir. Coloque-se, a cada momento, no lugar de um leitor e verifique se os diálogos permitem entender o que se passa na trama.

Encenando o texto dramático

1. No momento da apresentação, cada ator deve não apenas dizer suas falas, mas exprimir, pela voz e pela expressão do rosto e do corpo, as intenções e emoções da personagem. Para isso, deve ficar atento às rubricas.

2. Cada ator deve procurar movimentar-se no palco, evitando ficar parado sempre no mesmo ponto.

3. É importante falar calmamente e com clareza, mas imprimindo variação e emoção à fala.

4. Ao contracenar com um colega, esperar que o outro complete a fala para depois começar a sua.

> Cada grupo de alunos deve escolher uma das cenas produzidas, providenciar uma cópia e arquivá-la na pasta em que estão sendo reunidas as produções destinadas a serem publicadas na nossa revista do final do ano.

Avaliação

Junto com os colegas, faça uma avaliação sobre a encenação.

- As falas das personagens permitiram aos espectadores compreender o que se passava em cena?

- A linguagem das personagens foi coerente com sua caracterização e com a linguagem que o autor atribuiu a elas no texto original?

- Os atores conseguiram representar a cena adequadamente, expressando-se de acordo com a cena proposta?

- O cenário, iluminação, figurino estavam adequados?

A significação das palavras

Antônimos, sinônimos, homônimos e parônimos

1. Leia a tira.

Quino. *Mafalda* 9. São Paulo: Martins Fontes, 2002.

a) De quem Miguelito se queixa?

b) Nessa tira, há dois pares de palavras cujos sentidos são opostos. Quais são eles?

c) Complete a oração no caderno com a resposta mais adequada. Nessa tira, o emprego de palavras de sentidos contrários:

   I. enfatiza a distância de posição entre Miguelito (criança que deve seguir regras) e seus pais (adultos que definem as regras).

   II. reforça a noção de que a maioria dos pais deseja comodidade, bom comportamento e espírito esportivo.

> Palavras que têm sentidos opostos são chamadas de **antônimos**.

2. Antônimos são comuns em provérbios. Leia estes.

Seja dono da sua boca, para não ser escravo de suas palavras!
As necessidades unem, as opiniões separam.
A vingança é doce, mas os frutos são amargos.
Bom é saber calar, até o tempo de falar.
O barato sai caro.
Falar é fácil, o difícil é fazer.

a) Indique, em cada provérbio, as palavras que são antônimos entre si.

b) No caderno, anote o trecho que melhor completa esta afirmação: Com o emprego dos antônimos, os provérbios...:

   I. expressam contradição em si mesmos.

   II. têm a intenção de aconselhar.

   III. aconselham a tomar uma atitude em vez de outra.

67

3. Leia esta notícia publicada na internet.

Moradia sustentável

Conforto ambiental e utilização hábil dos recursos naturais são as premissas de uma construção verde

Toda casa deveria ser ecológica, dizem os arquitetos especializados nessa área. E eles não estão falando de equipamentos caros e medidas complicadas. Pelo contrário, se referem a algo que é inerente ao projeto. "A boa arquitetura já nasce sustentável", define o arquiteto Lourenço Gimenes, um dos sócios do escritório paulista FGMF. No ano passado, ao ficar entre os 12 finalistas de um concurso para a produção de moradias para uma vila operária sustentável na Rússia, os arquitetos tiveram a oportunidade de explicitar o que pensam sobre o tema.

Disponível em: <http://planetasustentavel.abril.com.br/noticia/casa/moradia-sustentavel-495964.shtml>. Acesso em: 11 fev. 2015.

a) Segundo a notícia, o que deve oferecer uma casa ecológica?

b) Nessa notícia, as palavras **casa** e **moradia** têm sentidos semelhantes, mas não o mesmo significado. Explique.

c) De acordo com as atividades anteriores, podemos dizer que as palavras **casa**, **moradia** e **residência** sempre têm o mesmo significado? Por quê?

> Palavras que, em determinado contexto, têm sentidos semelhantes são chamadas de **sinônimos**.

4. Leia esta piada.

Lema da tropa

Na guerra, o general estimula seus soldados antes da grande batalha:
— Não esqueçam, ao avistar o inimigo, pensem logo no lema de nossa tropa: "Ou mato ou morro".

Dito e feito. Quando encontraram os inimigos, metade do batalhão correu para o mato, e o restante para o morro.

ILARI, Rodolfo. *Introdução à semântica – Brincando com a gramática.* São Paulo: Contexto, 2001.

a) Com que sentido as palavras **mato** e **morro** foram empregadas pelo general? Com que sentido os soldados as entenderam?

b) Palavras que se escrevem ou se pronunciam da mesma forma, mas que têm significados diferentes, são homônimas entre si. Quais destes pares podem ser considerados homônimos?

são (verbo ser)	**são** (sadio)
assento (lugar para sentar)	**acento** (sinal gráfico)
cozer (cozinhar)	**coser** (costurar)
manga (fruta)	**manga** (parte de camisa, blusa ou casaco)

> Palavras com a mesma grafia ou pronúncia, mas com significados diferentes, são chamadas de **homônimos**.

5. Existem palavras que são parecidas, mas têm pequenas diferenças de grafia e de pronúncia e significados diferentes. Leia.

Kasato Maru

Navio de imigrantes japoneses chegou há 100 anos

Às 17 horas do dia 18 de junho de 1908, o navio *Kasato Maru* atracou no porto de Santos, no cais número 14, atual armazém 16. O desembarque aconteceu no dia seguinte. Depois de duas horas na cidade, os passageiros foram encaminhados para a Hospedaria dos Imigrantes, em São Paulo.

[...] Para facilitar a adaptação ao Brasil, os passageiros embarcaram com roupas ocidentais confeccionadas na Europa. As mulheres usavam vestidos, e os homens vieram de terno e gravata. A maioria dos emigrantes era formada por agricultores, mas havia também comerciantes e artistas, que faziam apresentações para distrair os viajantes.

Chegada do navio *Kasato Maru* ao porto de Santos, em 1908.

Disponível em: <http://historia.abril.com.br/cultura/kasato-maru-436035.shtml>. Acesso em: 22 abr. 2015.

a) O que os japoneses que emigravam para o Brasil faziam antes da viagem? Com que intenção tomavam essa atitude?

b) Palavras com grafias parecidas e significados diferentes são chamadas de parônimas. Localize duas palavras parônimas no texto lido. Qual é o sentido de cada uma delas?

c) Responda: por que a hospedaria em São Paulo que acolheu essas pessoas se chamava Hospedaria dos **Imigrantes**, e não dos **Emigrantes**?

d) Dê outros exemplos de parônimos.

> Palavras parecidas, mas com pequenas diferenças de grafia e pronúncia e significados diferentes, são chamadas de **parônimos.**

6. Leia a tira.

Laerte. Disponível em: <www.laerte.com.br/>. Acesso em: 22 abr. 2015.

a) Qual é o sentido da palavra **despejo**, usada no primeiro balão?

b) Quando o soldado no castelo diz "Eu também [...]", o que ele quer dizer?

c) E por que ele faz a ressalva ("de certa forma")?

Uma mesma palavra pode ter diferentes significados, conforme o contexto em que é empregada. Ao fato de uma palavra apresentar vários sentidos chamamos de polissemia.

> **Polissemia** é o fato de uma palavra ter vários significados, que só se esclarecem no contexto em que ela é usada.

7. Leia a tira.

Ziraldo. Disponível em: <http://meninomaluquinho.educacional.com.br/PaginaTirinha/PaginaAnterior.asp?da=23122008>. Acesso em: 22 abr. 2015.

a) Nesta tira, o uso da palavra orelha é um caso de polissemia. Quais são os dois significados que essa palavra pode ter?

b) De que modo o uso dessa palavra contribui para criar humor na tira?

1. Releia esta fala de Odorico Paraguaçu.

"Uma cidade que não respeita seus mortos não pode ser respeitada pelos vivos!"

a) Que antônimos ele emprega nessa fala?

b) Nas frases a seguir, indique as palavras ou expressões que expressem oposição.

"Aqui nasceu, trabalhou, teve filhos, aqui terminou seus dias."
"Bom governante, minha gente, é aquele que governa com o pé no presente e o olho no futuro."

2. Leia a primeira estrofe da canção "Sinônimos".

Quanto tempo o coração leva pra saber
Que o sinônimo de amar é sofrer
No aroma de amores pode haver espinhos
É como ter mulheres e milhões e ser sozinho
Na solidão de casa, descansar
O sentido da vida, encontrar
Ninguém pode dizer onde a felicidade está
[...]

ABDALLA, Cesar Augusto Saud; ABDALLA, Paulo Sergio Saud; OLIVEIRA, Claudio Jair de. Sinônimos. Intérprete Zé Ramalho. Disponível em: <http://www.vagalume.com.br/ze-ramalho/sinonimos.html>. Acesso em: 22 abr. 2015.

a) Releia.

[...] o sinônimo de amar é sofrer"

Do ponto de vista gramatical, está correta a afirmação do eu poético?

b) Que efeito de sentido ele cria ao fazer essa afirmação?

3. No capítulo "A linguagem do futebol", Marcelo Duarte, jornalista e escritor brasileiro, explica a origem da palavra *bola* da seguinte maneira:

Bola: A palavra vem do latim *bulla*. As principais referências a ela surgiram em pinturas de 2000 a.C., feitas em paredes de tumbas egípcias.

DUARTE, Marcelo. *Guia dos curiosos*: língua portuguesa. São Paulo: Panda, 2003.

No Brasil, há vários nomes para designar uma bola. Quais você conhece? Há algum usado especificamente em sua cidade ou região?

4. Leia a tira.

LAERTE. Disponível em: <www.laerte.com.br/>. Acesso em: 22 abr. 2015.

a) Observe a fala da personagem que abre a porta e o uso que faz da interjeição. É possível saber se o afinador já estava sendo esperado? Por quê?

b) Com que intenção o afinador foi contratado? Nesse contexto, que sentido foi atribuído ao verbo **afinar** pelo dono do piano?

c) Nessa tira, que efeito foi criado pela polissemia da palavra **afinar**?

5. Leia o início de uma sinopse.

Budapeste

Budapest

Categoria: filmes

Gênero: drama

País/ano: Hungria/Brasil/Portugal/2009

Duração: 113 minutos

Direção: Walter Carvalho

Elenco: Leonardo Medeiros, Giovanna Antonelli e Gabriella Hámori

Censura: 16 anos

O livro homônimo de Chico Buarque ganha tradução para o cinema pelas mãos do diretor de fotografia Walter Carvalho, em sua estreia solo na ficção – antes ele dirigiu com Sandra Werneck *Cazuza – O tempo não para*. [...]

BARBIERI, Miguel Jr. Disponível em:
<http://vejasp.abril.com.br/cinema/budapeste>.
Acesso em: 22 abr. 2015.

a) Qual é o produto cultural de que trata essa sinopse?

b) Qual é o sentido da palavra **homônimo** no texto?

FIQUE ATENTO... AO USO DOS PARÊNTESES

No texto dramático que lemos, vimos que, às vezes, as rubricas aparecem entre parênteses. Releia estes trechos.

"**JUJU** – (*Grita histericamente:*) Queremos o nosso cemitério!"
"**TODOS** – (*Aplausos.*) Muito bem! Muito bem!"
"**DIRCEU** – (*Repreende-a:*) Du, tenha modos!"

Aqui, as explicações entre parênteses têm uma função específica, que é fornecer indicações e orientações para a leitura ou a encenação do texto dramático.

1. Leia agora este trecho de um relato de viagem.

[...] Tentei fabricar um travesseiro (único item, entre os meus equipamentos, que fora esquecido e talvez o que mais me fazia falta), mas sem muito sucesso, pois o balanço do barco era tão violento que o peso da cabeça, em poucos minutos, achatava o mais fofo protótipo de travesseiro. [...]

KLINK, Amyr. *Cem dias entre o céu e a terra.* São Paulo: Companhia das Letras, 2008.

Nesse contexto, os trechos entre parênteses têm uma função diferente da que vimos no texto dramático estudado. Qual é essa função?

2. Leia estes versos.

A porta

Eu sou feita de madeira
Madeira, matéria morta
Mas não há coisa no mundo
Mais viva do que uma porta.

Eu abro devagarinho
Pra passar o menininho
Eu abro bem com cuidado
Pra passar o namorado
[...]

Só não abro pra essa gente
Que diz (a mim bem me importa)
Que se uma pessoa é burra
É burra como uma porta.
[...]

MORAES, Vinicius de. A porta.
In: AGUIAR, Vera (coord.).
Poesia fora da estante.
Porto Alegre: Projeto, 2004.

a) Responda no caderno. Nesses versos, o trecho entre parênteses tem a função de:
   I. orientar o leitor na leitura do poema.
   II. dar ou acrescentar uma explicação.
   III. fazer uma reflexão, um comentário.
   IV. demonstrar um sentimento.

b) Na primeira estrofe, duas palavras antônimas foram empregadas para criar uma antítese. Que palavras são essas?

Uso dos parênteses no texto
Os parênteses são utilizados para separar palavras ou frases que, por exemplo:
- dão orientações cênicas em um texto dramático;
- acrescentam uma explicação ao que foi dito antes;
- introduzem uma reflexão ou comentário.

73

REVISORES DO COTIDIANO

Na internet, encontramos este texto.

BRASIL CELA ACORDO PARA AUMENTAR RECEITA PARAGUAIA NA ITAIPU

Vista aérea da Usina Hidrelétrica de Itaipu, Foz de Iguaçu, PR.

O Brasil e o Paraguai assinaram nesta terça-feira, 1º, um documento que deve ser aprovado pelos Congressos dos dois países, que determina o aumento do valor recebido pelo segundo devido à cessão a seu vizinho de seu excedente de energia na hidrelétrica de Itaipu.

Através de um documento assinado pelo chanceler paraguaio, Héctor Lacognata, e pelo embaixador do Brasil em Assunção, Eduardo dos Santos, no Palácio de López (sede do Governo), o Paraguai passaria a receber US$ 360 milhões anuais em vez dos atuais US$ 120 milhões.

Este tema é um dos pontos centrais de um amplo e histórico acordo pactuado pelo presidente Luiz Inácio Lula da Silva com o chefe de Estado do Paraguai, Fernando Lugo, em 25 de julho passado, em Assunção.

"Não somos mais o Paraguai afundado na especulação oportunista [...], que bica migalhas. Temos um plano de diálogo com o mundo que flui hoje com a força ética da participação cidadã de 20 de abril", expressou Lugo, em mensagem ao país que leu após o ato.

Disponível em: <www.glorianews.com.br/noticia/brasil-cela-acordo-para-aumentar-receita-paraguaia-na-itaipu/=EDN5YzM>.
Acesso em: 22 abr. 2015.

A notícia acima é referente a um acordo feito entre o Brasil e o Paraguai. No título há uma palavra que, nesse contexto, não foi grafada de acordo com o padrão ortográfico. Você é capaz de encontrá-la? Escreva no caderno a grafia adequada dessa palavra nesse contexto e explique o que, provavelmente, levou o jornalista a grafar a palavra desse jeito.

LEITURA 2

ANTES DE LER

1. A peça teatral *O bem-amado*, de Dias Gomes, faz uma crítica a políticos demagogos por meio do humor. Que outros temas poderiam ser assunto de uma peça teatral?

2. Você nasceu na cidade onde mora atualmente? Conhece pessoas que tenham deixado a cidade natal (onde nasceram) para viver em outros lugares? Se sim, qual o motivo da mudança?

Você vai ler agora trechos de um poema dramático, isto é, escrito para ser representado. O poema conta a história de Severino, que parte do sertão paraibano em direção ao litoral, acompanhando o curso do rio Capibaribe, em Pernambuco. Vai de mudança, em busca de trabalho e melhores condições de vida. Porém, em sua caminhada, só encontra miséria e abandono. Em Recife, a capital, desilude-se, porque ali também a vida dos retirantes é miserável.

No primeiro fragmento a seguir, Severino se apresenta. Na segunda cena, inicia sua jornada e encontra os primeiros "severinos", que carregam um defunto em uma rede: são os "irmãos das almas", a quem cabe enterrar o morto em lugar digno.

Morte e vida severina

O retirante explica ao leitor
quem é e a que vai.

– O meu nome é Severino,
como não tenho outro de pia.
Como há muitos Severinos,
que é santo de romaria,
deram então de me chamar
Severino de Maria;
como há muitos Severinos
com mães chamadas Maria,
fiquei sendo o da Maria
do finado Zacarias.
[...]
E se somos Severinos
iguais em tudo na vida,
morremos de morte igual,
mesma morte severina:
que é a morte de que se morre
de velhice antes dos trinta,
de emboscada antes dos vinte,
de fome um pouco por dia
(de fraqueza e de doença

é que a morte severina
ataca em qualquer idade,
e até gente não nascida).
Somos muitos Severinos
iguais em tudo e na sina:
a de abrandar estas pedras
suando-se muito em cima,
a de tentar despertar
terra sempre mais extinta,
a de querer arrancar
algum roçado da cinza.
Mas, para que me conheçam
melhor Vossas Senhorias
e melhor possam seguir
a história de minha vida,
passo a ser o Severino
que em vossa presença emigra.

Encontra dois homens carregando um defunto numa rede, aos gritos de: "Ó irmãos das almas! Irmãos das almas! Não fui eu quem matei não!"

— A quem estais carregando,
irmãos das almas,
embrulhado nessa rede?
dizei que eu saiba.
— A um defunto de nada,
irmão das almas,
que há muitas horas viaja
à sua morada.
— E sabeis quem era ele,
irmãos das almas,
sabeis como ele se chama
ou se chamava?
— Severino Lavrador,
irmão das almas,
Severino Lavrador,
mas já não lavra.
— E de onde que o estais trazendo,
irmãos das almas,
onde foi que começou
vossa jornada?
— Onde a Caatinga é mais seca,
irmão das almas,
onde uma terra que não dá
nem planta brava.
— E foi morrida essa morte,
irmãos das almas,
essa foi morte morrida
ou foi matada?
— Até que não foi morrida,
irmão das almas,
esta foi morte matada,
numa emboscada.
— E o que guardava a emboscada,
irmão das almas,
e com que foi que o mataram,
com faca ou bala?

Cia. Galeria 4 apresenta *Morte e vida severina*, na Funarte-SP, ano 2012.

— Este foi morto de bala,
irmão das almas,
mais garantido é de bala,
mais longe vara.
— E quem foi que o emboscou,
irmãos das almas,
quem contra ele soltou
essa ave-bala?
— Ali é difícil dizer,
irmão das almas,
sempre há uma bala voando
desocupada.
— E o que havia ele feito,
irmãos das almas,
e o que havia ele feito
contra a tal pássara?
— Ter um hectare de terra,
irmão das almas,
de pedra e areia lavada
que cultivava.
— Mas que roças que ele tinha,
irmãos das almas,
que podia ele plantar
na pedra avara?

— Nos magros lábios de areia,
irmão das almas,
os intervalos das pedras,
plantava palha.
— E era grande sua lavoura,
irmãos das almas,
lavoura de muitas covas,
tão cobiçada?
— Tinha somente dez quadros,
irmão das almas,
todas nos ombros da serra,
nenhuma várzea.
— Mas então por que o mataram,
irmãos das almas,
mas então por que o mataram
com espingarda?
— Queria mais espalhar-se,
irmão das almas,
queria voar mais livre
essa ave-bala.
— E agora o que passará,
irmãos das almas,
o que é que acontecerá
contra a espingarda?
— Mais campo tem para soltar,
irmão das almas,
tem mais onde fazer voar
as filhas-bala.
— E onde o levais a enterrar,
irmãos das almas,
com a semente do chumbo
que tem guardada?
— Ao cemitério de Torres,
irmão das almas,
que hoje se diz Toritama,
de madrugada.
— E poderei ajudar,
irmãos das almas?
vou passar por Toritama,
é minha estrada.
— Bem que poderá ajudar,
irmão das almas,
é irmão das almas quem ouve
nossa chamada.
— E um de nós pode voltar,
irmão das almas,

Capa do filme *Morte e vida severina*, de 1977.

pode voltar daqui mesmo
para sua casa.
— Vou eu, que a viagem é longa,
irmãos das almas,
é muito longa a viagem
e a serra é alta.
— Mais sorte tem o defunto,
irmãos das almas,
pois já não fará na volta
a caminhada.
— Toritama não cai longe,
irmão das almas,
seremos no campo-santo
de madrugada.
— Partamos enquanto é noite,
irmão das almas,
que é o melhor lençol dos mortos
noite fechada.
[...]

MELO NETO, João Cabral de. *Morte e vida severina*. Rio de Janeiro: Nova Fronteira, 2000.

Antes de iniciar o estudo do texto, tente descobrir o sentido das palavras desconhecidas pelo contexto em que elas aparecem. Se for preciso, consulte o dicionário.

EXPLORAÇÃO DO TEXTO

1. Na segunda cena, há várias informações sobre o defunto que está sendo carregado: quem é ele, quem o está trazendo, de onde e para onde?

2. No texto, o corpo do Severino Lavrador é carregado em uma rede, como na imagem I. Na imagem II, uma cena de enterro, o corpo é carregado da mesma forma? Que outras diferenças são notadas entre as imagens e texto?

Capa de disco de vinil com músicas compostas por Chico Buarque para o poema de João Cabral.

Enterro, 1959, de Candido Portinari, Museu de Arte Contemporânea de Pernambuco.

3. Responda no caderno.
  a) Por que Severino Lavrador foi morto?
  b) O que acontecerá com seu assassino?
  c) Em que trechos do texto você se baseou para responder?
  d) De acordo com o poema, a morte de Severino Lavrador foi um fato excepcional? Justifique sua resposta.

Origem medieval

Morte e vida severina inspira-se nos autos medievais e na cultura popular nordestina. Na Idade Média, em Portugal e na Espanha, os autos eram peças de teatro curtas, de assunto religioso ou não, sério ou cômico. Tinham como finalidade divertir, moralizar, satirizar, criticar, catequizar. Como o poema de João Cabral encerra-se com uma exaltação à vida, com o nascimento de uma criança, recebeu o subtítulo de "Auto de Natal pernambucano".

4. Releia os versos da primeira cena, em que o retirante se apresenta.

a) Severino Lavrador teve uma morte "severina"?

b) Como você explicaria o que é uma "vida severina"? E uma "morte severina"?

5. O poema termina com a chegada de Severino a Recife, onde, decepcionado com a vida miserável que os retirantes levam lá, pensa em se matar, jogando-se de uma ponte sobre o Rio Capibaribe. Nesse momento, ele encontra uma família de retirantes com o filho recém-nascido. Leia as estrofes finais do poema, em que fala Mestre Carpina, o pai da criança.

O carpina fala com o retirante [...]
– Severino, retirante,
deixe agora que lhe diga:
eu não sei bem a resposta
da pergunta que fazia,
se não vale mais saltar
fora da ponte e da vida;
nem conheço essa resposta,
se quer mesmo que lhe diga;
é difícil defender,
só com palavras, a vida,
ainda mais quando ela é
esta que vê, severina;
mas se responder não pude
à pergunta que fazia,
ela, a vida, a respondeu
com sua presença viva.
E não há melhor resposta
que o espetáculo da vida:
vê-la desfiar seu fio,

que também se chama vida,
ver a fábrica que ela mesma,
teimosamente, se fabrica,
vê-la brotar como há pouco
em nova vida explodida;
mesmo quando é assim pequena
a explosão, como a ocorrida;
mesmo quando é uma explosão
como a de há pouco, franzina;
mesmo quando é a explosão
de uma vida severina.

a) Que pergunta Severino havia feito a Mestre Carpina?

b) Resuma, com suas palavras, a resposta de Mestre Carpina.

c) Se a ordem natural é primeiro viver e depois morrer, como você explica o título do poema ter a ordem inversa: "Morte e vida severina"?

6. O texto dramático tem características que o distinguem de outros gêneros. Anote no caderno a(s) que aparece(m) no poema lido.

a) Cada fala é antecedida pelo nome da personagem que a diz.

b) Apresenta rubricas que orientam a encenação.

c) A ação se desenrola em uma sequência de cenas.

d) Não emprega sinais de pontuação característicos do diálogo em gêneros como contos, fábulas etc.

João Cabral de Melo Neto

João Cabral de Melo Neto (1920-1999) nasceu em Recife, PE. Ocupou cargos diplomáticos e viveu em vários países, como Espanha, Inglaterra, Suíça, França. Sua obra destaca-se pela preocupação com a realidade brasileira e o requinte da linguagem. João Cabral é ao mesmo tempo um poeta sofisticado e acessível ao leitor comum.

Morte e vida severina, um dos maiores clássicos da literatura brasileira, foi escrito em 1955 e é a obra mais conhecida de João Cabral. Em 1965, estreou nos palcos com música de Chico Buarque de Holanda. A peça fez um imenso sucesso no Brasil e no exterior.

João Cabral de Melo Neto

7. As personagens de uma peça podem ser caracterizadas:

   I. de forma direta, nas rubricas;
   II. por meio das falas de outras personagens;
   III. por comportamentos, ações, falas e gestos que levam o espectador a construir, por si mesmo, a imagem da personagem.

   a) Como são caracterizadas as personagens do poema *Morte e vida severina*?
   b) E o protagonista de *O bem-amado*?

8. Nos dois textos lidos nesta unidade, a morte está presente no enredo.

   a) Qual a diferença entre os textos quanto à forma de abordar o assunto? Explique.
   b) Que semelhança se pode ver entre os dois textos? Explique sua resposta.

9. Leia este trecho de notícia.

Conflitos no campo crescem na Amazônia, por água e contra indígenas

Ao todo, 1.227 conflitos resultaram em 34 assassinatos e 241 ameaças de morte. CPT vê reforma agrária fraca, expansão geográfica e mau funcionamento do Judiciário como principais fatores

[...]

[...] Os dados, que traçam uma triste realidade, foram divulgados hoje (28) pela Comissão Pastoral da Terra (CPT), na sede da Confederação Nacional dos Bispos do Brasil (CNBB), em Brasília. A avaliação da entidade é de que não há o que comemorar, apesar de leve redução nos números.

[...]

Os números assustam nos mais amplos aspectos. Em relação a áreas de conflito, por exemplo, no ano passado registraram-se 847 destas áreas, nas quais 99.798 famílias estiveram envolvidas. Esse número é apenas ligeiramente menor que o de 2012 (110.130). [...].

Disponível em: <www.redebrasilatual.com.br/politica/2014/04/conflitos-no-campo-crescem-na-amazonia-por-agua-e-contra-indigenas-2144.html>. Acesso em: 9 mar. 2015.

   a) Depois de ler esse trecho da notícia, relembre o poema *Morte e vida severina*, escrito em 1955, e reflita: os problemas enfrentados pelos "severinos" se resolveram, de lá para cá? Explique.
   b) Em sua opinião, a crítica feita no poema de João Cabral de Melo Neto continua válida no Brasil de hoje? Explique.

> **NÃO DEIXE DE LER**
>
> • *Morte e vida severina*, de João Cabral de Melo Neto, versão em quadrinhos de Miguel Falcão, editora Massangana
>
> Em um conjunto composto por livro e DVD, o texto de João Cabral transformado em quadrinhos.

🛑 PARA LEMBRAR

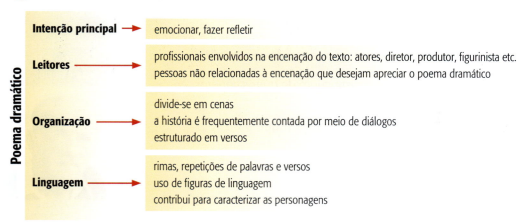

Processos de formação de palavras: a derivação

No vocabulário da língua portuguesa existem aproximadamente 400 mil palavras. Você sabe de onde elas vieram ou como surgiram? Foi do latim, do grego, do francês e de outras línguas europeias e americanas, de línguas e dialetos africanos e de línguas e dialetos indígenas do Brasil. A base, entretanto, são as palavras latinas – pois o português origina-se do latim – e gregas: delas se formou e ainda se forma a maior parte das palavras em português.

A herança indígena

Antes da chegada dos europeus, os povos que habitavam o atual território brasileiro falavam grande variedade de línguas e dialetos. Deles se originam muitas palavras da língua portuguesa, como se conta nestes trechos de uma canção.

[...]
Jabuticaba Caju Maracujá
Pipoca Mandioca Abacaxi
é tudo tupi
tupi-guarani

Arara Tucano Araponga Piranha
Perereca Sagui Jabuti Jacaré
Jacaré Jacaré
quem sabe o que é que é?
– ... aquele que olha de lado...
é ou não é?
[...]

Maranhão Maceió
Macapá Marajó
Paraná Paraíba
Pernambuco Piauí
Jundiaí Morumbi
Curitiba Parati
É tudo tupi
[...]

ZISKIND, Hélio. *Tu tu tu tupi*. Disponível em: <http://letras.terra.com.br/helio-ziskind/387577/>. Acesso em: 22 abr. 2015.

1. Releia esta fala tirada de *O bem-amado*.

    "Meus conterrâneos: vim de branco para ser mais claro."

    a) Qual é o significado da palavra **conterrâneo**? Se não souber, consulte um dicionário.

    b) Observe a palavra **conterrâneo**. Que palavra deu origem a ela e com quais outros elementos foi formada?

    c) Das palavras a seguir, quais se originam da mesma palavra que **conterrâneo**? Copie-as no caderno.

    | terreno | aterrorizado | terrestre | aterro | terrível | aterrissar | terror | térreo |

2. Releia.

    "Aqui, nesta cidade infeliz, ninguém pode realizar esse sonho, ninguém pode dormir o sono eterno no seio da terra em que nasceu."
    "Merecem os nossos mortos esse tratamento?"

a) Encontre nos trechos duas palavras formadas pelo acréscimo de elementos a outras palavras.

b) Indique as partículas que ajudaram na formação dessas palavras.

c) Pelo que você viu nas atividades anteriores, com base em uma palavra, considerada primitiva, como é possível formar outra palavra, derivada dela?

> Ao processo de formação de palavras com base em outras damos o nome de **derivação**.

3. Observe como se formaram estas palavras.

e- + migrar = **emigrar**   caminh(o) + -**ada** = caminhada

partícula no início da palavra (**prefixo**)   partícula no final da palavra (**sufixo**)

a) É possível criar palavras de forma contínua a partir de outras que já existem, o que revela o caráter dinâmico de todas as línguas. No exemplo acima, quais são as palavras primitivas e quais as derivadas?

b) As palavras derivadas são formadas com a ajuda de prefixos ou de sufixos, ou dos dois ao mesmo tempo. Observe as palavras derivadas abaixo, anote-as no caderno e destaque os prefixos e sufixos empregados para compô-las.

dificilmente	atrasado	desembrulhar
repor	internacional	

c) Usando o mesmo processo de **repor** e **internacional**, que outras palavras você consegue formar?

> **Prefixo** é o elemento que se coloca no início de uma palavra para formar outra.
> **Sufixo** é o elemento que se coloca no final de uma palavra para a formação de outra.

Uma língua não é um sistema fechado, pois é preciso nomear aquilo que surge: as invenções, as descobertas ou as novas atividades humanas. A formação de palavras é, portanto, um processo que renova e enriquece as línguas.

4. Identifique, em cada trecho de *Morte e vida severina*, se a palavra destacada é formada pelo acréscimo de um sufixo ou de um prefixo.

a) "sempre há uma bala voando/**desocupada**."

b) "E era grande sua lavoura,/irmãos das almas,/lavoura de muitas covas,/tão **cobiçada**?"

> No processo de derivação, as palavras podem ser formadas por meio do acréscimo de prefixo (**derivação por prefixação**) ou de sufixos (**derivação por sufixação**).

A contribuição africana

O estreito convívio entre os portugueses e seus descendentes, que habitavam o atual território brasileiro, e os africanos escravizados trazidos para cá no período colonial e imperial propiciou a incorporação de muitas palavras de línguas africanas à nossa língua. As palavras de origem africana estão ligadas principalmente a costumes, alimentos e danças típicas. Exemplos:

acarajé	inhame
agogô	jiló
angu	maracatu
batuque	miçanga
banguela	moleque
berimbau	quiabo
cafundó	quitute
cafuné	samba
canjica	senzala
caxumba	tutu
chuchu	vatapá
dendê	zumbi
fubá	

82

5. Leia esta notícia.

Caminhão capota com 9 milhões de abelhas nos EUA

Um grande caminhão exagerou ao fazer uma curva em uma estrada e derramou sua carga de centenas de colmeias, libertando cerca de nove milhões de abelhas irritadas.

As abelhas zumbiam furiosamente enquanto o motorista Lane Miller [...] lutava para fugir da cabine de seu caminhão [...].

Disponível em: <http://noticias.terra.com.br/popular/interna/0,,OI326363-EI1150,00.html>.
Acesso em: 14 out. 2011.

a) Que verbo foi empregado para se referir ao som produzido pelas abelhas?

b) Esse verbo é uma palavra derivada. Por seu sentido, deduza: de qual destas palavras esse verbo se originou?

zumbi	zum-zum	zombar

c) Quais dos verbos a seguir foram formados do mesmo modo que **zumbir**?

cricrilar	tiquetaquear	ventar	cacarejar
	mugir	correr	miar

d) Os verbos que você marcou são derivados de onomatopeias. Podemos considerar as onomatopeias um recurso para gerar novas palavras? Por quê?

Existem outros tipos de derivação, além dos feitos por prefixação e sufixação. Observe.

> **NÃO DEIXE DE LER**
>
> • ***O beijo da palavrinha***, de Mia Couto, editora Língua Geral
>
> O moçambicano Mia Couto narra a história de Maria Poeirinha, que vive numa aldeia no interior de Moçambique. Ela sonha conhecer o mar, mas a família é pobre demais para viajar. Seu irmão, por meio da leitura e da escrita, lhe ensina a dimensão do oceano.

> **Derivação imprópria:** a palavra muda de categoria gramatical. **Abrolho (espinho)**, substantivo comum, passou a próprio (**Abrolhos**, arquipélago na Bahia).

> **Derivação imprópria:** o substantivo **cantora** passa a adjetivo.

[...] observar baleias é o lazer preferido de centenas de turistas que chegam para a temporada das jubartes, entre julho e novembro, quando elas migram para Abrolhos.[...]

Mais conhecidas como baleias-cantoras ou baleias-corcundas, as jubartes encantam pela docilidade com que se aproximam das embarcações, encenando acrobacias mirabolantes e emitindo sons audíveis por microfones submersos que pressupõem a dança do acasalamento. [...]

> **Derivação regressiva:** a palavra surge da redução de outra. **Dança** é redução de **dançar**.

> **Parassíntese:** acréscimo simultâneo de prefixo e sufixo (em- + barca + -ação).

Disponível em: <www.costadasbaleiasabrolhos.com.br/portal/index.php?p=baleias>. Acesso em: 22 abr. 2015.

teia do saber

1. A palavra **crônica** tem em sua formação o elemento **crono-**, de origem grega, que significa "tempo". Escreva no caderno a palavra que corresponde às definições a seguir, todas associadas ao mesmo elemento.

a) Aparelho que marca a passagem do tempo em segundos em uma corrida.

b) Estudo da sequência ordenada de fatos no tempo.

c) Sequência ordenada de tarefas a serem cumpridas em um projeto.

d) Diz-se da doença de longa duração, que dura muito tempo.

2. Leia um trecho da crônica *O soluço já foi solucionado?*, de Mário Prata.

[...] Há quanto tempo você não tem uma crise de soluço? Não sei por quê, mas acho que hoje as pessoas não soluçam mais como se soluçava há uns anos. [...]

[...] E para parar um soluço existiam fórmulas "infalíveis". Todo mundo conhecia um método, uma maneira de se acabar com ele. "Tem um jeito que não falha", sempre se adiantava um com a solução. [...]

[...]

— Encher bexigas de aniversário, uma atrás da outra, até passar o soluço. Também quase matava o soluçante. [...]

[...]

Qual seria a solução? E aqui fica a última pergunta: solução é um soluço grande? Daqueles sem solução?

PRATA, Mário. *100 crônicas*. São Paulo: Carta Editorial, 1997.

a) Em torno de que palavra o cronista desenvolve o trecho?

b) Releia.

"[...] E para parar um soluço existiam fórmulas 'infalíveis'. Todo mundo conhecia um método, uma maneira de se acabar com ele. 'Tem um jeito que não falha', sempre se adiantava um com a solução."

Por que foram usadas aspas na frase destacada?

c) O que as aspas indicam em "infalíveis"? Explique.

d) As palavras **soluço** e **soluçante** derivam de **soluçar**, enquanto **solucionar** deriva de **solução**. Ao perguntar, no final da crônica, se "solução é um soluço grande", a palavra **solução** indica aumentativo de **soluço**?

e) Que efeito o uso da palavra **solução** provoca nesse contexto?

84

3. Leia o trecho de uma notícia e observe os dizeres da placa.

Quilômetros 54 e 57 da BR-050 são considerados perigosos, segundo a PRF

Os quilômetros 54 e 57 da BR-050, entre Uberlândia e Araguari, são considerados perigosos, segundo a Polícia Rodoviária Federal (PRF). Mesmo assim os motoristas arriscam a vida. [...]

Placas indicam o sentido. O sonorizador colocado há um ano é mais um alerta. Mas muitos motoristas entram na curva desrespeitando a faixa contínua e embalados.

Os 4 km próximos à ponte do rio Araguari são os que mais preocupam a PRF. [...]

O resultado da imprudência que está registrado na estatística da Polícia Rodoviária Federal assusta: entre os km 54 e 57, em 2009, foram 61 acidentes, 68 vítimas e seis mortes. [...]

Disponível em: <http://www.observatoriodearaguari.com/2010/11/quilometros-54-e-57-da-br-050-sao.html>. Acesso em: 22 abr. 2015.

a) Do que fala a notícia?

b) Providências foram tomadas para resolver o problema. No entanto, isso não foi suficiente. Por quê?

c) Que adjetivo foi usado na placa para caracterizar a curva e como foi formada essa palavra?

d) De acordo com o que você observou na leitura da notícia e na formação desse adjetivo, que significado tem o sufixo **-oso**? Explique.

e) Você conhece outros adjetivos formados pelo mesmo processo?

f) Escolha um dos adjetivos que você escreveu no item **e** e escreva com ele uma placa para viajantes ou passantes.

ATIVANDO HABILIDADES

1. (Saresp)

A incapacidade de ser verdadeiro

Paulo tinha fama de ser mentiroso. Um dia chegou em casa dizendo que vira no campo dois dragões-da-independência cuspindo fogo e lendo fotonovelas.

A mãe botou-o de castigo, mas na semana seguinte ele veio contando que caíra no pátio da escola um pedaço de lua, todo cheio de queijo. Desta vez Paulo não só ficou sem sobremesa como foi proibido de jogar futebol durante quinze dias.

Quando o menino voltou falando que todas as borboletas da Terra passaram pela chácara de Siá Elpídia e queriam formar um tapete voador para transportá-lo ao sétimo céu, a mãe decidiu levá-lo ao médico. Após o exame, o Dr. Epaminondas abanou a cabeça:

— Não há nada a fazer, Dona Coló. Este menino é mesmo um caso de poesia.

ANDRADE, Carlos Drummond de. A incapacidade de ser verdadeiro. In: ANDRADE, Carlos Drummond de et al. *Deixa que eu conto*. São Paulo: Ática, 2003. Literatura em minha casa. V. 2, p. 44.

O texto sugere que

a) Mentira e teimosia andam juntas.
b) Mentira e fantasia são sinônimos.
c) Mentira e sonho parecem brincadeiras.
d) Mentira e imaginação são diferentes.

2. (Saresp)

Foi perguntado a um total de 100 pessoas em uma cidade se frequentavam cinema e se frequentavam teatro. A tabela abaixo resume o resultado dessa pesquisa

		Cinema	
		sim	não
Teatro	sim	52	8
	não	36	4

Se os dados dessa pesquisa forem transportados para o gráfico abaixo, a coluna pintada de laranja deve representar o número de pessoas que:

a) frequentam teatro e não frequentam cinema.
b) frequentam cinema e não frequentam teatro.
c) frequentam cinema e teatro.
d) não frequentam nem cinema nem teatro.

3. (Enem)

Gênero dramático é aquele em que o artista usa como intermediária entre si e o público a representação. A palavra vem do grego *drao* (fazer) e quer dizer ação. A peça teatral é, pois, uma composição literária destinada à apresentação por atores em um palco, atuando e dialogando entre si. O texto dramático é complementado pela atuação dos atores no espetáculo teatral e possui uma estrutura específica, caracterizada:

1) pela presença de personagens que devem estar ligados com lógica uns aos outros e à ação;
2) pela ação dramática (trama, enredo), que é o conjunto de atos dramáticos, maneiras de ser e de agir das personagens encadeadas à unidade do efeito e segundo uma ordem composta de exposição, conflito, complicação, clímax e desfecho;
3) pela situação ou ambiente, que é o conjunto de circunstâncias físicas, sociais, espirituais em que se situa a ação;
4) pelo tema, ou seja, a ideia que o autor (dramaturgo) deseja expor, ou sua interpretação real por meio da representação.

COUTINHO, A. *Notas de teoria literária*.
Rio de Janeiro: Civilização Brasileira, 1973 (adaptado).

Cena da peça *O auto da compadecida*, de Ariano Suassuna, representada pela Cia. Limite 151, em 2012.

Considerando o texto e analisando os elementos que constituem um espetáculo teatral, conclui-se que:

a) a criação do espetáculo teatral apresenta-se como um fenômeno de ordem individual, pois não é possível sua concepção de forma coletiva.

b) o cenário onde se desenrola a ação cênica é concebido e construído pelo cenógrafo de modo autônomo e independente do tema da peça e do trabalho interpretativo dos atores.

c) o texto cênico pode originar-se dos mais variados gêneros textuais, como contos, lendas, romances, poesias, crônicas, notícias, imagens e fragmentos textuais, entre outros.

d) o corpo do ator na cena tem pouca importância na comunicação teatral, visto que o mais importante é a expressão verbal, base da comunicação cênica em toda a trajetória do teatro até os dias atuais.

e) a iluminação e o som de um espetáculo cênico independem do processo de produção/recepção do espetáculo teatral, já que se trata de linguagens artísticas diferentes, agregadas posteriormente à cena teatral.

Encerrando a unidade

Nessa unidade, você conheceu as principais características, recursos e finalidades dos gêneros texto dramático e poema dramático e estudou a construção polissêmica de palavras e, também, a homonímia, sinonímia, antonímia e paronímia.

1. Quais são as principais características dos gêneros texto dramático e poema dramático?
2. Que avaliação você faz de sua participação na montagem de uma cena teatral?

Conhecimento Interligado

História e Arte caminham juntas...

Desde o início da história da humanidade, a arte esteve presente em praticamente todas as formações culturais. Artistas de diferentes tempos, regiões e etnias têm tentado representar o mundo de maneiras também diferentes. Por que isso acontece?

Para respondermos a essa pergunta é preciso ter em mente que a arte não é produzida em um espaço vazio: ainda que produto do olhar singular e original de um indivíduo, a forma de uma representação não está dissociada da finalidade e exigências da sociedade e do tempo em que foi gerada. Se se esgotasse em uma visão pessoal, a arte deixaria de captar valores, crenças, costumes, modos de agir de um momento histórico e artístico.

Acompanhe, no infográfico, diferentes períodos da evolução da arte de representar, da qual falamos na unidade 2.

O teatro primitivo

Segundo estudiosos, já havia na pré-história danças rituais e festivais que carregavam em si as sementes do teatro. Nesses rituais, caçadores da Idade do Gelo, por exemplo, já se reuniam em torno de uma figura estática de urso usando, eles próprios, máscaras de urso em um ritual simbólico.

Desenho baseado em uma pintura rupestre encontrada em uma caverna paleolítica. Mostra um feiticeiro vestido com roupa cerimonial.

Antigas civilizações

Datado de cerca de 1800 anos a.C., existe um papiro que indica um ritual de representação da morte e esquartejamento de Osíris, no Egito. Sacerdotes egípcios organizavam peças contando estágios do destino de Osíris e nelas atuavam. Outros povos antigos, como etruscos e chineses, teriam organizado cerimônias teatralizadas, acompanhando rituais de sacrifícios, casamentos e culto aos mortos.

Roma antiga

Roma herda o teatro da Grécia, porém nele predominavam as peças históricas e a comédia. Seus maiores autores são Plauto e Terêncio. No entanto, no final da República, o interesse pelo teatro tradicional foi perdendo espaço para espetáculos com mais ação (gladiadores, corridas de bigas), circo, gêneros teatrais mais simples como as pantomimas (com apenas um ator que dançava ao som da flauta ou da lira) e os mimos (peças cômicas que incluíam números de mágica, dança e acrobacia).

O Coliseu, em Roma (Itália), construído aproximadamente em 80 a.C., onde nunca foi encenada uma peça.

Grécia antiga

A história do teatro ocidental começa em Atenas, na Grécia, a partir dos cultos a Dionísio, deus do vinho, da fertilidade e da alegria de viver. Nos festivais em honra do deus grego, apresentavam-se cantos corais, os ditirambos, que deram origem à comédia, e cerimônias e canções que deram origem à tragédia. Surge, nessa fase, o teatro com separação de papéis: atores e plateia. Os atores, além das máscaras, utilizavam os recursos da mímica. Algumas peças teatrais eram acompanhadas por músicas cantadas por coral.

1. Agora reflita: em sua opinião, o que teria levado os primeiros seres humanos à necessidade de representar?

2. Vimos que no teatro grego as peças muitas vezes eram acompanhadas por música. Você conhece hoje representações cênicas em que aparecem atores e também música e dança?

3. A partir do teatro grego, houve a separação entre atores e plateia, com papéis distintos. Você já foi a algum *show*, espetáculo, apresentação de dança ou de música em que havia espaço para a participação ativa do público?

4. As grandes tragédias gregas foram escritas no século V a.C. O que há nelas de tão significativo que continuam sendo representadas mais de vinte séculos depois, em novas peças, novelas e filmes e que estão presentes até no vocabulário do dia a dia (por exemplo: Que tragédia grega!)?

O teatro contemporâneo

A partir do início do século XX, surgiram muitas propostas que difundiam a ideia da ação teatral envolvendo artistas e público, rompendo os padrões clássicos e procurando reviver o poder que a arte exercia quando, nos rituais, todos os praticantes se envolviam na teatralização, sem distinção de papéis.

Um exemplo dessa concepção é a do dramaturgo e diretor de teatro francês Antonin Artaud (1896-1948), que propunha uma unificação entre teatro e vida que eliminasse a separação entre palco e plateia.

No Brasil, o dramaturgo Augusto Boal (1931-2009) criou, nos anos 1970, o método teatral conhecido por Teatro do Oprimido, com experimentações envolvendo o público, como nesta foto de 1975.

Que tal conhecer o enredo de algumas dessas obras criadas pelos gregos e incorporadas e transformadas pela civilização ocidental? Sugerimos a leitura de algumas das tragédias mais conhecidas e que já foram várias vezes encenadas no Brasil. Seu professor irá auxiliá-los a pesquisar estas peças:

Electra, **Antígona** e **Édipo Rei**, de Sófocles;
Medeia, **Antígona**, **Alceste**, **Hipólito** e **Ion**, de Eurípedes;
Prometeu acorrentado, **Agamenon** e **Os persas**, de Ésquilo.

UNIDADE 3

Uma palavrinha, por favor...

Nesta unidade você vai

- identificar em que contexto circula o gênero entrevista e qual sua finalidade
- conhecer como se organiza uma entrevista para planejar e realizar uma
- comparar uma entrevista com presença física e um *chat* em ambiente digital
- refletir sobre os recursos usados para transcrever falas em um texto escrito
- reconhecer as propriedades do predicado e sua relação com o sujeito na construção de orações

TROCANDO IDEIAS

1. O que mais chama sua atenção na foto?
2. Observe a expressão dos jovens retratados. O que eles parecem estar sentindo?
3. Analisando o ângulo de tomada, isto é, a altura da câmera em relação ao objeto fotografado, você diria que a foto foi tirada de cima para baixo, de baixo para cima ou com a câmera na altura dos olhos? Quem poderia tê-la tirado?
4. Os jovens retratados praticam um esporte radical denominado *skydiving*, que consiste em saltar de um avião e cair pelo ar – "mergulhar" em voo livre –; o paraquedas só se abre depois. Se você conversasse com um desses jovens logo após o salto, o que lhe perguntaria?

LEITURA 1

A todo momento deparamos com pessoas concedendo entrevista. O texto abaixo é uma entrevista concedida por James Cameron, diretor de Avatar, a uma revista brasileira. Leia-a para saber que tipo de informação ele dá.

ANTES DE LER

1. Você já ouviu falar do filme *Avatar*? Ele conta a seguinte história:

   Em 2154, os humanos pretendem explorar um minério precioso em uma lua chamada Pandora. Isso, porém, destruirá a natureza do local e colocará em risco a sobrevivência de seus habitantes, os *n'avi*, considerados seres primitivos pelos humanos. Trava-se, então, uma guerra: terráqueos, gananciosos e destrutivos, contra *n'avi*, que vivem em harmonia com a natureza. Tudo permeado por uma história de amor.

2. O filme fez grande sucesso: faturou bilhões de dólares e ganhou diversos prêmios. Quais poderiam ser os assuntos de uma entrevista com o diretor desse filme?

3. Se você tivesse oportunidade, que perguntas faria a ele?

"O futuro do cinema é uma fusão entre tecnologia e talento"

O diretor conta como realizou […] a ficção científica em 3-D "Avatar", para revolucionar tecnologicamente o cinema e salvá-lo da pirataria

James Cameron reapareceu, depois de 12 anos escondido, para realizar o que diz ser um sonho de menino: penetrar nos segredos da fauna e da flora de um planeta distante com uma arma de última geração. No caso, uma câmera 3-D estereoscópica capaz de associar imagens geradas por computação gráfica e traduzir atuações em imagens digitais de ultradefinição. O resultado é *Avatar*, o longa-metragem mais caro do cinema (custou meio bilhão de dólares) e um marco na inovação. […] Um dia após a estreia mundial, em 11 de dezembro [de 2009], no hotel Claridge's [em Londres], Cameron concedeu uma entrevista coletiva e, depois, falou à *ÉPOCA*.

> **Câmera estereoscópica:** câmera capaz de produzir imagens em 3-D.
>
> **3-D:** imagens de duas dimensões (comprimento e altura) que proporcionam a ilusão de três dimensões (comprimento, altura e volume).

Quem é

Nasceu em Ontário, no Canadá, em 16 de agosto de 1954. Com 17 anos, mudou-se para os EUA. Casou-se cinco vezes. Tem quatro filhos.

O que fez

Começou como assistente do diretor de filmes B Roger Corman, em 1980.

O que filmou

Com *Titanic* (1997), obteve a maior bilheteria da história: US$ 1,8 bilhão. Fracassou com *O abismo* (1989), sobre o fundo do mar.

James Cameron.

[...] Cameron se comportou com simpatia. Conversou sem máscara, fazendo perguntas e dialogando. Estava curioso pela reação do público brasileiro a *Avatar*. [...] Afinal, narra a história da destruição da mata e do genocídio de uma tribo indígena. De outro planeta – mas isso é só um detalhe na simbologia dessa aventura espacial. [...].

Época – **Seu filme é ambientado em uma selva extraterrestre. Muitas vezes lembra a selva brasileira. Vocês captaram imagens da floresta equatorial?**

James Cameron – [...] A ideia inicial era levar a equipe para filmar na Amazônia. Mas aí pensamos que iria ser algo prejudicial à natureza; os caminhões, o equipamento pesado e uma equipe enorme iriam perturbar a paz da selva. Um filme com uma mensagem preservacionista praticando infrações a um ecossistema seria péssimo!

Época – **E como vocês criaram a ambientação?**

Cameron – Fomos ao Havaí, a equipe e o elenco, até porque eu queria que todos tivessem a experiência de adentrar uma selva. Seguimos por uma trilha e a reação dos atores foi incrível, porque eles começaram a interagir com o meio ambiente e a entender o impacto que uma selva densa tem sobre os sentidos. Algumas imagens foram captadas ali, outras na Nova Zelândia. Com a câmera estereoscópica tridimensional, os detalhes e a luz naturais resultaram mais nítidos e poéticos que filmagens habituais dentro da selva.

Época – **De onde o senhor tirou inspiração para imagens mágicas como das rochas flutuantes e dos pássaros gigantes coloridos? Vieram de algum pintor específico, de um cineasta, de uma obra de arte?**

Cameron – Na verdade, me inspirei diretamente na natureza, em plantas, insetos, rochas – em especial na flora e na fauna do fundo do mar. Eu cresci fazendo minhas expedições na mata que havia perto de minha casa no Canadá. Não era a selva amazônica, mas havia um ecossistema variado. Eu adorava coletar material, amostras de pedras, plantas, algas, insetos. Houve um momento de minha vida em que a exploração da natureza me absorveu completamente. Tudo isso se reflete em meus filmes. *Avatar* é mais um deles.

[...]

Cena do filme *Avatar*.

93

Época – **Em *Avatar*, a sensação de entrar na selva do planeta Pandora é de uma descoberta de cores, de uma súbita iluminação dos sentidos. O que foi necessário para criar tamanho impacto?**

Cameron – Pedi à equipe que elaborasse um novo padrão de luminosidade, que reproduzisse ainda que parcialmente a riqueza da paleta de cores de uma selva. Os sapos anões, por exemplo, emitem uma luz azul tão intensa que parece irreal. Eles fazem isso para não ser atacados. E assim por diante. Eu me inspirei em feras e animais reais para recriá-los como alienígenas. A gente se inspirou em borboletas para dar as cores berrantes dos pássaros gigantes. Há correspondentes a cavalos, javalis e tigres alienígenas. A gente quis restaurar o espanto que sentimos dentro de uma selva de verdade. Como se trata de um filme de fantasia, era necessário soprar verossimilhança em um meio ambiente selvagem estranho.

Época – **Outro aspecto que diz respeito à selva é o enredo, que trata do genocídio indígena. O que o senhor pretendeu com isso?**

Cameron – Eu quis de certa forma mostrar que a ambição humana é capaz das maiores monstruosidades. A busca de um minério – no caso, o "unobtainium", existente apenas no planeta Pandora, que resolveria a escassez de energia da Terra – provoca em *Avatar* uma guerra terrível dos humanos contra os *n'avi*, com mortes, destruição e fome. E é claro que as vítimas são os indígenas, que lutam com lanças e flechas contra canhões, helicópteros e mísseis. Esse tipo de conflito se passou nas guerras coloniais e acontece na selva amazônica neste momento.

[...]

Época – **Para isso, o senhor elaborou uma nova linguagem. É como se o cinema estivesse renascendo em novas possibilidades. Como o senhor se vê nesse processo?**

Cameron – Sempre insisto que a questão maior não é tecnológica, mas estética. Ou seja, desenvolvemos uma tecnologia revolucionária, o 3-D estereoscópico, que funde as técnicas de captação digital de ação e expressões faciais de atores. O problema é o seguinte: o que faremos com essa nova ferramenta? Podem sair tanto uma bobagem quanto filmes importantes. Esse é o desafio para os cineastas que essa nova forma de produzir filmes apresenta. [...]

[...]

Época – **Qual é o futuro do cinema?**

Cameron – Ele está ligado às conquistas tecnológicas e às artísticas. O futuro do cinema é uma fusão entre tecnologia – 2-D, 3-D e da geração digital de imagens – e talento. Será o que nós, cineastas, fizermos com essa arte. Não adianta um sujeito como eu, que apostou tanto nesse novo meio, ficar sozinho. Acredito que outros diretores vão entender que esse é o caminho de uma nova forma de arte.

GIRON, Luís Antônio. Revista *Época*. Disponível em: <http://revistaepoca.globo.com/Revista/Epoca/0,,EMI111777-15220,00-O+FUTURO+DO+CINEMA+E+UMA+FUSAO+ENTRE+TECNOLOGIA+E+TALENTO.html>. Acesso em: 21 abr. 2015.

O cenário do filme simula uma selva extraterrestre.

Nas linhas do texto

1. Uma entrevista caracteriza-se por apresentar perguntas e respostas, envolvendo pelo menos duas pessoas – o entrevistador e o entrevistado.

   a) No texto lido, quem é o entrevistado?

   b) Quem é o entrevistador?

2. O diretor pretendeu captar imagens de um planeta distante utilizando uma arma de última geração. Que arma é essa? Que efeitos ela produziu?

3. Cameron afirma que as imagens mágicas de seu filme não foram inspiradas em nenhum artista ou obra de arte.

O diretor James Cameron no *set* de filmagem de *Avatar*.

   a) O que inspirou o diretor?

   b) De que maneira as experiências da infância do diretor marcaram suas obras?

4. O entrevistador resume o enredo do filme. Segundo ele, de que trata o filme?

5. Para o diretor, qual o novo desafio que as recentes tecnologias apresentam aos cineastas?

Nas entrelinhas do texto

1. A realização de *Avatar* foi rápida ou demorada? Em que você se baseou para dar sua resposta?

2. A entrevista foi publicada em uma revista semanal de atualidades. Por que, possivelmente, a publicação se interessou por entrevistar Cameron?

3. Por que, segundo Cameron, seria "péssimo" filmar na Amazônia?

4. Leia esta sinopse de *Avatar*.

> Jake Sully ficou paraplégico após um combate na Terra. Selecionado para participar do programa Avatar, ele viaja a Pandora, uma lua extraterrestre, lar dos *n'avi*, seres humanoides que vivem em paz com a natureza. Os humanos desejam explorar essa lua, extrair de lá minerais valiosos. Como são incapazes de respirar o ar de Pandora, criam seres híbridos chamados de avatares, controlados por seres humanos. No corpo de um avatar, Jake pode voltar a andar, percorrendo as florestas de Pandora e liderando soldados. Até conhecer Neytiri, uma *n'avi* que lhe serve de tutora e o faz admirar essa civilização alienígena.

As personagens Neytiri e Jake Sully.

Disponível em: <www.adorocinema.com/filmes/avatar/>. Acesso em: 21 abr. 2015. (Adaptado).

95

Agora leia o texto a seguir, que explica o que caracteriza uma obra de ficção científica.

Ficção científica

Ficção científica é o gênero que se caracteriza pelo enredo baseado em conhecimentos científicos e apresenta indagações sobre como será o futuro. Seus temas mais comuns são o impacto da tecnologia na sociedade e na vida das pessoas, contatos com seres de outros planetas, robôs dotados de inteligência, transformações e reconstruções de seres humanos, viagens no tempo, possibilidade de extinção da vida na Terra.

Cena do filme de ficção científica *Eu, robô*, de 2004.

Responda: *Avatar* é um filme de ficção científica? Explique.

5. Releia esta afirmação do entrevistado.

> "Eu quis de certa forma mostrar que a ambição humana é capaz das maiores monstruosidades."

a) No filme, há guerras e destruição. De que modo esses cenários retratam o que o cineasta quis mostrar ao público?

b) Como o cineasta se posicionou na entrevista em relação à realidade que pretendia denunciar no filme?

Além das linhas do texto

1. O Greenpeace é uma organização mundial que atua para proteger o meio ambiente. A organização tem lutado contra pequenos e grandes desmatadores da Amazônia. Nem sempre, porém, consegue obter o êxito desejado.

a) Reflita e responda: É possível explorar as riquezas naturais da Floresta Amazônica sem destruí-la e sem desrespeitar os habitantes da região?

b) No futuro, o ser humano vai ter aprendido a respeitar as outras espécies animais, as espécies vegetais e toda a natureza? Como você gostaria que tudo acontecesse?

Greenpeace protesta em Brasília pelo fim das queimadas e do desmatamento na Amazônia (2008).

COMO O TEXTO SE ORGANIZA

1. A entrevista é um gênero textual que tem como objetivo colher informações de um entrevistado. É muito presente em jornais, revistas, livros, programas de rádio e de TV, internet. Em que suporte foi publicada a entrevista lida?

2. As entrevistas são compostas de três partes principais: título, apresentação e perguntas e respostas. O título da entrevista lida é "O futuro do cinema é uma fusão entre tecnologia e talento".

   a) Por que ele está entre aspas?

   b) Você considera esse título adequado ao conteúdo da entrevista? Explique.

   c) Que outro título você daria à entrevista do cineasta?

   d) Que tipo de informação o subtítulo fornece ao leitor?

   > O **título** da entrevista deve despertar o interesse do leitor e, ao mesmo tempo, adiantar a ele o assunto a ser tratado. Pode ser uma frase dita pelo próprio entrevistado, um resumo do sentido global do texto etc.

3. Volte ao texto e releia os dois parágrafos iniciais que antecedem o bloco de perguntas e respostas. Qual é a função deles?

   > A **apresentação** é a parte da entrevista em que o leitor fica conhecendo o entrevistado, o motivo de ter sido convidado a falar sobre algo e o assunto sobre o qual tratará.

4. Depois da apresentação, aparece a entrevista propriamente dita, em que se alternam trechos com destaque **em negrito** e trechos sem o destaque. Qual a função desse recurso gráfico na transcrição da entrevista?

5. Entrevistador e entrevistado desempenham papéis diferentes em uma entrevista. No caderno, indique quais papéis correspondem a cada um desses participantes.

   a) Tem como objetivo conseguir informações.

   b) Relata experiências, faz reflexões; manifesta opiniões.

   c) Define o objetivo da entrevista e a conduz.

   d) Responde ao que foi perguntado, informa dados, concorda com as afirmações feitas ou discorda delas.

   e) Observa elementos não verbais, como postura, gestos, tom da voz, expressões fisionômicas.

6. O entrevistador precisa dominar o assunto antes de fazer a entrevista. Isso acontece na entrevista que lemos? Explique.

   > A entrevista propriamente dita é representada pela parte de **perguntas e respostas**.

Para uma boa entrevista

1. A entrevista não é uma arte nem uma ciência. Não é uma arte no sentido de que o artista nasce com um dom. Não é uma ciência no sentido de que se baseia em experiências que podem ser repetidas – no jornalismo, coisas que funcionaram na semana passada podem não dar certo hoje.
2. A entrevista é uma destreza, uma habilidade. O bom entrevistador se treina.
[…]

Disponível em: <http://cursoabril.abril.com.br/comunidade/materia_77964.shtml>. Acesso em: 18 out. 2011.

7. É importante que o entrevistador observe as reações e emoções do entrevistado para relatá-las ao leitor. Em que momentos do texto o entrevistador revela a reação ou comportamento do entrevistado?

8. Dependendo do objetivo do entrevistador, a entrevista pode ser informativa ou uma entrevista-diálogo.

> **Entrevista informativa** – Para obter dados, pedir esclarecimentos, completar informações, com participantes ou testemunhas dos acontecimentos. Nela o entrevistador segue um conjunto de questões previamente definidas para garantir que todos os tópicos de interesse sejam abordados. É conduzida pelo entrevistador, que procura não dar opiniões, ser imparcial.
>
> **Entrevista-diálogo** – É mais uma conversa solta, na qual a preocupação maior é a pessoa entrevistada, sua vida, suas experiências, sua atividade. É a entrevista que busca o lado humano e cotidiano de pessoas que se destacaram em alguma área. Nesse tipo de entrevista se estabelece um verdadeiro diálogo entre os interlocutores.

Na televisão, são comuns as entrevistas-diálogo.

a) De que tipo é a entrevista com Cameron? Justifique.

b) O entrevistador procura ouvir seu interlocutor ou prefere trocar ideias sobre o filme com ele?

c) Procure na fala do entrevistador uma pergunta que comprove sua resposta anterior.

d) Em alguns momentos, o entrevistador revela suas impressões sobre o filme. Anote no caderno dois trechos que exemplifiquem isso.

9. Do entrevistado se espera que, além de fornecer as informações pedidas, faça comentários, manifeste opiniões, relate experiências, faça reflexões. Anote no caderno trechos das falas do entrevistado em que ele expresse opinião ou avaliação.

Alguns tipos de entrevista

De acordo com o número e a função de seus integrantes, as entrevistas podem ser:
- individuais: uma pessoa entrevista e outra é entrevistada;
- coletivas: várias pessoas entrevistam a(s) mesma(s) pessoa(s);
- enquetes: várias pessoas são entrevistadas a respeito de uma questão apenas.

RECURSOS LINGUÍSTICOS

1. Nas entrevistas, encontramos verbos em diferentes tempos.

   a) Procure no texto da entrevista um trecho com verbo no presente e outro com verbo no passado.

   b) Em alguns momentos de sua fala, o entrevistado expressa opinião, faz comentários. Que tempo ele usa, nesses casos: passado ou presente?

   c) E quando narra fatos ocorridos, que tempo usa?

2. A entrevista é um gênero oral. Porém, quando é transcrita em jornais, revistas e *sites*, geralmente os traços de oralidade são eliminados.

   a) Procure na entrevista com Cameron um trecho que exemplifique essa afirmação.

   b) Conforme o público leitor do jornal, revista ou *site* em que a entrevista é publicada, conservam-se, nas entrevistas transcritas, gírias e outras marcas de oralidade. Leia o trecho de uma entrevista concedida pelo ator Daniel Dalcin a uma revista destinada a adolescentes.

Quando rolou o primeiro trabalho?

Quando eu estava com 21 anos fiz um teste para a novela *Vidas Opostas*, da Record, e passei. Eu interpretei o Alfredo, que era irmão da personagem da Lavínia Vlasak. Na sequência, fiz mais uma novela na emissora, *Amor e Intrigas*. Nesta, meu personagem era o Daniel.

Revista *Atrevida*. São Paulo: Escala, ed. 175, 2009.

Que marca de oralidade aparece nesse trecho?

c) Como você explica o fato de, nessa entrevista, não terem sido eliminadas todas as marcas de oralidade?

3. Releia algumas das perguntas feitas ao cineasta.

"Vocês captaram imagens da floresta equatorial?"

"De onde o senhor tirou inspiração para imagens mágicas como das rochas flutuantes e dos pássaros gigantes coloridos?"

a) Que formas de tratamento o entrevistador usa para dirigir-se a Cameron?
b) A quem o entrevistador se refere quando usa *vocês*?
c) Ele se dirige ao diretor de *Avatar* de maneira formal ou informal?
d) James Cameron se dirige ao entrevistador da mesma forma? Retire do texto um exemplo que comprove sua resposta.

FIQUE ATENTO... À PONTUAÇÃO NA ENTREVISTA

1. Entre os sinais de pontuação empregados no texto, há um que é uma das marcas características do gênero entrevista. Qual é ele?

2. Releia.

A busca de um minério – no caso, o "unobtainium", existente apenas no planeta Pandora, que resolveria a escassez de energia da Terra – provoca em *Avatar* uma guerra terrível dos humanos contra os *n'avi*, com mortes, destruição e fome.

a) Qual é a função do travessão duplo nesse trecho?
b) Por que no gênero entrevista faz-se uso do travessão duplo com essa função?
c) As aspas foram usadas em um trecho da entrevista. Localize-o. Esse uso é comum ou não nesse gênero? Explique.

PARA LEMBRAR

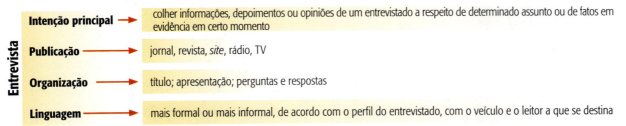

99

DEPOIS DA LEITURA

OUTROS FORMATOS

Existe um tipo de entrevista em que, em vez de perguntas, se apresentam temas ao entrevistado, e ele responde livremente. Em geral, contém respostas curtas, por isso é uma entrevista de leitura fácil. Leia a brincadeira que um blogueiro faz com a chamada entrevista pingue-pongue.

Entrevista "ping-pong" com Dowglas Lima

Penso que um dos lados terríveis de ser celebridade seja aquela hora de responder aquelas chatas entrevistas "pingue-pongue" de colunistas sociais idiotas. Eu queria ser famoso só pra avacalhar numa ocasião dessa. Façamos o seguinte: vamos fingir que eu sou uma celebridade, e um colunista social decide me entrevistar usando o tal do pingue-pongue. Vou compartilhar com vocês o modo infame como eu me comportaria diante de uma situação igualmente infame como essa.

Nome: Dowglas Lima Barbosa Sousa.
Idade: 23.
Signo: Eu não sei o meu signo. Às vezes sigo o calendário chinês, outras vezes o Kryptoniano.
Uma cor: Ando tão apressado que vejo tudo branco. [...]
Comida preferida: Aquela que está no prato dos outros. Roubar aquele pedacinho de frango dá uma adrenalina...
Bebida preferida: Fico dividido entre duas: água mineral com gás e coca-cola sem gás. [...]
Melhor amigo: O controle remoto da TV.
O que amo em alguém: Depende de quem seja esse alguém. Que pergunta mais vaga!
O que eu detesto em alguém: Outra pergunta idiota.
Situação difícil: Esta entrevista.
Frase que me define: "Só uma vez me enganei na vida: quando pensei que estava enganado".

Disponível em: <http://blogdodowglas.blogspot.com/2009/02/entrevista-ping-pong-com-dowglas-lima.html>. Acesso em: 21 abr. 2015.

1. Quanto ao número de interlocutores envolvidos, em que essa entrevista difere da de James Cameron?

2. Em geral, quem dá uma entrevista desse tipo procura, por meio de suas respostas, mostrar-se pelo melhor ângulo.

  a) É isso o que faz o blogueiro?

  b) Suas respostas surpreenderiam o leitor habitual de entrevistas pingue-pongue com celebridades? Por quê?

  c) Que efeito essa brincadeira provoca: zombaria, crítica, ironia?

3. Imagine que você fosse o entrevistado. Que respostas bem-humoradas ou irônicas daria às questões abordadas? E que respostas sérias daria às mesmas questões?

4. Que outras perguntas faria como entrevistador? E o que responderia como entrevistado?

DO TEXTO PARA O COTIDIANO

Entrevistas podem ser muito esclarecedoras quando o entrevistado é especialista em um assunto de interesse público e o entrevistador o leva a dar informações e a opinar sobre esse assunto. É o caso da entrevista a seguir, concedida a Drauzio Varella, médico e escritor. Leia-a.

Gravidez na adolescência

Dra. Adriana Lippi Waissman é médica obstetra do Hospital das Clínicas da Universidade de São Paulo, especialista em gravidez na adolescência

[...] A sociedade se modernizou; as mulheres vislumbraram diferentes perspectivas de vida. No entanto, tais avanços não impediram que, apesar da divulgação da existência de métodos contraceptivos bastante seguros, a cada ano mais jovens engravidem. [...]

Drauzio – Quais as principais causas desse comportamento em meninas tão jovens?

Adriana Lippi Waissman – Existe uma série de fatores que poderiam contribuir para o aumento da incidência de gestantes adolescentes. [...] a baixa escolaridade também pesa nesse contexto. Metade das adolescentes que atendemos [...] já tinha interrompido os estudos antes de engravidar. Isso nos permite pensar que, se tivessem continuado a estudar e a receber estímulos pedagógicos e culturais [...], talvez nem pensassem numa gestação. [...]

Drauzio – Algumas meninas engravidam na idade em que as outras ainda brincam com bonecas. Qual é o impacto psicológico causado por essa gravidez precoce?

Adriana Lippi Waissman – No início, é um choque porque a adolescente está vivendo uma fase de transição em busca da própria identidade. [...] Não sabendo exatamente quem é, se adolescente ou mãe, adota uma postura infantilizada que atrapalha seu caminho para a profissionalização. Sabemos que posteriormente essas jovens podem voltar a estudar ou começam a trabalhar, mas em geral ocupam posições piores do que aquelas que não tiveram filhos nessa idade. Portanto, as sequelas não se limitam aos aspectos psicológicos. Refletem-se também no campo social. [...]

Drauzio – Você acha que as adolescentes engravidam por falta de informação?

Adriana Lippi Waissman – Não acredito. [...] não é a desinformação que leva à gravidez na adolescência. Talvez o pensamento mágico dos adolescentes que influencia a maneira de buscar a si mesmos, o imediatismo e a onipotência que lhes são característicos sejam fatores que possam justificar o número maior de casos. Hoje, não há menina que não saiba que pode engravidar, mas todas imaginam que isso só acontece com as outras, jamais irá acontecer com elas.

Disponível em: <http://drauziovarella.com.br/saude-da-mulher/gravidez-na-adolescencia-2/>. Acesso em: 21 abr. 2015.

1. A entrevistada é especialista em quê?

2. Que consequências uma gravidez precoce pode trazer para as adolescentes?

3. Para a médica entrevistada, qual é a causa da gravidez na adolescência?

Métodos contraceptivos são métodos para evitar a gravidez.

4. Você concorda com a médica? Explique por quê.

> **PRODUÇÃO ORAL**

Discussão e exposição oral:
características da entrevista ao vivo

Você leu uma entrevista concedida oralmente pelo cineasta James Cameron e transcrita em uma revista. Agora vai analisar uma entrevista no momento em que se dá a interação entre o entrevistador e o entrevistado. Na sequência, vai conversar com os colegas sobre o que notou e expor oralmente as conclusões.

Alunos em um grupo de discussão.

Antes de começar

1. Forme um grupo com alguns colegas.

2. Cada participante do grupo recebe um papelzinho com um número (de 1 a 6, caso o grupo tenha seis componentes, por exemplo).

3. Discutam entre vocês estas duas questões.
   a) Quais as principais causas da gravidez precoce?
   b) Meninos e meninas reagem da mesma forma diante desse evento?

4. Anotem no caderno as conclusões do grupo.

5. Todos os estudantes da classe que têm o mesmo número reúnem-se em novos grupos. Cada um relata, no novo grupo, as conclusões a que sua primeira equipe chegou.

Planejando a atividade
Escolha do programa de entrevistas

1. Ajude o professor a fazer uma relação de programas de entrevistas de rádio ou TV em que vários entrevistadores façam perguntas a um só entrevistado ou em que um entrevistador se dirija a vários entrevistados.

NÃO DEIXE DE LER

- **Anjos no aquário**, de Júlio Emílio Braz, editora Atual

Aos 16 anos, Tina descobre que está grávida. O namoro acabou, os pais estão em crise no casamento e as amigas sumiram. A quem recorrer?

2. Forme um novo grupo e selecione com os colegas um desses programas para analisar.

3. Assistam ao programa que foi atribuído ao grupo (ou ouçam-no, caso seja transmitido por rádio).

4. Individualmente, e seguindo um roteiro elaborado pelo professor, anotem no caderno suas observações.

5. Reúna-se com seu grupo e elabore com os colegas um único relatório, coletando as observações de todos vocês, relativas a cada ponto do roteiro.

Realizando a atividade

1. Relato das observações.

   a) No dia da apresentação, atribuam números aos componentes dos grupos e formem novas equipes (equipe do número 1; equipe do número 2, e assim por diante).

   b) Cada membro do novo grupo relata as conclusões a que sua primeira equipe chegou.

   c) O grupo prepara um roteiro com os pontos principais a serem apresentados.

2. Exposição dos resultados.

   a) Um membro de cada grupo expõe oralmente para a turma os resultados obtidos.

   b) O relator inicia com uma breve avaliação do que foi discutido. Por exemplo: o grupo percebeu que...; o que mais nos chamou atenção foi... e outras semelhantes. Em seguida, apresenta os principais pontos observados de acordo com o roteiro.

Avaliação

Junto com o professor e colegas, avalie os seguintes pontos.

1. Quanto ao relato em grupo:

   a) Todos os componentes se empenharam em analisar as entrevistas?

   b) Todos os pontos do roteiro foram avaliados pelos grupos?

   c) Na troca de ideias, houve respeito por opiniões discordantes? Todos souberam argumentar para defender suas opiniões, quando necessário?

2. Quanto à exposição dos resultados:

   a) O estudante que expôs soube falar com coerência e clareza, fazendo-se entender pelos colegas?

   b) Os resultados apresentados acrescentaram novas informações ao assunto trabalhado na unidade?

   c) A linguagem empregada foi adequada à situação de comunicação?

O predicado na construção da oração

1. Leia o começo de uma entrevista concedida a um *site* pela atleta brasileira Maurren Maggi, medalhista de ouro nas Olimpíadas de Pequim, em 2008.

Como você começou no esporte? Há quanto tempo você é atleta?

Eu pratico esporte desde os 7 anos de idade, mas profissionalmente desde [...] 1994.

Você enfrentou algum obstáculo no início da carreira?

Muitos!!! O primeiro foi ficar longe da família, ficar em um alojamento e dividir tudo com todas as meninas. Nós morávamos em mais ou menos 15 mulheres em apenas um quarto, e os maiores obstáculos eram uma respeitar a limitação da outra. [...] No final de ano, nós tínhamos que fazer as malas para ir embora para casa porque o Ibirapuera (alojamento) fechava, e muitos atletas queriam ficar treinando. Hoje, graças a Deus, as coisas são superdiferentes. [...]

Maurren Maggi, saltadora, campeã olímpica no salto em distância, nas Olimpíadas de Pequim, em 2008.

Disponível em: <www.rgnutri.com.br/sp/dicas/emm.php>. Acesso em: 21 abr. 2011.

a) Considerando que Maurren Maggi é uma atleta premiada, que representa o Brasil em competições internacionais, que tipo de leitor você imagina que se interesse por uma entrevista com ela? Por quê?

b) Releia o começo da segunda resposta. O que os três pontos de exclamação revelam sobre a forma como a atleta falou?

2. Ao se referir às mudanças em sua vida, Maurren faz uma avaliação sobre o que aconteceu. Releia.

"[…] as coisas são superdiferentes."

a) O verbo, nessa oração, liga o sujeito "as coisas" ao termo que exprime uma avaliação atribuída a ele. Qual é esse termo?

b) O predicado é verbal ou nominal? Por quê?

3. Releia.

"Eu pratico esporte desde os 7 anos de idade […]."

a) Nesse enunciado, a entrevistada faz uma declaração a respeito de si mesma. Qual é a ação expressa no predicado?

b) Esse predicado é nominal ou verbal? Por quê?

> **Relembre**
> - **Verbo de ligação:** liga o sujeito ao seu predicativo. Exemplos: **ser**, **estar**, **parecer** etc.
> - **Predicativo do sujeito:** termo que atribui ao sujeito uma característica, uma qualidade ou um estado.
> - **Verbo significativo:** indica uma ação atribuída ao sujeito ou expressa um processo. Exemplos: **dormir**, **emprestar**, **achar** etc.
> - **Predicado nominal:** é formado por verbo de ligação + predicativo do sujeito.
> - **Predicado verbal:** é construído em torno de um verbo significativo.

REFLEXÃO SOBRE A LÍNGUA

4. Leia a charge.

ALPINO. *Folha de Vitória*, 27 ago. 2009. Disponível em: <www.folhavitoria.com.br/site/?target=coluna&cid=36&histori co=2009-08>. Acesso em: 29 ago. 2010.

a) Quem são as personagens da charge? O que fazem?
b) A que a personagem se refere quando usa o pronome **isso**?
c) A fala no último balão quebra a expectativa do leitor. Por quê?

5. Releia o primeiro balão ("Eu acho isso incrível...").

a) O verbo que aparece no predicado ("...acho isso incrível.") é um verbo que necessita de objeto direto para complementar seu sentido. Qual é esse objeto na oração?
b) O adjetivo **incrível** refere-se ao sujeito ou ao objeto?
c) Sem esse adjetivo, compreenderíamos o sentido da oração?
Observe.

> **Predicativo do objeto** é o termo que atribui ao objeto uma característica, uma qualidade ou um estado.

Só conhecendo o contexto...

As charges têm por assunto acontecimentos atuais, que são notícia. Por isso, para entender o humor de uma charge, é preciso conhecer o fato que ela retrata. A charge de Alpino faz referência à curiosidade que a Polícia Federal brasileira desperta no público ao atribuir nomes curiosos a suas operações, como Duty Free, Satiagraha, Têmis, Matusalém, Sanguessuga, Vampiro etc.

6. Leia o início de uma narrativa.

> A simples ideia da viagem deixou meu pai agitado, às voltas com uma série de providências: não ia ao Rio desde 1943. Estávamos em 1963: vinte anos, portanto. Nas vésperas do embarque, veio me procurar no consultório, preocupado:
> — Vou ter mesmo que ir com sua mãe. Afinal de contas, é para o batizado do sobrinho dela.
> [...]
>
> SABINO, Fernando. *Os restos mortais*. São Paulo: Ática, 2008.

a) Como se sentia o pai do narrador diante da possibilidade de viajar?

b) No trecho "A simples ideia da viagem deixou meu pai agitado [...]", qual é o sujeito e qual é o objeto direto?

c) O adjetivo **agitado** refere-se ao sujeito ou ao objeto?

7. Releia e observe agora a construção destas outras orações.

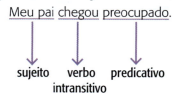

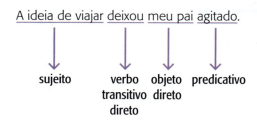

a) Na primeira oração, o predicativo atribui um estado ao sujeito ou ao objeto? E na segunda?

b) No contexto da primeira oração, o verbo **chegar** não apresenta complemento, pois é um verbo intransitivo. Na segunda, o verbo deixar apresenta complemento?

c) Conclua: o predicativo do sujeito pode aparecer com que outro tipo de verbo, além dos verbos de ligação?

Em orações como as da atividade 7, o predicado tem dois elementos principais, ou seja, dois núcleos: um núcleo verbal (um verbo transitivo direto ou intransitivo) e um nominal (predicativo do sujeito ou do objeto).

> Quando o predicado de uma oração tem um **núcleo verbal** e um **núcleo nominal**, dizemos que se trata de um **predicado verbo-nominal**.
> Exemplos:
> A cidade deixou o homem inquieto.
> Antônio já nasceu grande.

NÃO DEIXE DE LER

- ***Os restos mortais***, de Fernando Sabino, editora Ática

Fernando Sabino consegue unir mistério, humor, emoção e lirismo nessa narrativa envolvente e com um desfecho surpreendente.

8. Leia a tira.

WALKER, Mort. Disponível em: <http://blogdoxandro.blogspot.com/2011/01/tiras-n1295-recruta-zero-por-mort.html>. Acesso em: 10 mar. 2015.

a) Na canção que o sargento Tainha canta para os recrutas, que palavras exprimem características dos sargentos?

b) As palavras que você indicou exercem a função de predicativo do sujeito. Tainha expressa a respeito dos sargentos uma avaliação ou um sentimento?

c) Os recrutas parecem concordar com o que diz a canção do sargento Tainha? Explique.

9. Leia um trecho de uma entrevista com uma atriz.

Paola Oliveira: Sou apaixonada por todos os animais. Sempre tive cachorro e descobri os gatos há menos tempo. Mas minha predileção pelos de rua é pela alegria de poder ajudar. São os mais necessitados, fora que são superinteligentes.

Disponível em: <http://www.tudogato.com/2011/09/tg-entrevista-atriz-paola-oliveira.html>. Acesso em: 21 abr. 2015.

Gatos sem raça definida, chamados de "vira-latas".

Nesse trecho, a entrevistada manifesta opinião sobre si mesma e sobre gatos, empregando predicativos.

a) Identifique os termos que exprimem essas opiniões, tanto sobre ela mesma quanto sobre os gatos.

b) Esses termos exercem a função de predicativo do sujeito ou do objeto?

107

1. Leia esta tira.

WALKER, Mort. Disponível em: <http://fotos.estadao.com.br/recruta-zero-60-anos-de-recruta-zero-tirinhas,galeria,2987,99379,,,0.htm?pPosicaoFoto=7#carousel>. Acesso em: 10 mar. 2015.

a) O humor da tira é provocado por um final que surpreende o leitor. Explique-o.

b) Releia a fala do sargento no primeiro balão. A quem ou a que se refere o termo **borradas**?

c) Qual é a função do adjetivo **borradas** na oração? A oração teria o mesmo sentido sem esse adjetivo?

2. Leia a tira abaixo.

ANDERSON, J. Disponível em: <http://cartoonshow.uol.com.br/index.php?option=com_content&task=blogcategory&id=31&Itemid=42&limit=16&limitstart=16>. Acesso em: 21 out. 2011.

a) Na tira, aparecem um terapeuta e seu cliente. O que você acha do conselho dado pelo terapeuta?

Terapeuta: profissional que fornece tratamento psicológico.

b) Releia.

"Compre 100 lâmpadas de 5 000 watts e deixe acesas durante a noite por um mês."

A que ou a quem se refere o predicativo **acesas**?

c) Qual é a relação entre o que esse predicativo exprime e o aviso do terapeuta de que o rapaz terá medo da conta de luz?

d) **Deixar** é verbo transitivo direto, mas nesse contexto seu objeto direto não está explícito, aparecendo apenas o predicativo do objeto: **acesas**. Como ficaria a fala do segundo balão se o terapeuta não omitisse o objeto direto?

3. Leia este provérbio.

> "O pessimista considera o Sol um fazedor de sombra."

a) Nesse enunciado, emite-se uma opinião a respeito do sujeito ou do objeto?

b) Você concorda com a opinião expressa no provérbio? Por quê?

c) Reescreva o provérbio no caderno, expressando a opinião de um otimista sobre o Sol.

4. Leia e observe.

Dom Quixote, a lei do mais forte

Cem dos mais reputados escritores do mundo elegeram o romance *Dom Quixote*, do espanhol Miguel de Cervantes (1547-1616), a melhor obra de ficção de todos os tempos.

Disponível em: <http://super.abril.com.br/cultura/dom-quixote-lei-mais-forte-443050.shtml>. Acesso em: 10 mar. 2015.

a) **Eleger**, no trecho acima, é verbo transitivo. Qual termo ou expressão complementa o sentido desse verbo?

b) O enunciado contém um julgamento sobre o romance *Dom Quixote*, expresso pelo predicativo. Qual é esse julgamento?

5. Quer aprender algo novo em um segundo? Leia a informação.

> Os ossos da perna de um morcego são tão finos que eles não conseguem caminhar.

Disponível em: <http://colunas.revistagalileu.globo.com/segundosdesabedoria/?cat=2178>. Acesso em: 24 out. 2011.

a) Qual é a qualidade atribuída aos ossos das pernas dos morcegos?

b) Responda no caderno. A função do predicativo do sujeito nesse texto é:
  I. caracterizar os ossos da perna do morcego.
  II. avaliar a consistência dos ossos da perna do morcego.
  III. opinar sobre a textura dos ossos da perna do morcego.

6. Leia.

FERNANDO GONSALES

GONSALES, Fernando. Disponível em: <http://www2.uol.com.br/niquel/>. Acesso em: 15 set. 2009.

a) Qual é o sentido da expressão **sentir-se um peixe fora d'água**?

b) No primeiro quadrinho, essa expressão foi usada em sentido literal (isto é, que deve ser entendido ao pé da letra) ou figurado?

c) Observe o segundo quadrinho. O que significam os tracinhos desenhados acima da cabeça da personagem?

d) Na primeira fala, qual a função do predicativo "(como) um peixe fora d'água"?

109

FIQUE ATENTO... À PONTUAÇÃO NA ORAÇÃO COM PREDICATIVO

Você já viu que não se coloca vírgula entre o sujeito e o predicado nem entre o verbo e seus complementos (objeto direto ou indireto). E quando há predicativo, como proceder? Veja como saber.

1. Leia este trecho de reportagem.

Casas de arquitetura colonial em Tiradentes, MG.

Nada mais mineiro do que fazer as coisas sem pressa, aos poucos, quase em segredo. Assim, com quase nenhum alarde, Tiradentes [cidade turística em Minas Gerais] foi mudando. [...] A tal mudança se deu sob a superfície das coisas: as casinhas foram ocupadas por restaurantes, galerias de arte, lojas de bom artesanato, pousadas. Nas ruas, **casais e famílias passeiam despreocupados**, tirando fotos que têm as casas e as igrejas em primeiro plano e a Serra de São José ao fundo.

Disponível em: <http://viajeaqui.abril.com.br/vt/materias/vt_materia_592800.shtml>.
Acesso em: 16 set. 2011.

a) Releia.

[...] casais e famílias passeiam despreocupados [...]

Nesta oração em que ocorre o predicativo "despreocupados" sem a presença de vírgulas, a colocação dos termos (sujeito + predicado + predicativo) está na ordem direta ou indireta?

b) Observe agora a oração com a colocação dos termos em outra ordem.

Despreocupados, casais e famílas passeiam.

Qual a diferença de pontuação entre este trecho e o primeiro?

c) Conclua: emprega-se ou não a vírgula entre o sujeito e o predicativo do sujeito?

2. Leia o título de uma notícia esportiva.

Confiante, Medina [Gabriel Medina, campeão mundial de surfe em 2014] chega à premiação da WSL: "Buscar o que é nosso"

Disponível em: <http://globoesporte.globo.com/radicais/surfe/noticia/2015/02/confiante-medina-chega-premiacao-da-wsl-buscar-o-que-e-nosso.html>. Acesso em: 10 mar. 2015.

a) O predicativo confiante se refere a qual termo da oração: sujeito ou objeto?

b) O predicativo aparece antes ou depois do termo a que se refere?

c) Reescreva a manchete no caderno, colocando seus termos na ordem direta: sujeito + verbo + predicativo do sujeito.

d) De que forma o predicativo tem mais destaque: na manchete original ou na versão que você redigiu?

> • Não há vírgula entre o sujeito e o predicativo quando esses termos estão na ordem direta, ou seja, quando o predicativo vem depois do sujeito.
> • Há vírgula entre o sujeito e o predicativo quando esses termos não estão na ordem direta, ou seja, quando o predicativo aparece antes do sujeito.

3. Leia o título e o início de uma notícia.

Desesperado, jovem chinês corta a própria mão para resolver vício em internet

[...]
Felizmente, os médicos conseguiram reimplantar a mão do garoto, mas não se sabe se a sensibilidade e os movimentos poderão ser recuperados.
[...]

Disponível em: <http://canaltech.com.br/noticia/bizarro/Desesperado-jovem-chines-corta-a-propria-mao-para-resolver-vicio-em-internet/#ixzz3SqyUSvk7>. Acesso em: 10 mar. 2015.

a) Em "Desesperado, jovem chinês corta a própria mão [...]", o predicativo **desesperado** se refere ao sujeito ou ao objeto?

b) Explique por que há vírgula depois de desesperado.

c) No caderno, reescreva esse trecho, alterando o predicativo por outros de sua escolha.

LEITURA 2

Nesta unidade, na primeira leitura, vimos uma entrevista publicada em mídia impressa, uma revista, com o objetivo de informar. Atualmente, costuma-se fazer entrevistas também na mídia digital. Mas, se o objetivo é o mesmo, a forma é diferente. Vamos ler agora uma entrevista feita em um chat e verificar as diferenças entre esse tipo de entrevista e a que tem como suporte os meios impressos.

ANTES DE LER

1. A palavra inglesa *chat* significa "conversação", "bate-papo". É usada no Brasil para designar conversação em tempo real via internet. Você costuma participar de *chats* ou conhece alguém que participe?

2. Já acompanhou ou participou de alguma entrevista feita por *chat*?

Bate-papo: Dia Nacional da Leitura – Daniel Munduruku (13/10/2009)

Moderador 12:05:25

Especial Dia Nacional da Leitura: *Chat* com Daniel Munduruku. Na semana em que se comemora o Dia Nacional da Leitura, 12 de outubro, o EducaRede e o Instituto Ecofuturo promovem entrevistas com especialista em linguagem e escritores de livros infantojuvenis.

Daniel Munduruku é escritor indígena com mais de 30 livros publicados, voltados principalmente para o público infantojuvenil. É diretor-presidente do INBRAPI — Instituto Indígena Brasileiro para Propriedade Intelectual, Comendador da Ordem do Mérito Cultural da Presidência da República e Pesquisador do CNPq.

Moderador 14:54:08

Boa tarde a todos! Vamos iniciar o *chat* com o escritor Daniel Munduruku. Bem-vindo, Daniel.

O escritor Daniel Munduruku.

 Daniel Munduruku 14:59:01

Boa tarde a todos os amigos que estão nesta conversa.

Moderador 15:01:22

Denise diz: Daniel, como foi que você iniciou sua carreira de escritor?

 Daniel Munduruku 15:04:28

Antes de ser escritor fui educado para ser contador de histórias. Na cultura indígena, a fala é mais importante que a escrita e por isso treinamos a memória para podermos utilizá-la para passar os conhecimentos ancestrais. E foi contando histórias que iniciei minha vida de escritor, pois acabei por me envolver com a contação de histórias também na forma escrita.

Daniel Munduruku 15:05:59

Um dia, quando terminei de contar histórias, uma menina me perguntou onde ela poderia encontrar minhas histórias para ler. Não soube o que responder, pois não tinha o hábito da escrita. Este foi o *start* que precisava. Depois disso passei a escrever.

Moderador 15:06:43

Denise diz: Você gosta mais de passar histórias para os outros na forma oral ou na forma escrita?

Moderador 15:07:41

Liane diz: Quantos anos você tinha quando começou a escrever?

Daniel Munduruku 15:08:07

Denise, gosto dos dois jeitos. Aprendi que a escrita é uma importante ferramenta para alcançar as pessoas.

Moderador 15:08:22

Clarice diz: Levando em consideração que as crianças indígenas também devem valorizar mais a fala do que a escrita, qual é a resposta que elas deram em relação ao hábito da leitura?

Daniel Munduruku 15:08:42

Liane, eu tinha aproximadamente 32 anos.

Moderador 15:09:53

Marília diz: Seus livros são bilíngues?

Daniel Munduruku 15:10:54

Clarice (lindo nome), eu aprendi que há muitos tipos de leituras possíveis. A leitura de livros é uma modalidade possível aos alfabetizados. Os que não o são desenvolvem outras leituras da realidade, do mundo. No mundo indígena aprende-se primeiro a ler a natureza. É o mais importante nesse primeiro momento. Depois aprendemos a ler as letras, mas isso já é mais difícil porque não é nosso hábito.

Daniel Munduruku 15:12:17

Marília, escrevo principalmente para crianças e jovens das cidades. O que eu escrevo, as crianças indígenas já sabem de algum modo. Quando comecei a escrever tinha a intenção de ensinar os não indígenas a conhecerem nosso mundo. Tenho apenas um livro bilíngue.

Moderador 15:20:48

Clarice diz: Qual é a sua análise, como homem das letras que é, em relação à pouca apropriação da população indígena ao hábito da leitura? Não estaria a população indígena mais distante de uma sociedade que hj pouco valoriza a oralidade?

Daniel Munduruku 15:32:43

Clarice, o amor ao livro é hábito que se incute. Os indígenas não possuem esse amor todo. São, principalmente, faladores. A oralidade tem que se atualizar também. Os contadores de histórias tradicionais sabem que precisam acrescentar novos elementos em suas histórias para que elas fiquem mais interessantes. Funciona assim hj em dia e isso dá a impressão que se deixou a oralidade de lado. Creio que essa atualização (uso da escrita, da câmera de vídeo, do computador, da dança, da música) é uma forma nova de os povos indígenas se manterem vivos.

Moderador 15:33:32

Tatá diz: Li que vc viajou para outros países. Como foi contar essas histórias lá?

 Daniel Munduruku 15:36:32

Tatá, ir para lugares distantes é uma experiência importante, porque mesmo estando no Brasil, posso me sentir num outro país por conta das diferenças que há. O que pude aprender disso foi que a angústia de viver está presente em todo ser humano. Todos buscam compreender as razões por se estar vivo. Por incrível que pareça, as histórias são boas para isso.

Moderador 16:03:12

Chegou a hora de encerrar nosso bate-papo. Agradecemos a participação do escritor Daniel Munduruku e de todos que também participaram.

Moderador 16:03:36

Alzenir diz: Daniel, em que endereço uma criança que leu um livro seu pode manter contato com você? Tenho alunos que demonstram interesse em se comunicar com os autores.

 Daniel Munduruku 16:03:38

Obrigado, Clarice. Se quiser e puder, entre no meu *blog* e mande suas notícias, suas questões e assim continuamos esta conversa.

Moderador 16:04:17

Denise diz: Acho que entendi Daniel. É difícil entender de fato outras culturas. Gostei de falar com você!! Obrigada pelas respostas.

 Daniel Munduruku 16:05:55

Obrigado a todos e todas que participaram desta conversa. Espero que tenha conseguido não CHATear ninguém rsrsr. Abraços.

Moderador 16:09:12

O contato com o Daniel pode ser via *blog*: <http://danielmunduruku.blogspot.com/>.

Portal EducaRede. Disponível em: <www.educarede.org.br/educa/batepapo/log.cfm?id_chat=5104&id_comunidade=0&FL_TIPO=M>. Acesso em: 21 out. 2011.

Antes de iniciar o estudo do texto, tente descobrir o sentido das palavras desconhecidas pelo contexto em que elas aparecem. Se for preciso, consulte o dicionário.

EXPLORAÇÃO DO TEXTO

1. Quem é o entrevistado e por que foi escolhido para participar desse *chat*?

2. O entrevistado fala sobre a leitura na cultura indígena.

   a) O que ele diz?

   b) Em outro momento, ele diz que os indígenas não têm "esse amor louco" pela leitura, pois são principalmente faladores. Como você entende essa afirmação?

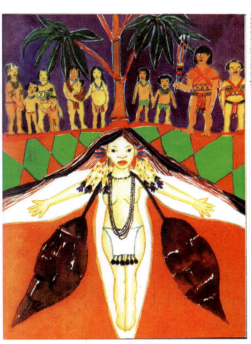

Daniel Munduruku pertence aos mundurucus, povo indígena de tradição guerreira que hoje em dia vive nos estados do Pará, Amazonas e Mato Grosso. Ao lado, ilustração para lenda contada em um dos livros de Daniel.

3. Na primeira entrevista que lemos nesta unidade, era usado o **negrito** para diferenciar as perguntas do entrevistador das respostas do entrevistado. Na transcrição do *chat*, que recursos foram utilizados para identificar as falas do entrevistado? E dos entrevistadores?

4. Em um *chat*, alguns participantes apenas observam a conversa, e outros efetivamente interagem com o entrevistado.

   a) Quantos participantes efetivos aparecem no trecho selecionado da entrevista com Daniel Munduruku?

   b) É possível saber se havia participantes observadores e quantos eram?

5. Nem todas as perguntas dos participantes de um *chat* são apresentadas ao entrevistado. Há uma seleção prévia feita pelo moderador. Qual é a importância de selecionar as perguntas?

6. Para realizar uma entrevista que será publicada em jornal ou revista, o entrevistador deve preparar-se, estudar a vida, as obras, as opiniões do entrevistado, para poder fazer-lhe perguntas significativas. Isso também acontece na entrevista em *chat*?

7. Observe agora a ordem das perguntas e respostas.

a) É a mesma da entrevista com James Cameron, em que a uma pergunta do entrevistador sempre se seguia uma resposta do entrevistado? Anote no caderno um trecho que exemplifique sua resposta.

b) Por que isso acontece?

c) Como a pessoa que enviou a pergunta sabe qual resposta corresponde a sua pergunta? Anote no caderno um trecho que exemplifique o que você observou.

8. Leia, a seguir, algumas características da entrevista por *chat*. Anote no caderno apenas as que a diferenciam das entrevistas publicadas em jornal e revista.

a) O *chat* permite que um número muito grande de pessoas participe da entrevista.

b) Os *chats* abertos, como o que vimos, têm vários entrevistadores; entretanto, um único entrevistado.

c) O *chat* começa com uma apresentação breve do entrevistado e de sua participação na sociedade.

d) Todos os que acessam o *site* podem mandar suas perguntas, ver e completar as perguntas dos outros participantes, e ler todas as respostas do entrevistado à medida que vão sendo dadas.

e) A entrevista em *chat* é publicada em tempo real e pode-se saber o horário exato em que cada pergunta foi feita e cada resposta foi dada.

f) Encerrada a entrevista, existe possibilidade de continuação da interação dos entrevistadores com o entrevistado.

9. A partir das informações selecionadas por você, escreva no caderno:

a) uma definição pessoal para o gênero entrevista de jornal e revista.

b) uma definição pessoal para o gênero entrevista por *chat*.

> **NÃO DEIXE DE LER**
>
> • ***Coisas de índio***, de Daniel Munduruku, editora Callis
>
> Uma reunião de referências sobre as diversas nações indígenas do Brasil. Aborda a pré-história brasileira, as condições de vida, os valores e as influências culturais dos povos indígenas.

🛈 Para lembrar

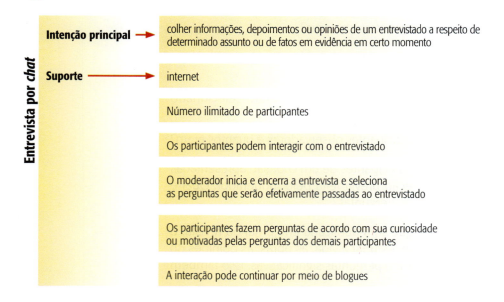

PRODUÇÃO ESCRITA

ENTREVISTA FICTÍCIA

Em dupla com um colega, você vai produzir uma entrevista fictícia para ser publicada na revista que produziremos no final do ano.

Antes de começar

A entrevista a seguir não é nada convencional. Sente-se com seu colega de dupla; leiam-na para entender por quê.

Autoentrevista

És ciumento?

Nasci aqui na Bolívia mesmo. Nascer foi a melhor coisa que poderia ter me acontecido. Eu não seria o que sou hoje se não tivesse nascido. Acho que foi um parto normal. Perguntei para minha mãe mas ela insiste que não estava lá na ocasião. [...]

Preferes loira ou morena?

Bem, penso da morte a mesma coisa que penso das multinacionais. Ela está aí, existe, não há como evitá-la, pode até ser uma coisa boa na medida em que cria empregos, etc. – mas sou contra. Quanto à vida eterna minha preocupação não é se existe ou não, é chegar lá e encontrar os melhores lugares tomados por quem foi primeiro. [...]

Gostas do Roberto Carlos?

Acho que não há clima para um golpe, atualmente, no Brasil. Ainda mais no Rio, onde tem chovido muito. O que dá toda vantagem estratégica ao sapo, como se sabe.

És cínico ou crês no amor?

Tive uma infância comum, classe B, fundos. Minha família era tão classe média que tinha 3.2 filhos. [...] Parei de estudar quando decidi que a escola não estava me preparando para o que eu queria: vagabundo. Tudo que aprendi foi a vida que me ensinou. Só não me perguntem a vida de quem. [...]

VERISSIMO, Luis Fernando. *A velhinha de Taubaté*. Porto Alegre: L&PM, 1994.

1. Duas características dessa entrevista a tornam diferente das entrevistas convencionais. Quais são elas?

2. O autor Luis Fernando Verissimo utilizou-se do formato de entrevista para produzir uma crônica. Lembrando-se de que a crônica tem como tema o cotidiano filtrado pelo olhar original do autor, que descobre humor, drama ou poesia nos fatos que existem à sua volta. Que efeito o desacordo entre perguntas e respostas produz?

3. Releiam.

"Parei de estudar quando decidi que a escola não estava me preparando para o que eu queria: vagabundo."

Nesse trecho, um dos elementos que produzem humor é o fato de o entrevistado imaginar que poderia ser preparado pela escola para ser vagabundo; outro elemento é ele pretender ser vagabundo. Agora releiam a segunda resposta. Expliquem o que há de humorístico em ser "contra" a morte.

4. Suas respostas anteriores permitem caracterizar a entrevista lida como jornalística ou como literária?

NÃO DEIXE DE LER

- **Conversa com Fernando Pessoa**, de Carlos Felipe Moisés, editora Ática

  Um estudante da 8ª série ganha o primeiro lugar em um concurso sobre a vida e a obra de Fernando Pessoa e é escolhido pela escola para entrevistá-lo.

Planejando o texto

1. Comecem a planejar a entrevista. Ela será fictícia, assim como a de Luis Fernando Verissimo, porém não será uma autoentrevista nem buscará efeitos de humor. Sigam estas orientações.

   a) Pensem em uma pessoa pública (por exemplo: um escritor, um músico, um atleta, uma personagem histórica, um cientista) sobre a qual vocês tenham várias informações.

   b) Elaborem perguntas que fariam a essa pessoa e respondam a elas de forma adequada e completa. Se necessário, pesquisem para poder dar as respostas.

   c) Deem um título e um subtítulo à entrevista.

   d) Criem um ou dois parágrafos apresentando o entrevistado ao leitor, como neste trecho da entrevista com Daniel Munduruku.

   "Daniel Munduruku é escritor indígena com mais de 30 livros publicados, voltados principalmente para o público infantojuvenil. É diretor-presidente do INBRAPI – Instituto Indígena Brasileiro para Propriedade Intelectual, Comendador da Ordem do Mérito Cultural da Presidência da República e Pesquisador do CNPq."

   e) Diferenciem as perguntas das respostas (vocês podem, por exemplo, escrever seus nomes antes das perguntas e o nome do entrevistado antes das respostas).

NÃO DEIXE DE ACESSAR

- <http://www.museuda-pessoa.net/mdl/memoriasDaLiteratura/index.cfm>

  Entrevistas com importantes autores da literatura infantojuvenil brasileira (Tatiana Belinky, Ruth Rocha, Ricardo Azevedo etc.), que contam um pouco de sua infância e adolescência e de como se apaixonaram pela literatura.

Avaliação e reescrita

1. Mostrem a produção de vocês a outra dupla, que deve observar se as orientações foram seguidas. Os colegas também devem, se for o caso, propor modificações para melhorar o texto e apontar possíveis erros de grafia, pontuação e acentuação e/ou de conteúdo.

2. Reescrevam o que acharem necessário e entreguem o texto ao professor.

A escritora Ruth Rocha.

Discurso direto e discurso indireto

O discurso direto e o discurso indireto são recursos usados para reportar aquilo que alguém disse. Eles podem ocorrer, por exemplo, em narrativas ficcionais, como o conto, a crônica, o causo, a piada, em que se reproduz a fala das personagens. Podem ocorrer também em uma entrevista ou reportagem, reproduzindo opiniões e informações de entrevistados.

1. Leia este trecho de mais uma entrevista com James Cameron, publicada recentemente.

   Entrevista: James Cameron

   ### O visionário de Avatar

   O cineasta diz que a sequência do filme mostrará a necessidade de encontrar um equilíbrio entre desenvolvimento e meio ambiente

   Diogo Schelp

   "*Avatar 2* e *Avatar 3* precisam responder: a humanidade pode ser salva? [...]"

   Em *Avatar 2*, o meio-termo entre economia e meio ambiente será encontrado?

   Sim. O próximo filme não deverá ser tão preto no branco quanto o primeiro. [...] Outras questões a que *Avatar 2* e, talvez, *Avatar 3* precisam responder: a humanidade pode ser salva? O modo de vida dos *n'avi (o povo azul que habita Pandora, a lua fictícia do filme)* pode transformar o planeta Terra ou estamos condenados? Os seres humanos serão capazes de absorver as ideias poderosas de Pandora e aplicá-las à própria vida, de maneira a recuperar tudo o que perderam? [...]

   O diretor James Cameron.

   Disponível em: <http://veja.abril.com.br/140410/visionario-avatar-p-019.shtml>. Acesso em: 11 mar. 2015.

   a) Qual o comentário do cineasta sobre a sequência de Avatar, reproduzido na introdução da entrevista?
   b) O que indicam as aspas no texto ao lado da foto?
   c) Nesses dois trechos, o que é possível notar no que se refere à reprodução das falas do entrevistado pelo entrevistador?
   d) Por que as aspas foram usadas no texto ao lado da foto e não na resposta completa dada ao entrevistador?

2. Releia este trecho da primeira entrevista, na página 92, e observe.

   "Pedi à equipe que elaborasse um novo padrão de luminosidade, que reproduzisse ainda que parcialmente a riqueza da paleta de cores de uma selva."

   a) Em que pessoa e tempo está conjugado o verbo pedir?
   b) Imagine que o entrevistador preferisse reproduzir para os leitores as próprias palavras do cineasta. Ele poderia começar sua frase assim: "O cineasta pediu à equipe: ...". Complete o trecho no caderno, incorporando a fala de Cameron ao enunciado do entrevistador.
   c) No trecho que você reescreveu, em que pessoa e tempo está o verbo **pedir**?

119

3. Há mais de uma forma de reproduzir a fala de alguém. Leia e compare.

> O jornalista perguntou:
> – Em *Avatar 2*, o meio-termo entre economia e meio ambiente será encontrado?

> O jornalista perguntou se, em *Avatar 2*, o meio-termo entre economia e meio ambiente seria encontrado.

a) Qual a diferença entre os dois trechos quanto à organização e à pontuação?

b) Indique no caderno os trechos em que há discurso direto.

> I. Quando a última mãe de aluno retirou-se, Juvenal levantou-se e dirigiu-se à secretária:
>
> – Por obséquio, eu desejava fazer uma matrícula.
>
> – Pois não – disse a moça, apanhando uma ficha de matrícula – como é o nome de seu filho?
>
> NOVAES, Carlos Eduardo. Volta às aulas. In: PEREIRA, Manuel da C. *A palavra é... escola.* São Paulo: Scipione, 1992.

> II. O próximo filme não deverá ser tão preto no branco quanto o primeiro.
>
> GIRON, Luís Antônio. cit.

c) Quais são os sinais gráficos que acompanham o discurso direto para introduzir as falas?

> No **discurso direto**, o autor (em entrevistas e reportagens, por exemplo) ou narrador (em contos, crônicas e piadas, por exemplo) reproduz as palavras da pessoa entrevistada ou da personagem tal como foram ditas.

4. Releia o trecho e veja outra forma de representar a fala de alguém.

> Quando a última mãe de aluno retirou-se, Juvenal levantou-se e dirigiu-se à secretária:
> – Por obséquio, eu desejava fazer uma matrícula.
> – Pois não – disse a moça, apanhando uma ficha de matrícula – como é o nome de seu filho?

> Quando a última mãe de aluno retirou-se, Juvenal levantou-se, dirigiu-se à secretária e disse que desejava fazer uma matrícula. A moça, apanhando uma ficha de matrícula, perguntou-lhe como era o nome do filho dele.

a) Qual a diferença entre os trechos em relação a:
 I. divisão das frases em parágrafos?
 II. pontuação?
 III. adição de palavras?
 IV. uso do tempo verbal na fala da moça?
 V. uso de pronomes na fala da moça?

b) Explique por que houve mudança no tempo verbal.

c) Quando a reprodução da fala se faz por meio das palavras do próprio narrador, temos o discurso indireto. Em qual das versões do trecho, há discurso indireto, na da esquerda ou na da direita?

> No **discurso indireto**, o autor ou narrador faz referência às palavras de alguém, incorporando essa fala ao próprio texto e efetuando algumas transformações (por exemplo, na organização do período, na pontuação, no uso de pessoa gramatical e tempos verbais, no uso de pronomes, advérbios de lugar e tempo).

5. Leia o trecho da crônica "A mentira".

> João chegou em casa cansado e disse para sua mulher, Maria, que queria tomar um banho, jantar e ir direto para a cama. Maria lembrou a João que naquela noite eles tinham ficado de jantar na casa de Pedro e Luíza. João deu um tapa na testa, disse um palavrão e declarou que, de maneira nenhuma, não iria jantar na casa de ninguém. Maria disse que o jantar estava marcado há uma semana e seria uma falta de consideração com Pedro e Luíza, que afinal eram seus amigos, deixar de ir. João reafirmou que não ia. Encarregou Maria de telefonar para Luíza e dar uma desculpa qualquer. Que marcassem o jantar para a noite seguinte. [...]
>
> VERISSIMO, Luis Fernando. *As mentiras que os homens contam*. São Paulo: Objetiva, 2000.

a) Que tipo de discurso predomina nesse trecho: direto ou indireto?
b) Os verbos normalmente empregados para indicar a fala de alguém são chamados de verbos de elocução ou de dizer. Que verbos de elocução aparecem nesse trecho?
c) Que outros verbos de elocução você conhece?

> **Verbos de elocução** são os chamados *verbos de dizer*: falar, comentar, repetir, responder, perguntar, ressaltar, contestar, explicar etc.

6. Compare os trechos em discurso direto com os trechos em discurso indireto.

> "João chegou em casa cansado e disse para sua mulher, Maria, que queria tomar um banho, jantar e ir direto para a cama."

> João chegou em casa cansado e disse para sua mulher:
> — Maria, quero tomar um banho, jantar e ir direto para a cama.

Em qual deles há uma representação mais viva da cena narrada? Explique.

7. Leia este trecho de uma crônica.

> Na feira, a gorda senhora protestou a altos brados contra o preço do chuchu:
> — Isto é um assalto!
> Houve um rebuliço. Os que estavam perto fugiram. Alguém, correndo, foi chamar o guarda. [...]
> — Um assalto! Um assalto! — a senhora continuava a exclamar, e quem não tinha escutado, escutou, multiplicando a notícia. [...]
> O ônibus na rua transversal parou para assuntar. Passageiros ergueram-se, puseram o nariz para fora. Não se via nada. O motorista desceu, desceu o trocador, um passageiro advertiu:
> — No que você vai a fim de ver o assalto, eles assaltam sua caixa. [...]
> Janelas e balcões apinhados de moradores que gritavam:
> — Pega! Pega! Correu pra lá! [...]
>
> ANDRADE, Carlos Drummond de. Assalto. In: _____ et alii. *Crônicas*. São Paulo: Ática, 2011. (Col. Para Gostar de Ler)

a) No trecho lido, quais foram os verbos de elocução empregados?

b) Compare.

"Na feira, a gorda senhora protestou a altos brados contra o preço do chuchu:
— Isto é um assalto!"

Na feira, a gorda senhora disse em altos brados:
— O preço do chuchu é um assalto!

c) O efeito do emprego do verbo **dizer** no trecho é o mesmo obtido pelo emprego de **protestar**? A substituição traz consequências para a descrição da cena? Explique sua resposta.

d) Qual pode ter sido a intenção do narrador ao empregar o verbo **protestar** (e não outro, como **falar** ou **dizer**)?

> A escolha dos verbos de elocução contribui para a descrição de cenas e a caracterização de personagens em textos narrativos.

8. Leia esta piada.

Professor:
— O que é uma ilha?
Aluno:
— Um pedaço de terra cercado de água por todos os lados, menos um.
Professor:
— Menos um?! Qual lado de uma ilha não é cercado de água?
— O de cima!

BAZARAL, Gabriel. *Piadas para rachar o bico*. São Paulo: Fundamento Educacional, 2010. p. 31.

Reescreva a piada no caderno, mantendo o discurso direto, mas acrescentando verbos de elocução adequados. Para isso, imagine a cena, analise a atitude das personagens e leve em conta a intenção de provocar humor.

🛈 PARA LEMBRAR

Discurso direto e discurso indireto

- O uso do discurso direto e indireto é um dos recursos utilizados para a representação de falas.

- No discurso direto o autor ou narrador reproduz as falas tal como foram ditas.

- No discurso indireto o autor ou narrador faz referência à fala de alguém, incorporando-a ao próprio texto e efetuando algumas transformações.

- Os verbos empregados para indicar as falas são chamados de verbos de elocução.
  Exemplos: dizer, falar, afirmar, perguntar, declarar, responder, retrucar.

- A escolha dos verbos de elocução contribui para a descrição de cenas e caracterização de personagens em textos narrativos e para a inserção de avaliações e julgamentos em textos de outros gêneros.

1. O uso do discurso direto e indireto também está presente em textos jornalísticos. Leia este trecho de uma matéria jornalística.

População de abelha diminui

[...]

O coordenador do projeto de estudo epidemiológico associado à mortalidade de abelhas *Apis mellifera* (africanizadas) na região de Altinópolis (SP), financiado pelo Conselho Nacional de Desenvolvimento Científico e Tecnológico (CNPq), Dejair Message, diz que os apicultores vêm observando a diminuição da população de abelhas desde 2000. "Até agora, as pesquisas apontam três principais causas: um protozoário que se aloja nas células do intestino da abelha [...], o ácaro *Varroa destructor* e um inseticida usado em plantios de cana-de-açúcar", afirma Message. Ele diz, porém, que o envenenamento pelo inseticida é algo difícil de ser comprovado, pelo fato de ser necessária uma quantidade baixíssima do produto para matar uma abelha. [...]

O Estado de S. Paulo, 16 maio 2011.

a) De acordo com o texto, qual é a causa da diminuição de abelhas na natureza?

b) Quem dá essa explicação?

c) De que forma é reportada a fala dessa pessoa? Qual o verbo de elocução empregado?

d) Anote no caderno o trecho em que aparece discurso indireto e indique qual é o verbo de elocução empregado.

e) Nesse texto, aparecem dois diferentes verbos de elocução. Releia-o e responda: por que se emprega ora um, ora outro verbo de elocução?

2. Leia o trecho de uma entrevista com George Lucas, diretor da série de filmes *Guerra nas Estrelas*.

George Lucas – "Sou um menino entretido num mundo que criei"

O criador da série conta como as epopeias alimentam sua imaginação.
E diz que vai dirigir filmes alternativos ao se aposentar

[...]

ÉPOCA – Como surgiu a ideia de criar um novo universo mitológico?

George Lucas – Não há nada de novo nisso (risos). Pelo contrário. Estudei Antropologia e Mitologia na faculdade e acabei sistematizando uma velha paixão. Sempre fui fascinado pelas histórias antigas. [...] De alguma forma, os mitos explicam as características e motivações básicas do ser humano. Dão conta do funcionamento das sociedades até hoje. Eles continuam válidos. A mitologia é a grande fonte do cinema e, de resto, da arte e de todo o conhecimento humano. [...]

Disponível em: <http://revistaepoca.globo.com/Revista/Epoca/0,,EMI10072-15295,00-GEORGE+LUCAS+SOU+UM +MENINO+ENTRETIDO+NUM+MUNDO+QUE+CRIEI.htm>. Acesso em: 22 abr. 2015.

a) Qual a função da palavra **risos**, entre parênteses, na fala de Lucas? O que ela esclarece ao leitor?

b) Nesse trecho da entrevista, há discurso direto e indireto. Em que momento foi empregado cada um deles?

REVISORES DO COTIDIANO

Imagine que, em um *blog* dedicado a esclarecer dúvidas a respeito do uso da língua portuguesa, você encontrasse este *post*.

Vi esta notícia em um *site* de uma revista.
Miguel Falabella sobre Grazi Massafera:
"Acho ela uma dama"

[...]
Falabella também não perdeu a oportunidade de elogiar Grazi Massafera, protagonista do folhetim. "Eu gosto da Grazi, eu tenho uma onda com ela. Acho ela uma dama", disse.

<small>Disponível em: <http://revistaquem.globo.com/Revista/Quem/0,,EMI272344-9531,00.html>. Acesso em: 22 abr. 2015.</small>

Queria que você me respondesse se está correto dizer "acho ela".

O que você diria ao internauta que enviou essa pergunta? Como o redator poderia escrever essa manchete de acordo com a norma-padrão, sem parecer pedante aos leitores da revista?

ATIVANDO HABILIDADES

1. (Saresp) Leia o texto para responder à questão.

Candidata mais velha do Brasil, "Mamãe", 103, diz que cidades mudaram "para pior"

Religiosa, Deodata Pereira costuma comparecer com frequência às missas, sempre aos domingos, e responde com simplicidade quando alguém indaga o que fazer para chegar aos 100 anos. "Não fiz nada para atingir 100 anos, foi Deus quem determinou. Só digo uma coisa, nunca fumei e nunca bebi."

Saudosista, Deodata Pereira acredita que, com o passar dos anos, as cidades brasileiras mudaram "para pior". "Mamãe" também acha que os idosos são desrespeitados no Brasil.

Muito popular no bairro onde mora, "Mamãe" disse que gosta de ser "famosa". "Depois de velha é que a fama chegou. Demorou, mas chegou", afirma, com um sorriso.

Sem problemas de saúde, "Mamãe" diz ainda que está com "muita disposição" para participar das reuniões na Câmara de Feira de Santana, caso seja eleita em outubro próximo.

<small>Fonte: MARTINEZ, Manuela. Candidata mais velha do Brasil... Eleições 2008, 27 jul. 2008. *Últimas Notícias*. Disponível em: <http://eleicoes.uol.com.br/2008/ultnot/2008/07/27/ult6011u19.jhtm>. Acesso em: 22 abr. 2015.</small>

Em qual das alternativas a entrevistadora cita uma opinião da entrevistada?

a) Depois de velha é que a fama chegou...

b) "Mamãe" também acha que os idosos são desrespeitados no Brasil.

c) Deodata Pereira costuma comparecer com frequência às missas.

d) Deodata Pereira responde com simplicidade sobre sua idade.

2. (Saresp) Leia o texto para responder à questão.

Deliciosos e disfarçados

*Que tal transformar alimentos aparentemente pouco
nutritivos misturando ingredientes saudáveis à receita?*

Jessica Seinfeld, cansada de tentar fazer com que seus filhos comessem frutas e verduras, certa vez misturou um purê de abóbora ao costumeiro macarrão da garotada. Todos se deliciaram, sem nem perceber a artimanha da mãe. A experiência levou a outras receitas, igualmente bem-sucedidas, e ela acabou lançando o livro *Deliciosos e Disfarçados*, em que ensina alguns truques para que os pais transformem alimentos aparentemente pouco nutritivos, como panquecas e tortas, em saudáveis. E sem que seus filhos percebam.

O exemplo é interessante porque revela que sempre se pode aumentar a qualidade da alimentação, independentemente da nossa cultura alimentar ou da de nossos filhos. E comer saudavelmente não é só empanturrar-se de biscoitinhos integrais e se esquecer de comer frutas, legumes e verduras. "O corpo precisa de uma quantidade recomendada de nutrientes. Portanto, o termo certo é alimentação saudável, e não alimento saudável, de uma forma isolada", diz a nutricionista Gláucia Padovan.

Mantendo essas ressalvas em mente, nada nos impede de comer, sem culpa, um combinado de fibras, vitaminas e sais minerais – com aparência de sanduíche ou salgado de botequim.

Fonte: PRUDENTE, Gustavo. Deliciosos e disfarçados. *Vida Simples*.
São Paulo, n. 69, p. 61, ago. 2008.

No artigo da revista, a fala da especialista é indicada por:

a) parênteses.

b) travessão.

c) aspas.

d) parágrafo.

Encerrando a unidade

- Nessa unidade você identificou em que contexto circula o gênero entrevista e qual sua finalidade, conheceu como se organiza uma entrevista, refletiu sobre os recursos usados para transcrever falas em um texto escrito e reconheceu as propriedades do predicado e sua relação com o sujeito na construção de orações. Com base no que você aprendeu, responda:

- Quais são as principais características do gênero entrevista?

- Você costuma empregar predicativos para expressar opiniões ou julgamentos? Em que situações?

- Você entendeu o que é discurso direto? E discurso indireto? Dê exemplos de verbos que você usaria para reproduzir a fala de alguém.

UNIDADE 4

Viagens a lugares que não existem

Nesta unidade você vai

- refletir sobre a organização de uma narrativa de aventuras e um conto maravilhoso
- reconhecer os recursos linguísticos presentes nesses gêneros
- planejar e produzir um capítulo de um romance de aventuras
- realizar uma atividade de escuta ativa
- refletir sobre a função de palavras e expressões que expressam as circunstâncias em que determinada ação ocorre

TROCANDO IDEIAS

1. Observe e descreva a imagem acima.
2. Essa imagem mistura fantasia e realidade. Que elementos representados existem na vida real? O que é fantasia?
3. Quando você olha para essa "ilha flutuante", o que desperta sua curiosidade? Explique.
4. Imagine que esse fosse o cenário de uma história. Que tipo de aventura poderia se passar aí? Conte aos colegas, resumidamente, o que imaginou.

LEITURA 1

ANTES DE LER

1. Você já assistiu a filmes de aventura?

2. Lembra-se de algum do qual tenha gostado bastante? Se sim, o que mais chamou sua atenção nesse filme?

3. Já leu romances de aventuras? Se sim, quais?

Você vai ler dois capítulos de Viagens de Gulliver, *de Jonathan Swift. No livro, são narradas aventuras de um médico que visita países inimagináveis, habitados por reis gananciosos, pessoas interesseiras, fúteis e invejosas, intelectuais desligados dos problemas do povo. O primeiro lugar aonde chega é uma ilha cujos habitantes, os liliputianos, são seres pequeninos de não mais do que 15 centímetros de altura. Em seguida, conhece Brobdingnag, terra habitada por gigantes, e Laputa, onde se passa o episódio a seguir. Os últimos destinos são a Terra dos Imortais e, finalmente, o país dos Houyhnhnms, onde quem governa são cavalos inteligentes, seres sinceros e sábios.*

Capítulo 9

Uma ilha que voa

[...]

Foi então que zarpei da Inglaterra para mais uma aventura no dia 5 de agosto de 1706.

[...]

A viagem ia muito bem até que, em abril de 1707, quando estávamos quase chegando ao nosso destino, fomos atacados por um navio pirata. Depois de sermos amarrados e saqueados, tivemos de esperar que os piratas decidissem o que iam fazer conosco. Como eu havia discutido com o comandante deles, acabei sendo o mais castigado. Colocaram-me todo amarrado numa canoa e me deixaram no mar à deriva. Disseram que assim eu morreria lentamente.

Confesso que fiquei apavorado quando me vi sozinho no meio do mar, mas, em pouco tempo, consegui soltar as cordas em torno do corpo e descobrir um remo embaixo de uma lona jogada no fundo da canoa. Parecia um milagre que o pior castigo havia se transformado em liberdade, pois, pelo menos, eu estava longe daqueles piratas perversos.

Avistei um arquipélago ao sul e remei uma hora até alcançar a primeira ilha. Lá encontrei alguns ovos de pássaro, que mataram a minha fome, e um pequeno riacho, onde bebi enormes goles de água.

Não encontrei nenhum ser humano, apenas aves, caranguejos e peixes, mas, quando visitava uma outra ilha, vi o céu escurecer de repente. Olhei para o alto e percebi que a sombra era causada por nada mais, nada menos do que uma ilha voadora pairando sobre a minha cabeça.

A ilha tinha a base lisa e brilhante por causa do reflexo da água do mar. Ela desceu quase até pousar sobre a minha ilha e assim pude ver que as pessoas caminhavam

128

de um lado para o outro. Como não queria ficar naquele arquipélago solitário, acenei com as duas mãos, chamando os habitantes daquele lugar:

– Vocês aí têm comida? Podem me ajudar?

Como resposta, recebi uma corrente que desceu com uma pequena cadeira acoplada. Subi nela e fui puxado até a tal ilha voadora.

Chegando lá, percebi que as pessoas eram muito esquisitas. Algumas tinham os olhos constantemente voltados para o céu e a maioria tinha a cabeça virada para a esquerda ou para a direita. Como não consegui me comunicar com elas, resolvi segui-las. Subimos vários degraus e, durante a caminhada, observei que os homens andavam com roupas coloridas, estampadas com figuras de luas, sóis, estrelas e instrumentos musicais.

Em pouco tempo, chegamos ao palácio real. Fui levado à presença do rei, mas ele não reparou quando entramos. Continuou trabalhando sem parar, fazendo contas e anotando números em pedaços de papéis. Depois de quase uma hora, terminou seus cálculos. Um empregado chacoalhou um objeto cheio de sementes perto do ouvido e da boca do soberano. Como se tivesse despertado de um transe, o rei finalmente me viu.

Tentei falar com ele, mas foi impossível. O monarca parecia dormir enquanto eu fazia minhas perguntas para logo depois ser despertado pelo empregado que chacoalhava o balão perto de seu ouvido. Percebi, então, que todos os homens de olhos e cabeças viradas tinham seus empregados como despertadores.

Fui levado a uma mesa de refeição onde a comida tinha forma geométrica. Devorei carne de porco em forma de triângulos, frangos parecendo losangos, suflês redondos e pão cortado em fatias quadradas, retangulares e pentagonais.

Após o almoço, fui apresentado a um professor que iria me ensinar a língua daquele lugar. Ele também tinha um despertador, que chacoalhava o balão sem parar à medida que ia me explicando os verbos e as palavras essenciais. Assim que consegui formar frases, perguntei por que em Laputa – esse era o nome da ilha – algumas pessoas tinham despertadores.

O professor me explicou que suas mentes viviam constantemente concentradas, ocupadas com coisas mais importantes do que as bobagens do cotidiano.

— Que coisas? — perguntei.

Após um violento chacoalho do empregado, ele respondeu:

— Ocupamo-nos da matemática, da astronomia e da música. Estudamos os planetas, os fenômenos terrestres; calculamos catástrofes e escutamos a música sideral. Por isso, só conseguimos ouvir e falar com a ajuda dos nossos auxiliares, que nos despertam para o dia a dia.

Consegui conversar com alguns empregados e trabalhadores braçais, que não precisavam ser despertados. Um deles me disse:

— A vida aqui é muito chata. Todos se preocupam demais com teorias e hipóteses; com o fato de que daqui a milênios o sol vai se apagar, ou que talvez haja uma possibilidade em trinta milhões de o planeta Ângulo colidir com o cometa Hipérbole. Ninguém tem fantasias, imaginação; ninguém se diverte.

Capítulo 10

O funcionamento de Laputa

Fiquei curioso para saber mais coisas sobre a ilha e comecei a fazer diversas perguntas ao meu professor, à medida que o tempo ia passando. No dia em que percebi que estávamos sobrevoando outras ilhas, perguntei a ele:

— Onde estamos?

— Estamos indo para Lagado, a metrópole do reino. Ela fica no continente, mas antes precisamos visitar alguns vilarejos. É preciso que o rei saiba como andam as coisas por esses lugares — respondeu.

— Nós vamos aterrissar em cada um deles? — perguntei.

— Não, jogamos cordas e as pessoas amarram bilhetes nelas com seus pedidos — explicou-me.

— E o rei nunca desce até as ilhas pessoalmente?

— Não, para isso ele tem ministros que o informam de qualquer problema.

— Que tipo de problema?

— Ora, guerras, rebeliões, sonegação de impostos, essas coisas.

— Então Laputa pode enviar um exército para resolver as rebeliões.

— Não precisamos de exército — explicou o professor. — Quando há alguma guerra, sobrevoamos a ilha rebelada até que o povo fique dias sem a luz do sol e sem a chuva. Isso causa doenças, falta de comida, e, então, os revoltosos se acalmam.

Fiquei espantado com tudo isso e calei-me.

[...]

ROGÉRIO BORGES

130

Quando chegamos em Lagado, fiquei impressionado com a miséria do povo. As pessoas eram magras, andavam com roupas esfarrapadas e não tinham o que comer. Novamente, indaguei meu professor:

— Por que a pobreza é tão grande em Lagado?

— Essa é uma longa história — começou. — A metrópole já foi muito próspera. Tínhamos campos verdinhos, plantações e boas condições de vida.

— O que houve, então?

— Uma vez, umas pessoas daqui resolveram conhecer Laputa. Quando retornaram, trouxeram ideias errôneas sobre a nossa matemática e fundaram a Academia de Projetos. Agora, passam o tempo pesquisando e discutindo planos para a agricultura, moradia, linguagem etc. Como nenhum plano foi aprovado até agora, o povo vive em miséria.

Fomos até a Academia, pois eu queria ver do que tratavam os projetos. Não acreditei no que vi. As pessoas estavam há anos pesquisando uma maneira de arar a terra sem gado, mão de obra ou arado. Experimentalmente, enterravam comida e em seguida soltavam cerca de seiscentos porcos no local. Como eles escarafunchavam a terra atrás do alimento, o solo ficava pronto para ser semeado. O projeto acabava sendo mais caro, mas os pesquisadores não desistiam dos estudos.

Na área da arquitetura, havia um profissional que queria construir casas como os insetos, começando pelo teto. Um linguista desejava abolir os verbos, pois, segundo ele, as coisas reais eram substantivos. Outro mais ousado queria abolir a própria língua. Quando o indaguei do porquê dessa ideia, ele me explicou:

— Cada palavra que dizemos corrói os nossos pulmões. Para que duas pessoas tenham uma conversa, é preciso que carreguem apenas os objetos necessários para determinado tema.

Aquelas loucuras acadêmicas todas me deixaram um pouco angustiado. Como um povo inteiro poderia passar fome e frio em função de pesquisas inúteis que já duravam anos? Por que não usar os métodos antigos de aragem, construção, comunicação, que tinham a sua eficiência já comprovada? Como as pessoas de Lagado e Laputa não se importavam muito com a minha presença, pois estavam sempre com as mentes muito ocupadas, resolvi pensar no meu retorno à Inglaterra.

SWIFT, Jonathan. *Viagens de Gulliver*. São Paulo: Rideel, 2004.

Antes de iniciar o estudo do texto, tente descobrir o sentido das palavras desconhecidas pelo contexto em que elas aparecem. Se for preciso, consulte o dicionário.

Nas linhas do texto

1. Nesse episódio do romance *Viagens de Gulliver*, as ações acontecem em três momentos: antes de Gulliver chegar à ilha de Laputa, quando está na ilha e quando está em Lagado. Conte resumidamente o que acontece em cada um desses momentos.

2. O reino de Laputa é composto de ilhas e de uma parte continental.

   a) Como o rei resolvia os problemas políticos do reino, como rebeliões e protestos?

   b) Como os habitantes do reino faziam para comunicar-se com o rei?

3. Vamos relembrar o que Gulliver encontra em Laputa.

   a) Como eram os habitantes da ilha voadora e como se vestiam? Descreva-os.

   b) A que se dedicavam essas pessoas?

   c) O que os empregados e trabalhadores braçais pensavam da vida na ilha?

   d) Como Gulliver conseguia se comunicar com os habitantes de Laputa?

4. A cidade de Lagado era a metrópole (capital) do reino de Laputa.

   a) Como vivia o povo de Lagado?

   b) Qual a causa dessa situação?

   c) Dê exemplo de um projeto desenvolvido por cientistas da ilha.

Jonathan Swift: sátira à sociedade

Jonathan Swift nasceu em 1667, em Dublin, na Irlanda. Ministro da Igreja Anglicana, preocupava-se com a difícil situação que a Irlanda, dominada pela Inglaterra, vivia: o povo sofria com o desemprego, a fome e a miséria. Sua obra, por meio de uma sátira feroz, denuncia os desmandos dos governantes e os defeitos dos seres humanos.

Sátira: crítica, censura feita de modo irônico.

Retrato de Jonathan Swift (c. 1718), de Charles Jervas.

Nas entrelinhas do texto

1. A viagem narrada nesse episódio foi a primeira de Gulliver? Em que você se baseou para responder?

2. O reino de Laputa pode ser considerado uma sociedade democrática, isto é, gerida pelo povo e para o povo? Explique.

3. Releia.

> "[...] Subimos vários degraus e, durante a caminhada, observei que os homens andavam com roupas coloridas, estampadas com figuras de luas, sóis, estrelas e instrumentos musicais."

Qual a razão dessas estampas nas roupas das pessoas?

4. Os habitantes de Laputa dedicavam-se a várias ciências. Leia os trechos abaixo e identifique a área do conhecimento a que cada fragmento se refere.

a) "Devorei carne de porco em forma de triângulos, frangos parecendo losangos, suflês redondos e pão cortado em fatias quadradas, retangulares e pentagonais."

b) "Fui levado à presença do rei, mas ele não reparou quando entramos. Continuou trabalhando sem parar, fazendo contas e anotando números em pedaços de papéis."

c) "As pessoas estavam há anos pesquisando uma maneira de arar a terra sem gado, mão de obra ou arado."

d) "[...] havia um profissional que queria construir casas como os insetos, começando pelo teto."

e) "Outro mais ousado queria abolir a própria língua."

5. Releia.

> "[...] Percebi, então, que todos os homens de olhos e cabeças viradas tinham seus empregados como despertadores."

a) Quem são esses homens de quem Gulliver fala?
b) Por que esses habitantes de Laputa precisavam de auxiliares que os despertassem?
c) Por meio dessas personagens, o autor faz uma crítica à atitude de determinado grupo social. Qual é esse grupo e o que é criticado?

6. Releia mais este trecho.

> "[...] Outro mais ousado queria abolir a própria língua. Quando o indaguei do porquê dessa ideia, ele me explicou:
> — Cada palavra que dizemos corrói os nossos pulmões. Para que duas pessoas tenham uma conversa, é preciso que carreguem apenas os objetos necessários para determinado tema."

Você vê algum absurdo nessa ideia? Explique.

7. Anote no caderno um trecho do texto que resuma a crítica de Gulliver à sociedade visitada.

NÃO DEIXE DE LER

- **Viagens de Gulliver**, de Jonathan Swift, adaptação de Ana Maria Machado, Ática
O clássico da literatura universal em versão da escritora Ana Maria Machado.

Swift e os iluministas

No século XVIII, surgiu na Europa um movimento filosófico chamado Iluminismo, que colocava a ciência e a razão acima de todas as coisas. As ideias iluministas espalharam-se, e o continente foi tomado por uma onda de descobertas e inventos. Atento à realidade de seu tempo, Swift não deixou de satirizar a tendência de ver na ciência a única solução para todos os males.

Gravura mostrando antigo observatório, tirada de *A short history of the English people*, de J. R. Green.

Além das linhas do texto

No episódio lido, o autor, Jonathan Swift, faz uma crítica aos estudos científicos que não têm por objetivo tornar melhor a vida real das pessoas. Esse tipo de estudo, que ele observava no século XVIII, ainda existe hoje em dia? Vejamos algo que nos faz refletir sobre a questão.

Desde o começo do século XX, a Fundação Prêmio Nobel, da Suécia, concede anualmente prêmio a pessoas que dão uma contribuição importante para o desenvolvimento humano em áreas como a literatura, a física, a química e outras.

Como nem todas as pesquisas científicas colaboram efetivamente para o aprimoramento da civilização humana, dois editores de uma revista de humor criaram, em 1991, o Prêmio Ig Nobel, que tem como objetivo premiar pesquisas estranhas ou inúteis. Segundo seus criadores, esse troféu primeiro faz as pessoas rirem e, depois, pensarem.

Wangari Maathai, primeira africana a ganhar o prêmio Nobel da Paz, em 2004, por sua campanha para salvar as florestas do Quênia e, assim, evitar que as condições ambientais e sociais se deteriorassem e prejudicassem os pobres, em especial as mulheres da zona rural.

Cerimônia de entrega do Ig Nobel em 2003.

1. Abaixo estão relacionadas algumas pesquisas premiadas com o Nobel e outras premiadas com o Ig Nobel. Você é capaz de dizer quais ganharam o Nobel e quais mereceram o Ig Nobel?

   a) Desenvolvimento de *software* que detecta se um gato passa por cima de um teclado de computador.

   b) Treino de pombos para distinguirem entre pinturas de Picasso e Monet.

   c) Descoberta do processo de contaminação do organismo humano pela malária.

   d) Estudo dos hábitos de cortesia das avestruzes com os humanos em fazendas na Bretanha.

   e) Estudos sobre o transplante de órgãos e células no tratamento de doenças humanas.

2. Costuma-se dizer que a ciência não é boa nem má, mas que pode ser bem ou mal-empregada. Você se lembra de algum avanço da ciência que tenha tido uma aplicação prejudicial ou que ofereça riscos às pessoas ou ao meio ambiente?

3. Em sua opinião, a que tipo de pesquisa os cientistas deveriam se dedicar, hoje, para tornar melhor a vida no planeta? O que falta inventar?

COMO O TEXTO SE ORGANIZA

1. Reflita sobre o narrador e o foco narrativo nesse episódio do romance.

a) Quem narra a história?

b) Ele narra utilizando primeira ou terceira pessoa? Anote no caderno um trecho que comprove sua resposta.

c) O narrador conta apenas o que observa ou é narrador-personagem, ou seja, participa dos fatos narrados?

d) Que efeito produz a escolha desse foco narrativo?

2. O romance de onde esse episódio foi tirado conta as diversas viagens de Gulliver.

a) Releia a primeira frase do texto e responda: o que essas viagens representavam para ele?

b) O que ele deixou para trás, quando zarpou?

c) Que perigos ele enfrentou no episódio narrado?

d) Não há uma descrição de Gulliver, mas suas atitudes e falas ajudam a caracterizá-lo. Que qualidades ele mostrou ter?

ROGÉRIO BORGES

> O **protagonista** dos romances de aventuras costuma ter certos atributos que o ajudam em suas aventuras, como coragem, determinação, inteligência, habilidade para lidar com situações estranhas.

3. Observe como o autor localiza a ação no tempo.

a) No episódio transcrito, os fatos são narrados de acordo com a ordem em que acontecem? Explique.

b) A qual dos dois aspectos o autor dá mais importância: ao tempo ou ao espaço? Justifique sua resposta.

> No romance de aventura, geralmente, o **tempo** é **cronológico**, ou seja, os fatos são narrados na ordem em que aconteceram, do mais antigo para o mais recente.
> O **espaço**, nesse gênero, tem importância fundamental, pois muitas vezes a história se passa em lugares distantes, exóticos ou maravilhosos.

4. A presença de trechos descritivos é importante nos romances de aventuras.

a) Anote no caderno um trecho em que o narrador descreva as pessoas da ilha voadora.

b) Anote no caderno o trecho em que o narrador descreve a refeição que fez em Laputa.

c) Essas descrições detalhadas são importantes para o leitor? Por quê?

Swift e a política

No século XVIII, após uma série de mudanças políticas, a Grã-Bretanha passou a compreender quatro países: Inglaterra, País de Gales, Escócia e Irlanda. Jonathan Swift foi clérigo da Igreja Anglicana (a Igreja oficial da Inglaterra), mas, sendo irlandês, via os ingleses como dominadores e sempre defendeu a Irlanda, católica, que vivia em extrema miséria. Seu livro *Viagens de Gulliver* não foi escrito para divertir os leitores, mas para manifestar profunda revolta contra setores da sociedade inglesa de sua época.

135

5. No romance de aventuras, como em outros textos narrativos, existe um encadeamento entre as ações: cada fato tem uma consequência que, por sua vez, motiva um novo acontecimento, e assim por diante. Indique a consequência que cada fato citado provocou. Veja o exemplo.

Gulliver discutiu com o chefe dos piratas → recebeu o pior castigo.
              ↓   ↓
             causa   **consequência**

a) Gulliver não quis ficar abandonado no arquipélago onde aportou.

b) Os cientistas da ilha viviam voltados para "coisas mais importantes que os acontecimentos do dia a dia".

c) Quando havia rebelião, a ilha de Laputa sobrevoava a região rebelada até que o povo ficasse dias sem a luz do sol e sem a chuva.

d) As doenças e a falta de comida acalmavam os revoltosos.

Recursos linguísticos

1. No texto lido, as descrições contêm vários adjetivos.

a) Que adjetivos aparecem nos trechos que você anotou na questão 4 da página anterior?

b) Seria possível, para o leitor, entender a descrição das pessoas da ilha voadora e da refeição de Gulliver no palácio real sem o emprego desses adjetivos? Explique.

2. Leia o trecho a seguir.

> "Uma vez, umas pessoas daqui resolveram conhecer Laputa. Quando retornaram, trouxeram ideias errôneas sobre a nossa matemática e fundaram a Academia de Projetos. Agora, passam o tempo pesquisando e discutindo planos para a agricultura, moradia, linguagem etc. Como nenhum plano foi aprovado até agora, o povo vive em miséria."

a) Localize os advérbios e as locuções adverbiais e indique que circunstância cada um deles expressa.

b) Qual é a importância de advérbios e locuções adverbiais em um romance de aventuras?

3. Releia.

> "Fomos até a Academia, pois eu queria ver do que tratavam os projetos. Não **acreditei** no que vi. **As pessoas** estavam há anos pesquisando uma maneira de arar a terra sem gado, mão de obra ou arado. Experimentalmente, enterravam comida e em seguida soltavam **cerca de seiscentos** porcos no local. Como eles escarafunchavam a terra atrás do alimento, o solo ficava pronto para ser semeado. O projeto acabava sendo mais caro, mas os pesquisadores não desistiam dos estudos."

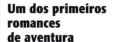

Um dos primeiros romances de aventura

O romance *Viagens de Gulliver* é considerado precursor dos romances de aventuras que se popularizaram no século XIX, com livros como *A Ilha do Tesouro*, de Robert Louis Stevenson, e *Moby Dick*, de Herman Melville, por exemplo.

a) Qual é o sujeito de **acreditei**? Por que foi possível omitir esse termo?

b) A expressão **as pessoas** é retomada, mais adiante nesse trecho, por meio de qual outra expressão?

c) A expressão **cerca de seiscentos porcos** também é retomada na frase seguinte por meio de outro termo. Qual?

d) Por que o autor emprega outros termos para retomar expressões mencionadas anteriormente? Explique.

4. Responda no caderno.

a) Volte ao texto e leia o capítulo 10, "O funcionamento de Laputa". Nele, as falas das personagens são reproduzidas por meio de discurso direto ou indireto? Anote um trecho que exemplifique sua resposta.

b) No trecho a seguir, há discurso direto ou indireto?

> "O professor me explicou que suas mentes viviam constantemente concentradas, ocupadas com coisas mais importantes do que as bobagens do cotidiano."

c) Ao longo dos dois capítulos lidos, o que predomina: o discurso direto ou o indireto?

> Em um texto de ficção, como o romance de aventuras, por exemplo, o **discurso direto** permite ao leitor conhecer as personagens diretamente, sem intermédio do narrador. Além disso, o discurso direto pode tornar a narrativa mais dinâmica.

5. Observe.

> "Quando **chegamos** em Lagado, **fiquei** impressionado com a miséria do povo. As pessoas **eram** magras, **andavam** com roupas esfarrapadas e não **tinham** o que comer. Novamente, **indaguei** meu professor [...]"

a) Anote no caderno trechos narrativos desse fragmento.

b) Anote agora o trecho descritivo.

c) Que tempo verbal foi utilizado nos trechos narrativos? E no descritivo?

d) Apresente uma hipótese: por que teriam sido escolhidos esses tempos verbais?

> Em **descrições**, aparecem basicamente verbos que indicam estado, frequentemente no presente ou no pretérito imperfeito do indicativo. Isso porque nas descrições não há passagem de tempo: os elementos são mostrados como se apresentam em um determinado momento, como se estivessem em uma fotografia.
>
> Já em **narrações**, o essencial é expressar a passagem do tempo, indicando mudança de situação. Os tempos básicos da narração são os pretéritos (perfeito, imperfeito e mais-que-perfeito).

NÃO DEIXE DE ASSISTIR

• **Robinson Crusoé** (Estados Unidos, 2010), direção de George Miller Adaptação do romance *Robinson Crusoé*, de Daniel Defoe. Um marinheiro britânico, único sobrevivente de um naufrágio, é levado pelas águas do mar até uma remota ilha deserta, onde enfrenta os desafios da natureza.

Para lembrar

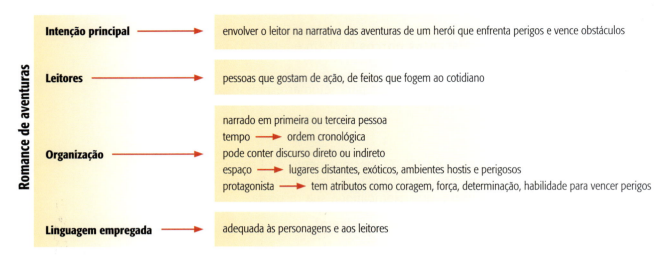

DEPOIS DA LEITURA

A quarta capa

Chamamos de quarta capa a parte de trás de uma capa, onde costumam aparecer textos e imagens. Observe a quarta capa de três edições diferentes de *Viagens de Gulliver*.

I.

EDITORA RIDEEL

II.

EDITORA SCIPIONE

III.

EDITORA GLOBO

1. Lendo essas quartas capas, é possível deduzir a finalidade dos textos e das ilustrações da quarta capa de um livro. Qual seria?

2. O quadro abaixo apresenta elementos que costumam estar presentes em quartas capas de livros. Faça-o no caderno e anote nele os elementos que aparecem em cada quarta capa.

Elementos da quarta capa	Edição I	Edição II	Edição III
Título do livro			
Nome do autor			
Editora			
Texto			
Texto e imagem			
Informações sobre o livro/resumo da história			
Informações sobre a coleção a que pertence a obra			
Citação de alguma crítica positiva sobre a obra			
Lista de obras do autor			
Anúncio de outras obras da editora			
Apelo explícito ao leitor para que leia a obra			

3. Observe a lista de obras na quarta capa I. O que elas têm em comum?

4. Releia um trecho da quarta capa reproduzida ao lado.

a) Que recursos foram utilizados para provocar o interesse do leitor?

b) Que adjetivos foram utilizados para aumentar o interesse pelo livro?

5. Imagine que uma editora resolvesse publicar as aventuras de Gulliver em fascículos e que você fosse encarregado de elaborar a quarta capa do fascículo com o episódio da Ilha voadora (que incluiria os dois capítulos lidos nesta unidade).

Redija um texto e proponha uma imagem para a quarta capa. Leve em conta o que viu nas atividades anteriores.

Para realizar esta atividade você deverá:

- colocar título e autor da obra assim como nome da editora;
- lembrar o gênero da obra – romance de aventuras;
- localizar os dois capítulos no conjunto da narrativa: Neste fascículo, você vai conhecer o momento em que Gulliver...
- apresentar trechos informativos, que permitam ao leitor conhecer o conteúdo dos dois capítulos que irão compor o fascículo;
- usar também trechos descritivos para o leitor imaginar o local em que se passa a história;
- ser bastante sucinto;
- utilizar ponto final para terminar as frases, que devem ser declarativas.

EDITORA RIDEEL

VIAGENS DE GULLIVER

Gulliver vive aventuras inacreditáveis em suas viagens. São anões, gigantes, cavalos que falam, dentre outras surpresas. Lilliput, Homem-Montanha, struldbrugg. Parecem estranhas essas palavras? Você não viu nada. Leia esta fascinante obra e constate isso.

Fascículos são cadernos impressos que integram uma obra maior e vão sendo publicados aos poucos, com intervalos regulares de tempo. São encadernados e geralmente ilustrados.

139

ATIVIDADE DE ESCUTA

1. Para fazer esta atividade de escuta, você precisa saber o que é utopia e distopia. Então, leia.

Em 1516, o inglês Thomas Morus publicou o livro *Utopia*, sobre uma ilha onde reinava a mais perfeita harmonia e onde um governo justo proporcionava as melhores condições de vida ao povo. A palavra **utopia**, de origem grega, foi criada por Morus e significa "não lugar". Ela tornou-se sinônimo de lugar ou estado ideal, em que a felicidade, a igualdade de direitos, a paz, a ausência de miséria e sofrimento são perenes. As obras em que se apresenta uma visão do mundo como lugar ideal, de total perfeição, passaram a ser chamadas de **utópicas**.

Já as **distopias** ou **utopias negativas** são uma visão negativa da sociedade: exageradas em suas críticas, veem um final catastrófico para a humanidade e o planeta. O futuro imaginado nas distopias é o de alguém desprovido de esperança, que se revolta com sua realidade. Se a utopia fala de sonho, a distopia é pesadelo.

Um exemplo de obra **distópica** é *Fahrenheit 451*, de Ray Bradbury, que descreve um governo totalitário, num futuro indeterminado, que proíbe qualquer tipo de leitura, temendo que o povo desenvolva o pensamento crítico e se rebele.

Thomas Morus, retratado por Hans Holbein, o Jovem, em c. 1497.

Cena de *Fahrenheit 451*, filme de François Truffaut baseado na obra de Ray Bradbury.

2. Ouça com atenção o poema de cordel que o professor vai ler para vocês, tendo em mente os significados de utopia e distopia.

3. Observe agora a tela e leia a legenda.

a) O que há em comum entre a Cocanha e o País de São Saruê, mencionado no cordel que você ouviu?

b) A Cocanha e o País de São Saruê são exemplos de utopias ou de distopias? Justifique.

c) O episódio de *Viagens de Gulliver* que você leu é utópico ou distópico? Justifique.

d) No poema de cordel, o foco narrativo é em primeira ou em terceira pessoa? Justifique e explique a importância desse ponto de vista na construção do texto.

e) O que mais lhe chamou a atenção no País de São Saruê? Por quê?

O país da Cocanha (1567), de Pieter Brueghel. Na Europa da Idade Média, contavam-se histórias sobre a Cocanha, terra imaginária onde ninguém precisava trabalhar, os telhados eram de toucinho, as cercas, de salsicha; havia campos de trigo cercados de carne assada e presunto e gansos que se assavam sozinhos pela rua. Em uma época em que tudo era fome, injustiça e preconceito, esse mito se espalhou por diversos países.

PRODUÇÃO ESCRITA

Capítulo de romance de aventuras

Nossa proposta é que você escreva um episódio de um romance de aventuras, também passado em um lugar fictício e narrado em primeira pessoa pelo(a) protagonista. A história será publicada na revista que montaremos no final do ano.

Primeiramente você vai planejar os elementos e a estrutura da narrativa; e depois redigirá o texto.

> **Enredo:** trama de uma história, conjunto de acontecimentos e de ações realizadas por personagens em um texto narrativo de ficção.

Antes de começar

Você já sabe que o enredo, em uma narrativa, é composto basicamente de cinco partes.

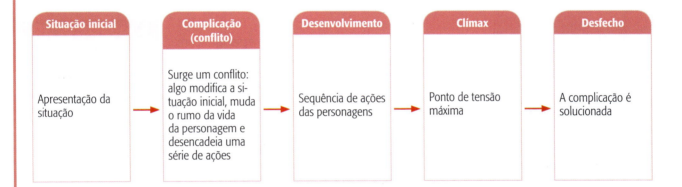

Como aquecimento, indique a que parte do enredo corresponde cada parágrafo do resumo do episódio "A ilha que voa" abaixo apresentado.

Gulliver zarpa da Inglaterra em 1706 e, quase até chegarem a seu destino, a viagem transcorre tranquila.

O navio é atacado por piratas, Gulliver é amarrado e colocado em uma canoa para morrer lentamente.

Ele consegue se livrar das cordas e rema até uma ilha, em busca de água e comida.

Uma ilha voadora passa por cima de Gulliver.

Ele acena aos habitantes da ilha pedindo ajuda e é içado até lá.

Na ilha, encontra pessoas esquisitas, que se vestem e agem de forma estranha e falam uma língua incompreensível. Um professor é encarregado de ensinar a língua a Gulliver, mostrar-lhe o reino e explicar como as coisas acontecem nesse estranho lugar.

As loucuras que presencia deixam Gulliver angustiado, e ele decide continuar procurando meios de voltar a sua terra natal.

NÃO DEIXE DE LER

- ***Três aventuras***, de Edgar Allan Poe e outros, editora Atual

Três histórias com ação e suspense. *O escaravelho de ouro*, de Edgar Allan Poe, e *A volta ao mundo em oitenta dias*, de Júlio Verne, são dois clássicos universais. A terceira aventura, *O manuscrito de Phileas Fogg*, é de Júlio Emílio Braz.

Planejando o texto

1. Reúna-se com um colega e, no caderno, planeje com ele os pontos a seguir.

   - **Narrador**. O protagonista será o narrador-personagem. Definam quem é e como é: sua história de vida, razões para envolver-se em aventuras, características físicas e psicológicas etc.

   - **Tempo e espaço**. Onde e quando se passa a história? Quanto tempo ela dura? Como é o espaço?

   - **Personagens**. Quem são as outras personagens?

   - **Enredo**. Planejem a situação inicial, a complicação, o desenvolvimento, o clímax e o desfecho.

2. Nos trechos descritivos, empreguem adjetivos e locuções na caracterização das personagens, cenas, lugares, para que o leitor possa recriá-los na imaginação.

3. Nos trechos narrativos, marquem a sequência progressiva do episódio com advérbios e locuções que expressem tempo; usem também os de lugar para localizar as cenas.

4. Para reproduzir as falas das personagens, empreguem tanto o discurso direto quanto o indireto.
   Não se esqueçam: é importante criar uma história **verossímil**, isto é, narrar acontecimentos que não precisam ser verdadeiros, mas que provoquem uma impressão de realidade. O leitor aceitará a história se ela lhe **parecer** verdadeira.

5. No caderno, anotem todos os pontos definidos, inclusive o título da narrativa.

Autoavaliação e reescrita

1. Releiam a primeira versão do texto produzido:

   - procurando se colocar no lugar de um leitor que não conhece a história;

   - trocando ideias sobre o que pode ser melhorado;

   - observando grafia e pontuação (por exemplo, se não há vírgula entre sujeito e predicado nem entre o verbo e seus complementos).

2. Na data marcada pelo professor, leiam sua narrativa para os outros colegas. Anotem as sugestões que julgarem úteis.

3. Depois das alterações, redijam a versão final, digitem e imprimam seu texto, ou, se não for possível, passem-no a limpo com letra legível.

Atenção

No episódio de *Viagens de Gulliver* que vocês leram, o protagonista encontra personagens e situações bizarras, mas não enfrenta grandes perigos. Na narrativa que irão produzir, vocês podem explorar mais esse aspecto – os perigos – e fazer a personagem viver peripécias e passar por riscos que ela só superará usando seus atributos: inteligência, destreza, força etc.

NÃO DEIXE DE LER

- ***Moby Dick***, de Herman Melville, editora DCL (coleção Farol HQ)
  Versão para os quadrinhos da obra de 1851. Na história, Acab, capitão de uma perna só e baleeiro experiente, tem um único objetivo: destruir Moby Dick, o cachalote branco que o atacou e aterroriza os caçadores de baleias.

Complemento nominal

1. Anote no caderno estes títulos de notícia, completando o sentido de cada palavra destacada com uma das expressões do quadro abaixo.

a

Vida saudável afasta risco*

Disponível em: <http://atarde.uol.com.br/cienciaevida/noticias/1626447-vida-saudavel-afasta-risco-de-doencas-cardiovasculares>. Acesso em: 10 mar. 2015.

b

MEDO* CRESCE

Disponível em: <http://tribunadonorte.com.br/noticia/medo-de-perder-o-emprego-cresce/294781 http://migre.me/oMrd6>. Acesso em: 12 mar. 2015.

c

FALTA* REFORÇA NECESSIDADE DE USINAS NUCLEARES, DIZEM ESPECIALISTAS

Disponível em: <http://www.correiobraziliense.com.br/app/noticia/brasil/2014/10/07/internas_polbracco,451296/falta-de-chuva-reforca-necessidade-de-usinas-nucleares-dizem-especialistas.shtml>. Acesso em: 22 abr. 2015.

d

CONHEÇA HISTÓRIAS DE QUEM VENCEU A LUTA*

Disponível em: <www.correiobraziliense.com.br/app/noticia/cidades/2014/03/21/interna_cidadesdf,418722/conheca-historias-de-quem-venceu-a-luta-contra-o-racismo.shtml>. Acesso em: 22 abr. 2015.

de chuva	de doenças cardiovasculares	contra o racismo	de perder o emprego

2. Anote no caderno.

a) A que classe gramatical pertencem as palavras cujo sentido você completou na atividade anterior?

b) Sem os termos que você acrescentou, os títulos poderiam ser compreendidos?

Assim como há verbos que precisam de complemento, também existem nomes (substantivos, adjetivos e advérbios) que não têm sentido completo. Eles precisam ter sua significação complementada por outro termo, que recebe o nome de complemento nominal.

> **Complemento nominal** é o termo da oração que complementa o sentido de um nome (substantivo, adjetivo ou advérbio).

As expressões que você acrescentou aos títulos da atividade 1 são, portanto, complementos nominais.

143

REFLEXÃO SOBRE A LÍNGUA

Agora leia o quadro.

Nome de sentido incompleto	Complemento nominal
luta	**contra** a corrupção
anterior	**a** ele
independentemente	**de** suas críticas

Observe que os três complementos nominais do quadro são introduzidos por preposição: **contra**, **a**, **de**.

> Uma preposição pode juntar-se a outra palavra em uma combinação ou contração:
> a + o = ao
> de + esse = desse
> em + a = na
> por (antiga preposição **per**) + a = pela

3. Volte aos títulos de notícia que você reescreveu na atividade 1 e identifique a preposição que introduz cada complemento nominal.

4. Observe o anúncio reproduzido abaixo.

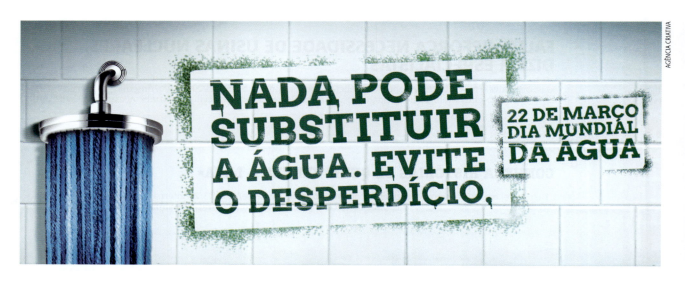

a) O anúncio possui uma parte verbal e uma não verbal (um chuveiro em que a água é fios de lã). O que representa essa imagem?

b) Qual o objetivo do anúncio?

c) Os verbos **substituir** e **evitar** são transitivos. Quais são as palavras que completam seu sentido nos enunciados?

d) Em "Evite o desperdício.", há um termo subentendido (um complemento). Como pode ser completado o sentido do substantivo **desperdício** no contexto do anúncio?

5. Na última oração, há um termo subentendido. Veja.

"Evite o desperdício [**de água**]."

Nessa oração, qual a função do termo **de água**?

> **Não confunda...**
> ...complemento nominal com objeto indireto! Os dois termos são introduzidos por preposição, mas o objeto indireto complementa o sentido de um verbo, e o complemento nominal complementa o sentido de um nome.

144

1. Leia este título de uma matéria jornalística.

> O corpo humano tem gordura suficiente para produzir 7 barras de sabão
> Disponível em: <http://edgblogs.s3.amazonaws.com/segundosdesabedoria/files/2011/02/sabao-humano.jpg>.
> Acesso em: 22 abr. 2015.

a) A expressão "7 barras de sabão" complementa o sentido do verbo **produzir**. Substitua **produzir** por **produção** e anote no caderno a nova frase.

b) Que mudanças você pode observar em relação:
   I. ao sentido da frase?
   II. à organização gramatical da frase?

c) No caderno, faça essa mesma transformação nas orações a seguir.
   I. É inadmissível **desrespeitar** o sofrimento do outro.
   II. Já **lemos** todos os livros recomendados.
   III. **Necessitamos** da arte para desenvolver nossa sensibilidade.

2. Leia estas sugestões de como economizar energia na cozinha.

Evite colocar a geladeira perto do fogão ou em áreas expostas ao sol. O calor faz com que o equipamento consuma mais energia no resfriamento. O mesmo vale para alimentos quentes: o ideal é esperar esfriar um pouco para guardá-los.

[...]

Por último, sabe aquela coisa de abrir a porta da geladeira só pra ficar olhando o que tem dentro e pensando na vida? Pois é. Se conseguir, evite abri-la sem necessidade – isso já ajuda bastante a reduzir o consumo de energia!

CINTRA, Lydia. Revista *Superinteressante*. São Paulo, Abril, 10 jun. 2011.

a) Em sua casa, você e sua família adotam os procedimentos aconselhados pela revista ou outros, a fim de economizar energia? Em caso positivo, quais?

b) Releia.

"[...] isso já ajuda bastante a reduzir o consumo de energia!"

Qual é a função da expressão **de energia** em relação ao substantivo **consumo**?

c) Em qual destas frases a expressão **de energia** desempenha a mesma função que no texto acima?
   I. Coma tudo, que você precisa de energia.
   II. Ana está cheia de energia.

LEITURA 2

ANTES DE LER

1. Você já ouviu falar de *As mil e uma noites*? Se ouviu, conte o que sabe aos colegas.

2. Baseado no título do texto a seguir e na ilustração, o que você espera encontrar? Uma narrativa de amor, de suspense, de aventura, de ficção científica? O que o levou a essa resposta?

Você vai ler a seguir um episódio de As mil e uma noites, *coletânea de contos populares originários de povos persas, árabes e egípcios. A história que une todos os contos é a de Sherazade. Casada com o sultão Shariar, que mata suas esposas após a primeira noite do casamento, a jovem adia a morte contando histórias ao marido durante as "mil e uma noites" do título. Neste trecho, encontramos a personagem narrando ao sultão uma das histórias mais conhecidas em diferentes épocas e países: as aventuras fantásticas de Simbad, o marujo.*

Simbad e os elefantes

— Se essas histórias agradaram à minha irmã e ao senhor — disse Sherazade —, mais ainda gostarão das aventuras de Simbad, o Marujo, que, se mais tempo de vida eu tiver, poderei contar. [...]

"No reino do califa Harum Al Rachid, havia um pobre rapaz que se chamava Himbad. [...] Certo dia — fazia um calor excessivo — foi encarregado de levar uma carga muito pesada de um extremo a outro da cidade de Bagdá. Sentindo-se cansado [...] colocou a carga no chão e sentou-se perto de um palácio. [...] Para saber quem morava ali, perguntou a alguns criados, magnificamente vestidos, que encontrou perto de uma das portas, como se chamava o dono do palácio. Um deles respondeu:

— Todos os que vivem em Bagdá sabem que esta é a morada de Simbad, o marujo, um famoso viajante que percorreu todos os mares que o sol ilumina.

O rapaz, que já ouvira falar nas riquezas de Simbad, não pode deixar de ter inveja de um homem que deveria ser tão feliz, quando sua condição de pobre carregador era tão deplorável.

Amargurado com suas reflexões, levantou os olhos para o céu e exclamou bem alto:

— Poderoso Criador de todas as coisas! Veja que diferença existe entre Simbad e eu. Aturo todos os dias mil fadigas e males, nem sei como me sustento. Mantenho minha família só com pão de cevada enquanto Simbad gasta com profusão enormes fortunas e leva uma vida cheia de delícias. [...]

Simbad ouvira, por uma das janelas do palácio, as lamentações de Himbad. Por isso o mandara chamar.

Muito constrangido, o rapaz baixou a cabeça e respondeu:

— Senhor, confesso que o cansaço me deixou de mau humor. Escaparam-me algumas palavras indiscretas. Suplico que me perdoe.

— Não se preocupe com isso — respondeu Simbad. — Não guardo nenhum ressentimento. Apenas quero esclarecer seu engano: não foi sem custo e sem trabalho que adquiri o que tenho. Não cheguei a esse ponto sem antes ter padecido tudo o

146

que possa imaginar. [...] Decerto ouviram falar vagamente dos perigos que corri nas viagens que fiz. Mas contarei alguns. Não há melhor ocasião. Não se arrependerão de escutar o que passei em uma ou outra viagem [...]

Não fiquei muito tempo em casa, como esperava. Tive de partir logo depois acompanhando valiosos fardos de tecidos. Com três ou quatro dias de navegação, nosso navio foi atacado por corsários que não tiveram dificuldade em se apoderar da embarcação. Alguns tripulantes quiseram resistir e foram mortos. Eu e outros, mais prudentes, passamos a ser escravos dos piratas. Exigiram nossas roupas, dando-nos em troca vestimentas ridículas, levando-nos depois para uma grande ilha muito afastada onde nos venderam. Caí nas mãos de um rico mercador que me levou para sua casa, onde ordenou que me dessem roupa e comida. Passados alguns dias, não sabendo quem eu era, perguntou se sabia algum ofício. Respondi, sem me identificar, que não era senão um mercador, que tinha sido roubado pelos corsários.

— Você sabe atirar com o arco?

Contei que na juventude esse fora um de meus exercícios preferidos. Deu-me então arco e flechas. Montamos um elefante e fomos para um campo afastado, viajando muitas horas. Cada vez nos internávamos mais fundo na floresta. A certa altura o mercador resolveu parar e mandou-me descer. Vi então uma grande árvore diante de nós. Ele explicou:

— Suba a esta árvore e atire sobre os elefantes que passarem. Há por aqui grande quantidade deles. Se conseguir abater algum, avise-me.

Depois de dizer isso, deixou-me algumas provisões e voltou para a cidade. Passei toda a noite sobre a árvore, à espera dos elefantes.

Ao amanhecer do dia seguinte, alguns apareceram. Atirei diversas flechas e um deles caiu. Os outros foram embora. Assim que desapareceram, desci da árvore e fui dar a notícia da caçada a meu amo. Ele mostrou-se alegre e grato. Elogiou-me muito e mandou que me servissem boas comidas e vinhos. Voltamos depois ao local onde estava o elefante: examinou-o com todo o cuidado e juntos abrimos uma cova para enterrá-lo. Mais tarde, quando o animal estivesse decomposto, meu amo mandaria que retirassem os dentes para negociá-los.

Continuei nessa vida por dois meses. E eu não passava um dia sem matar um elefante. Nunca os esperava na mesma árvore. Variava bastante. Certa manhã, estava já em meu posto, quando percebi um movimento diferente. Assustado, vi que os elefantes não passavam como de costume, mas paravam e vinham em minha direção com um horrível grito e em tão grande número que a terra tremia debaixo de seus pés. Cercaram a árvore onde eu estava e estenderam as trombas, com os olhos fixos em mim. Fiquei imóvel e com tanto medo que o arco e a flecha caíram de minhas mãos.

Não estava inquieto sem razão: depois de ficarem ali, me encarando, um dos elefantes maiores abraçou a árvore com a tromba e fez um esforço tão possante que a arrancou, derrubando-a. Caí junto com ela e outro dos animais pegou-me com a tromba e colocou-me nas costas, onde me sentei mais morto que vivo. O elefante foi então andando, seguido por todos os outros. Chegando a um determinado local, deixou-me no chão e se retirou, com todos os que o acompanhavam.

Vocês não podem imaginar em que estado eu me achava. Depois de ficar algum tempo estendido no mesmo lugar, não vendo mais elefante algum, levantei-me e vi que me encontrava numa elevação plana e alta, inteiramente coberta de ossadas e dentes de elefantes.

Pensei muito na atitude daqueles animais e admirei seu instinto. Eu estava em seu cemitério, cercado por dentes de marfim. Ora, se era essa a riqueza que eu desejava, o problema estava resolvido; podia parar de persegui-los.

Caminhei para a cidade, andei um dia e uma noite e cheguei à casa de meu amo. Pelo caminho não encontrei elefante algum. Com certeza deixavam o espaço livre para eu poder ir dar a notícia. […]

Narrei o que me acontecera e no outro dia voltamos ao cemitério de elefantes. Ali, emocionado, ele viu como era verdade tudo o que eu contei. Carregou quantos dentes conseguiu levar e deu-me a liberdade. Contou-me, só então, que a cada ano mandara uma infinidade de escravos fazer naquele campo o mesmo serviço, mas que, cedo ou tarde, todos perderam a vida iludidos pelos estratagemas dos elefantes.

— Até hoje, só conseguimos algum marfim expondo a vida de nossos escravos. Agora, toda a cidade se enriquecerá com essa descoberta. Por isso, além da liberdade, quero dar bens consideráveis a você, que me proporcionou tanto.

Respondi que a liberdade me bastava e, quanto à recompensa, não desejava mais do que voltar a meu país. Mas meu amo fretou um navio para me levar e o carregou de marfim. Todos os mercadores da cidade também ficaram ricos por irem se abastecer no cemitério de elefantes."

LADEIRA, Julieta de Godoy (adapt.). *As mil e uma noites*. São Paulo: Scipione, 2003. (Col. Reencontro).

EXPLORAÇÃO DO TEXTO

> Antes de iniciar o estudo do texto, tente descobrir o sentido das palavras desconhecidas pelo contexto em que elas aparecem. Se for preciso, consulte o dicionário.

1. Quem é o autor do livro em que aparece o episódio lido? Como você chegou a essa conclusão?

2. No primeiro parágrafo, um narrador conta, em terceira pessoa, o que Sherazade disse ao sultão.

a) No segundo parágrafo, quem passa a narrar a história? Qual o foco narrativo: primeira ou terceira pessoa?

b) Ao longo da narrativa, acontece uma nova troca de narrador. Em que parágrafo acontece a mudança? Quem passa a narrar e em que pessoa?

3. Sherazade inicia sua história falando sobre um carregador chamado Himbad.

a) Qual a importância dessa personagem na narrativa?

b) Simbad ouve as lamentações de Himbad e esclarece:

> "[…] não foi sem custo e sem trabalho que adquiri o que tenho. Não cheguei a esse ponto sem antes ter padecido tudo o que possa imaginar. [...] Decerto ouviram falar vagamente dos perigos que corri nas viagens que fiz."

Esse trecho permite ao leitor deduzir que a motivação de Simbad para suas viagens e aventuras foi conseguir riquezas, aprender mais sobre a vida e os seres humanos ou encontrar o amor verdadeiro?

4. Logo no começo de sua história, Simbad conta o que o levou a tornar-se escravo de um rico mercador. Explique como isso se deu.

5. Você já sabe que textos narrativos possuem estrutura semelhante. Identifique o que se passa em cada parte do enredo de "Simbad e os elefantes".

a) Situação inicial

b) Complicação

c) Ações das personagens

d) Clímax

e) Desfecho

6. Nesse conto, acontece algo que não seria possível ocorrer na realidade.

a) Qual é o elemento mágico em "Simbad e os elefantes"?

b) Simbad se espanta com esse fato mágico? Explique.

c) Sem a interferência dos elefantes, Simbad teria conseguido a liberdade e riquezas?

> O conto "Simbad e os elefantes", assim como os demais contos de *As mil e uma noites,* é considerado um **conto maravilhoso**. Nos contos maravilhosos, há elementos mágicos que, no contexto da narrativa, convivem com os do mundo real.

Narrativas da tradição oral

Não há povo sem narrativas orais em sua história. Elas não têm autoria definida, são resultado de um processo coletivo/continuado de criação, e sua origem perde-se em tempos imemoriais. São os primeiros gêneros ficcionais que as diferentes sociedades utilizaram para contar fatos marcantes, provavelmente realmente ocorridos [...].

Como no início de sua formação as diferentes sociedades não dominavam a escrita, essas narrativas eram transmitidas de boca a boca. Sem o apoio do registro escrito, essa forma de transmissão exigia que a memória dos contadores fosse cultivada [...]

Disponível em: <https://www.escrevendoofuturo.org.br/conteudo/biblioteca/artigos/artigo/1245/narrativas-da-tradicao-oral>. Acesso em: 22 abr. 2015.

7. Há pontos em comum entre a história de Simbad e a de Gulliver. Leia estes itens e anote no caderno apenas os que contêm semelhanças entre as duas narrativas.

a) Atacados por piratas, ambos haviam vivido outras aventuras antes do episódio narrado.

b) As duas histórias são narradas na primeira pessoa.

c) Ambos visitaram lugares imaginários, que não existem.

d) Tanto Gulliver como Simbad têm uma visão crítica das pessoas e dos costumes que encontram no lugar onde estão.

e) Nos dois episódios, o protagonista é recompensado.

> Nos contos maravilhosos, é comum que necessidades materiais levem o protagonista a envolver-se em aventuras e que, no final, com a interferência de elementos mágicos (animais fantásticos, tapetes mágicos, lâmpadas maravilhosas etc.), ele obtenha riquezas e ascensão social.

NÃO DEIXE DE LER

• ***As mil e uma noites***, tradução de Ferreira Gullar, editora Revan

Coletânea de histórias da tradição oral de povos da Pérsia e da Índia. Entre as narrativas, as viagens de Simbad, o Marujo, as aventuras de Aladim e a lâmpada maravilhosa e a história de Ali Babá e os quarenta ladrões.

PARA LEMBRAR

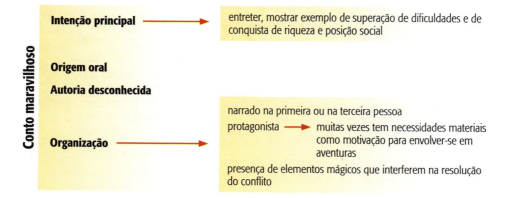

DO TEXTO PARA O COTIDIANO

O conto "Simbad e os elefantes" fala de uma época em que não se questionava a matança de animais para obter riquezas. Hoje isso mudou, mas o tratamento dispensado aos animais ainda é assunto sobre o qual vale a pena refletir e conversar.

Forme um grupo com alguns colegas e, juntos, pesquisem o assunto determinado pelo professor. No dia combinado, tragam os resultados da pesquisa para a discussão dos itens relativos a cada assunto que lhes foi destinado.

Depois da discussão, o grupo deverá responder à seguinte questão, apresentando propostas de ação.

O que se pode fazer individualmente para evitar a caça predatória, a prisão e o tráfico de animais selvagens?

Caça predatória de elefantes

1. O que é o marfim? Por que é um material tão valorizado?

2. Ainda hoje se matam elefantes para satisfazer o consumo humano?

3. Qual a consequência da caça predatória de elefantes?

Caça às baleias

4. A batalha contra a caça às baleias mobiliza ativistas ao redor do mundo e existe uma organização internacional voltada à defesa das baleias. Por que se caçam baleias?

5. Em que lugares do mundo ainda se permite a caça às baleias?

6. Como seria possível substituir a caça às baleias?

Abate de animais

7. O que vocês sabem sobre a crueldade do abate de animais destinados à nossa alimentação?

8. Que medidas poderiam ser tomadas em relação a essa situação?

Elefanta com filhote.

Zoológicos

9. A vida em cativeiro pode ser danosa para animais exibidos em zoológicos. Que distúrbios esses animais podem apresentar?

10. O zoológico pode trazer algum benefício às espécies animais e ao meio ambiente em geral? Explique.

Exibição de animais em espetáculos públicos

11. Vários estados brasileiros já proibiram a exibição de animais em espetáculos de circo. Que razões você vê para isso ter sido feito?

12. Algumas festas tradicionais, como as touradas, os rodeios e a farra do boi, incluem práticas cruéis contra os animais. Como acabar com elas sem eliminar as festas e a diversão?

Tráfico de animais silvestres

13. O Brasil ainda é um grande exportador ilegal de animais silvestres. O que é um animal silvestre? Mencione algumas espécies silvestres brasileiras.

14. Por que é ilegal criar animais silvestres como animais de estimação?

Papagaio-verdadeiro.

151

Adjunto adnominal: contexto e sentidos

1. Releia um trecho de *Viagens de Gulliver*, observando os substantivos destacados. Depois leia o mesmo trecho reescrito.

   "Olhei para o alto e percebi que a sombra era causada por nada mais, nada menos do que uma **ilha** voadora pairando sobre a minha cabeça.

   A ilha tinha a **base** lisa e brilhante por causa do **reflexo** da água do mar. Ela desceu quase até pousar sobre a minha ilha e assim pude ver que as pessoas caminhavam de um lado para o outro. Como não queria ficar naquele **arquipélago** solitário, acenei com as duas mãos, chamando os **habitantes** daquele lugar."

   Olhei para o alto e percebi que a sombra era causada por nada mais, nada menos do que ilha pairando sobre cabeça.

   A ilha tinha base por causa do reflexo. Ela desceu quase até pousar sobre a minha ilha e assim pude ver que as pessoas caminhavam de um lado para o outro. Como não queria ficar em arquipélago, acenei com mãos, chamando habitantes.

   A flutuante Ilha Laputa. Ilustração de uma edição Leipzig, de *Viagens de Gulliver*, de Jonathan Swift.

   a) Observe que os substantivos destacados estão acompanhados de algumas palavras que foram eliminadas na reescrita. Quais são elas?
   b) O texto é compreensível sem essas palavras e expressões? Elas são indispensáveis? Explique.

   > **Por que esse nome?**
   > Adjuntos adnominais acompanham substantivos (em gramática, chamados genericamente de nomes), daí sua denominação:
   > **adjunto** = "que vem junto" +
   > **adnominal** = "do nome"

   Você pôde observar que algumas palavras acompanham os substantivos destacados no texto original, acrescentando uma informação nova, especificando-os ("reflexo da **água do mar**"), delimitando-os ("habitantes **daquele lugar**") ou caracterizando-os ("ilha **voadora**") de uma maneira mais detalhada. Essas palavras são chamadas de **adjuntos adnominais**.

2. Releia este trecho de "Simbad e os elefantes" e observe os adjuntos adnominais destacados.

   "Poderoso Criador de todas as coisas! Veja que diferença existe entre Simbad e eu. Aturo **todos os** dias **mil** fadigas e males, nem sei como me sustento. Mantenho **minha** família só com pão **de cevada** enquanto Simbad gasta com profusão **enormes** fortunas e leva **uma** vida cheia de delícias."

   A que substantivo os adjuntos adnominais destacados se relacionam?

   Cena do filme *A viagem de Simbad*, de Gordon Hessler.

3. Releia este trecho.

Todos os **mercadores** da cidade também ficaram ricos [...].
↓
sujeito

a) Observe o núcleo do sujeito: **mercadores**. Quais são os adjuntos adnominais que o acompanham?

b) Esses adjuntos adnominais especificam quem são os mercadores de que se fala. O que eles informam sobre esse sujeito?

> O **adjunto adnominal** especifica, caracteriza ou delimita o significado de um substantivo. A função de adjunto adnominal pode ser desempenhada por artigos, pronomes, numerais, adjetivos ou locuções adjetivas.

4. Releia este trecho do romance de Swift.

Lá encontrei alguns **ovos** de pássaro [...].
↓
objeto direto

Na oração acima:

a) Quais são os adjuntos adnominais que acompanham o substantivo destacado?

b) Um desses adjuntos adnominais é uma locução adjetiva. Qual a função dela em relação ao substantivo que acompanha?

Adjunto adverbial: contexto e sentidos

1. Leia esta tira.

LAERTE. Disponível em: <http://verbeat.org/laerte/classificados/>. Acesso em: 22 abr. 2015.

a) A tira faz referência à migração de algumas espécies animais que, obedecendo a seu código genético, mudam-se periodicamente de uma região para outra. O que há de inusitado na imagem?

Não confunda complemento nominal com adjunto adnominal

O complemento nominal *completa* o sentido de um nome (substantivo, adjetivo ou advérbio). Em situações em que não se possa recorrer ao contexto, a falta do complemento pode causar problemas de compreensão.
O adjunto adnominal não tem a função de completar o sentido de um nome: ele colabora para tornar mais informativo o termo que acompanha, delimitando seu significado, especificando-o ou qualificando-o.

b) Você conhece espécies animais que migram anualmente?

c) A oração "Não nasceram **neste endereço**" é o argumento que a personagem usa para não deixar os peixes entrarem. O que a expressão destacada exprime: noção de lugar, tempo ou modo?

d) Essa expressão, que se refere ao verbo **nascer**, fornece ao leitor informações que tornam mais específico o assunto. Que mudanças ocorreriam no contexto, se ela fosse eliminada?

As palavras e expressões que, na oração, têm a função de indicar circunstâncias relacionadas à ação expressa por um verbo recebem o nome de **adjunto adverbial**.

2. Leia estas frases, tiradas de peças do inglês William Shakespeare (1564-1616).

> I. "Para o trabalho que gostamos levantamo-nos cedo e fazemo-lo com alegria." (*Antônio e Cleópatra*)

> II. "Em certos momentos, os homens são donos dos seus próprios destinos." (Júlio César)

a) Segundo o dramaturgo, de que modo é feito o trabalho de que gostamos?

b) Para ele, quando os seres humanos são senhores de seu próprio destino?

c) Que circunstâncias expressam os adjuntos adverbiais que indicou nas duas respostas anteriores?

> A função de adjunto adverbial é exercida, na oração, por advérbios e locuções adverbiais.
>
> Os adjuntos adverbiais indicam circunstâncias relacionadas ao fato expresso pelo verbo. Classificam-se de acordo com a circunstância que exprimem: de tempo (**hoje em dia**, **nunca**, **amanhã**, **ontem à tarde**), de modo (**infelizmente**, **de maneira calma**, **devagar**), de lugar (**aqui**, **no céu**, **na escola**), de intensidade (**mais**, **muito**) etc.

3. Leia estes trechos de uma notícia.

Fome no mundo: 26 países muito afetados (IFPRI)

Vinte e seis países, em sua maioria da África subsaariana e Ásia, apresentam níveis de fome "alarmantes" ou "muito alarmantes", segundo um relatório do Instituto Internacional de Investigação sobre a Alimentação (IFPRI) e três ONGs publicado nesta terça-feira.

[...]

Entre os 26 países mais afetados pela fome (de um total de 122 países pesquisados), os quatro que apresentam um índice muito alarmante estão na África subsaariana: Burundi, Chade, Eritreia e República Democrática do Congo (RDC).

[...]

Disponível em: <http://br.noticias.yahoo.com/fome-mundo-26-pa%C3%ADses-afetados-ifpri-145812398.html>. Acesso em: 22 abr. 2015.

a) Em que região do mundo estão os países mais afetados pela fome?

b) O que você entende que sejam "níveis de fome alarmantes" e "muito alarmantes"?

c) Que adjetivos referem-se ao substantivo **países**, no título? E ao substantivo **índice**, no segundo parágrafo?

d) Para deixar clara a gravidade da situação, foram empregados adjuntos adverbiais de intensidade ao lado desses adjetivos. Quais são eles?

e) No segundo parágrafo, há mais um adjunto adverbial de intensidade. Identifique-o.

> O **adjunto adverbial** pode referir-se não só a um verbo, mas a um adjetivo ou a outro advérbio.

4. Leia agora o trecho de uma crônica e observe os adjuntos adverbiais destacados.

Eram dez e meia da noite e eu ia saindo de casa quando o menino me abordou. Por um instante pensei que pedia dinheiro. Cheguei a lhe estender uma nota de dez cruzeiros, ele pareceu surpreendido mas aceitou. Usava uma camisa velha e esburacada do Botafogo, o calção deixava à mostra as perninhas finas que mal se sustinham nos pés descalços. Era moreno, com aquela tonalidade encardida que a pobreza tem. Segurava uma pequena caixa de papelão já meio desmantelada.

— Que é mesmo que você pediu? Não foi dinheiro?

— Uma coberta.

— Uma coberta? Para quê?

— Pra eu dormir.

Realmente estava frio, mas onde ele queria que eu arranjasse uma coberta? O jeito era voltar em casa, descobrir uma coberta velha, trazer para ele. Foi o que fiz: apanhei uma colcha **já** usada mas ainda de serventia e lhe trouxe. Ele aceitou **com naturalidade**, sem me olhar nos olhos.

SABINO, Fernando. *A vitória da infância*. São Paulo: Ática, 1999.

a) Os adjuntos adverbiais destacados aparecem nas considerações do cronista diante do pedido de uma criança carente. De que modo contribuem para revelar seus sentimentos em relação ao pedido?

b) Quais dos adjuntos modificam um verbo e quais modificam um adjetivo, advérbio ou a oração inteira?

1. Leia este trecho de verbete de uma enciclopédia e observe os adjuntos adnominais destacados.

[...]
O mais popular dos pássaros brasileiros – até porque é encontrado tanto no campo quanto em grandes cidades –, o bem-te-vi é conhecido pelo seu canto (em que literalmente pronuncia o próprio nome) e também por sua plumagem: o dorso pardo, a barriga de amarelo vivo, uma listra branca no alto da cabeça e outra na garganta, e cauda preta. Mede, em média, 22,5 centímetros, e seu peso varia entre 54 a 60 gramas.
[...]

Disponível em: <http://redeglobo.globo.com/sp/eptv/terra-da-gente/platb/fauna/aves/bem-te-vipitangus-sulphuratus/>. Acesso em: 12 mar. 2015.

a) Em "**O mais popular** dos pássaros brasileiros", o uso do adjunto adnominal destacado é justificado no próprio texto. Por que o autor do verbete usou essa expressão?

b) Releia e observe os adjuntos adnominais destacados.

> [...] o dorso **pardo**, a barriga **de amarelo vivo**, uma listra **branca** no alto da cabeça e outra na garganta, e cauda **preta**.

Com que intenção foram usados no contexto?

2. Leia este trecho de uma resenha sobre o filme *As Viagens de Gulliver* (2010), baseado no livro de Swift.

O clássico livro de Jonathan Swift acaba de ganhar uma versão totalmente moderna e cômica, repleta de referências populares, como Lady Gaga, Kiss, Star Wars e iPhone. Na versão de Rob Letterman para *As Viagens de Gulliver* – com exibição também em tecnologia 3D –, [...] Lemuel Gulliver é interpretado pelo divertido Jack Black, que também fica com os créditos de produtor do longa.

Cena do filme baseado no romance de Swift.

Disponível em: <www.guiadasemana.com.br/cinema/filmes/sinopse/as-viagens-de-gulliver>. Acesso em: 22 abr. 2015.

a) Como o autor da resenha caracteriza o livro de Jonathan Swift?

b) É por meio de adjuntos adnominais que o autor expressa opinião sobre a versão cinematográfica do livro e sobre o ator Jack Black. Quais são os adjetivos que compõem esses adjuntos?

c) Para você, depois do estudo desta seção, qual a importância do uso dos adjuntos adnominais em um texto?

3. Leia estes títulos de matérias jornalísticas.

a
TALVEZ O AMAZONAS SEJA O RIO MAIS EXTENSO DO MUNDO

Disponível em: <http://super.abril.com.br/cotidiano/talvez-amazonas-seja-rio-mais-extenso-mundo-437567.shtml>. Acesso em: 13 mar. 2015.

b
ARANHAS AUMENTAM DE TAMANHO POR CAUSA DE AQUECIMENTO GLOBAL

Disponível em: <http://super.abril.com.br/blogs/cienciamaluca/aranhas-aumentam-de-tamanho-por-causa-de-aquecimento-global/comment-page-1/>. Acesso em: 13 mar. 2015.

a) No primeiro título, há uma dúvida sobre a extensão do Rio Amazonas. Qual é o adjunto adverbial que expressa essa dúvida?

b) No segundo título, qual é o adjunto adverbial que explica o aumento de tamanho das aranhas?

4. Adjuntos adverbiais são usados com frequência em textos de previsão de tempo. Leia.

Sol forte em SP

Uma grande massa de ar quente e seco predomina sobre [o Estado de] São Paulo e garante mais um dia de sol forte, calor e umidade baixa à tarde. Os índices podem chegar abaixo de 20%, inclusive na capital. Ontem, a mínima foi de 15 °C, e a máxima, de 28,9 °C, com umidade relativa do ar de 25%, às 15 horas. Amanhã à noite uma frente fria que avança para o Sudeste causa chuva leve no sul e no leste paulista.

O Estado de S. Paulo, 21 ago. 2008.

a) Quais são os locais de ocorrência de sol e de chuva?

b) Anote no caderno os adjuntos adverbiais que se referem aos locais em que ocorrerá chuva e os que marcam o tempo no texto da previsão.

c) Por que em textos sobre a previsão de tempo, destinados aos leitores em geral, o uso de advérbios é importante?

5. Leia estes versos.

Lira I

Com a linha da saudade
Teresa borda o meu nome
E Maria o vai cortando
Com a tesoura do desprezo!

QUINTANA, Mário. Preparativos de viagem. Rio de Janeiro: Globo, 2008.

a) Os versos falam de sentimentos contraditórios de Teresa e Maria em relação ao eu poético. O que cada uma delas sente?

b) As expressões **com a linha da saudade** e **com a tesoura do desprezo** são adjuntos adverbiais de instrumento. A que verbo cada uma delas se refere?

c) Qual é, metaforicamente, o instrumento do amor? Qual é o do desprezo?

6. Leia este trecho de um artigo sobre o artista M. C. Escher.

> Na primeira vez em que olhamos para as gravuras de Escher dificilmente percebemos tudo o que há nelas para ver. Com suas formas recortadas encaixando-se umas nas outras, ilusões ópticas ou construções impossíveis, elas praticamente exigem uma segunda olhada. E quanto mais nos detemos nessas imagens, mais nos surpreendemos com o que antes não havíamos notado ou compreendido.
>
> [...]
>
> Revista *Ciência Hoje das Crianças*. Rio de Janeiro, Instituto Ciência Hoje, 15 nov. 1998.

a) Observe o uso do adjunto adverbial **dificilmente** no primeiro período. O que o autor expressa sobre a obra do artista por meio desse advérbio?

b) No último período, é usado o advérbio **antes**. Qual sua função no contexto?

c) Na legenda da imagem, aparece um adjunto adverbial cuja função é dirigir o olhar do leitor em relação à própria página que lê. Qual é ele?

Os mosaicos que Escher viu nas viagens que fez pela Espanha quando jovem teriam grande influência em suas gravuras, como mostra o exemplo acima.

7. Leia a seguir um trecho de uma notícia. Compare-o com o texto reescrito.

Texto original

O código [internacional do consumidor] proíbe que a publicidade de alimentos e bebidas pobres em nutrientes e com alto teor de açúcar, gorduras saturadas ou sódio, seja veiculada entre as 6h e 21h no rádio e na televisão [...]

Disponível em: <http://www.idec.org.br/em-acao/em-foco/idec-apoia-limite-a-publicidade-infantil-de-alimentos>. Acesso em: 4 jun. 2015.

Texto reescrito

O código proíbe que a publicidade de alimentos e bebidas pobres em nutrientes e com alto teor de açúcar, gorduras saturadas ou sódio, seja veiculada no rádio e na televisão.

a) Qual é o adjunto adverbial que indica, no texto original, os limites de tempo a serem estabelecidos pelo código?

b) Esse adjunto adverbial foi retirado no trecho reescrito. Qual o efeito que isso provoca no sentido do texto original? Explique sua resposta.

FIQUE ATENTO... À PONTUAÇÃO DA FRASE COM ADJUNTO ADVERBIAL

1. Leia e observe.

A ilha tinha a base lisa e brilhante por causa do reflexo da água do mar.

↓ ↓ ↓

sujeito + verbo e complemento verbal + adjunto adverbial

oração na ordem direta

Veja agora esta mesma oração em outra ordem em que o adjunto foi anteposto ao restante da oração.

Por causa do reflexo da água do mar, a ilha tinha a base lisa e brilhante.

↓ ↓ ↓

adjunto adverbial + sujeito + verbo e complemento verbal

oração na ordem indireta

a) Anote a oração no caderno, colocando o adjunto adverbial no meio da oração.

b) Você empregou algum sinal de pontuação para separar o adjunto adverbial do restante da oração? Explique.

> **Adjuntos adverbiais** podem ser empregados no início, no meio ou no final de uma oração. Quando deslocado de sua posição regular, na ordem direta da oração, o adjunto adverbial é separado dos demais termos por **vírgula**.

2. Há dois adjuntos adverbais nesta oração: um que indica lugar e outro que indica tempo.

Havia 7 bilhões de pessoas no mundo em 2011.

a) Reescreva a oração, iniciando-a com um dos adjuntos adverbiais.

b) Reescreva-a novamente, de modo que ela não termine com adjunto adverbial.

3. Leia este trecho do conto "A voz", de Ivan Ângelo.

> **Nos seus quase vinte anos**, Débora havia acumulado alguns enganos e desenganos com rapazes. **Atualmente** estava dando um tempo, esperava em casa que alguma coisa acontecesse.
>
> ÂNGELO, Ivan. O ladrão de sonhos e outras histórias. São Paulo: Ática, 2007.

a) Que circunstância os adjuntos adverbiais destacados nesse trecho expressam?

b) Eles estão antepostos ou pospostos ao sujeito na oração?

c) Em relação à pontuação, qual a diferença entre eles?

> Quando o **adjunto adverbial** fora de sua posição habitual (ordem direta) é composto de uma única palavra, a vírgula pode ou não ser usada, dependendo da intenção do locutor.

159

REVISORES DO COTIDIANO

Você está lendo jornal e se interessa por uma coluna que analisa o horário eleitoral veiculado na televisão. Nela, encontra o seguinte comentário:

"Com o acirramento da campanha, não são apenas os telespectadores que sofrem com a perda de boas maneiras dos candidatos, mas também a língua portuguesa.

Um candidato prometeu [...] 'criar novas oportunidades de emprego'; [outro] não deixou por menos: 'O desemprego está preocupando a muita gente' e 'Meu governo não vai ser igual o primeiro'. [...]"

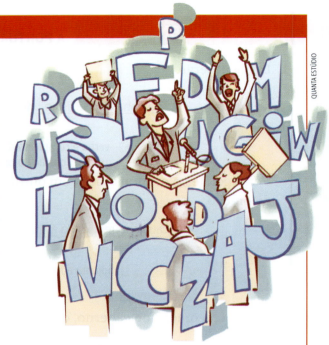

MARTINS, Eduardo. Idioma sai ferido no tiroteio verbal da TV.
O Estado de S. Paulo, 13 ago. 1999.

Que problemas o colunista viu nas falas que reproduz? Explique e proponha outra redação para que as frases fiquem de acordo com a norma-padrão.

ATIVANDO HABILIDADES

1. (Prova Brasil) Leia o texto.

Poluição do solo

É na camada mais externa da superfície terrestre, chamada solo, que se desenvolvem os vegetais. Quando o solo é contaminado, tanto os cursos subterrâneos de água como as plantas podem ser envenenadas.

Os principais poluentes do solo são os produtos químicos usados na agricultura. Eles servem para destruir pragas e ervas daninhas, mas também causam sérios estragos ambientais.

O lixo produzido pelas fábricas e residências também pode poluir o solo. Baterias e pilhas jogadas no lixo, por exemplo, liberam líquidos tóxicos e corrosivos. Nos aterros, onde o lixo das cidades é despejado, a decomposição da matéria orgânica gera um líquido escuro e de mau cheiro chamado chorume, que penetra no solo e contamina mesmo os cursos de água que passam bem abaixo da superfície. [...]

Almanaque Recreio. São Paulo: Abril. Almanaques CDD_056-9. 2003.

No trecho "É <u>na camada mais externa da superfície terrestre</u>", a expressão sublinhada indica:

a) causa.

b) finalidade.

c) lugar.

d) tempo.

2. (Saresp) Leia o trecho abaixo para responder à questão.

Missa do Galo

Vivia tranquilo, naquela casa assobradada da Rua do Senado, com os meus livros, poucas relações, alguns passeios. A família era pequena, o escrivão, a mulher, a sogra e duas escravas.

Costumes velhos. Às dez horas da noite toda a gente estava nos quartos; às dez e meia a casa dormia. Nunca tinha ido ao teatro, e mais de uma vez, ouvindo dizer ao Meneses que ia ao teatro, pedi-lhe que me levasse consigo. Nessas ocasiões, a sogra fazia uma careta, e as escravas riam à socapa; ele não respondia, vestia-se, saía e só tornava na manhã seguinte.

> Fonte: MACHADO DE ASSIS, Joaquim Maria. Missa do galo. In:_____. *Contos*: uma antologia.
> São Paulo: Companhia das Letras, 1998. p. 386 (excerto).

O narrador detalha o local de moradia de sua personagem na seguinte passagem do texto:

a) "Vivia tranquilo, naquela casa assobradada da Rua do Senado [...]"

b) "A família era pequena, o escrivão, a mulher, a sogra e duas escravas."

c) "Às dez horas da noite toda a gente estava nos quartos; às dez e meia a casa dormia."

d) "Nunca tinha ido ao teatro [...]"

3. (Saresp) Leia o texto para responder à questão.

O cachorro e sua sombra

Esopo

Um cachorro, que carregava na boca um pedaço de carne, ao cruzar uma ponte sobre um riacho, vê sua imagem refletida na água. Diante disso, ele logo imagina que se trata de outro cachorro, com um pedaço de carne maior que o seu.

Então, ele deixa cair no riacho o pedaço que carrega, e ferozmente se lança sobre o animal refletido na água, para tomar a porção de carne que julga ser maior que a sua.

Agindo assim ele perdeu ambos. Aquele que tentou pegar na água, por se tratar de um simples reflexo, e o seu próprio, uma vez que ao largá-lo nas águas, a correnteza levou para longe.

No texto, o cachorro ficou sem carne alguma porque:

a) ficou com medo da sua imagem refletida na água e largou sua porção.

b) se assustou com sua imagem refletida na água e largou sua porção.

c) quis tomar a porção de carne do animal refletido na água pensando ser maior que a sua.

d) quis pegar sua porção de carne que pensou ter caído na água.

Encerrando a unidade

- Nessa unidade você refletiu sobre a organização e os recursos linguísticos presentes em uma narrativa de aventuras e um conto maravilhoso e conheceu a função de palavras e expressões que expressam as circunstâncias em que determinada ação ocorre.

1. Apresente as principais características dos gêneros romance de aventura e conto maravilhoso.

2. De que modo o uso de adjuntos adnominais e adverbiais colaboram para melhorar um texto?

Arte e tecnologia

O uso da tecnologia digital tem sido vastamente explorado nas mais diversas áreas do conhecimento, inclusive no campo das artes. Esses recursos tecnológicos têm sido empregados como possibilidade de novas formas de o artista expressar sua maneira de ver o mundo. São diversas as manifestações artísticas que conjugam os recursos da computação com a criatividade na produção de novos e inusitados sentidos.

Observe alguns exemplos que ilustram como, em diferentes linguagens, o modo de expressão muda de acordo com as novidades tecnológicas que vão surgindo.

Tecnologia e dança

Na dança, recursos tecnológicos como câmeras, sistemas interativos entre som e projeção de vídeos, computadores e robôs permitem novos caminhos na arte de representar o mundo por meio da expressão corporal. O grupo de dança Companhia de Dança Cena 11, de Florianópolis, Santa Catarina, destaca-se pelo modo como usa recursos desse tipo para compor a organização cênica de suas apresentações e ampliar a comunicação com o público. Para o grupo, a tecnologia não é usada apenas para produzir efeitos especiais e sim para colaborar na atribuição de sentidos à *performance* dos bailarinos.

A Companhia de Dança Cena 11 apresenta o espetáculo *Pequenas frestas de ficção sobre realidade insistente*.

Tecnologia e *design*

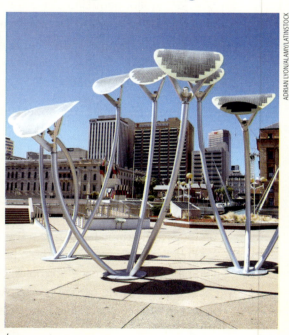

Árvores solares em Berlim, Alemanha.

O *design* é utilizado para desenvolver produtos que atendam a novas demandas, como iluminação, móveis, vestuário, métodos educativos. Mas é usado também por artistas que querem utilizar inovações tecnológicas para criar obras únicas e incomuns.

Observe essas árvores solares, com *design* original e criativo. Além de sua beleza estética, demonstram a possibilidade de se utilizar recursos naturais (luz solar) para gerar e armazenar energia. As lâmpadas solares são acionadas automaticamente quando anoitece.

Tecnologia e pintura

Muitos pintores lançam mão de recursos oferecidos pela tecnologia para criar suas obras de arte.

O artista canadense San Base, nascido na Rússia, por meio da integração entre arte e tecnologia, cria imagens com novos padrões, cores e formatos a partir de suas próprias pinturas. Após criar suas obras e a programação, o computador vai mudando a forma e a cor da imagem. A máquina nunca repete a imagem, interferindo como coparticipante da obra do artista. Ele batizou sua arte com o nome de **pintura dinâmica**.

Obra de San Base.

Tecnologia e cinema

Simulação do efeito 3-D, em uma sala IMAX.

No cinema, a tecnologia trouxe o uso do recurso 3D, ou seja, a criação de um ambiente bidimensional na tela, que, com o auxílio de óculos apropriados, transforma-se em um ambiente tridimensional. Esse efeito provoca a impressão de que as personagens estão fisicamente perante o telespectador. Esse recurso tecnológico é empregado para que o telespectador vivencie a ação como se estivesse participando dela.

1. Você viu alguns exemplos de recursos da tecnologia digital aplicada à arte. Qual das formas de arte aliada à tecnologia você mais aprecia? Qual você não aprecia? Por quê?

2. Você acha que a integração entre arte e tecnologia produz uma nova arte ou estamos diante da evolução natural das formas de expressão artística?

3. Você acha que o uso da tecnologia na arte empobrece a criação individual do artista ou enriquece o resultado final? Podemos chamar de obra de arte uma produção com o uso dos recursos da tecnologia?

UNIDADE 5
Poesia e transgressão

Nesta unidade você vai:

- conhecer os sentidos e os sons explorados pelo poeta na construção do ritmo e da sonoridade de um poema
- identificar o que diferencia um poema de um texto em prosa
- compreender que é possível fazer poesia sem palavra, explorando a linguagem não verbal
- compreender a relação entre determinados verbos e os sentidos de algumas preposições

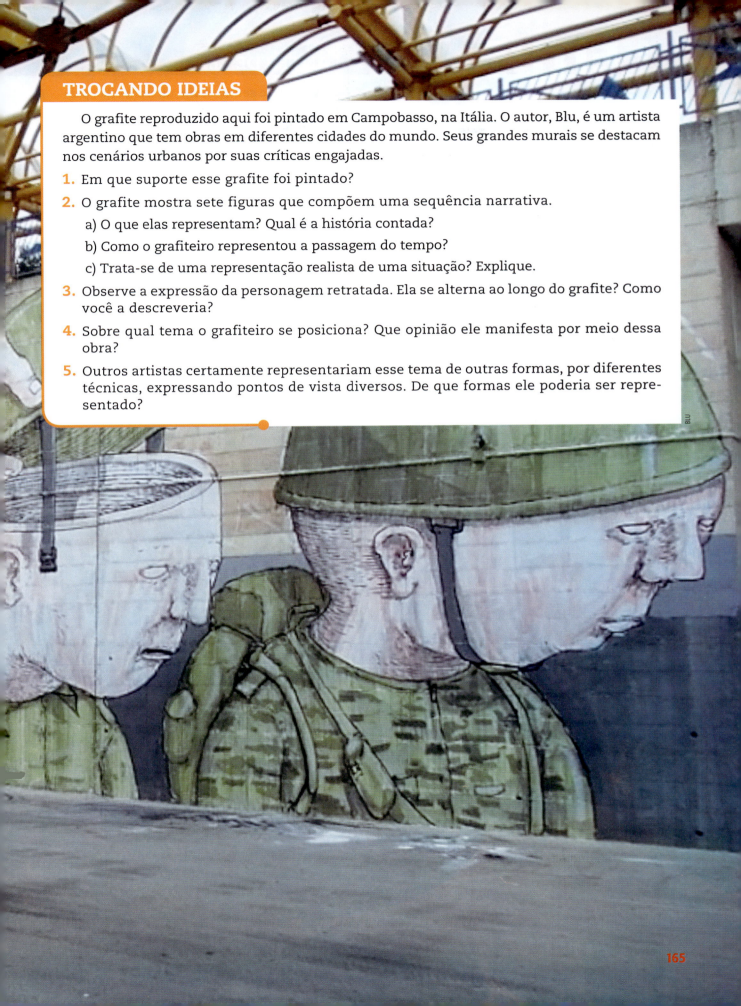

TROCANDO IDEIAS

O grafite reproduzido aqui foi pintado em Campobasso, na Itália. O autor, Blu, é um artista argentino que tem obras em diferentes cidades do mundo. Seus grandes murais se destacam nos cenários urbanos por suas críticas engajadas.

1. Em que suporte esse grafite foi pintado?
2. O grafite mostra sete figuras que compõem uma sequência narrativa.
    a) O que elas representam? Qual é a história contada?
    b) Como o grafiteiro representou a passagem do tempo?
    c) Trata-se de uma representação realista de uma situação? Explique.
3. Observe a expressão da personagem retratada. Ela se alterna ao longo do grafite? Como você a descreveria?
4. Sobre qual tema o grafiteiro se posiciona? Que opinião ele manifesta por meio dessa obra?
5. Outros artistas certamente representariam esse tema de outras formas, por diferentes técnicas, expressando pontos de vista diversos. De que formas ele poderia ser representado?

LEITURA 1

ANTES DE LER

1. Você já se sentiu muito diferente das pessoas de seu grupo? Já ficou infeliz por não conseguir se adaptar ao que os amigos, a família ou a escola esperam de você? Se sentir-se à vontade para falar sobre o assunto, conte como foi.

2. Você costuma ler poemas? Já escreveu algum poema ou letra de canção falando de seus sentimentos?

Você vai ler agora um texto de Fernando Pessoa, considerado um dos maiores poetas em língua portuguesa. Pessoa celebrizou-se não só por seu talento, mas por ter inventado heterônimos, ou seja, poetas-personagens, que tinham nome e personalidade próprios. O poema que leremos a seguir é de um desses poetas-personagens.

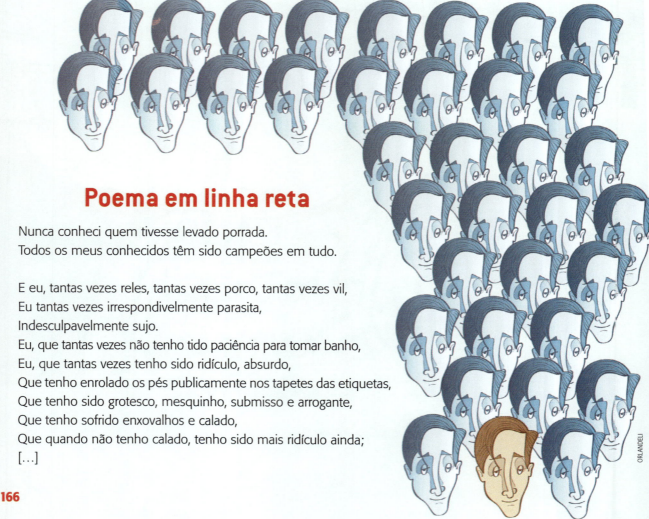

Poema em linha reta

Nunca conheci quem tivesse levado porrada.
Todos os meus conhecidos têm sido campeões em tudo.

E eu, tantas vezes reles, tantas vezes porco, tantas vezes vil,
Eu tantas vezes irrespondivelmente parasita,
Indesculpavelmente sujo.
Eu, que tantas vezes não tenho tido paciência para tomar banho,
Eu, que tantas vezes tenho sido ridículo, absurdo,
Que tenho enrolado os pés publicamente nos tapetes das etiquetas,
Que tenho sido grotesco, mesquinho, submisso e arrogante,
Que tenho sofrido enxovalhos e calado,
Que quando não tenho calado, tenho sido mais ridículo ainda;
[...]

Eu, que, quando a hora do soco surgiu, me tenho agachado
Para fora da possibilidade do soco;
Eu, que tenho sofrido a angústia das pequenas coisas ridículas,
Eu verifico que não tenho par nisto tudo neste mundo.

Toda a gente que eu conheço e que fala comigo
Nunca teve um ato ridículo, nunca sofreu enxovalho,
Nunca foi senão príncipe – todos eles príncipes – na vida...

Quem me dera ouvir de alguém a voz humana
Que confessasse não um pecado, mas uma infâmia;
Que contasse, não uma violência, mas uma cobardia!
Não, são todos o Ideal, se os oiço e me falam.
Quem há neste largo mundo que me confesse que uma vez foi vil?
Ó príncipes, meus irmãos,

Arre, estou farto de semideuses!
Onde é que há gente no mundo?

Então sou só eu que é vil e errôneo nesta terra?
Poderão as mulheres não os terem amado,
Podem ter sido traídos – mas ridículos nunca!
E eu, que tenho sido ridículo sem ter sido traído,
Como posso eu falar com os meus superiores sem titubear?
Eu, que tenho sido vil, literalmente vil
Vil no sentido mesquinho e infame da vileza.

CAMPOS, Álvaro de (heter.). In PESSOA, Fernando. *Obra completa*. Rio de Janeiro: Aguilar, 1969.

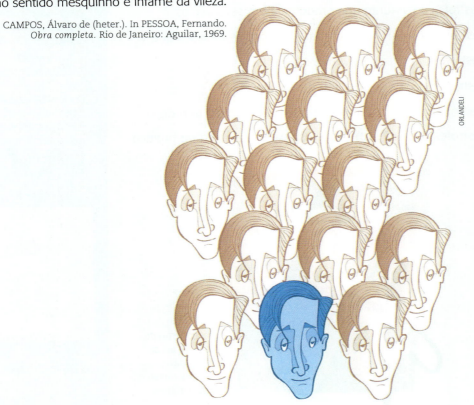

EXPLORAÇÃO DO TEXTO

Antes de iniciar o estudo do texto, tente descobrir o sentido das palavras desconhecidas pelo contexto em que elas aparecem. Se for preciso, consulte o dicionário.

Nas linhas do texto

1. Poemas são textos que permitem mais de uma interpretação, mas não qualquer interpretação. Vamos iniciar a análise do "Poema em linha reta" por aquilo que se pode compreender em uma primeira leitura.

    a) Qual é o assunto do poema? Explique, em uma ou duas frases, sobre o que o eu poético fala.

    b) Ao longo do poema, há vários versos que, de certa forma, resumem seu assunto. Dê um exemplo.

2. Anote no caderno exemplos de versos em que o eu poético:

    a) compara-se com as outras pessoas;

    b) descreve a si próprio;

    c) demonstra que as pessoas com quem convive apresentam-se como vencedores, campeões, semideuses;

    d) diz o que gostaria de ouvir das pessoas que o rodeiam;

    e) mostra que se sente isolado, diferente dos demais.

3. Algumas estrofes do poema enfatizam um determinado aspecto da revolta que domina o eu poético. Associe as estrofes ou grupos de estrofes ao assunto que predomina em seus versos.

    a) estrofe 1
    b) estrofe 2
    c) estrofe 3
    d) estrofe 4
    e) estrofes 5, 6 e 7

    I. Comparação com as pessoas que vivem à sua volta.
    II. Grito de revolta.
    III. Visão que o eu poético tem de si.
    IV. Desejos, expectativas do eu poético

Fernando Pessoa

Nascido em Lisboa, Portugal, Fernando Pessoa (1888-1935), um dos grandes poetas na literatura mundial, criou heterônimos, entre os quais Alberto Caeiro, Ricardo Reis e Álvaro de Campos são os mais conhecidos. Cada um desses diferentes poetas-personagens tinha sua biografia, seus temas preferidos e seu estilo próprio. Veja como o poeta explica os heterônimos:

[...] construí dentro de mim várias personagens distintas entre si e de mim, personagens essas a que atribuí poemas vários que não são como eu, nos meus sentimentos e ideias, os escreveria.

[...] não há que buscar em quaisquer deles ideias ou sentimentos meus, pois muitos deles exprimem ideias que não aceito, sentimentos que nunca tive.

Apud ALBERTI, Verena. *Ouvir contar*. Rio de Janeiro: Ed. FGV, 2004.

O próprio Fernando Pessoa foi tema de outros artistas. À esquerda, caricatura feita por Orlandeli.

Retrato de Fernando Pessoa feito por Almada Negreiros em 1935.

168

Nas entrelinhas do texto

1. Observe esta imagem.

> **NÃO DEIXE DE LER**
>
> • **HQ Fernando Pessoa e outros Pessoas**, de Guazzelli, editora Saraiva.
>
> Em formato de história em quadrinhos, o livro introduz o leitor jovem à obra rica e complexa de Fernando Pessoa.

a) A qual elemento da imagem você associaria o eu poético de "Poema em linha reta"? Por quê?

b) Pense agora nas pessoas de quem o eu poético fala ("todos os meus conhecidos", "toda a gente que eu conheço"). A que elemento da imagem elas poderiam ser associadas? Explique.

2. Releia.

> "E eu, tantas vezes reles, tantas vezes porco, tantas vezes vil,
> Eu tantas vezes irrespondivelmente parasita,
> Indesculpavelmente sujo"
> "Eu, que tantas vezes tenho sido ridículo, absurdo"

a) Que adjetivos o eu poético usa nesses versos para descrever a si mesmo?

b) Leia as frases abaixo e anote no caderno apenas a que dá uma explicação possível para o emprego desses adjetivos.

   I. O eu poético se reconhece culpado por ser assim e sente que precisa mudar para assemelhar-se aos outros.

   II. O eu poético expressa como as outras pessoas, que se apresentam como superiores, o veem.

c) Leia, ao lado, uma definição de ironia e explique se o eu poético é irônico ao usar esses adjetivos para se descrever.

3. Observe o título do poema. É possível dizer que uma linha reta é, também, uma linha sem surpresas, que segue sempre a mesma direção e nunca se desvia do traçado.

a) Na sua opinião, as pessoas reais, de carne e osso, com suas qualidades e suas falhas, seus acertos e erros, seriam mais adequadamente associadas a qual forma geométrica, em vez de uma linha reta?

b) O título confirma a ironia do poema? Explique sua interpretação.

> **Ironia** é uma figura de linguagem por meio da qual se afirma o contrário do que se pretende expressar. Há ironia, por exemplo, em dizer "Belo trabalho você fez!" quando estamos diante de um trabalho muito malfeito.

169

4. Releia os versos abaixo.

> "Eu verifico que não tenho par nisto tudo neste mundo."
> "Onde é que há gente no mundo?"

Nesses versos, o eu poético reconhece um fato e expressa um desejo. Qual é o desejo?

5. Para o filósofo brasileiro Leandro Konder, a crítica do poema de Fernando Pessoa se aplica a muitos fatos corriqueiros, até mesmo aos currículos.

> Somos todos forçados a mentir, ou, na melhor das hipóteses, a sonegar algumas informações [...] Assim, o *Curriculum Vitae* deve ser capaz de induzir aqueles que o leem a uma superestimação das nossas qualidades [...], pois quem quer um emprego não pode deixar que o empregador tome consciência das limitações do candidato ao ler o *Curriculum Vitae*.
>
> KONDER, Leandro. *A questão da ideologia na ficção literária*. Disponível em: <http://www.letras.pucrio.br/Catedra/revista/5Sem_10.html>. Acesso em: 7 nov. 2011.

a) Qual é a crítica que o filósofo faz a quem elabora um currículo?

b) Procure versos em que Leandro Konder poderia ter se baseado para estabelecer uma relação entre a forma de redigir um currículo e a crítica presente no poema.

6. Levando em conta a análise feita até aqui, responda: qual é a crítica feita no poema?

Além das linhas do texto

Leia um trecho da letra desta canção, de Chico Buarque de Holanda.

Até o fim

Quando nasci veio um anjo safado
O chato dum querubim
E decretou que eu estava predestinado
A ser errado assim
Já de saída a minha estrada entortou
Mas vou até o fim

Inda garoto deixei de ir à escola
Cassaram meu boletim
Não sou ladrão, eu não sou bom de bola
Nem posso ouvir clarim
Um bom futuro é o que jamais me esperou
Mas vou até o fim

Currículo (em latim, *curriculum vitae*) é um documento escrito que reúne informações pessoais, escolares e profissionais de uma pessoa.

Sonegar é "ocultar, deixar de mencionar".

NÃO DEIXE DE LER

• ***Poesia de Fernando Pessoa para todos***, organização de José Antônio Gomes, editora Martins.
Uma antologia da poesia de Fernando Pessoa para crianças, jovens e adultos.

Biografias inventadas

Fernando Pessoa criou uma biografia para cada um de seus heterônimos. Álvaro de Campos, por exemplo, o autor do "Poema em linha reta", teria nascido na cidade portuguesa de Tavira, no dia 15 de outubro de 1890, à 1h30 da tarde; era alto (1,75 m), magro, um pouco curvado, entre branco e moreno, cabelo liso, repartido ao lado.

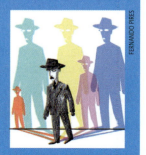

Fernando Pessoa criou mais de setenta heterônimos.

[...]
Por conta de umas questões paralelas
Quebraram meu bandolim
Não querem mais ouvir as minhas mazelas
E a minha voz chinfrim
Criei barriga, minha mula empacou
Mas vou até o fim
[...]

Como já disse era um anjo safado
O chato dum querubim
Que decretou que eu estava predestinado
A ser todo ruim
Já de saída a minha estrada entortou
Mas vou até o fim

BUARQUE, Chico. *Songbook Chico Buarque*. Lumiar Discos, 1999.

1. O que o eu poético de "Até o fim" tem em comum com o do "Poema em linha reta"?

2. Há também diferenças entre o eu poético do poema e o da letra da canção. Que diferença entre eles seria possível estabelecer quanto:

a) a suas críticas/queixas?

b) a seus desejos?

COMO O TEXTO SE ORGANIZA

1. Em geral, os poemas organizam-se no espaço do papel (ou da tela do computador) de uma forma diferente da dos textos em prosa.

a) Explique por que isso acontece.

b) O "Poema em linha reta" se organiza no papel como a maioria dos poemas?

c) Em alguns poemas, os versos têm o mesmo número de sílabas poéticas e as estrofes têm o mesmo número de versos. Isso acontece no poema de Fernando Pessoa?

2. As rimas são um recurso sonoro que pode ser empregado para intensificar os sentidos de um poema.

a) Elas aparecem no poema de Fernando Pessoa?

b) Outro recurso para criar ritmo nos poemas é a repetição de palavras. Ele foi empregado no "Poema em linha reta"? Justifique com exemplos.

> **Versos brancos:** versos que não têm rima.

> **Sílabas poéticas** são as sílabas que compõem um verso. Na contagem das sílabas poéticas, as sílabas cujos sons se unem na fala são contadas como uma só, e só se conta até a última sílaba tônica da última palavra do verso.

> Leia o que o poeta brasileiro Augusto de Campos diz sobre a poesia.
>
> A poesia requer de nós algum instinto revolucionário, sem o qual ela não tem sentido.
>
> CAMPOS, Augusto de. *Poesia da recusa*. São Paulo: Perspectiva, 2006.

3. Poemas podem ser escritos com diferentes intenções: emocionar, divertir, homenagear, conscientizar, criticar, denunciar etc.

a) Qual ou quais dessas intenções se percebem no "Poema em linha reta"? Justifique.

b) A quais destas atitudes se poderia associar o poema de Fernando Pessoa? Justifique.

inconformismo	ironia	obediência às regras
originalidade	aceitação	indignação

4. Forma e conteúdo são inseparáveis em um poema, pois, mais que em qualquer outro gênero literário, importa não só o **que** se diz, mas o **como** se diz. Abaixo você encontra algumas características dos poemas. Anote no caderno as que estão presentes no "Poema em linha reta".

a) O poeta busca sons semelhantes, recorre a repetições de fonemas e a rimas para dar ritmo ao poema.

b) A maioria dos textos poéticos é organizada em versos e estrofes.

c) O texto poético possui ritmo e uma organização diferente da prosa.

d) Existem poemas que apresentam versos sem rima e sem número fixo de sílabas poéticas.

e) Um poema pode ter uma ou mais estrofes e cada estrofe pode ter número variado de versos.

f) Como poema é transgressão das regras da prosa, há muitos deles que não utilizam pontuação de acordo com o que fazemos na prosa.

Por "brincar" com a língua, rompendo com a linguagem do dia a dia e com as regras da norma-padrão, e por mostrar o mundo com olhos novos, fazendo associações de ideias inusitadas, o gênero poema é, naturalmente, transgressor.

Além dessa transgressão própria do gênero, alguns poemas também rompem com a convenção ao deixar de lado a métrica e as rimas, características dos poemas de estrutura mais tradicional.

> **Rima e ritmo**
>
> **Rima:** semelhança de sons que geralmente ocorre no final dos versos.
> **Ritmo:** é produzido pela sucessão de sons fortes (sílabas tônicas) e fracos (sílabas átonas) ao longo dos versos, pelas rimas e pausas. Em um texto em prosa, as pausas são dadas por sinais de pontuação; em um poema, não necessariamente por meio desses sinais, mas também pela divisão em versos.

> **Poesia por quê?**
>
> Segundo o poeta José Paulo Paes, o objetivo central da poesia é:
>
> > [...] mostrar a perene novidade da vida e do mundo; atiçar o poder de imaginação das pessoas, libertando-as da mesmice e da rotina; fazê-las sentir mais profundamente o significado dos seres e das coisas [...]; ligar entre si o imaginado e o vivido, o sonho e a realidade como partes importantes da nossa experiência de vida.
>
> PAES, José Paulo. *Poesia para crianças.* São Paulo: Giordano, 1995.

RECURSOS LINGUÍSTICOS

1. Releia estes versos.

> "Eu, que, quando a hora do soco surgiu, me tenho agachado
> Para fora da possibilidade do soco;
> Eu, que tenho sofrido a angústia das pequenas coisas ridículas,
> Eu verifico que não tenho par nisto tudo neste mundo."

a) Quais desses versos expressam a atitude do eu poético diante de uma situação de confronto?

b) Que figura de linguagem foi utilizada nesse verso?

c) Anote no caderno a resposta certa. Ao afirmar que foge do soco, o que o eu poético revela sobre si?

2. Releia estes versos.

> "Nunca conheci quem tivesse levado porrada."
> "Nunca foi senão príncipe – todos eles príncipes – na vida…"

a) Que palavras ou expressões desses versos foram empregadas em sentido figurado (isto é, em sentido diferente daquele do dicionário)? O que elas significam no contexto do poema?

b) Que efeitos o poeta obtém quando utiliza figuras de linguagem?

3. O eu poético afirma que tem "enrolado os pés publicamente **nos tapetes das etiquetas**". A expressão destacada tem sentido figurado. O que ela significa nesse contexto?

4. Releia.

> "Então sou só eu que é vil e errôneo nesta terra?"

Na norma-padrão, o verbo destacado deveria concordar com o pronome **eu**: "só **eu** que **sou**". A opção pela concordância "só **eu** que é" sugere:

a) a acusação que as outras pessoas fazem ao eu poético (só você que é vil e errôneo nesta terra).

b) a revolta do eu poético em relação às regras gramaticais o leva a romper com a norma-padrão.

5. Sendo Fernando Pessoa um poeta português, você encontra também no poema palavras do nosso idioma grafadas de acordo com a variedade falada em Portugal. Quais são elas? Como são grafadas na variedade que usamos no Brasil?

6. No poema, há versos em que o eu poético se dirige ao leitor, interrogando-o.

a) Localize dois deles.

b) Que efeitos de sentido essas perguntas produzem?

🛈 Para lembrar

Poema

Intenção principal →	emocionar, criticar, conscientizar, fazer pensar
Portadores →	livro, revista, jornal, cartão-postal, *outdoor*, internet etc.
Leitor →	o leitor do jornal, da revista ou do *site* onde foi publicado
Organização →	pode ser organizado em versos e estrofes pode conter rimas tem ritmo, dado por recursos como a métrica, as rimas, as repetições, as quebras dos versos, a pontuação
Linguagem →	tem papel essencial: nos textos poéticos é importante não apenas o que se diz, mas como se diz linguagem figurada, imagens poéticas

Estátua de Fernando Pessoa, em frente ao café A Brasileira, em Lisboa, que era frequentado pelo poeta.

173

DEPOIS DA LEITURA

O HAICAI E OUTROS POEMAS BREVES

Leia.

> Quantas memórias
> Me trazem à mente
> Cerejeiras em flor
>
> BASHO, Matsuo. *Trilha estreita ao confim*.
> São Paulo: Iluminuras, 1997.

> Abrindo um antigo caderno
> Foi que eu descobri:
> Antigamente eu era eterno
>
> LEMINSKI, Paulo. *Distraídos venceremos*.
> São Paulo: Brasiliense, 1987.

> esta vida é uma viagem
> pena eu estar
> só de passagem
>
> LEMINSKI, Paulo. *La vie en close*. São Paulo: Brasiliense, 1995.

> A chuva passou.
> A noite um instante volta
> A ser fim de tarde.
>
> FRANCHETTI, Paulo. Disponível em:
> <http://terebess.hu/english/haiku/paulo.html>.
> Acesso em: 23 abr. 2015.

Cerejeiras em flor, na primavera.

Os poemas acima são exemplos de haicai.

> O **haicai** (ou *haikai*) é uma forma tradicional de poesia japonesa que registra, de forma simples e direta e em apenas três versos, um momento, uma sensação, uma impressão do eu poético ou um fato da natureza.

O primeiro foi composto por Matsuo Basho (1644-1694), célebre poeta japonês, um dos primeiros a se dedicar à composição de haicais; os demais, por poetas brasileiros.

1. Há rimas nesses haicais? Se houver, que versos rimam?

2. Assim como o clique de uma máquina fotográfica, os haicais costumam registrar um momento, uma sensação ou impressão do eu poético ou um fato da natureza. Esses temas aparecem nos haicais lidos?

3. Percebe-se um posicionamento crítico do eu poético diante de problemas sociais ou existenciais em algum desses haicais?

> Algumas características do haicai.
> • Tem número constante de versos.
> • Tem como tema a natureza, as estações do ano, impressões ou constatações do eu poético sobre a vida.
> • Geralmente, o primeiro e terceiro versos são rimados.

4. De qual dos quatro haicais você gostou mais? Por quê? Que sensação, que sentimentos ele lhe provocou?

Existem outros tipos de poema que, como o haicai, são bem concisos. São poemas produzidos por poetas contemporâneos que se preocupam com o cotidiano e pretendem demonstrar a perplexidade do eu poético diante do mundo, em poucos versos e utilizando vocabulário simples.

5. Agora leia este poema.

Bucólica

O camponês sem terra
Detém a charrua
E pensa em colheitas
Que nunca serão suas.

PAES, José Paulo. *Melhores poemas*. São Paulo: Global, 2003

Poema bucólico é o poema que exalta as belezas da vida do campo e da natureza.
Charrua é um arado, um instrumento usado para lavrar a terra.

a) Em poucas palavras, o eu poético faz uma crítica a uma situação muito comum em nosso país e em outros. O que ele critica?

b) Leia a definição de poema bucólico e responda: pode-se pensar que o título desse poema é irônico? Por quê?

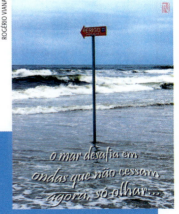

Você sabia...

... que existem haicais cujo significado é complementado por ilustrações, fotos ou pinturas? São os *haigas* (pronuncia-se "haigás"). Veja um *haiga* em português.

Rogério Viana. Disponível em: <http://haigasdorogerio.blogspot.com/>. Acesso em: 10 fev. 2011.

DO TEXTO PARA O COTIDIANO

Vladimir Maiakóvski (1893-1930) foi um poeta e dramaturgo russo, revolucionário tanto nas ideias como na forma de escrever: pretendia aliar novas formas de expressão artística à luta pela transformação social.

Leia este trecho do poema "No caminho com Maiakóvski", de Eduardo Alves da Costa, tentando entender a referência, no título, ao poeta russo.

No caminho com Maiakóvski

[...]
Na primeira noite eles se aproximam
e roubam uma flor
do nosso jardim.
E não dizemos nada.
Na segunda noite, já não se escondem;
pisam as flores,
matam nosso cão,
e não dizemos nada.

Até que um dia,
o mais frágil deles
entra sozinho em nossa casa,
rouba-nos a luz, e,
conhecendo nosso medo,
arranca-nos a voz da garganta.
E já não podemos dizer nada.
[...]

ROGÉRIO BORGES

COSTA, Eduardo Alves da. *No caminho com Maiakóvski*. São Paulo: Geração Editorial, 2003

1. Releia observando os pronomes destacados.

"Na primeira noite **eles** se aproximam
e roubam uma flor do **nosso** jardim.
E não dizemos nada."

a) O eu poético contrapõe **eles** a **nós**. Na sua interpretação, quem são **eles**? E a quem ele chama de **nós**?

b) Em sua opinião, a que tipo de situação o eu poético se refere quando fala, metaforicamente, em pessoas que roubam nossas flores, matam nosso cão e roubam nossa luz e nossa voz?

c) Se interpretarmos esse poema como uma crítica, o que você diria que está sendo criticado?

d) Em que você se baseou para responder?

2. Que alerta o eu poético faz?

3. Pense na situação retratada no poema.

a) Você se lembra de alguma situação semelhante ocorrida em sua comunidade, em seu país ou no mundo? Explique.

b) E você, já esteve em alguma situação que ilustrasse o que ocorre no poema? Como reagiu? Como gostaria de ter reagido?

4. Você acha que a poesia pode transformar as pessoas e a sociedade? De que forma?

NÃO DEIXE DE LER

As quatro estações e outros haicais, de Masao Simizo, editora Aymará.

Nesse livro, há um pouco de tudo: amor, saudade, alegria, natureza.

PRODUÇÃO ESCRITA

CRIAÇÃO DE POEMA COM BASE EM TEXTO EM PROSA

Você vai criar um poema com base em um texto em prosa poética. Seu poema poderá ser publicado na revista a ser produzida pela classe no final do ano.

Antes de começar

1. Os dois textos abaixo foram escritos por Mário Quintana, com um intervalo de dez anos entre eles. Leia-os.

Força do hábito

Um dia o meu cavalo voltará sozinho e, assumindo sem querer a minha própria imagem e semelhança, virá ler, naquele café de sempre, nosso jornal de cada dia...

QUINTANA, Mário. *Apontamentos de história sobrenatural.* São Paulo: Globo, 2005.

O velho poeta

Um dia o meu cavalo voltará sozinho
E assumindo
Sem saber
a minha própria imagem e semelhança
Virá ler
Como sempre
Neste mesmo café
O nosso jornal de cada dia
– inteiramente alheio ao murmurar das gentes...

QUINTANA, Mário. *Baú de espantos.* São Paulo: Globo, 2006.

a) Que diferenças há entre eles?

b) O título "Força do hábito" refere-se ao animal que assume a rotina de seu dono. O que sugere a mudança do título para "O velho poeta"?

2. Leia este outro texto, escrito em prosa poética.

A casa das palavras

Na casa das palavras [...] chegavam os poetas. As palavras, guardadas em velhos frascos de cristal, esperavam pelos poetas e se ofereciam, loucas de vontade de serem escolhidas: elas rogavam aos poetas que as olhassem, as cheirassem, as tocassem, as provassem. Os poetas abriam os frascos, provavam palavras com o dedo e então lambiam os lábios ou fechavam a cara. Os poetas andavam em busca de palavras que não conheciam, e também buscavam palavras que conheciam e tinham perdido. [...]

GALEANO, Eduardo. *O livro dos abraços.* Porto Alegre: LP&M, 1989.

177

a) Por meio de comparações, sobre o que o texto fala?

b) Procure no texto e anote no caderno um exemplo de metáfora e um de personificação.

c) Leia, abaixo, algumas características da linguagem poética.

    I. Emprego de associações de ideias inusitadas, originais.

    II. Emprego de figuras de linguagem.

    III. Preocupação com a forma de expressar o conteúdo.

    IV. Presença de rimas.

    V. Repetição de palavras.

Quais dessas características estão presentes em "A casa das palavras"?

> Quando um texto em **prosa** apresenta características da linguagem poética, dizemos que se trata de **prosa poética**.

Planejando o texto

Você vai transformar em poema o fragmento de prosa poética de Eduardo Galeano, "A casa das palavras".

1. O professor lerá novamente o texto. Ouça-o atentamente para perceber o ritmo, a cadência que o autor imprimiu a seu texto.

2. Divida as frases em versos, respeitando o sentido e o ritmo do texto. Você pode fazer pequenas modificações nas frases para obter melhor sonoridade.

3. Leia seu poema. Se achar necessário, para obter mais expressividade, refaça a divisão dos versos.

4. Acrescente um novo verso no final e dê ao poema um título que esteja de acordo com o conteúdo e indique ao leitor uma possibilidade de interpretação do texto.

Avaliação e reescrita

1. Mostre seu texto a um colega para que ele verifique se:

- sua divisão dos versos é adequada ao sentido do texto;
- o verso que acrescentou está de acordo com os demais;
- as adaptações que fez no texto o tornaram mais expressivo e claro;
- o tílulo está adequado ao poema.

2. Se houver necessidade, reescreva o poema. Depois compare-o com os dos colegas, observando as opções que eles fizeram.

NÃO DEIXE DE LER

- ***A palavra mágica,*** de Carlos Drummond de Andrade, editora Record Dedicado ao público jovem, esse livro traz alguns dos poemas mais conhecidos de Drummond, como "José".

Regência: relações e sentido

1. Leia estes quadrinhos.

SCHULZ, Charles M. *Você tem muito o que aprender, Charlie Brown!* São Paulo: Conrad, 2004.

a) Sally está indo pela primeira vez à escola. Do que ela tem medo?

b) Em "[...] tenho um pouco de medo de ir à escola...", qual é o termo que indica do que a menina tem medo?

c) Releia as falas do segundo e do terceiro balões.

Qual é o complemento da forma verbal **fazem**? E qual é o complemento do adjetivo **preocupada**?

Você já aprendeu que alguns verbos e alguns nomes (como substantivos, adjetivos e advérbios) necessitam de uma palavra ou expressão que complemente seu sentido. Nesses casos, estabelece-se uma relação de interdependência entre o termo complementado e o termo que o complementa.

2. Releia e observe.

> Eles fazem muitas perguntas.
>
> Por que você está preocupada com a escola?

a) Em "...fazem muitas perguntas", qual é a função da expressão **muitas perguntas**?

b) Em "preocupada com a escola", qual a função de **com a escola**?

c) Quais são os termos que fazem a ligação do verbo e do substantivo com as expressões que os acompanham?

> Lembre-se: as principais preposições são **a**, **ante**, **após**, **até**, **com**, **contra**, **de**, **desde**, **em**, **entre**, **para**, **por**, **sem**, **sob**, **sobre**. Elas podem vir combinadas ou contraídas com outras palavras: **ao**, **do**, **no**, **nele**, **deste**, **naquela**, **daquela**.

> Quando se estabelece entre duas palavras uma relação em que uma palavra complementa o sentido da outra, temos um fenômeno gramatical chamado **regência**. A palavra que tem seu sentido complementado por outra é a **regente**; a que a complementa é a **regida**. O termo regido pode ou não estar ligado ao regente por meio de preposição.

3. Veja estas capas de livro e observe os títulos.

Perto do coração selvagem
↓
termo regente

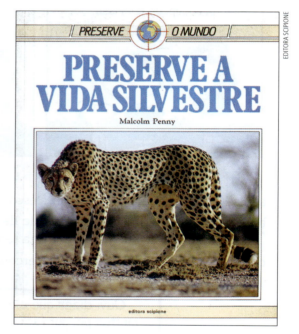

Preserve a vida selvagem
↓
termo regente

a) As expressões "do coração selvagem" e "a vida selvagem" complementam o sentido de perto e preserve. Esses termos são verbos ou nomes (substantivo, adjetivo, advérbio)?

b) Os termos perto e preserve estão ligados aos seus complementos diretamente ou por meio de preposição?

> A relação de regência entre palavras pode ser:
> • **nominal**, se o termo regente for um nome (substantivo, adjetivo ou advérbio);
> • **verbal**, se o termo regente for um verbo;
> • **direta**, se o termo regente não exigir preposição;
> • **indireta**, se o termo regente exigir preposição.

Crase

1. Observe as capas de revista reproduzidas a seguir.

a) Sobre o que falam as chamadas principais nas capas?
b) Na imagem da capa à esquerda, a chamada e a imagem permitem deduzir que, para essa revista, falar e escrever bem é importante? Explique no caderno.
c) Nas chamadas, quais são os termos que complementam o sentido do verbo **ir** e do substantivo **rumo**?
d) A ligação do verbo e do substantivo com esses termos é direta ou indireta?

Observe.

Tanto **ir** como **rumo**, no contexto das chamadas, são empregados com a preposição **a**. Ao mesmo tempo, os substantivos **guerra** e **vitória** são antecedidos do artigo **a**.

> Quando o termo regente é seguido pela preposição **a** e o termo regido é precedido pelo artigo **a**, acontece a fusão dessas duas vogais (**a + a**). Esse fenômeno é chamado de crase e indicado na escrita por um **a** com acento grave: **à**.
>
> Pode ocorrer crase também diante dos pronomes demonstrativos **aquele(s)**, **aquela(s)**, **aquilo**, quando precedidos por preposição **a**.

2. Leia o início de uma notícia.

> **PC (*Personal computer*):** computador pessoal
> ***Tablet*:** dispositivo pessoal em formato de prancheta, usado para visualização de fotos, vídeos, leitura e entretenimento.
> ***Smartphone*:** telefone celular com diversas funções além da comunicação.

Queda na venda de PCs chegou a 25% no terceiro trimestre

[...] Entre julho e setembro deste ano, o Brasil vendeu cerca de 2,6 milhões de PCs, resultado 25% menor se comparado com o mesmo período de 2013. [...] "Antigamente, o PC era o único dispositivo que permitia o acesso à internet. Atualmente, o acesso está disponível em *tablets* e *smartphones*, que são produtos mais baratos". Além disso, segundo Hagge, "os *notebooks* e *desktops* têm uma vida útil maior do que a de outros dispositivos, o que retarda o processo de troca" [...]

Disponível em: <www.momentoeditorial.com.br/inovacao/2014/12/queda-na-venda-de-pcs-chegou-a-25-no-terceiro-trimestre/>. Acesso em: 14 mar. 2015.

a) Com base nessas informações, qual foi o motivo de queda na venda dos PCs?

b) O título da notícia já antecipa seu conteúdo por meio do emprego do verbo **chegar**. Que expressão complementa seu sentido?

c) Releia.

> Antigamente, o PC era o único dispositivo que permitia o acesso à internet.

Que expressão complementa o sentido do substantivo **acesso**?

d) **Chegar** e **acesso** são ligados ao seu complemento por meio de preposições. Observe.

> chegou **a** 25%
> acesso **à** internet

Por que ocorre crase em um caso e não ocorre no outro?

3. O texto a seguir é o início de uma notícia.

Ensine os seus filhos a poupar desde cedo
31 Outubro 2013

Patrícia Abreu | pabreu@negocios.pt

Ter semanada ou mesada e um mealheiro podem ajudar a estimular hábitos de poupança junto dos mais pequenos

Incentivar os mais pequenos a poupar nem sempre é fácil. Entre jogos e brincadeiras, a poupança não é seguramente uma prioridade. Mas, quanto mais cedo as crianças aprenderem o valor do dinheiro e adquirirem hábitos de poupança melhor. A semanada e o mealheiro são alguns dos trunfos para ajudar os mais novos a poupar.

[...]

Tão importante como ter uma semanada ou uma mesada, é ter um mealheiro. O mealheiro ajuda as crianças a guardar as suas economias. Através deste objecto tão tradicional, como o porquinho, os mais jovens podem guardar o dinheiro que vão ganhando dos avós e outros familiares.

Disponível em: <www.jornaldenegocios.pt/negocios_iniciativas/poupanca/detalhe/ensine_os_seus_filhos_a_poupar_desde_cedo.html>. Acesso em: 20 fev. 2015.

a) Nesse texto, há uma palavra que revela o uso da variedade linguística falada em Portugal. Qual é ela?

b) Os verbos empregados, **incentivar** e **ajudar** exigem o uso da preposição **a**. Que termos complementam o sentido desses verbos por meio dessa preposição?

c) A que classe gramatical pertencem esses complementos?

d) Ocorre crase em algum desses casos? Por quê?

> Não ocorre crase diante de **verbos**, porque eles nunca são precedidos por artigo feminino.

1. Leia esta notícia.

Campanha de combate ao bullying nas escolas

A Comissão de Educação da Câmara dos Deputados pretende obrigar as escolas brasileiras a realizar campanhas contra o *bullying*.

A proposta, aprovada na última quarta-feira pela Comissão, é que sejam realizadas ações anuais, com duração de uma semana, em todos os estabelecimentos do ensino fundamental e médio do país. [...]

"O termo *bullying* designa os atos de violência física ou psicológica, intencionais e praticados por um indivíduo ou grupo de indivíduos com o objetivo de intimidar ou agredir outra pessoa incapaz de se defender", esclareceu o professor e psicólogo Breno Rosostolato. [...]

O professor alerta ainda que o combate ao *bullying* não depende apenas das escolas. Para ele, a atenção dos pais é essencial para identificar se o filho está sofrendo *bullying* na escola..

Disponível em: <www.todospelaeducacao.org.br/educacao-na-midia/indice/30911/campanha-de-combate-ao-bullying-nas-escolas/>. Acesso em: 18 fev. 2015.

a) Qual é o assunto da notícia?

b) O texto cita que os responsáveis pelo combate ao *bullying* são as escolas e os pais. Você concorda? Haveria mais alguém a quem se pudesse atribuir essa responsabilidade?

c) Compare.

combater o *bullying*
campanha contra o *bullying*

O sentido desses fragmentos é semelhante. A regência é a mesma para os dois termos **combater** e **campanha**? Explique.

2. Leia esta chamada de reportagem no sumário de uma revista.

Alexandria renasce – Batizada em homenagem a Alexandre, o Grande, a mais cosmopolita capital do mundo antigo viveu seu apogeu sob o domínio dos ptolomeus. Sede de construções míticas, a cidade egípcia busca retornar à glória de 2 mil anos atrás. [...]

Revista *História Viva*. São Paulo, Duetto, mar. 2011.

Observe e compare.

Em homenagem a Alexandre, o Grande   retornar à glória

Tanto o substantivo **homenagem** quanto o verbo **retornar** precisam de complemento introduzido pela preposição **a**. Por que não ocorre crase em um caso e no outro, sim? Explique.

FIQUE ATENTO... À PONTUAÇÃO NO POEMA

Há poetas que pontuam seus versos de acordo com as mesmas regras estabelecidas para os textos em prosa; outros dispensam, parcial ou totalmente, a pontuação em seus textos.

Veja os exemplos: o primeiro segue as normas de pontuação, o segundo, não.

Infância

Um gosto de amora
comida com sol. A vida
chamava-se "Agora".

ALMEIDA, Guilherme de. Disponível em: <www.vidaempoesia.com.br/guilhermedealmeida.htm>. Acesso em: 14 mar. 2015.

Ana C

Gosto muito de olhar um poema
Até não mais divisar o que é
Respiração noite vírgula
Eu ou você
Gosto muito de olhar um poema
Até restar apenas
Voceu.

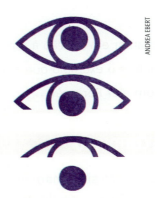

CHACAL. *Poesia marginal*. São Paulo: Ática, 2006.

Em poemas, é possível empregar a pontuação de acordo com as normas gramaticais ou valer-se de outros recursos para criar sentidos, como a divisão dos versos e a repetição de palavras.

1. Leia.

> Tenho uma folha branca
> e limpa à minha espera:
> mudo convite
> tenho uma cama branca
> e limpa à minha espera:
> mudo convite
> tenho uma vida branca
> e limpa à minha espera:

CÉSAR, Ana Cristina. *Inéditos e dispersos*. São Paulo: Ática, 1998.

a) Que função os dois-pontos costumam ter?

b) Observe a última estrofe. O que você notou de diferente em relação às demais estrofes?

c) Como você interpreta a pontuação empregada no último verso?

NÃO DEIXE DE ACESSAR

- *Site* oficial de Augusto de Campos, com dados sobre o poeta e sua obra, inclusive poemas animados.
<http://www2.uol.com.br/augustodecampos/home.htm>. Acesso em: 12 maio 2015.

- *Videoclipe* do poema "O pulsar" produzido pelo autor com música de Caetano Veloso.
<http://concretismo.arteblog.com.br/212893/Pulsar-Augusto-de-Campos/>. Acesso em: 12 maio 2015.

A LÍNGUA NÃO É SEMPRE A MESMA

Leia o texto.

A regência e as variedades linguísticas

Aprendemos na escola que quem chega chega a algum lugar, quem vai vai a algum lugar, quem obedece obedece a alguém ou a alguma coisa [...].

Muitas vezes, falta a informação essencial: teoricamente, essas regências são as predominantes nos registros formais da língua; nas variedades não formais, nem sempre a coisa segue esse modelo. Se tomarmos como exemplo o verbo chegar, veremos que, na oralidade brasileira, costuma-se chegar em algum lugar. Qual é o brasileiro que, no dia a dia, não diz que chegou em casa, em Santos, no Japão ou na Europa? [...]

O fato é que a regência de um verbo pode mudar não só de acordo com o seu significado [...], mas também de acordo com a variedade de língua empregada. [...]

CIPRO NETO, Pasquale. *Folha de S.Paulo*, 16 fev. 2006.

a) O que defende o autor em relação à regência?

b) Qual é o argumento e o exemplo que apresenta para justificar sua posição?

c) Você concorda com ele? Por quê?

REVISORES DO COTIDIANO

Imagine que você tivesse sido chamado para fazer uma revisão nas placas e nos letreiros das ruas do bairro e deixá-los de acordo com a norma-padrão.

Se você encontrasse o letreiro abaixo ("Atendimento as crianças"), o que diria aos responsáveis por ele?

É preciso alguma correção? Por quê?

LEITURA 2

Você leu nesta unidade alguns poemas que, como outros textos literários, deixam espaço para que o leitor, de acordo com sua vivência, atribua sentido a eles. Vamos ver agora poemas que utilizam recursos inusitados para unir forma e conteúdo dando voz ao leitor e mostrando-lhe que o poema não existe sem sua participação.

ANTES DE LER

1. Pode haver poemas que se destinam a ser vistos mais do que a ser ouvidos? Como seriam esses poemas?

2. Podem existir poemas sem versos, sem estrofes e até sem palavras?

Poema visual

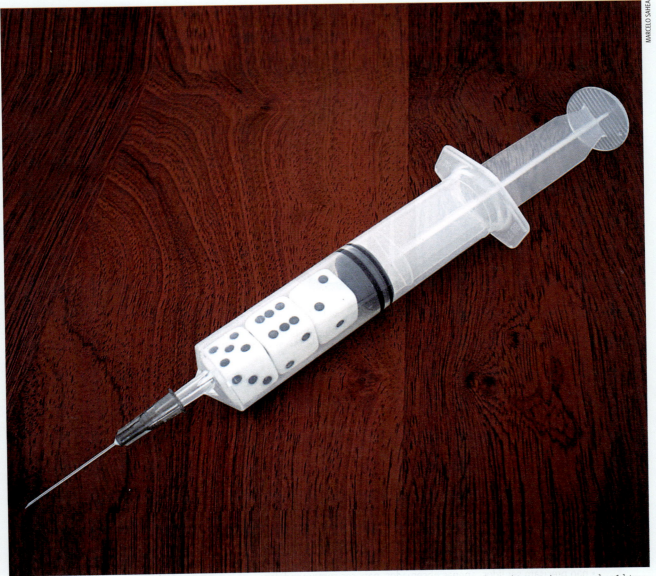

SAHEA, Marcelo. Disponível em: <www.revistazunai.com/poemas/pop_up_sahea1.htm>. Acesso em: 14 mar. 2015.

1. Descreva o principal elemento da imagem.
2. O que a seringa lhe traz à mente? A que ideias ela remete?
3. E os dados, a que podem ser associados?
4. Que novos sentidos a seringa e os dados adquirem quando são mostrados juntos, na imagem?
5. O nome do poema é "Casando com o acaso". Ele confirma sua interpretação do poema? Justifique.
6. Nesse poema, não aparecem versos nem rimas nem ritmo. Só há palavras no título. Sendo assim, o que permite considerá-lo um poema?

> Eu também já pensei assim – que a ideia era tudo e a forma, um pedacinho. Mas, apesar de pensar assim, não conseguia ler os de belas ideias embrulhadas em panos sujos. Por fim me convenci de meu erro e estou a penitenciar-me. Impossível boa expressão de uma ideia se não for com ótima forma.
>
> LOBATO, Monteiro. *A barca de Gleyre*. Apud: Edith Pimentel (Org.). *O escritor enfrenta a língua*. São Paulo: FFLCH-USP, 1994.

Poemas visuais são poemas que utilizam diferentes recursos visuais e gráficos para relacionar forma e conteúdo. São **poemas para serem vistos e não ouvidos**. Neles o verso é inexistente e, em alguns casos, nem a própria palavra é necessária.

Os poemas visuais abarcam outros tipos de poema, nomeados de acordo com as características particulares que apresentam.

BRITO, Alexandre. Disponível em: <www.poemavisual.com.br/html/show_poeta.php?id=188>. Acesso em: 14 mar. 2015.

1. Que letras aparecem no poema de Alexandre Brito?
2. Que desenho elas formam?
3. Por que podemos considerar essa criação um poema?

A palavra **caligrama** é formada por dois elementos de origem grega: *cali*, "belo", e *grama*, "letra, sinal". Caligramas são poemas que têm estas características, entre outras:
- representam visualmente diferentes seres – flores, bichos, plantas – ou formas geométricas;
- utilizam-se, nessa representação, apenas de recursos que pertencem ao mundo da escrita, ou seja, letras e palavras;
- não precisam ser lidos, apenas observados, para ser compreendidos.

O poeta francês Guillaume Apollinaire (1898-1918) empregou pela primeira vez a palavra **caligrama** (caligrafia + ideograma). Acima, um de seus caligramas.

4. Quais das características anteriores permitem que consideremos o poema "Borboleta" um caligrama? Justifique.

Poema concreto

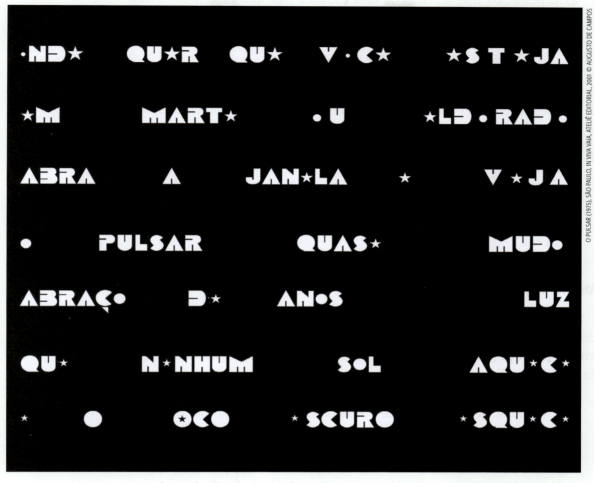

CAMPOS, Augusto de. *O pulsar* (1975). Disponível em: <http://www2.uol.com.br/augustodecampos/poemas.htm>. Acesso em: 14 mar. 2015.

1. Apenas passando os olhos pelo poema de Augusto de Campos, sem lê-lo, o que se vê?

2. Algumas letras foram trocadas por símbolos. Quais são os símbolos?

3. Esses símbolos aparecem sempre do mesmo tamanho?

4. Leia o nome do poema e o significado da palavra pulsar.

a) Qual a relação entre a variação no tamanho dos símbolos e o título do poema?

b) O fundo é escuro e os símbolos são brancos. Que efeito essas cores produzem?

5. Os símbolos foram empregados no lugar de quais letras?

6. Reescreva o poema no caderno, substituindo os símbolos pelas respectivas letras.

Pulsar é um tipo de estrela que emite radiações com frequência de ondas de rádio com a duração média de 35 milionésimos de segundo, que se repetem a intervalos regulares, de cerca de 1,4 segundo. Os pulsares têm esse nome porque parecem ter o movimento ritmado de uma pulsação.

189

7. Releia.

> o pulsar quase mudo

a) O pulsar, ou seja, o piscar, de uma estrela é algo que diz respeito a qual dos nossos sentidos (tato, visão, audição, paladar ou olfato)?

b) O adjetivo **mudo** quer dizer "que ou quem não fala". Sendo assim, a qual dos nossos sentidos ele poderia ser associado?

c) Que efeito o cruzamento de sensações em "o pulsar quase mudo" produz?

8. O poema "O pulsar" nos apresenta o desenho de um céu noturno. Sendo assim, ele poderia ser considerado um caligrama? Por quê?

9. Observe novamente o poema. Que sentimento ou sensação ele provoca em você? Explique.

> Ao trabalhar de forma integrada o som, o aspecto visual e o sentido das palavras, a **poesia concreta** propõe novos modos de fazer poesia, utilizando suportes e técnicas diversos.

Poema digital

Há outro tipo de poema profundamente ligado ao visual e ao trabalho com a forma, mas que, além disso, aproveita também outros recursos proporcionados pelos meios digitais. Trata-se da poesia digital. Leia o que diz um especialista nesse tipo de poesia.

> A poesia digital é um tipo de poesia contemporânea, formada de palavras, formas gráficas, imagens, grafismos, sons, elementos esses animados ou não, na maior parte das vezes interativos, hipertextuais. De um modo geral, ela só existe nesse meio e só se expressa, em sua plenitude, por meio dele.
>
> ANTONIO, Jorge Luiz. *Poesia digital*. São Paulo: Navegar/Fapesp, 2010.

O poema a seguir, de Augusto de Campos, traz frases embaralhadas, identificáveis pela cor: "a estrada é muito comprida", "o caminho é sem saída", "curvas enganam o olhar", "não posso ir mais adiante", "não posso voltar atrás", "levei toda a minha vida", "nunca saí do lugar". As frases formam um labirinto "sem saída". Foi publicado em papel, na quarta capa do livro *Não*, e também existe em versão animada e interativa: ao toque do *mouse*, o usuário materializa as palavras e frases, que vão surgindo uma a uma. Ao mesmo tempo, ouve-se a voz do poeta, pronunciando as sentenças embaralhadas.

NÃO DEIXE DE OUVIR

- **Carlos Drummond de Andrade – CD**, leitura de Paulo Autran, editora Luz da Cidade
  O ator Paulo Autran selecionou 29 de seus poemas preferidos e os diz com mestria e sentimento.

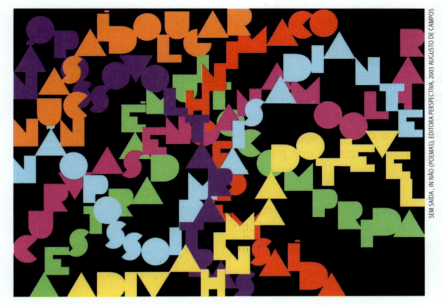

CAMPOS, Augusto. Sem saída. In: NÃO (poemas). São Paulo: Editora Perspectiva, 2003.
© Augusto de Campos.

1. Na versão animada desse poema, o usuário, movimentando o *mouse*, desencadeia movimento e som, os quais criam diversos efeitos de sentido. A imagem acima corresponde a uma etapa do poema. Leia as frases, observando cores e formas. Que sensações a figura lhe provoca?

2. Existem na internet inúmeros *sites* literários que reúnem poemas de autores consagrados ou produzidos pelos próprios internautas. O fato de estarem disponíveis na internet faz deles poemas digitais? Explique.

3. É possível divulgar poemas digitais em livros, revistas, jornais impressos? Justifique.

PARA LEMBRAR

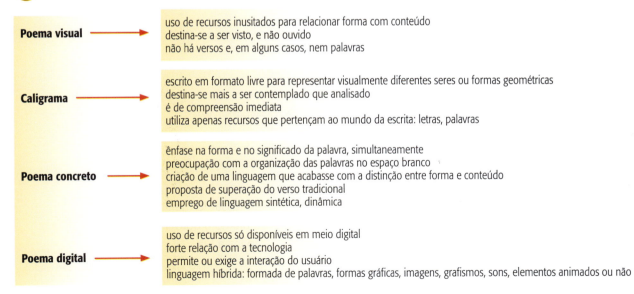

PRODUÇÃO ESCRITA

POEMA

Você vai agora produzir seu próprio poema para ser publicado na seção literária da revista a ser produzida no fim do ano.

A proposta é que você escreva sobre impressões ou sensações despertadas por fatos do seu dia a dia. A linguagem deve ser coloquial, como a empregada pelos poetas marginais nos poemas a seguir.

Antes de começar

Você leu, nesta unidade, vários poemas breves. Sente-se com um colega e leia com ele mais alguns para observar o conteúdo, a linguagem, a organização dos versos.

Dia do índio

O dia dos que têm
os seus dias contados

PAES, José Paulo. In: Davi Arrigucci Junior (Org.). *Melhores poemas de José Paulo Paes*. São Paulo: Global, 2003.

Plim-plim

cheguei em casa com a cabeça
cheia de grilos.
mas não deu no jornal nacional e a família não ficou sabendo.

TAVARES, Ulisses. *Viva a poesia viva*. São Paulo: Saraiva, 2007.

Incenso fosse música

isso de querer
ser exatamente aquilo
que a gente é
ainda vai
nos levar além

LEMINSKI, Paulo. In: Fred Goes (Org.). *Melhores poemas de Paulo Leminski*. São Paulo: Global, 2001.

Happy end

O meu amor e eu
nascemos um para o outro
agora só falta quem nos apresente

Cacaso. In: CACASO et alii. *Poesia marginal*. São Paulo: Ática, 2006. (Col. Para Gostar de Ler).

em casa de menino de rua
o último a dormir
apaga a lua

BAFFÔ, Giovani. *Delitos e deleites*. São Paulo: Edições Maloqueirista, 2010.

Poetas marginais

Nos anos 1970, quando o Brasil vivia sob uma ditadura militar, surgiu no Brasil um grupo de poetas que, por estarem fora do circuito editorial comercial, foram chamados de poetas marginais. Entre eles estão Chacal, Cacaso, Francisco Alvin, Ana Cristina César e Paulo Leminski. Seus poemas circulavam de mão em mão, eram pichados em muros, distribuídos em folhetos jogados dos edifícios. Em linguagem coloquial e sem enfeites, em poemas curtos e rápidos, eles falavam de seu "aqui e agora", de amor, política e família.

A poeta Ana Cristina César em foto na capa do livro *Ana Cristina César – Correspondência incompleta*, da editora Aeroplano.

a) Troquem ideias sobre cada poema. Como vocês os interpretam? Qual a importância do título nesses textos tão concisos?

b) Ler poesia pode ser um prazer. De qual poema vocês gostaram mais?

c) Conversem com outras duplas, para saber se interpretaram os poemas da mesma forma que vocês.

Planejando o texto

1. Não existe nem pode existir restrição de tema para as obras de arte. Assim, um poema pode tratar de qualquer tema. Aqui, propomos que você busque um tema em seu cotidiano. Procure traduzir – por meio de palavras, sons e versos – uma sensação, uma impressão ou uma percepção que não poderiam ser traduzidas de outra forma. Use linguagem simples, como nos poemas lidos.

2. Imagine uma situação relacionada ao tema ou sensação que escolheu.

3. Escolha palavras relacionadas a ela.

4. Faça um primeiro rascunho falando sobre a situação imaginada sem nenhuma preocupação com a forma. Apenas escreva o que lhe vier à cabeça.

5. Leia o que escreveu e corte tudo o que for supérfluo. Mantenha apenas o essencial.

6. Reescreva o texto, agora organizando-o em versos. Não é preciso mais do que cinco ou seis versos. Acrescente ou corte palavras, para dar ritmo à leitura do poema e exprimir com mais exatidão aquilo que pretende dizer.

7. Continue o processo de reescrever até ficar satisfeito com o resultado.

8. Dê um título ao poema.

Paulo Leminski (1944-1989).

Avaliação e reescrita

1. Forme um grupo com alguns colegas e mostre a eles seu poema. Peça que deem uma opinião e sugestões para aprimorá-lo. Troquem impressões sobre os poemas produzidos.

2. Reescreva o que for necessário, passe o texto a limpo ou digite-o.

NÃO DEIXE DE ACESSAR

- http://www.insite.com.br/rodrigo/poet/leminski/index.html/
Acesso em: 12 maio 2015.
Poemas do poeta paranaense Paulo Leminski (1944-1989).

3. Ilustre o poema com desenho, pintura, foto ou colagem. Você pode inspirar-se neste exemplo.

> Café noturno.
> Estrelas caem do céu:
> Pedras de açúcar
>
> BONINI, Estela. *Haikai para Van Gogh*.
> São Paulo: Massao Ohno, 1995.

Terraço do café à noite, 1888, de Vincent van Gogh.

4. Exponha seu poema em um mural ou em um varal de poemas; depois guarde-o para o projeto do final do ano.

Regência nominal

1. Leia o início de um texto de divulgação científica.

Existe gente alérgica à luz solar?

Existem, sim, pessoas alérgicas à luz do Sol. Toda alergia é a resposta do sistema imunológico a alguma substância e causa lesões físicas como consequência. A alergia à luz do Sol se deve à entrada dos raios ultravioleta na pele, que atingem os mastócitos, células do tecido conjuntivo, ricas em histamina. [...]

Disponível em: <http://mundoestranho.abril.com.br/saude/existe-gente-alergica-luz-solar-532799.shtml>. Acesso em: 23 abr. 2015.

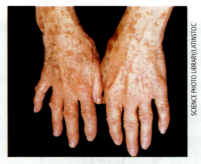

Mãos apresentando lentigo solar. Problema resultante da exposição, sem proteção, ao Sol e à radiação UVB.

a) Observe e compare estes fragmentos.

alérgica à luz solar   **alergia** à luz do Sol

As duas palavras destacadas têm o mesmo complemento. Qual é a diferença gramatical entre elas?

b) Nesse caso, temos exemplos de regência nominal. Por que ocorre a crase?

c) Explique a ocorrência de crase no título.

d) Se os termos que complementam essas palavras não estivessem presentes, seria possível a compreensão do assunto da matéria? Justifique.

2. Leia estas chamadas do sumário de uma revista.

I

Superbactérias do espaço

Brasileiros estudam micro-organismos resistentes a condições extremas

Disponível em: <http://revistagalileu.globo.com/Revista/Common/0,"EMI190201-17933,00-SUPERBACTERIAS+DO+ESPACO.html>. Acesso em: 23 abr. 2015.

II

Nunca existirá a paz mundial

Ninguém é a favor das guerras, e ainda assim elas existem desde o começo da humanidade [...]

Disponível em: <http://revistagalileu.globo.com/Revista/Common/0,,EMI181106-17774,00 NUNCA+EXISTIRA+A+PAZ+MUNDIAL.html>. Acesso em: 23 abr. 2015.

a) Pelo assunto das duas chamadas, de que tipo de revista elas foram tiradas?

b) Em cada uma das chamadas, há um nome cujo sentido é complementado por outro por meio de uma preposição. Qual é o termo ou termos que complementam o sentido de:
- resistentes?
- a favor?

c) No enunciado II se lê: "Ninguém é **favorável** a guerras". E você? Anote no caderno duas causas às quais você seja favorável.

> A relação de dependência estabelecida entre um nome (substantivo, adjetivo ou advérbio) e seu complemento denomina-se **regência nominal**.

195

1. Leia.

Cantos de Macau

A colonização portuguesa Macau é resultado de um longo encontro entre o Ocidente e o Oriente. [...] A introdução de traços fortes da cultura portuguesa é marco fundamental nos rumos e na vida atual de Macau.

Culinária A comida macaense é bem diversificada, com influência dos povos que ao longo dos séculos passaram pela região.

Religião Macau serviu de ponto de entrada para os missionários jesuítas vindos do Ocidente, mas a maior parte de sua população manteve-se fiel aos cultos tradicionais chineses, como o budismo e o confucionismo.

VIEIRA, Alice. *Contos e lendas de Macau*. São Paulo: SM, 2006.

Vista do Rio das Pérolas, em Macau.

a) Macau fica na China, mas tem comida típica de muitos países. A que se deve essa diversidade?

b) Observe.

influência **dos povos**

Se o complemento da palavra **influência** fosse omitido, a informação sobre essa diversidade ficaria clara? Explique.

c) Em "fiel aos cultos tradicionais chineses", qual a função do complemento da palavra *fiel* no contexto?

2. Leia esta matéria.

Quatro peixes-bois voltarão a viver em liberdade

[...]
Os animais fazem parte do plantel do Inpa (Instituto Nacional de Pesquisas da Amazônia) e foram levados a esse ambiente em 2010 e 2011.

[...] Eles serão colocados em um lago menor com oito mil metros quadrados, onde será ofertado um volume maior de alimento para que ganhem peso [...]. "Essa estratégia é para garantir uma grande reserva de energia, já que em outras experiências (2008 e 2009), os animais chegaram a perder 50 kg nos primeiros dias depois de soltos". [...]

A fase de pré-soltura (semicativeiro) é requisito fundamental para auxiliar na readaptação gradual de peixes-bois-da-amazônia, criados em cativeiro, às condições dos rios amazônicos. [...]

Peixe-boi é preparado para ganhar a liberdade em projeto desenvolvido pela Ampa e Inpa: luta pela preservação.

Disponível em: <http://www.revistaterradagente.com.br/noticias/NOT,0,0,999955, Quatro+peixes-bois+voltarao+a+viver+em+liberdade.aspx>. Acesso em: 16 mar. 2015.

a) Por que, segundo o texto, é importante a fase do semicativeiro para os peixes-bois?

b) Se na expressão "auxiliar na readaptação às condições dos rios amazônicos", a palavra **condições** fosse substituída por **meio ambiente**, o sentido permaneceria semelhante ou muito diferente?

c) E em relação ao aspecto gramatical, haveria alguma mudança na expressão? Explique sua resposta.

d) O verbo **voltar**, em um de seus sentidos, exige a presença da preposição **a**. Por que no título "voltarão a viver" não foi empregado o **a** com o acento indicativo da crase?

3. Leia esta matéria.

Os elefantes têm medo de ratos?

Não, isso não passa de lenda. "Os elefantes podem reagir à presença de um rato atacando-o, recuando ou tentando pisar nele. Essa reação varia de um indivíduo para outro e pode ser observada também em relação a outros animais", afirma a bióloga Cátia Melo, da Fundação Parque Zoológico de São Paulo. Segundo ela, a origem do mito está no fato de se acreditar que o elefante teria receio de o rato entrar em sua tromba, matando-o asfixiado. Mas isso não acontece, porque o órgão é flexível e ágil, o que impediria um ataque. O programa *Caçadores de Mitos*, do Discovery Channel, pôs a lenda à prova e chegou a uma conclusão oposta. Especialistas, no entanto, disseram que a experiência não tem cunho científico, por ter sido feita com apenas um elefante. Além disso, a reação dele – identificada no programa como de medo – pode ter sido apenas susto ou surpresa.

VASCONCELOS, Yuri. Disponível em: <http://mundoestranho.abril.com.br/materia/os-elefantes-tem-medo-de-ratos>. Acesso em: 23 abr. 2015.

a) Em resumo, como o texto responde à pergunta inicial?

b) De onde surgiu o mito de que animais tão grandes têm medo de outro tão pequeno? Em que se baseia o autor para comprovar que isso é um mito?

c) Releia.

Elefantes têm medo de ratos?

A expressão "medo de ratos" é formada por um substantivo (medo) e um complemento nominal (de ratos). Anote-a no caderno conservando a estrutura substantivo + preposição + complemento, mas substituindo medo por outro nome (substantivo ou adjetivo).

4. Nas manchetes a seguir, falta um termo para completar o sentido do enunciado. Leia-as com atenção e reflita sobre o que está faltando.

I

Após entrada da Palestina, Israel suspende contribuição Unesco

Disponível em: <http://noticias.bol.uol.com.br/internacional/2011/11/03/apos-entrada-da-palestina-israel-suspende-contribuicao-a-unesco.jhtm>. Acesso em: 16 mar. 2015.

II

NOVA YORK FAZ PROGRESSOS EM AJUDA MORADORES DE RUA

Disponível em: <http://m.noticias.uol.com.br/midiaglobal/nytimes/2011/10/23/nova-york-faz-progresso-na-ajuda-a-moradores-de-rua.htm >. Acesso em: 16 mar. 2015.

a) Agora, anote-as no caderno de forma que tenham sentido completo.

b) Com base no que vimos até agora sobre o estudo da regência, explique as mudanças que você fez.

ATIVANDO HABILIDADES

1. (Saresp) Leia o texto abaixo para responder:

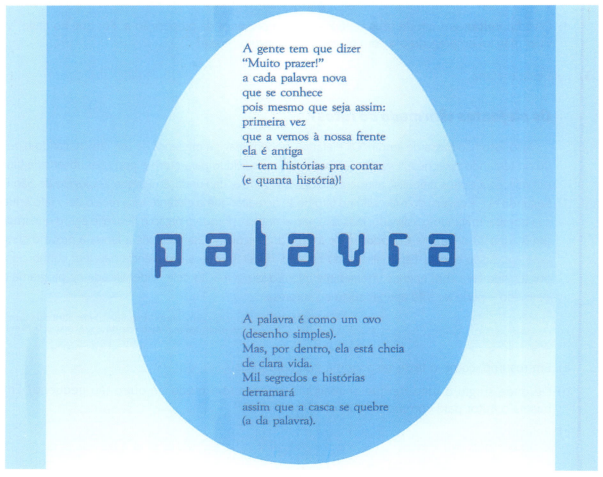

ZIRALDO. Palavra. In: _____. O ABZ do Ziraldo. São Paulo: Melhoramentos, 2003.

Mil segredos e histórias **derramará**

No poema, **derramar** é empregado com o sentido de:
a) entornar.
b) espalhar.
c) esvaziar.
d) quebrar.

assim que a **casca** se quebre

No poema, o termo destacado refere-se:
a) ao desenho.
b) à história.
c) ao ovo.
d) à palavra.

O poeta expressa sua satisfação com os vários sentidos da "palavra" no seguinte verso:
a) "Muito prazer!"
b) "ela é antiga"
c) "– tem histórias pra contar"
d) "(e quanta história!)"

2. (Saresp) Leia o poema de José Paulo Paes transcrito a seguir e depois responda às questões.

Atenção, detetive

Se você for detetive,
Descubra por mim
Que ladrão roubou o cofre
Do banco do jardim
E que padre disse amém
para o amendoim.

Se você for detetive,
Faça um bom trabalho:
Me encontre o dentista
Que arrancou o dente do alho
E a vassoura sabida
Que deixou a louca varrida.

Se você for detetive,
Um último lembrete:
Onde foi que esconderam
As mangas do colete
E quem matou os piolhos
Da cabeça do alfinete?

PAES, José Paulo. *Poemas para brincar*. 13. ed. São Paulo: Ática, 1998.

Nos versos "descubra por mim / que ladrão roubou o cofre / do banco do jardim" e em "me encontre o dentista / que arrancou o dente do alho", o poeta:

a) apresenta uma charada que só um detetive pode resolver.

b) brinca com palavras que têm pelo menos dois significados.

c) propõe uma adivinha, mas não apresenta a resposta.

d) faz uma pergunta que qualquer um pode responder.

Quando o poeta diz para o leitor descobrir "que padre disse amém / para o amendoim", ele está fazendo uma brincadeira com:

a) o som das palavras, pois amém está contido em amendoim.

b) a origem das palavras, pois a palavra amendoim vem da palavra amém.

c) o significado das palavras, pois ambas têm significados parecidos.

d) a acentuação das palavras, pois uma tem acento e a outra, não.

Encerrando a unidade

- Nessa unidade, você conheceu as características do gênero poema e identificou o que o diferencia de um texto em prosa; conheceu a poesia sem palavra, que explora a linguagem não verbal e identificou a relação entre determinados verbos e os sentidos de algumas preposições.

- Como você avalia seu aproveitamento do estudo de poemas? Você acredita que, após esse estudo, vai ser capaz de se envolver mais com textos poéticos? Explique.

- Qual é a importância de conhecer regência verbal e regência nominal ao se escrever um texto?

- Para você, a ausência do sinal indicativo da crase pode comprometer o sentido de um enunciado? Por quê?

199

UNIDADE 6

Divulgação científica

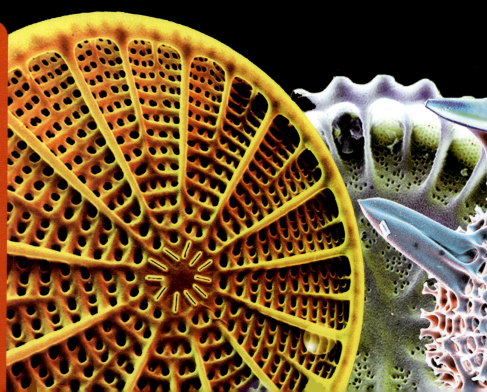

Nesta unidade você vai

- conhecer a organização dos gêneros: texto de divulgação científica e texto paradidático
- refletir sobre os recursos empregados nesses gêneros
- delimitar um tema e escolher um aspecto para escrever um texto
- ouvir um texto atentamente para detectar a sua ideia principal
- planejar e produzir um texto de divulgação científica
- conhecer a relação entre regência e sentidos de certas preposições

TROCANDO IDEIAS

1. Observe a imagem. Que formas geométricas e desenhos é possível distinguir?
2. A disposição das formas, da menor para a maior, partindo do canto superior esquerdo, sugere movimento. Em que ambiente elas poderiam existir?
3. Essas formas são diatomáceas. Leia a definição científica de diatomácea:

   "As diatomáceas são protistas unicelulares com frústula silicosa. Cada frústula é formada por duas valvas, ligeiramente desiguais (a menor das valvas encaixa-se na maior). Habitam a zona fótica dos oceanos (até cerca de 200m de profundidade), mares, lagos e rios, apresentando tanto formas bentônicas como planctônicas."

   Disponível em: <http://www.ufrgs.br/paleodigital/Diatomaceas.html>. Acesso em: 27 maio 2015.

   a) Você conseguiu entender bem o que são diatomáceas? Por quê?
   b) Se precisasse entender exatamente o conteúdo do texto acima, a quem pediria ajuda?
   c) Explicações acessíveis sobre termos técnicos são úteis para uma pessoa que não conhece muito sobre um assunto científico? Por quê?

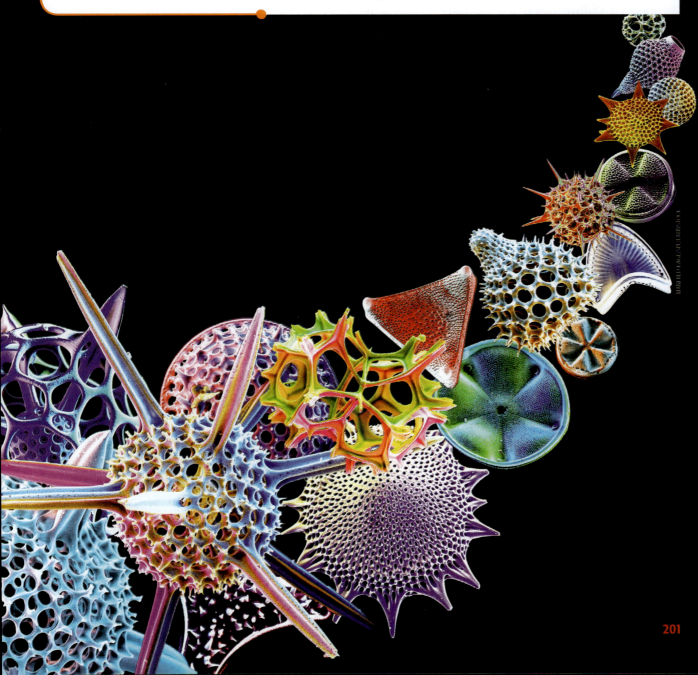

LEITURA 1

ANTES DE LER

1. Você já teve oportunidade de ler um texto que explicava detalhadamente um fenômeno da natureza ou trazia informações sobre uma pesquisa ou descoberta científica?

2. De que forma as pessoas que não são cientistas podem ter acesso às mais recentes pesquisas e descobertas da ciência?

Os cientistas tentam, há muitos anos, estabelecer comunicação com o universo além dos limites do Sistema Solar, em busca de formas de vida. Pesquisas têm sido feitas, envolvendo cálculos complexos sobre as distâncias que nos separam de outros corpos celestes e as dificuldades infinitas para superá-las. De que modo nós, leitores comuns, podemos tomar conhecimento dessas pesquisas e entender como seria possível realizar esse objetivo? O autor do texto a seguir, um físico, "traduz" o que tem acontecido nessa área da ciência.

Física sem mistério

A mensagem na garrafa

O planeta Terra tenta, de várias maneiras e há muitos anos, se comunicar com o universo que está além de seus limites. Adilson de Oliveira fala em sua coluna sobre essas tentativas e das grandes distâncias e dificuldades que as desafiam

Muitas histórias já foram relatadas acerca de mensagens lançadas ao mar dentro de garrafas. Algumas são apenas ficção, mas outras são verdadeiras.

Há vários relatos sobre garrafas contendo mensagens sendo encontradas em outros continentes, após realizarem viagens de milhares de quilômetros e depois de vários anos. Isso é possível porque, ao lançar a garrafa ao mar, dependendo das correntes marítimas, elas podem fazer viagens inusitadas.

[...]

Na verdade, diversas "mensagens em garrafas" já foram enviadas para lugares muito distantes. Algumas talvez sequer tenham sido feitas para serem lidas, mas outras foram certamente elaboradas com esse propósito, na esperança de que sinalizassem a presença humana. Estou me referindo às mensagens enviadas para as estrelas.

Desde o advento das transmissões de rádio e televisão, que começaram nas primeiras décadas do século

A recente utilização de sondas espaciais para enviar mensagens para além da Terra, apesar de muito cara e complexa, guarda semelhanças com a forma antiga de se transmitir recados em garrafas pelos oceanos.

passado, o nosso planeta está enviando para o espaço informações na forma de ondas eletromagnéticas.

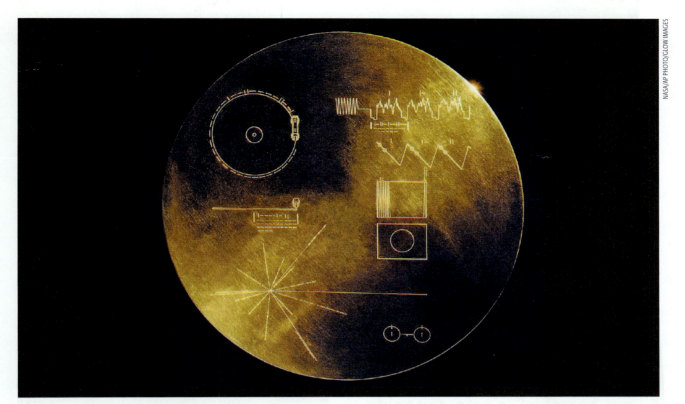

Um dos discos da missão Voyager, da Nasa, que contém imagens e sons selecionados para retratar a diversidade biológica e cultural da Terra. Uma das sondas acaba de atingir ponto distante na borda do Sistema Solar.

Dando sinal de vida

Os sinais de rádio e televisão são ondas eletromagnéticas, ou seja, modulações de campos elétricos e magnéticos. Como quaisquer ondas eletromagnéticas, não necessitam de um meio físico para se propagar, ou seja, podem viajar pelo espaço sideral.

[...]

Como essas ondas viajam na velocidade da luz, elas já alcançaram distâncias da ordem de uns 50 a 60 anos-luz (um ano-luz equivale a aproximadamente 10 trilhões de quilômetros) e poderiam ser detectadas com tecnologia semelhante à que dispomos atualmente nos chamados radiotelescópios.

Esses equipamentos constituem-se de antenas usadas para captar emissões na faixa das ondas de rádio oriundas de objetos celestes.

Tem gente aí?

O radiotelescópio de Arecibo, localizado em Porto Rico, nos Estados Unidos, é um dos principais equipamentos utilizados nessa busca. Com 305 metros de diâmetro, é o maior radiotelescópio fixo do mundo.

Até hoje, no entanto, não há qualquer evidência de que os sinais detectados foram produzidos por uma forma de vida inteligente. Como em nossa galáxia existem centenas de bilhões de estrelas, é difícil rastrear todas à procura desse tipo de sinal.

> Há décadas buscam-se sinais de fora da Terra. Mas ainda não há qualquer evidência de vida inteligente extraterrestre.

Além disso, as estrelas estão tão distantes de nós que os sinais eletromagnéticos, mesmo transmitidos à velocidade da luz, levam milhares de anos para viajar por toda a galáxia, como é o caso dos sinais produzidos aqui na Terra que já viajaram algumas dezenas de anos-luz pelo espaço.

Outra maneira de enviar mensagens para o espaço, muito mais complicada, mas que se assemelha ao arremesso de garrafas ao oceano, é a utilização de sondas espaciais.

As mensagens mais famosas são as que estão gravadas em dois discos de cobre revestidos de ouro. Um foi enviado com a espaçonave *Voyager 2*, lançada pela Nasa em 20 de agosto de 1977, e o outro, dentro da

Voyager 1, lançada pela agência espacial norte-americana em cinco de setembro do mesmo ano, ambas com a missão de obter imagens dos planetas Júpiter, Saturno, Urano e Netuno.

Os discos contêm 15 imagens – dentre as quais o Cristo Redentor –, 35 sons da natureza – vento, pássaros, água etc. – e saudações em 55 línguas, inclusive em português, além de trechos de músicas étnicas, obras de Beethoven e Mozart, entre outras, além de uma indicação da localização da Terra no Sistema Solar – terceiro planeta a partir do Sol.

Passados 33 anos de seu lançamento, ambas as espaçonaves continuam enviando sinais para a Terra. No dia 13 de dezembro [de 2010], a Nasa divulgou que a *Voyager 1*, em junho de 2010, alcançou a zona de heliopausa, considerada a fronteira mais externa do Sistema Solar. A espaçonave foi o primeiro artefato construído pelo homem a chegar a essa região espacial.

Trata-se de uma região localizada ao redor do Sistema Solar, na qual o vento solar, constituído por partículas de alta energia – como os prótons e elétrons – emitidas pelo Sol, não consegue mais se propagar devido ao vento interestelar, originado em estrelas ativas da galáxia.

As viagens das espaçonaves *Voyager 1* e *2* continuarão até elas colidirem com algum objeto do meio interestelar. Se elas seguirem suas trajetórias, levarão milhares de anos para passarem próximo a estrelas vizinhas ao nosso Sistema Solar.

> **Talvez uma civilização ainda encontre nossas "mensagens em garrafas" e seja capaz de entendê-las.**

Infelizmente, daqui a cerca de 15 anos, as baterias nucleares das sondas irão se esgotar. Assim, não terão mais como transmitir os seus sinais e continuarão uma solitária viagem pelo espaço.

Talvez, em um futuro distante, alguma civilização encontre as nossas "mensagens em garrafas" e seja capaz de entendê-las. Mas a possibilidade de vida inteligente talvez seja muito pequena. Talvez o surgimento da própria vida seja apenas um evento isolado, que aconteceu em nosso planeta e não se repetiu no universo, já que são necessárias condições muito especiais para que ela apareça.

O astrônomo americano Carl Sagan (1934 -1996), idealizador dos discos colocados nas *Voyager 1* e *2*, afirmou em seu livro *Contato*: "Não devemos estar sós nesse universo, senão seria um enorme desperdício de espaço". Se formos tão otimistas como Sagan, quem sabe a nossa "garrafa" estelar não cumpra a sua missão?

OLIVEIRA, Adilson de. Revista *Ciência Hoje*. Disponível em: <http://cienciahoje.uol.com.br/colunas/fisica-sem-misterio/a-mensagem-na-garrafa/view>. Acesso em: 16 mar. 2015.

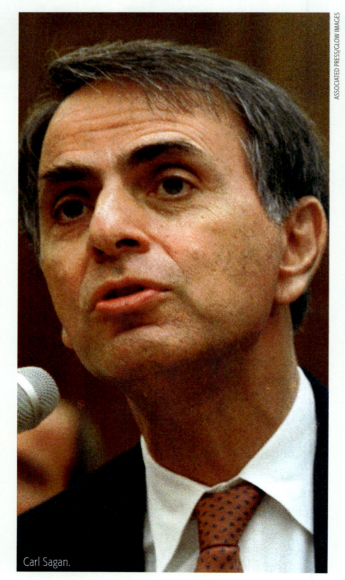

Carl Sagan.

Nas linhas do texto

1. O título do texto é "A mensagem na garrafa".

  a) O próprio texto apresenta uma justificativa para esse título. Qual é a justificativa?

  b) Dos dois tipos de mensagens enviadas por "garrafas" descritos no texto, algum já obteve sucesso?

2. De acordo com o texto, desde as primeiras décadas do século passado, os cientistas buscam sinais de vida inteligente fora da Terra. Quais foram e quando aconteceram as primeiras tentativas?

3. Além dessas primeiras tentativas, o texto cita outra forma de envio de mensagens para o espaço.

  a) Qual é essa forma?

  b) No texto, citam-se duas ocasiões em que cientistas enviaram mensagens dessa maneira. Qual o conteúdo das mensagens enviadas?

  c) Qual é a relação, feita no texto, entre uma garrafa com mensagem lançada ao mar e as naves *Voyager 1* e *2*, lançadas no espaço pela Nasa?

Carl Sagan

Carl Edward Sagan (1934-1996) foi um cientista e astrônomo norte-americano, professor da Universidade de Chicago. Dedicou-se à pesquisa e à divulgação da astronomia, tendo escrito inúmeras obras, entre elas a série para a TV *Cosmo*, que ajudou a popularizar a ciência.

Nas entrelinhas do texto

1. "A mensagem na garrafa" é um texto jornalístico que fala sobre estudos e pesquisas realizadas por astrônomos e outros cientistas. Por isso, é considerado um texto de divulgação científica.

  a) Qual é o assunto principal do texto?

  b) Observe os subtítulos: "Dando sinal de vida" e "Tem gente aí?". De que forma eles se relacionam com o título e o retomam?

2. Anote no caderno os trechos que podem completar a afirmação a seguir. Ao expor as maneiras pelas quais os cientistas vêm tentando sinalizar a presença humana no universo, a intenção do autor é:

  a) "traduzir", adaptar o discurso científico para leitores que são leigos no assunto.

  b) dar informações aos cientistas.

  c) aproximar o leitor comum das descobertas da ciência e de atividades do mundo científico.

3. Releia.

> "Outra maneira de enviar mensagens para o espaço, muito mais complicada, mas que se assemelha ao arremesso de garrafas ao oceano, é a utilização de sondas espaciais."

O uso da expressão **outra maneira** informa ao leitor que já se falou anteriormente de uma primeira maneira. Qual é ela?

205

4. Os discos idealizados pelo astrônomo Carl Sagan e inseridos nas sondas *Voyager 1* e *2* contêm imagens, sons, saudações multilíngues, trechos de músicas étnicas, obras de compositores eruditos dos séculos XVIII e XIX. Qual seria a intenção do astrônomo ao incluir esses itens nos discos?

5. Releia esta frase.

> "Como essas ondas viajam na velocidade da luz, [...] poderiam ser detectadas com tecnologia semelhante à que dispomos atualmente nos chamados radiotelescópios."

Com essa afirmação, o autor deixa implícito que, se houver vida inteligente fora da Terra, trata-se de uma civilização tão desenvolvida como a nossa, mais ou menos desenvolvida?

Além das linhas do texto

Leia este trecho de apresentação de uma entidade voltada para o avanço científico, tecnológico, cultural e educacional do Brasil, agora com uma seção dedicada especialmente aos jovens.

> • A SBPC Jovem é realizada desde 1993. Acontece durante a Reunião Anual da Sociedade Brasileira para o Progresso da Ciência (SBPC), que existe desde 1948 e é ponto alto de suas atividades. A SBPC Jovem é a realização do desejo de cientistas que perceberam a necessidade de aproximar a ciência e a escola, além de atrair a sociedade em geral para a Universidade, envolvendo-a com a pesquisa científica. É uma oportunidade para troca de conhecimentos e de proporcionar aos jovens espaços de expressão e de apreensão do saber fazer ciência.
> • Nessa perspectiva, a SBPC Jovem irá oferecer ao público participante oficinas, apresentações de trabalhos científicos nas formas de pôster, palestras, atividades interativas, encontros com cientistas, representantes das comunidades tradicionais além de exposições, vídeos, filmes, entre outras.

Disponível em: <www.abimaelcosta.com.br/2012/07/acesse-aqui-programacaocompleta-da-64.html>.
Acesso em: 16 mar. 2015.

1. Você acha que eventos como a SBPC Jovem podem ajudar a melhorar o estudo de Ciências em nosso país? Por quê?

2. O que você acha que poderia ser feito nas escolas brasileiras para aumentar o interesse dos jovens por Ciências?

3. Você acha que ler e compreender textos de divulgação científica pode ajudar a melhorar o desempenho dos estudantes em Ciências?

COMO O TEXTO SE ORGANIZA

1. Observe as páginas do texto. Além do nome da seção do *site* ("Física sem mistério"), do título e dos subtítulos do texto, do nome do autor e do *site* de onde foi tirado, que outros elementos aparecem?

2. Esse texto foi publicado no *site* da revista *Ciência Hoje*, na seção "Física sem mistério".

   a) O autor é Adilson de Oliveira. De que modo você acha que ele conseguiu os dados científicos que divulga no texto?

   b) Pelo assunto, pela linguagem e pelo *site* onde foi publicado, a que público se destina esse texto?

   c) Considerando a linguagem empregada, você acha que o texto pode ser entendido com facilidade por esse público? Explique.

   d) Quais podem ser os objetivos de quem lê um texto desse gênero?

3. Na introdução do texto, o autor faz referência a um costume antigo de lançar ao mar garrafas com mensagens escritas.

   a) Esse assunto está diretamente relacionado às ciências?

   b) Qual pode ter sido a intenção do autor ao fazer esse tipo de introdução?

4. O texto "A mensagem na garrafa" guarda semelhanças com o ==artigo científico== que lhe deu origem, adotando um modo quase impessoal de escrever, na terceira pessoa.

   a) Em alguns momentos, entretanto, é possível notar o uso da primeira pessoa. Anote no caderno um trecho em que isso acontece.

   b) Que efeito o emprego da primeira pessoa cria?

> **Artigo científico** é o texto que apresenta resultados de uma pesquisa realizada de acordo com métodos científicos, fornecendo informações e conclusões a respeito do assunto analisado.

5. Observe estas frases.

   > "Os sinais de rádio e televisão são ondas eletromagnéticas, ou seja, modulações de campos elétricos e magnéticos."
   > "Há décadas buscam-se sinais de fora da Terra."
   > "Como em nossa galáxia existem centenas de bilhões de estrelas, é difícil rastrear todas à procura desse tipo de sinal."

   a) Frases como essas, nesse contexto, narram um fato fictício já acontecido, expõem fatos e fornecem informações, expressam uma avaliação pessoal ou fazem uma recomendação?

   b) As três frases são declarativas. Por que foram usadas no texto?

> Uma sequência de frases declarativas, com verbos no presente, constitui o que chamamos de **sequência expositiva**, cuja presença é uma das características do gênero texto de divulgação científica.

6. A citação de declarações dadas por uma autoridade no assunto (por exemplo, um astrônomo, um biólogo, um matemático) é uma das características do texto de divulgação científica.

   a) Localize no texto um trecho em que isso ocorre.

   b) Qual a intenção do autor ao recorrer a essa estratégia?

7. Um texto de divulgação científica organiza-se em torno de uma ideia principal e de ideias secundárias que a desenvolvem ou explicam. Além disso, há uma introdução e uma conclusão. Observe o esquema com a estrutura do texto em estudo.

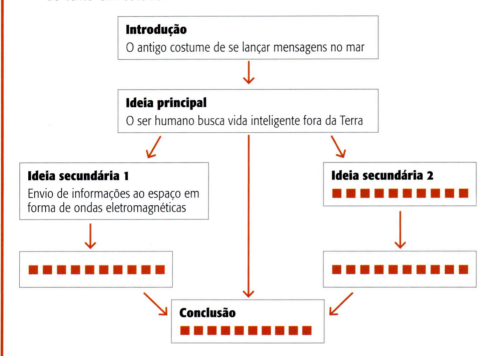

> **NÃO DEIXE DE OUVIR**
>
> • *Programa Paideia*, produção vinculada à Universidade Federal de São Carlos, Rádio UFSCar (95,3 FM)
>
> O programa vai ao ar toda terça-feira, às 18h, e promove o contato do ouvinte com a cultura científica por meio de temas apresentados por professores e especialistas. A linguagem é acessível e interativa.

   a) Reproduza o esquema no caderno, observando como as ideias estão interligadas.

   b) Complete o esquema: acrescente os itens "Conclusão" e "Ideia secundária 2" e mencione o resultado de cada uma das maneiras de buscar vida inteligente fora da Terra (ideias secundárias 1 e 2).

8. Com base no estudo do texto "A mensagem na garrafa", anote no caderno apenas as frases que caracterizam adequadamente o texto de divulgação científica.

   a) É uma espécie de tradução do discurso científico em linguagem simples.

   b) Tem a finalidade de divulgar conhecimentos científicos para o público leigo.

   c) Por ser dirigido a um público não especializado, não tem compromisso com a verdade científica.

   d) O texto de divulgação científica tem linguagem simplificada, diferente da linguagem especializada usada pelos cientistas em artigos científicos.

   e) Quando aparecem termos do jargão científico, eles são explicados ao leitor.

   f) A introdução não tem função no texto de divulgação porque o que interessa é a informação científica.

RECURSOS LINGUÍSTICOS

1. No texto de divulgação científica, há sempre a preocupação de permitir ao leitor entender o que se diz, mesmo quando é preciso empregar uma linguagem mais técnica. Releia este trecho e observe as expressões destacadas.

> "Os sinais de rádio e televisão são ondas eletromagnéticas, **ou seja**, modulações de campos elétricos e magnéticos. Como quaisquer ondas eletromagnéticas, não necessitam de um meio físico para se propagar, **ou seja**, podem viajar pelo espaço sideral."

Qual a função dessas expressões nesse contexto? Explique.

2. Leia estes trechos em que há outros exemplos do mesmo recurso comentado acima.

> No Brasil, pesquisas na área de genética de populações têm trazido contribuições importantes nos debates sobre o estatuto da ideia de "raça". [...]
> Em 2003, um outro mapeamento genético [...] realizado pela equipe de geneticistas da UFMG ganhou repercussão: o mapeamento buscava verificar se existe uma correlação entre "raça" e ancestralidade no Brasil, ou seja, se haveria uma correspondência entre aparência física e origem geográfica.
>
> Disponível em: <www.comciencia.br/comciencia/handler.
> php?section=8&edicao=8&id=51>. Acesso em: 24 abr. 2015.

> Eclipses totais do Sol são fenômenos naturais extraordinários, no duplo sentido do termo. De um lado, são fenômenos raros. Isto porque o plano da órbita da Lua possui uma inclinação de cerca de 5° com relação ao plano da eclíptica, isto é, o plano da órbita aparente do Sol.
>
> Disponível em: <www.comciencia.br/comciencia/handler.
> php?section=8&edicao=27&id=307>.
> Acesso em: 24 abr. 2015.

a) O autor, quando explica um trecho usando palavras de uso cotidiano, mais acessíveis ao leitor, utiliza um recurso denominado paráfrase. Anote no caderno fragmentos desses trechos em que ocorre paráfrase.

b) Quais são as expressões empregadas e qual é a pontuação nos fragmentos que você selecionou?

c) Qual é a importância do recurso da paráfrase no texto de divulgação científica? Explique.

3. Leia este trecho de outro texto de divulgação científica.

Reprogramar para melhorar

Uma nova área de estudos começa a despontar nos laboratórios brasileiros. É a chamada biologia sintética. Mas o que exatamente seria isso? Trata-se um campo de pesquisa que busca reproduzir organismos para obter aplicações biotecnológicas e biomédicas. Em outras palavras, seres vivos como bactérias ou plantas podem ter seu material genético modificado com o objetivo de melhorar a qualidade de vida humana e do ambiente. Alguns exemplos: vazamentos de petróleo no mar controlados por micro-organismos, enfermidades tratadas por "máquinas" microscópicas que atacam células doentes, preservando as sadias.

Disponível em: <http://assinaturadigital.cienciahoje.org.br/revistas/reduzidas/315/files/assets/basic-html/page3.html>.
Acesso em: 16 mar. 2015.

a) Há nesses trechos, também, a presença da paráfrase, porém construída de outra forma. Anote no caderno o segmento do trecho em que ela ocorre.

b) Com que intenção foi usada a paráfrase?

> **Paráfrase** é uma versão nova de um texto, recriado por meio de palavras diferentes das empregadas originalmente. No texto de divulgação científica, é um recurso para explicar com palavras mais simples, de uso cotidiano, um termo ou conceito técnico. Geralmente é indicada no texto pelo uso das expressões **ou seja** e **isto é** entre vírgulas ou por meio de sinais gráficos, como os parênteses e os travessões.

4. A presença de conjunções e locuções é frequente em textos expositivos, como os de divulgação científica. Releia este trecho.

"O radiotelescópio de Arecibo, localizado em Porto Rico, nos Estados Unidos, é um dos principais equipamentos utilizados nessa busca. Com 305 metros de diâmetro, é o maior radiotelescópio fixo do mundo.

Até hoje, no entanto, não há qualquer evidência de que os sinais detectados foram produzidos por uma forma de vida inteligente. Como em nossa galáxia existem centenas de bilhões de estrelas, é difícil rastrear todas à procura desse tipo de sinal."

Veja o esquema que mostra a sequência de raciocínios do autor.

poderoso radiotelescópio envia mensagens → não há evidências de resposta

existem centenas de bilhões de estrelas → é difícil rastrear todas as estrelas

a) Quais são as conjunções que fazem a ligação entre as duas primeiras afirmações? E entre as outras duas?

b) Que tipo de relação elas estabelecem entre essas afirmações?

> O uso de **conjunções** ou **locuções conjuntivas** em um texto expositivo, como o texto de divulgação científica, contribui para tornar o texto coeso, estabelecendo relações de significado e sequência entre as partes que o compõem.

5. Nesse mesmo trecho, o autor emprega um adjunto adverbial para fazer uma ressalva às suas afirmações, ou seja, faz uma restrição às suas próprias afirmações.

a) Qual é esse adjunto adverbial?

b) Com a escolha desse adjunto adverbial, que opinião/avaliação/predição o autor deixa implícita?

6. Releia este trecho e observe os pronomes destacados.

> "Na verdade, diversas 'mensagens em garrafas' já foram enviadas para lugares muito distantes. **Algumas** talvez sequer tenham sido feitas para serem lidas, mas **outras** foram certamente elaboradas com esse propósito, na esperança de que sinalizassem a presença humana."

a) A que se referem os pronomes **algumas** e **outras**?

b) Com que intenção foram empregados pelo autor?

7. Releia este trecho.

> "O astrônomo americano Carl Sagan (1934-1996), idealizador dos discos colocados nas *Voyager 1* e *2*, afirmou em seu livro *Contato*: 'Não devemos estar sós nesse universo, senão seria um enorme desperdício de espaço'."

Carl Sagan, em foto de 1980.

a) No trecho acima, há discurso direto ou indireto?

b) Em que você se baseou para dar essa resposta?

c) Reescreva o trecho, usando outro tipo de discurso.

d) Que alterações você fez ao reescrever o trecho?

8. Releia estas frases da conclusão do texto.

> "Talvez, em um futuro distante, alguma civilização encontre as nossas 'mensagens em garrafas' e seja capaz de entendê-las. Mas a possibilidade de vida inteligente talvez seja muito pequena. Talvez o surgimento da própria vida seja apenas um evento isolado, que aconteceu em nosso planeta e não se repetiu no universo, já que são necessárias condições muito especiais para que ela apareça."

Anote no caderno o trecho que completa adequadamente esta afirmação:
O uso repetido do advérbio **talvez** revela:

a) a descrença do autor na existência de vida inteligente fora da Terra.

b) a crença do autor na existência de vida inteligente fora da Terra.

c) cautela e prudência em acreditar na existência de vida inteligente fora da Terra.

d) a percepção de que provavelmente existe vida inteligente fora da Terra.

9. Em relação à linguagem, podemos dizer que o texto de divulgação científica obedece à norma-padrão? Explique sua resposta.

FIQUE ATENTO... À PONTUAÇÃO NO GÊNERO TEXTO DE DIVULGAÇÃO CIENTÍFICA

1. No texto de divulgação científica, predomina o ponto final. Por que isso acontece?

2. Releia estes trechos.

> Como essas ondas viajam na velocidade da luz, elas já alcançaram distâncias da ordem de uns 50 a 60 anos-luz (um ano-luz equivale a aproximadamente 10 trilhões de quilômetros) e poderiam ser detectadas com tecnologia semelhante [...]

   a) Além dos parênteses, quais são outros recursos e sinais de pontuação em geral empregados na construção da paráfrase?

   b) Anote e transforme no caderno o trecho acima, empregando os outros sinais de pontuação que você mencionou e fazendo as alterações necessárias.

3. As aspas podem também aparecer no texto de divulgação científica. Releia o último parágrafo e indique no caderno que funções as aspas têm nele.

Para lembrar

NÃO DEIXE DE ACESSAR

- http://super.abril.com.br/multimidia/grandes-genios-fisica-641777.shtml
  Esse endereço dá acesso a um jogo de memória com o nome dos grandes gênios da física, em que você poderá conhecer as mentes mais brilhantes dessa área da ciência.

DEPOIS DA LEITURA

Mesmo tema, outro gênero

Será que somente textos de divulgação científica podem tratar de viagens para explorar o espaço? Leia para conferir.

O homem; as viagens

O homem, bicho da Terra tão pequeno
chateia-se na Terra
lugar de muita miséria e pouca diversão,
faz um foguete, uma cápsula, um módulo
toca para a Lua
desce cauteloso na Lua
pisa na Lua
planta bandeirola na Lua
experimenta a Lua
coloniza a Lua
civiliza a Lua
humaniza a Lua

Lua humanizada: tão igual à Terra.
O homem chateia-se na Lua.
Vamos para Marte – ordena a suas máquinas.
Elas obedecem, o homem desce em Marte
pisa em Marte
experimenta
coloniza
civiliza
humaniza Marte com engenho e arte.

Marte humanizado, que lugar quadrado.
Vamos a outra parte?
Claro – diz o engenho
sofisticado e dócil.
Vamos a Vênus.
O homem põe o pé em Vênus,
vê o visto – é isto?
idem
idem
idem.
[...]

ANDRADE, Carlos Drummond de. O homem; as viagens. In: _____. *As impurezas do branco*. Rio de Janeiro: Record, 2005.

1. Sobre o que fala esse trecho do poema?

2. Esse poema tem relação com o texto de divulgação científica lido. Em relação ao assunto, aponte uma semelhança e uma diferença entre eles.

3. No poema, são empregadas algumas figuras de linguagem. Localize um exemplo de:

    a) metáfora; b) personificação.

4. No texto "A mensagem na garrafa", quando o autor se refere às mensagens enviadas ao espaço como mensagens em garrafas, ele faz uma metáfora. Entretanto, não se pode dizer que esse texto tenha linguagem poética. Explique por quê.

213

DO TEXTO PARA O COTIDIANO

Desde 1957, o ser humano tem lançado foguetes, sondas espaciais e satélites ao espaço. Sente-se com um colega e discuta com ele as questões a seguir. Preparem-se para partilhar oralmente suas opiniões com os colegas e o professor.

1. Observem esta imagem. Ela mostra objetos e detritos (que foram representados em tamanho maior que o real) girando na órbita da Terra, a 2000 km da superfície.

O que poderiam ser esses objetos que orbitam em torno da Terra?

2. Girando em torno da órbita terrestre há alguns artefatos, os chamados satélites artificiais, que nos trazem muitos benefícios. Cite alguns desses benefícios.

3. Há, também, no espaço, um acúmulo de satélites e de detritos de diferentes origens. Você é capaz de citar o que pode dar origem a tais detritos?

4. Nem tudo o que está circulando pelo espaço permanece em órbita: muitos detritos acabam caindo na Terra. A chance de esses detritos causarem mal aos humanos é pequena, pois, na maioria das vezes, o lixo acaba caindo no mar ou se queimando antes de atravessar a atmosfera.

   a) Qual a ameaça mais imediata representada por esses detritos?
   b) Em sua opinião, a poluição do espaço é inevitável?
   c) Vocês acham que é possível limpar o espaço desses objetos e destroços?

Importante
- No momento de apresentar suas conclusões, pronunciem as palavras claramente e falem em voz alta, para que todos possam ouvir
- Aguardem a vez de vocês para começar a falar.
- Usem uma linguagem adequada à situação.
- Evitem repetir informações e argumentos já apresentados.
- Ouçam a opinião das outras duplas com atenção.

PRODUÇÃO ESCRITA

Texto de divulgação científica

Você vai escrever um texto de divulgação científica em que tentará traduzir explicações científicas sobre um assunto ligado à Biologia, à Botânica, à Astronomia, à História, à Geografia etc. para leitores do 5º ou do 6º ano de sua escola. Para isso, vai escolher um tema de seu interesse – e do interesse dos leitores – e pesquisá-lo em jornais ou em revistas e *sites* especializados.

Antes de começar

1. Os textos de divulgação científica costumam tratar de assuntos específicos. Observe, no diagrama abaixo, como se pode escolher um assunto específico dentro de outro mais amplo.

No caderno, organize os dois grupos de assuntos a seguir como no esquema acima: do assunto mais amplo para o mais específico.

> a Lua, satélite natural da Terra — a posição da Terra em relação ao Sol — como as fases da Lua influenciam o movimento das marés — as fases da Lua

> as várias espécies de borboletas — a transformação da crisálida em borboleta — as mariposas e borboletas — insetos

2. Fazer perguntas, chamadas de questões investigativas, que possam direcionar a produção, também é um bom caminho para definir um assunto que não seja muito amplo. Observe os exemplos.

assunto → **os dinossauros** questão investigativa → **Por que os dinossauros desapareceram?**

assunto → **alimentação** questão investigativa → **Qual o melhor tipo de alimentação para um adolescente com problemas de obesidade?**

Pense em dois temas de seu interesse e escreva duas perguntas a respeito do que poderia ser desenvolvido e explicado em um texto de divulgação científica para estudantes do 5º e do 6º anos.

215

Planejando o texto

1. Escolha um assunto ligado a alguma ciência e informe-se sobre ele.

   a) Escreva a ideia principal que pretende desenvolver e algumas ideias secundárias com base nela, anotando pelo menos duas. Desenhe com elas um esquema como vimos no estudo do texto.

   b) Planeje a introdução: uma comparação do assunto a ser tratado com algo do cotidiano ou uma pergunta instigante, por exemplo. Insira exemplos para ilustrar suas ideias.

   c) Se possível, transcreva em discurso direto ou indireto informações e opiniões de especialistas na área.

   d) Selecione imagens e escreva legendas que contribuam para que o leitor entenda melhor as explicações dadas no texto.

   e) Escreva um parágrafo para a introdução, um para a apresentação da ideia principal e um para cada uma das ideias secundárias; complete com um parágrafo para a conclusão.

2. Cuide da linguagem:

   a) empregue orações declarativas;

   b) use a paráfrase pelo menos uma vez para explicar termos científicos e conceitos mais complexos, usando expressões como **ou seja** e **isto é** e recursos de pontuação como os parênteses e travessões.

Avaliação e reescrita

1. Após finalizar o texto, faça uma autoavaliação.

   - O texto traduz em linguagem simples um assunto relacionado a uma ciência?
   - Ele tem a estrutura dos textos de divulgação científica (introdução, ideia principal, ideias secundárias e conclusão)?
   - Há imagens e legendas claras e informativas?

2. Reescreva o que for necessário e entregue o texto ao professor.

3. No dia combinado com o professor, você e seus colegas lerão oralmente alguns dos textos para turmas do 5º ou do 6º ano da escola.

> ### NÃO DEIXE DE LER
>
> - **Revista Ciência Hoje**, Instituto Ciência Hoje (ICH)
>
> Trata de temas ligados à produção intelectual e tecnológica de universidades, institutos e centros de pesquisa brasileiros e dos avanços da ciência em geral; tem como público-alvo professores, estudantes e interessados em conhecer o que acontece no mundo científico.

ATIVIDADE DE ESCUTA

Frequentemente, ouvimos e vemos na televisão, em entrevistas ou depoimentos de especialistas, informações sobre pesquisas científicas que estão ocorrendo ou explicações sobre fenômenos naturais. A atenção, nesses momentos, é importante para que se possa identificar a ideia principal do que está sendo exposto. Seu professor vai ler um texto. Ouça a leitura atentamente para identificar a ideia principal exposta.

Regência verbal

1. Leia a tira.

Bill Watterson. *Calvin e Haroldo*. Campinas: Cedibra, 1987.

a) Calvin acredita que seu tigre de pelúcia seja de verdade. Que elementos, no último quadrinho, mostram essa convicção do menino?

b) Você já aprendeu que alguns verbos necessitam de uma palavra ou expressão que complemente seu sentido. Qual é o complemento de **levar** na fala da mãe? Esse complemento se liga ao verbo diretamente ou por preposição?

c) Na fala de Haroldo, qual o complemento de **precisava**? Esse complemento se liga ao verbo diretamente ou por meio de preposição?

Os verbos podem ser transitivos (necessitam de um complemento) ou intransitivos (não necessitam de complemento). Quando necessitam de um complemento, este pode ser um objeto direto ou um objeto indireto.

2. Releia estes enunciados e observe e compare os verbos destacados.

> Você vai **levar** o seu tigre de pelúcia para a escola de novo?
> E ele **precisava** de um banho...

a) Qual é o complemento do verbo **levar**? E do verbo **precisar**?

b) Qual é o termo que faz a ligação dos verbos com as expressões que complementam seu sentido?

c) Em qual das duas orações a relação do verbo com seu complemento se faz diretamente?"

> A relação de um verbo com seu complemento denomina-se **regência verbal**.

A regência verbal pode ocorrer de duas maneiras:

- diretamente, **sem** preposição → nesse caso, temos um verbo transitivo direto;
- indiretamente, **com** preposição → nesse caso, temos um verbo transitivo indireto.

> **Regência verbal** é o fenômeno gramatical em que um verbo transitivo rege um termo que o complementa, exigindo ou não a presença de uma preposição para ligar-se a ele.

217

Verbos transitivos diretos

1. Releia.

> "O Tonny Chestnutt fez isto uma vez, mas agora ninguém faz."

a) A que se refere o pronome **isto** na fala de Calvin?

b) O verbo **fazer** na primeira oração é transitivo direto. Esse verbo exige preposição entre ele e seu complemento?

c) Na segunda oração, "mas agora ninguém faz", não aparece o complemento do verbo **fazer**. A que Calvin se refere e por que o complemento verbal não está explícito?

> O **verbo transitivo direto** estabelece relação de regência com seu complemento diretamente, sem preposição.

Verbos transitivos indiretos

1. Na tirinha do Calvin, a mãe pergunta ao filho: "Os meninos não caçoam de você?".

   O verbo **caçoar** é transitivo indireto. De que modo é feita a ligação entre o verbo e seu complemento?

2. Em quais dos títulos a seguir o verbo tem a mesma regência do verbo da atividade anterior?

I

Famílias de Itaquaquecetuba afetadas pela chuva precisam de doação

Disponível em: <http://g1.globo.com/sp/mogi-das-cruzes-suzano/noticia/2015/02/familias-de-itaquaquecetuba-afetadas-pela-chuva-precisam-de-doacao.html>.
Acesso em: 16 mar. 2015.

II

DEGRAUS E DESVIOS NA PISTA DESAFIAM MOTORISTAS QUE CIRCULAM PELA SP-304

Disponível em: <http://g1.globo.com/sp/piracicaba-regiao/noticia/2015/01/degraus-e-desvios-na-pista-desafiam-motoristas-que-circulam-pela-sp-304.html>.
Acesso em: 16 mar. 2015.

III

MEMORANDO CIRCULAR INFORMA SOBRE FERIADOS NACIONAIS E PONTOS FACULTATIVOS EM 2015

Disponível em: <http://site.ufsm.br/noticias/exibir/memorando-circular-informa-sobre-feriados-nacionai>.
Acesso em: 16 mar. 2015.

3. Leia este trecho de uma matéria publicada em uma revista de divulgação científica.

[...] Hermes (maestro Hermes Coelho, da Faculdade Mozarteum, em São Paulo) dá uma boa notícia para quem deseja seguir a profissão de maestro no Brasil. "O mercado é pequeno, mas já cresceu muito e ainda vai crescer mais, então, é possível, sim, viver de música no país", assegura. "É uma trajetória de aprendizado, você toca em festas, casamentos, pequenos eventos, pode atuar na regência de corais de igreja, por exemplo, e depois chegar a orquestras grandes como músico ou já como maestro – é só querer e se dedicar bastante!"

Gostou da dica e já quer aprender a tocar um instrumento? É um bom começo para um dia ser maestro.

CARVALHO, Isabele. Disponível em: <http://chc.cienciahoje.uol.com.br/multimidia/revistas/reduzidas/264/?revista=264#/7/zoomed>. Acesso em: 16 mar. 2015.

No contexto do trecho, há dois verbos transitivos indiretos. Que preposição cada um deles exige?

> O **verbo transitivo indireto** estabelece relação de regência com seu complemento por meio de preposição.

Verbos transitivos diretos e indiretos

1. Leia.

Pau-brasil

Os índios chamavam de *ibira pitanga*, pau vermelho; os portugueses, de pau-brasil, também por causa de seu pigmento "cor de brasa" – "brasil". A Árvore Nacional trazia dentro de si a própria perdição. Sua riqueza interior quase a levou ao desaparecimento. Portugueses e outros europeus lotavam suas caravelas com pau-brasil.

SEVERINO, Mylton. *Em se plantando, tudo dá*. Belo Horizonte: Leitura, 2009.

Tronco de pau-brasil no Horto Florestal de Franca, SP.

a) Que nomes da árvore nacional do Brasil o texto menciona? Por que lhe foram dados esses nomes?

b) Segundo o texto, o que contribuiu para seu quase desaparecimento?

c) O verbo **lotar** (=**encher**), no trecho, tem dois complementos: quem lota, lota algo com alguma coisa. Quais são esses complementos?

d) Releia e observe o emprego do verbo destacado.

Sua riqueza interior quase **a levou ao desaparecimento**.

Sua riqueza interior levou **a árvore ao desaparecimento**.

complemento (**objeto direto**)   **complemento** (objeto indireto)

O verbo **levar**, nessa frase, tem a mesma regência que na frase "Você vai levar o seu tigre de pelúcia para a escola de novo". Explique sua resposta.

> O **verbo transitivo direto** e **indireto** rege dois complementos: um sem preposição (objeto direto) e outro com preposição (objeto indireto).

219

2. Leia estas frases e compare a regência do verbo destacado.

Em sessão de autógrafos, Zezé di Camargo e Luciano falam de livro e Justin Bieber

A dupla Zezé di Camargo e Luciano esteve hoje no prédio da editora Abril [...] para **falar** à imprensa e, em seguida, autografar o livro *Zezé di Camargo e Luciano – Dois corações e uma história*, um projeto da revista *Contigo!*, nas bancas desde março. [...]

CHAVES, Milena. Disponível em: <http://veja.abril.com.br/noticia/entretenimento/em-sessao-de-autografos-zeze-di-camargo-e-luciano-falam-de-livro-e-justin-bieber>. Acesso em: 17 mar. 2015.

a) O que significa a expressão **falar à imprensa**?

b) O verbo **falar** tem o mesmo sentido nas duas frases em que é empregado? Explique.

c) Neste trecho, o verbo **falar** é usado com outro sentido.

> Ninguém sabe dizer quando o homem aprendeu a falar. Acredita-se que ele tenha começado a falar – ou a tentar a falar – cerca de 60 mil anos a.C.
>
> DUARTE, Marcelo. *O guia dos curiosos – Língua portuguesa*. São Paulo: Panda Books, 2003.

Qual é o sentido e como podemos explicar a regência verbal nesse caso?

3. Leia estes versos de uma canção do compositor Noel Rosa.

Quero falar com você

Quero falar com você
Mas em segredo
Que ninguém venha saber do nosso amor
Será que para sempre
Havemos de guardar
Para a felicidade algum dia nos chegar
[...]

ROSA, Noel. Quero falar com você. Vários artistas. *Noel Rosa pela primeira vez*, vol. 3. Universal, 2000.

Noel Rosa em capa de CD de 2003.

a) A quem se dirige o eu poético?

b) O verbo **falar** apresenta, nesses versos, a mesma regência que nas frases da atividade anterior? Explique.

> Um mesmo verbo pode ter mais de uma regência. Por exemplo, o verbo falar apresenta as regências: **falar, falar a, falar de, falar com, falar sobre**. Quando a regência de um verbo muda, seu sentido altera também, pois cada preposição expressa um sentido próprio em contextos diferentes.

220

Crase: ocorrências ligadas à regência de alguns verbos

1. Releia e observe a regência do verbo **falar**.

> "A dupla Zezé di Camargo e Luciano esteve hoje no prédio da editora Abril [...] para falar **à** imprensa [...]"

⬇

ocorrência de crase, indicada pelo acento grave (`)

As frases a seguir precisam ser reescritas, acrescentando-se o acento grave indicador da crase onde necessário. Anote-as no caderno e faça as correções. Depois explique cada ocorrência de crase.

a) "Estou me referindo as mensagens enviadas para as estrelas."

b) "Quando chegamos a Delegacia de Homicídios, Nicéforo Lombroso esperava-nos [...]. Mirou-me de alto a baixo, lentamente, como que avaliando a força dos meus braços e a ligeireza das minhas pernas. [...]"

CAZARRÉ, Lourenço. *Quem matou o mestre de Matemática?* São Paulo: Atual, 2010.

c) "Presidente da FPF (Federação Paraibana de Futebol) enviou a CBF protesto contra armação no jogo Fortaleza 4 x 0 Ceará, que rebaixou o Campinense-PB!"

Disponível em: <www.digaofutebol.com/2011/09/presidente-da-fpf-federacao-paraibana.html>. Acesso em: 21 nov. 2011.

2. Leia os versos desta canção.

Não sei o que fazer
Não sei o que fazer
Eu saio por aí
Sem ter aonde ir

Não é sete de setembro
Nem dia de finados
Não é sexta-feira santa
Nem um outro feriado
[...]

Tudo está fechado
Tudo está fechado
Domingo é sempre assim
E quem não está acostumado?

Titãs. Domingo. CD *Domingo*.WEA, 1996.

a) De que falam os versos?
b) Por que o eu poético não tem "aonde ir"?
c) Como foi formada a palavra **aonde**?
d) **Onde** é um advérbio que significa "em que lugar". Por que, nesse verso, foi usada a palavra **aonde**, e não **onde**?

3. Leia o início de uma reportagem.

Inferno na Terra

Há 65 milhões de anos, um asteroide colidiu com a Terra, pôs fim à era dos dinossauros e mudou os rumos da evolução. Assista agora à cobertura completa de um dos piores momentos do nosso planeta

A tragédia veio do espaço. Naquele dia, os répteis gigantes, mestres supremos do planeta Terra, foram dormir sem imaginar que seu mundo estava prestes a acabar. No céu, dias antes, um objeto grande e brilhante já fazia companhia à Lua e iluminava a noite. Numa fração de segundo, devastação sem precedentes, em escala planetária. Um impacto com poder superior à detonação de 100 milhões das mais fortes bombas atômicas já construídas. Era o início de uma das maiores extinções da história.

ANTERO, Arthur Artero. Disponível em: <http://super.abril.com.br/ciencia/inferno-terra-446115.shtml>. Acesso em: 17 mar. 2015.

a) Em "Naquele dia, **os répteis gigantes**, mestres supremos do planeta Terra [...]", a quem se refere a expressão destacada?

b) O trecho "No céu, dias antes, um objeto grande e brilhante já fazia companhia à Lua e iluminava a noite" só pode ser compreendido levando-se em conta as informações dadas antes. Qual é esse objeto grande e brilhante? Ele apareceu no céu dias antes de quê?

c) Por que foi usado o acento grave indicativo da crase em "pôs fim à era"?

d) Por que ocorre crase em "assista agora à cobertura"?

4. Leia e observe a regência do verbo **ir**.

Eu fui à missa no colégio porque era mais cedo. Mal terminou e saí da capela, andei apressado sem me incomodar com o suor que veio, fininho, amanhecendo, meus pés naquele verão cruzando a cidade.

RAMOS, Ricardo. Longe. In: _____. *Estação primeira*. São Paulo: Scipione, 2007.

a) A regência desse verbo é a mesma que em "sem ter aonde ir"? Que preposição ele rege?

b) Por que foi empregado o acento grave indicativo da crase?

> O verbo **ir**, que indica movimento, rege as preposições **a** e **para**. Quando ele aparece diante de palavras femininas que exigem artigo, ocorre crase.

5. Leia o início de uma notícia.

> Este sábado chegou a Portugal um grupo de 24 estudantes [...] , rapazes e raparigas vindos do Líbano, Turquia e Jordânia, que vão para Braga, Guarda, Porto, Covilhã, Lisboa e Algarve, cidades onde vão continuar os estudos.
>
> *Jornal de Notícias.* Disponível em: <http://www.jn.pt/PaginaInicial/Sociedade/interior.aspx?content_id=4174654>. Acesso em: 24 fev. 2015.

a) O que revela, na notícia, que não se trata de um texto escrito no português do Brasil?

b) No texto da notícia, por que não ocorre a crase após o verbo **chegar** diante do substantivo **Portugal**?

c) Levante uma hipótese: por que em "chegam a Lisboa" não ocorre crase, se **Lisboa** é um substantivo feminino?

d) Agora leia esta anedota.

> Dois alunos chegam tarde à escola e justificam-se:
> – Acordei tarde, professor! Sonhei que fui à Polinésia, e a viagem demorou muito.
> – E eu fui esperá-lo no aeroporto! – completou o outro.

> A **Polinésia** é um agrupamento de ilhas situado no Oceano Pacífico.

O substantivo **Polinésia** dá nome a um lugar, assim como Lisboa. Por que, então, há crase em "fui à Polinésia", mas não há em "chegam a Lisboa"?

Quando um verbo que rege a preposição **a** aparece diante de nome de lugar, pode ou não ocorrer crase: se o nome admitir artigo feminino, há crase; se não admitir, não há.

Uma forma prática de saber se ocorre ou não crase após os verbos **chegar** e **ir** é trocar **chegar a** ou **ir a** por **vir de**.

Chegar **a** Lisboa. → Vir **de** Lisboa.

Ir **a** Portugal. → Vir **de** Portugal.

Se na troca aparece a preposição **de**, não há crase.

Ir **à** Polinésia. → Vir **da** Polinésia.

Se, trocando-se **chegar a** ou **ir a** por **vir de**, aparece o **da**, isso significa que o nome feminino admite artigo feminino e há crase.

> Mesmo quando o verbo rege a preposição **a**, não ocorrerá crase se o complemento verbal for representado por nome de lugar que não admita artigo feminino.

223

6. Leia.

[Deputada] direciona R$ 1 milhão em emendas para São Luiz do Anauá

Praça em São Luiz do Anauá, Roraima.

A deputada [...] direcionou R$ 1 milhão para a construção de uma área de lazer no município de São Luiz do Anauá. A iniciativa irá fomentar a geração de emprego e renda, oferecendo também àquela comunidade opções de cultura, lazer e espaço para prática de esportes. O recurso é proveniente do Ministério do Turismo.

Disponível em: <www.boavistaagora.com.br/index.php?option=com_content&view=article&id=4662:emenda-r-1-milhao-em-emendas-sao-direcionados-para-sao-luiz-do-anaua&catid=35:politica&Itemid=57>. Acesso em: 21 nov. 2011.

a) Releia a segunda frase desse parágrafo. A que se refere a expressão **a iniciativa**?

b) O verbo **oferecer** é transitivo direto e indireto. Quais são seus complementos?

c) Lembrando que o verbo **oferecer** se liga a seu objeto indireto por meio da preposição **a**, explique a crase em **àquela**.

> Quando o verbo rege a preposição **a**, ocorre crase se o complemento verbal for introduzido pelos pronomes demonstrativos **aquele(s)**, **aquela(s)**, **aquilo** ou pelos pronomes relativos **a qual**, **as quais**. Exemplos:
> A professora referiu-se **àquela** cidade.
> A cidade **à** qual me referi fica a 100 km daqui.

7. Leia com atenção o trecho a seguir.

"oferecendo também àquela comunidade opções de cultura, lazer e espaço [...]".

a) Localize o uso do acento grave indicador de crase no texto. Anote-o no caderno substituindo a palavra com acento por outra expressão de valor equivalente.

b) Depois de alterar o trecho do texto, você manteve o uso do acento? Por quê?

1. Leia.

Apenas 3% dos processos para investigar roubos e homicídios chegam ao fim

Disponível em: <http://revistagalileu.globo.com/Revista/Common/0,,EMI112549-17798,00-AFINAL+O+CRIME+COMPENSA.html>. Acesso em 24 fev. 2015.

a) A avaliação a respeito dos resultados dos processos tem sentido positivo ou negativo? Explique.

b) Qual dos dois verbos empregados na frase exige o uso de preposição e qual é ela?

c) Imagine que se quisesse dizer que 3% dos processos para investigar roubos e homicídios são divulgados pela mídia. Reescreva a frase no caderno trocando **fim** por **imprensa**. Faça os ajustes necessários.

d) Ocorreu crase na frase que você reescreveu? Explique.

2. Em qual das frases a seguir o verbo **chegar** tem a mesma regência que na frase da atividade anterior?

a) Chega de conversa; vamos ao trabalho!

b) São cinco horas; ele já deve ter chegado.

c) Chegamos ao encontro com cinco minutos de atraso.

d) Chegou de viagem no final da tarde, muito cansado.

3. Reescreva no caderno as frases abaixo, substituindo os termos destacados pelos indicados entre parênteses. Faça nas frases os ajustes necessários e use o acento indicador de crase quando necessário.

a) Nunca fui ao **Uruguai** (Itália), mas já fui ao **Chile** (Argentina).

b) Assistimos ao **filme** (peça) que a professora recomendou.

c) Os amigos referiam-se ao **grupo de *rock*** (banda) da turma do ensino médio.

d) Pediram aos **espectadores** (plateia) que aplaudissem o cantor no final.

e) Os turistas que vêm ao **Brasil** (Amazônia) não se arrependem.

f) Os cientistas foram ao **laboratório** (aquele laboratório).

4. Leia o trecho inicial da crônica "Brincadeira".

Começou como uma brincadeira. Telefonou para um conhecido e disse:

— Eu sei de tudo.

Depois de um silêncio, o outro disse:

— Como é que você soube?

— Não interessa. Sei de tudo.

— Me faz um favor. Não espalha.

— Vou pensar.

— Por amor de Deus.

— Está bem. Mas olhe lá, hein?

Descobriu que tinha poder sobre as pessoas.

[…]

VERISSIMO, Luís Fernando. *As mentiras que os homens contam*. Rio de Janeiro: Objetiva, 2000.

a) Qual é a brincadeira praticada pela personagem?

b) Por que a personagem tinha poder sobre as pessoas?

c) No trecho anterior, o verbo **saber** foi empregado com uma de suas regências possíveis. Em qual dos trechos a seguir esse verbo tem a mesma regência?

I

Por que os neurologistas ainda sabem tão pouco sobre o poder do mais misterioso órgão do corpo humano?

Revista *Superinteressante*. São Paulo, Abril, jun. 2007. Edição especial: "30 maiores mistérios da ciência".

II

[...] os neurologistas já têm pistas de seus mecanismos básicos. Eles sabem, por exemplo, que o cérebro funciona por inteiro como uma espécie de sistema integrado. [...]

Idem.

III

Ninguém sabe também qual o destino final da interação entre as várias partes do cérebro. [...]

Idem.

IV

Unidade em hospital não foi cadastrada para programa contra fumo

"Soubemos do programa do ministério pelos jornais e ainda não fomos convidados para participar", diz Maria Teresa Cruz Lourenço, coordenadora do Grupo de Apoio ao Tabagista do Hospital do Câncer.

Folha de S.Paulo. Disponível em: <http://www1.folha.uol.com.br/folha/cotidiano/ult95u60447.shtml>.
Acesso em: 24 abr. 2015.

5. Leia.

A Terra é azul!

Em 1961, um homem – Yuri Gagarin – subia, pela primeira vez, ao espaço. [...]

Durante o voo, Gagarin se alimentou e tomou água, mantendo contato contínuo com a Terra por rádio, em diferentes canais, telefone e telégrafo. [...] Num dos relatos disse que, após a injeção em órbita, pôde constatar a falta de gravidade. No início, sentiu certo desconforto, mas isso não durou muito, tendo se habituado logo àquela sensação.

Disponível em: <http://cienciahoje.uol.com.br/revista-ch/2011/280/a-terra-e-azul/?searchterm=àquela>
Acesso em: 24 fev. 2015

a) No trecho, qual é o termo ou expressão que a palavra **sensação** retoma?

b) Explique a crase no trecho "tendo se habituado logo àquela sensação".

c) Reescreva esse trecho no caderno trocando o pronome **aquela** por **essa**. Faça os ajustes necessários.

d) Ocorreu alguma alteração no uso do sinal indicativo da crase no trecho reescrito por você? Por quê?

FIQUE ATENTO... AO USO DO TRAVESSÃO EM EXPLICAÇÕES

1. Releia este trecho de "A mensagem na garrafa".

   "Os discos contêm 15 imagens – dentre as quais o Cristo Redentor –, 35 sons da natureza – vento, pássaros, água etc. – e saudações em 55 línguas, inclusive em português, além de trechos de músicas étnicas, obras de Beethoven e Mozart, entre outras, além de uma indicação da localização da Terra no Sistema Solar – terceiro planeta a partir do Sol."

   a) Sabemos que o travessão é usado em diálogos para introduzir as falas de uma pessoa ou personagem. Em que gêneros o travessão costuma aparecer com essa função?

   b) Que função os travessões têm nesse trecho?

   c) No contexto dessas frases, os travessões podem ser substituídos por parênteses. Reescreva o trecho no caderno fazendo essa substituição.

2. No trecho abaixo, os travessões introduzem uma explicação sobre um termo técnico. Veja.

   "Trata-se de uma região localizada ao redor do Sistema Solar, na qual o vento solar, constituído por partículas de alta energia – como os prótons e elétrons – emitidas pelo Sol, não consegue mais se propagar devido ao vento interestelar, originado em estrelas ativas da galáxia."

   a) Qual é o termo técnico explicado pelo trecho entre travessões?

   b) Em qual dos trechos a seguir os travessões ou os parênteses foram usados com a mesma intenção?

   I

   [...] [o fogo] desde cedo foi usado em rituais dos mais diferentes povos, na fabricação de armas (até os dias atuais), na produção de novos materiais (ajudando a fundir metais, por exemplo) e como fonte de calor para máquinas térmicas.

   Disponível em: <http://cienciahoje.uol.com.br/colunas/fisica-sem-misterio/a-descoberta-que-mudou-a-humanidade>. Acesso em: 22 abr. 2015.

   II

   O problema é de escala: como cada ponto visualizado em uma imagem de ressonância magnética funcional – a tecnologia mais usada para ver o cérebro – representa um cubo com 3 milímetros de lado, os neurocientistas não têm a menor pista de como essas áreas se comunicam.

   Disponível em: <http://super.abril.com.br/revista/240a/materia_especial_261502.shtml?pagina=1>. Acesso em: 22 abr. 2015.

   III

   [...] Vamos supor que você viaje rumo a Plutão numa espaçonave que voe a 80% da velocidade da luz. Esse planeta anão fica mais ou menos a 5 horas luz da Terra (o que quer dizer que a luz leva 5 horas para fazer o trajeto).

   Disponível em: <http://super.abril.com.br/revista/240a/materia_especial_261515.shtml?pagina=1>. Acesso em: 22 abr. 2015.

LEITURA 2

ANTES DE LER

1. Você já deve ter feito muitas pesquisas para as mais diversas disciplinas (História, Matemática, Ciências da Natureza, Geografia) ao longo do ensino fundamental. Conte aos colegas um dos assuntos que você pesquisou e a disciplina a que se destinava.

2. Com que finalidade seu professor lhe pediu essa pesquisa?

Você leu nesta unidade um texto de divulgação científica, um gênero que tem como intenção divulgar o conhecimento, estabelecendo uma ponte entre o discurso científico e a linguagem do cotidiano, e que as pessoas não familiarizadas com a ciência leem para obter informações. Será que somente esse gênero pode divulgar informações e proporcionar uma aprendizagem ao leitor? Leia o texto a seguir; ele foi escrito com intenção semelhante à do texto de divulgação científica.

As possibilidades e os limites do corpo

Nos últimos tempos, o corpo tornou-se uma espécie de troféu a ser exibido, como se fosse uma etiqueta de marca famosa. A indústria da beleza alardeia que sempre é possível melhorar a aparência – o que é verdadeiro – e que as marcas da idade podem ser adiadas indefinidamente – o que é falso, e esses mitos levam alguns a dedicar tempo e dinheiro a um compromisso com a beleza e a juventude, como se fossem passaportes para a felicidade.

Foi a partir da década de 1950 que a beleza deixou de ser vista como um dom divino, que só algumas pessoas recebem, e passou a ser considerada como um ideal ao alcance de todos. "Só é feia quem quer!", repete a propaganda, na tentativa de seduzir as mulheres. Há algumas décadas, usar maquiagem no dia a dia era prerrogativa de artistas e mulheres extravagantes. Agora, a maquiagem passou a ser mais do que um direito, quase um dever: para algumas mulheres, faz parte da rotina, como escovar os dentes e pentear os cabelos.

Alguns homens participam dessa obsessão de uma outra forma, talvez porque o poder masculino sempre esteve mais ligado à força do que à beleza – o que leva muitos a tomarem drogas para encorpar e a fazerem musculação sem orientação nem limites. [...]

A diversidade dos padrões de beleza assume formas e proporções diversas. O que Rafael, pintor do Renascimento italiano, imaginaria se visse *As três graças* magrinhas?

A cirurgia plástica passou a ser um recurso usado por todas as faixas de idade e todos os níveis econômicos. Há médicos dispostos a atender qualquer pedido e a aprimorar qualquer corpo, ainda que às vezes as queixosas sejam pessoas com corpos perfeitos, mas insatisfeitas com a própria imagem. A juventude deixou de ser uma etapa do desenvolvimento para se tornar um estilo de vida, a que todos acreditam ter acesso. Eliminar as marcas do tempo passou a ser uma obrigação e quem não o faz pode ser tachado de "largado".

Beleza a qualquer preço

Parece fácil definir o que é beleza: formas perfeitas, proporções harmoniosas, agradáveis aos sentidos. Mas o que são formas perfeitas e proporções harmoniosas? E aos sentidos de quem essas formas devem agradar?

As galerias dos museus expõem um conceito de beleza diferente da que se exibe em passarelas de moda. Mesmo dentro dos museus, o belo assume formas e proporções diversas. Talvez não haja mulheres mais bonitas do que as pintadas por Rubens ou Renoir, mas elas diferem entre si, e são diferentes das mulheres retratadas nas estátuas gregas, cuja leveza contrasta com a pedra de que são feitas. Dificilmente, uma mulher de qualquer idade e tipo físico não encontraria num museu alguma imagem de beleza em que se visse refletida.

Então, com que padrão de beleza homens e mulheres de hoje estão se comparando? [...]

Ainda que fosse possível, à custa de esforço, atingir este ideal inventado pela propaganda, será mesmo que as pessoas seriam mais felizes? Não parece provável que a conquista da felicidade passe pelo tipo de cabelo e pela medida da cintura. É fácil confundir autoestima com vaidade, pois parece mais fácil se gostar quando a gente gosta do que vê refletido no espelho e no olhar dos outros. As pessoas ficam mais contentes quando o espelho mostra aquilo que queremos ver.

Mas o amor-próprio não pode depender de um bumbum firme e de uma barriga lisa. A beleza não se expressa em quilos ou em centímetros: o charme tem razões que os padrões convencionais de beleza desconhecem. O que seria dos mais belos dentes sem o sorriso?

É bom ter um corpo vivo e trabalhado, mas castigá-lo não é o caminho para ser feliz. O corpo não é um pedaço de papel brilhante que embrulha uma carcaça vazia: é a forma pela qual nos fazemos presentes, o meio através do qual expressamos carinhos e raiva. [...]

ARATANGY, Lídia Rosenberg. *Corpo*: limites e cuidados. São Paulo: Ática, 2006.

O padrão de beleza muda ao longo do tempo: vale a pena o sofrimento de tentar enquadrar-se nesse padrão a qualquer preço?

EXPLORAÇÃO DO TEXTO

Antes de iniciar o estudo do texto, tente descobrir o sentido das palavras desconhecidas pelo contexto em que elas aparecem. Se for preciso, consulte o dicionário.

1. Qual é a ideia principal do texto?

2. Há algumas ideias secundárias ao longo do texto. Anote estas frases no caderno, de acordo com a sequência em que essas ideias são abordadas.

   a) A beleza é um conceito relativo que varia ao longo do tempo.
   b) A juventude deixou de ser uma etapa do desenvolvimento e passou a ser um estilo de vida.
   c) Entre os homens, o desejo de tornar o corpo mais forte pode tornar-se uma obsessão.
   d) No passado, a beleza era vista como um dom divino; hoje, está ao alcance de todos.
   e) O corpo não é apenas um invólucro, mas sim um meio pelo qual se expressam emoções e sentimentos.
   f) Um corpo perfeito, exibido como troféu, não garante a felicidade.

3. Leia, ao lado, informações sobre a autora de "As possibilidades e os limites do corpo".

   Trata-se de uma pessoa capacitada para escrever sobre o assunto? Explique.

4. Leia o título do livro de onde foi tirado esse texto.

   a) A que disciplina escolar o livro está associado?
   b) Os livros usados nas escolas (como este, de língua portuguesa) são chamados de livros didáticos. Você usa um livro didático de Ciências da Natureza nas aulas dessa disciplina? Qual?

5. Releia.

   "[...] É fácil confundir autoestima com vaidade, pois parece mais fácil se gostar quando a gente gosta do que vê refletido no espelho e no olhar dos outros. As pessoas ficam mais contentes quando o espelho mostra aquilo que queremos ver."

   a) Em "quando a gente gosta do que vê", há uma expressão que é própria da linguagem informal. Qual é ela?
   b) Que efeito produz o uso dessa expressão?

6. Releia.

   "Nos últimos tempos, o corpo tornou-se uma espécie de troféu a ser exibido, como se fosse uma etiqueta de marca famosa."

O livro adotado em escolas, cujo texto trata do programa de uma disciplina escolar, recebe o nome de **livro didático**, **livro-texto** ou **livro de texto**.

Lídia Rosenberg Aratangy é psicóloga, pesquisadora e professora, autora da série *Ciência para o Mundo Moderno* (6º ao 9º ano), autora de livros de Biologia para o ensino médio e dos livros *Doces venenos*, *Conversas e desconversas sobre drogas* e *Olho no olho* (orientação sexual para pais e professores), entre outros.

Lídia R. Aratangy.

a) Ao falar do comportamento das pessoas em relação ao corpo, o texto faz algumas comparações, como nesse trecho. Identifique outra comparação no primeiro parágrafo.

b) Que efeito(s) tais comparações podem ter sobre o leitor?

7. Você considera a linguagem empregada no texto lido difícil ou acessível? Formal ou informal? Ela é a mesma da empregada em seu livro didático?

8. Observe a formação destas palavras.
- **paratireoide** (prefixo **para-** + **tireoide**): glândula situada atrás de outra glândula, a tireoide
- **paracientífico** (prefixo **para-** + **científico**): próximo ou relacionado à ciência

a) Levando em conta os exemplos acima, explique o que é um livro paradidático. Se necessário, consulte um dicionário.

b) Explique por que o texto "As possibilidades e os limites do corpo" pode ser classificado como texto paradidático.

c) Resuma em uma frase o que esse texto procura ensinar a seus leitores.

9. Os textos paradidáticos destinam-se a estudantes. Sendo assim, o público desse gênero é mais ou menos amplo que o dos textos de divulgação científica?

10. Pense e opine.

a) Você concorda que hoje as pessoas seguem um único padrão de beleza? Seria possível diferentes tipos físicos serem considerados bonitos em uma mesma sociedade?

b) Existe algum setor da sociedade que se beneficie do fato de tantas pessoas procurarem, por diversos meios, manter-se jovens e magros ou fortes? Quais são?

NÃO DEIXE DE LER
- **Revista Mundo Estranho,** Editora Abril
O ponto forte são textos sobre curiosidades científicas e culturais, apresentadas em uma linguagem leve e informal. Seu público-alvo são os adolescentes.

NÃO DEIXE DE ACESSAR
- http://super.abril.com.br/
Esse endereço dá acesso ao acervo completo da revista *Superinteressante* da Editora Abril, com consulta livre pelos internautas.

PARA LEMBRAR

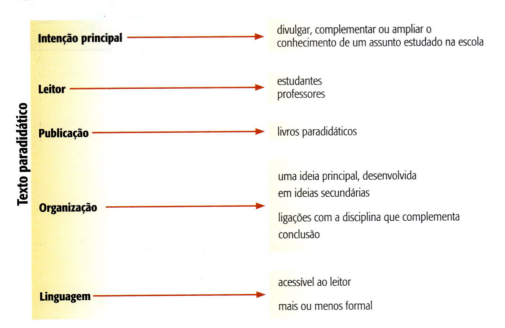

DO TEXTO PARA O COTIDIANO

As informações a seguir são resultado de uma pesquisa feita entre crianças, pré-adolescentes e adolescentes brasileiros de 8 a 14 anos. Leia-as.

A aparência lidera as pesquisas

Da escolha dos parceiros ao desejo de cirurgia plástica, ela é determinante

O que você mais gosta em seu (sua) namorado(a)?

- 24% É divertido(a)/inteligente
- 24% Gosta de mim
- 24% É bonito(a)

A magreza a qualquer custo

75% das adolescentes estão insatisfeitas com o peso. Estima-se que haja **100 mil adolescentes** anoréxicos ou bulímicos no Brasil — **90% meninas**. Anorexia é o distúrbio psiquiátrico com maior taxa de mortalidade — **20%** acima do câncer de mama.

O que os adolescentes acham importante para ser popular

1. Ser bonito(a)
2. Chamar a atenção na aula
3. Usar roupas de marca
4. Estar nas melhores festas
5. Ser bom nos esportes
6. Ter dinheiro

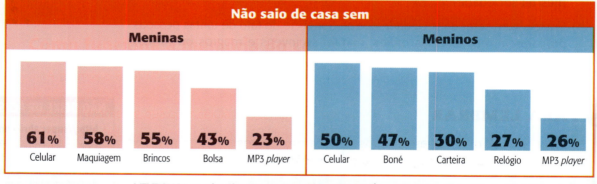

Não saio de casa sem

Meninas:
- Celular 61%
- Maquiagem 58%
- Brincos 55%
- Bolsa 43%
- MP3 player 23%

Meninos:
- Celular 50%
- Boné 47%
- Carteira 30%
- Relógio 27%
- MP3 player 26%

MENDONÇA, Martha. Eles querem ser perfeitos. Revista *Época*. São Paulo, Globo, 20 ago. 2010. Disponível em: <http://revistaepoca.globo.com/Revista/Epoca/0,,EMI164582-15228-4,00-ELES+QUEREM+SER+PERFEITOS.html>. Acesso em: 24 nov. 2011.

1. Segundo a pesquisa, para os adolescentes, é principalmente a beleza que torna alguém popular. Você pensa assim? Explique.

2. O fato de se perguntar, nessa pesquisa, o que é preciso para ser popular leva a pensar que ser popular seja um valor importante. Essa, porém, é uma noção discutível. Qual é a sua opinião? Existem valores mais importantes que a beleza física e a popularidade? Quais são?

NÃO DEIXE DE ACESSAR

- http://www.clickciencia.ufscar.br
  Endereço que dá acesso a várias seções que relacionam a ciência a outras áreas do conhecimento, como a música, por exemplo.

Regência verbal: contexto

1. Leia a tira.

QUINO. *Toda Mafalda*. São Paulo: Martins Fontes, 2003.

a) Observe o segundo e o terceiro quadrinhos. Como Mafalda e Filipe pensam que o pai da menina irá matar as formigas?

b) Que opinião sobre o pai de Mafalda está implícita na fala de Filipe: "Logo vi que seu pai não podia ser tão bobo assim!"?

c) Em "Como ele vai matá-las?", o verbo **matar** se liga a seu complemento diretamente ou por meio de preposição?

d) Portanto, trata-se de verbo transitivo direto ou indireto?

e) O pronome **as** (mata̶-**as** > matá-**las**) é complemento de **matar**. Trata-se de um objeto direto ou indireto?

> Os pronomes oblíquos **o**, **a**, **os**, **as** (ou suas formas **lo**, **la**, **los**, **las**) funcionam como complementos de verbo transitivo direto, ou seja, como objetos diretos.
>
> Os pronomes **me**, **te**, **se**, **nos**, **vos** também podem funcionar como objeto direto, conforme a transitividade do verbo a que estão ligados.

2. Verbos que exigem preposição (os transitivos indiretos) podem ser usados com pronomes sem que apareça a preposição.

> Ninguém sabia donde viera aquele homem. O agente do Correio pudera apenas informar que acudia ao nome de Raimundo Flamel, pois assim era subscrita a correspondência que recebia. E era grande. [...]
>
> Quando Fabrício, o pedreiro, voltou de um serviço em casa do novo habitante, todos na venda perguntaram-lhe que trabalho lhe tinha sido determinado.
>
> BARRETO, Lima. A Nova Califórnia. In: Jean de la Fontaine *et alii*. *Histórias sobre ética*. São Paulo: Ática, 2003. (Col. Para Gostar de Ler).

a) O que quer dizer a expressão **acudir ao nome de**?

b) A quem se refere cada pronome oblíquo **lhe** usado no segundo parágrafo?

c) Reescreva o trecho "todos na venda perguntaram-lhe que trabalho lhe tinha sido determinado", substituindo o pronome **lhe** por expressões equivalentes, de acordo com o contexto.

d) Na frase reescrita por você, os verbos **perguntar** e **determinar** ligam-se diretamente ou por meio de preposição a seus complementos?

e) Observe.

todos perguntaram-**lhe** ←—→ Todos perguntaram **a ele**

Conclua: o pronome **lhe** é objeto direto ou indireto?

> O pronome oblíquo **lhe(s)** funciona como complemento de verbo transitivo indireto, ou seja, como objeto indireto.

3. Leia estes trechos de notícias e observe que há duas regências do verbo **lembrar**.

SP: consulado americano lembra 11/9 com 1 min de silêncio

O Consulado Geral dos Estados Unidos em São Paulo realizou uma cerimônia em memória ao atentado de 11 de setembro na manhã desta sexta-feira.

Disponível em: <www.jb.com.br/11-de-setembro/noticias/2011/09/09/
sp-consulado-americano-lembra-119-com-1-min-de-silencio/>. Acesso em: 23 nov. 2011.

Cerimônia marca a reintegração, post-mortem, do escritor aos quadros do Itamaraty, agora como embaixador

[...] Na abertura da cerimônia, o ministro de Relações Exteriores, Celso Amorim, traçou um perfil do embaixador-poeta [Vinicius de Moraes] e lembrou-se de passagens da carreira do homenageado.

Disponível em: <www.jornaisdehoje.com.br/jornais_estados.htm>.
Acesso em: 23 nov. 2011.

> **Quadro**, em sentido figurado, é o conjunto dos membros de uma corporação, sociedade, empresa ou repartição.

a) Qual a finalidade das cerimônias mencionadas nas notícias?

b) Compare o uso do verbo **lembrar** nestes fragmentos.

"consulado americano lembra 11/9"

"lembrou-se de passagens"

Em qual dos casos o verbo **lembrar** se liga ao seu complemento por meio de preposição?

c) **Lembrar** é verbo transitivo direto no primeiro fragmento e transitivo indireto no segundo. Explique o que marca essa diferença de uso.

O verbo **lembrar** pode ser usado como transitivo direto ou transitivo indireto. Quando usado como transitivo indireto, deve ser acompanhado de um pronome pessoal e da preposição adequada. Veja a seguir.

Lembrou-se de regar e adubar suas flores hoje?

Disponível em: <www.sersustentavel.org.br/index.php/metaforas/59-a-flor-rara>. Acesso em: 25 fev 2015.

Prefeitura de Contagem
Programação lembrou Dia Mundial de Combate ao Trabalho Infantil

Disponível em: <www.contagem.mg.gov.br/?og=872356&materia=938510>. Acesso em: 25 fev. 2015.

> Regência do verbo **lembrar** de acordo com a norma-padrão.
> • Como transitivo direto: Não lembro o dia de seu aniversário.
> • Como transitivo indireto: Não me lembro do dia do seu aniversário.
> • O verbo **esquecer**, antônimo de **lembrar**, tem a mesma regência.
> • Como transitivo direto: Esqueça o passado.
> • Como transitivo indireto: Esqueça-se do passado.

A regência verbal na linguagem informal

1. Leia a tira.

LAERTE. Disponível em: <http://verbeat.org/blogs/manualdominotauro/assets_c/2010/12/classif%2011-thumb-600x929-7727.jpg>. Acesso em: 24 abr. 2015.

a) O verbo **assistir** é transitivo indireto quando significa "ver". Assim, de acordo com a norma-padrão, falta uma preposição no balão de fala. Qual é ela?

b) Reescreva no caderno a fala do adulto, adequando-a à norma-padrão.

c) De que maneira a linguagem fica mais informal, com ou sem a preposição?

d) Como você explica a escolha do autor (não usar preposição) ao criar essa tira?

> O verbo **assistir** tem mais de um sentido. Quando ele é empregado significando "ver e ouvir (um espetáculo, concerto etc.), presenciar (algo)", de acordo com a norma-padrão deve reger seu complemento por meio da preposição **a**: assistir a.
>
> Na linguagem informal e na modalidade oral da língua, porém, é muito comum encontrarmos o verbo **assistir** sem a preposição **a**.

235

2. Leia estas manchetes.

Com sol entre nuvens, temperatura pode chegar aos 26 °C nesta segunda

A umidade relativa do ar deve variar entre 90% e 50%

Disponível em: <www.correiobraziliense.com.br/app/noticia/cidades/2014/06/16/interna_cidadesdf,432814/com-sol-entre-nuvens-temperatura-pode-chegar-aos-26-c-nesta-segunda.shtml>. Acesso em 25 fev. 2015.

Sem previsão de chuva, umidade relativa do ar deve chegar a 25%

A temperatura mínima registrada na madrugada foi de 18 °C e a máxima deve marcar 31 °C

Disponível em: <www.correiobraziliense.com.br/app/noticia/cidades/2014/09/26/interna_cidadesdf,449059/sem-previsao-de-chuva-umidade-relativa-do-ar-deve-chegar-a-25.shtml>. Acesso em: 25 fev. 2015.

a) As duas manchetes são do mesmo jornal em dias diferentes. Qual das duas afirmações – **pode chegar** e **deve chegar** – indica mais certeza na previsão por parte dos meteorologistas? Explique.

b) Qual é a preposição que liga o verbo **chegar** a seus complementos nas duas manchetes?

c) Esses textos foram tirados de um jornal de grande circulação. A escrita procura obedecer ao que recomenda a norma-padrão. Em sua opinião, por que isso ocorre?

3. Observe agora a regência do verbo **chegar** nos versos iniciais desta canção.

> **Você não entende nada**
> Quando eu chego em casa nada me consola
> Você está sempre aflita
> Lágrimas nos olhos, de cortar cebola
> Você é tão bonita
> [...]
>
> VELOSO, Caetano. *Você não entende nada*. Disponível em: <http://www.caetanoveloso.com.br/sec_busca_obra.php?language=pt_BR&page=1&id=64&f_busca=você não entende nada>. Acesso em: 24 abr. 2015.

a) Qual é o tempo verbal predominante nesses versos?

b) O que o eu poético conta nesses versos?

c) Nesse contexto, a regência do verbo **chegar** obedece ao que recomenda a norma-padrão? Explique.

d) Em sua opinião, nesse contexto seria adequado o emprego da regência recomendada pela norma-padrão?

> No registro formal da língua, é empregada a preposição **a** para o verbo **chegar**, como recomenda a norma-padrão. No informal e na modalidade oral, porém, é muito comum encontrarmos o verbo **chegar** construído com a preposição **em**.

Crase: outros casos

1. Leia esta chamada publicada em um portal dedicado a assuntos educacionais.

33 filmes vencedores do Oscar para você assistir de graça

Olá, pessoal!

Todo ano a Academia de Artes e Ciências Cinematográficas elege os melhores filmes do ano anterior; são nove os indicados, mas só um leva a estatueta. Você já pensou se pudesse assistir de graça aos filmes vencedores do Oscar? Seria ótimo, certo?

Pois bem, selecionamos *33 filmes que já venceram o Oscar* para você assistir *on-line* e o melhor, completamente de graça. Chame a família, pegue a pipoca e aproveite!

Disponível em: <http://canaldoensino.com.br/blog/33-filmes-vendedores-do-oscar-para-voce-assistir-de-graca>. Acesso em: 17 mar. 2015.

No trecho "assistir de graça aos filmes", substitua filmes por sessões. Nesse caso, ocorre a crase ou não? Explique.

2. Releia e observe as locuções destacadas.

"[…] as estrelas estão tão distantes de nós que os sinais eletromagnéticos, mesmo transmitidos **à velocidade da luz**, levam milhares de anos para viajar por toda a galáxia […]"

"Há médicos dispostos a atender qualquer pedido […], ainda que **às vezes** as queixosas sejam pessoas com corpos perfeitos."

a) As locuções destacadas expressam o mesmo sentido? Explique.

b) Qual o gênero das palavras precedidas pelo **à** grafado com o acento grave?

3. Leia esta notícia.

À meia-noite, adiante os relógios em 1 hora. O horário de verão começa à meia-noite de hoje e terminará à zero hora de 16 de fevereiro. Na madrugada deste domingo, os estados das regiões Sul, Sudeste e Centro-Oeste devem adiantar os relógios em uma hora. [...]

Em São Paulo, a SPTrans e o Metrô irão adaptar suas operações para a mudança de horário. Nas estações do Metrô, a hora "perdida" será compensada postergando o fechamento para as 2h da manhã, inclusive na Linha Amarela, operada pela Via Quatro. A reabertura será às 4h40 do novo horário.

[…]

Disponível em: <http://exame.abril.com.br/brasil/noticias/a-meia-noite-adiante-os-relogios-em-1-hora>. Acesso em: 25 fev. 2015.

a) No horário de verão, os meios de transporte têm de adaptar seus horários. A que horas o Metrô em São Paulo vai reabrir?

b) Observe a abreviação da palavra hora em 4h40. Quais são as locuções precedidas de **à** ou **às** nesse trecho?

c) O que as locuções da atividade anterior e as dessa atividade têm em comum quanto à formação?

> Emprega-se o sinal indicativo de crase (`) diante de locuções formadas por um substantivo feminino. Entre as locuções que indicam tempo, incluem-se as expressões que indicam horas.

237

4. Leia este trecho de uma reportagem, do qual retiramos o acento grave indicativo da crase diante de algumas palavras.

Envenenados: agrotóxicos contaminam cidades, intoxicam pessoas e já chegam às mesas dos brasileiros

Lorrana, 9 anos, brincava no balanço. Sua prima Luana, 11, no gira-gira. Outras crianças lanchavam galinhada com milho verde; um grupo jogava bola na quadra. As 9 e 15 da manhã de 3 de maio, boa parte dos alunos da escola do assentamento rural Pontal dos Buritis, em Rio Verde (GO), estava na hora do recreio. O sol era forte, como sempre, até uma estranha garoa cair sobre o local. Pelo alto, um avião agrícola despejava o agrotóxico Engeo Pleno, usado para matar insetos, sobre o colégio. [...] Alunos no pátio, no *playground* e na quadra estavam banhados de agrotóxico. As pressas, começaram a ser retirados para a secretaria.

Revista *Galileu*. Disponível em: <http://revistagalileu.globo.com/Revista/Common/0,,EMI341651-17773,00-ENVENENADOS+AGROTOXICOS+CONTAMINAM+CIDADES+INTOXICAM+PESSOAS+E+JA+CHEGAM+AS.html>.Acesso em: 24 abr. 2015.

Jovem regando horta familiar orgânica, em Roseira, PR.

BEATRIX BOSCARDIN/OPÇÃO BRASIL IMAGENS

a) Observe a formação da palavra **agrotóxico**. Como se explica o significado dessa palavra?

b) Anote no caderno os trechos a seguir, empregando o acento grave indicativo da crase onde for necessário.

As 9 e 15 da manhã de 3 de maio, boa parte dos alunos da escola do assentamento rural Pontal dos Buritis, em Rio Verde (GO), estava na hora do recreio. As pressas, começaram a ser retirados para a secretaria.

c) Diante de que palavras você empregou o acento grave no **a**? Explique por quê.

5. Leia as frases a seguir. Reescreva no caderno as locuções diante das quais se deve empregar o acento grave indicativo da crase, fazendo essa correção.

a) Saímos a noite, depois de as despedidas terem terminado.

b) Os meninos fizeram tudo as escondidas, por isso a surpresa foi grande.

c) Só tenho aulas a tarde.

d) A festa está marcada para as sete horas.

e) O espetáculo começa as seis.

f) Embrulharam os presentes as pressas, porque as mães já estavam esperando.

1. Leia esta charge.

ALPINO. Disponível em: <http://www.folhavitoria.com.br/site/?target=coluna&cid=36&historico=&pagina=15>. Acesso em: 22 nov. 2011.

a) Na charge, uma das personagens faz uma reflexão. Essa reflexão vai se construindo aos poucos à medida que a personagem faz uma associação com outra situação conhecida. Que recurso linguístico é utilizado para reforçar a ideia de que a personagem está elaborando o pensamento enquanto fala?

b) Diante da interrupção do pensamento da personagem, a outra resolve completar a frase com um complemento para o verbo **lembrar**. Esse verbo funciona como transitivo direto ou indireto? Explique.

c) De acordo com o contexto da charge, imagine outro complemento para a frase: "[...] tudo me faz lembrar...".

2. Leia este texto e observe os trechos destacados.

Lição de regência verbal

Se, no fim do expediente, seu superior hierárquico abre a porta de seu cubículo e diz polidamente **vim me despedir de você**, ele está usando o verbo **despedir** no padrão transitivo pronominal indireto. Se, ao contrário, ele irrompe sala adentro e dispara **vim despedir você**, o padrão é o transitivo direto. Como consequência, **você dançou**, o que por sua vez é girial e intransitivo.

PELLICANO, Ciro. *A última coisa que eu pretendo fazer na vida é morrer*. São Paulo: Códex, 2002.

a) Em que sentido foi empregado o verbo **dançar** no final do texto?
b) A inclusão do pronome **me** no segundo trecho destacado muda o sentido da frase: Explique.
c) Por que, se o superior disser "vim despedir você", a pessoa "dançou"?

3. Observe as capas de DVD e de livro reproduzidas abaixo e justifique a ocorrência da crase em cada uma delas.

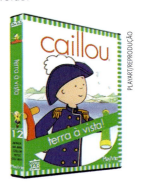

REVISORES DO COTIDIANO

Imagine que, ao passar pela rua, um colega seu vê este *outdoor* e afirma que há um erro nele, pois não foi usado o sinal indicativo de crase em **as**. Ele justifica dizendo que ocorre crase em **combate às espinhas**, assim como em **combate à violência** e **combate às drogas**, por exemplo. Você concorda com ele? Por quê?

ATIVANDO HABILIDADES

1. (Saresp) Leia o texto para responder à questão.

Como funciona a memória do computador

A memória RAM (*Random Access Memory*) é a forma mais conhecida de memória de computador. A memória RAM é considerada de "acesso aleatório" porque é possível acessar diretamente qualquer célula da memória se você conhece a linha e a coluna que cruzam essa célula.

O oposto da memória RAM é a memória de acesso serial (SAM). A memória SAM armazena dados como uma série de células de memória que podem somente ser acessadas sequencialmente (como uma fita cassete). Se o dado não está na localização atual, cada célula da memória é verificada até que os dados necessários sejam encontrados. A memória SAM funciona muito bem para *buffers* de memória, onde os dados são normalmente armazenados na ordem em que serão usados.

Os dados RAM, por outro lado, podem ser acessados em qualquer ordem.

TYSON, Jeff. *Como funciona a memória do computador*. Traduzido por Howstuff Works Brasil. São Paulo: Howstuff Works Brasil, 2000. Disponível em: <http://informatica.hsw.uol.com.br/memoria-do-computador.htm>. Acesso em: 1º ago. 2008.

A palavra **dados**, sublinhada no texto, é utilizada com o sentido de:

a) memória disponível no computador.

b) local disponível para salvar arquivos.

c) informação capaz de ser processada por um computador.

d) acesso ao local do arquivo.

2. (Prova Brasil – Modelo, Inep)

I

Cinquenta camundongos, alguns dos quais clones de clones, derrubaram os obstáculos técnicos à clonagem. Eles foram produzidos por dois cientistas da Universidade do Havaí num estudo considerado revolucionário pela revista britânica "Nature", uma das mais importantes do mundo. [...]

A notícia de que cientistas da Universidade do Havaí desenvolveram uma técnica eficiente de clonagem fez muitos pesquisadores temerem o uso do método para clonar seres humanos.

O Globo. Caderno Ciências e Vida. 23 jul. 1998, p. 36.

II

Cientistas dos EUA anunciaram a clonagem de 50 ratos a partir de células de animais adultos, inclusive de alguns já clonados. Seriam os primeiros clones de clones, segundo estudos publicados na edição de hoje da revista "Nature".

A técnica empregada na pesquisa teria um aproveitamento de embriões — da fertilização ao nascimento — três vezes maior que a técnica utilizada por pesquisadores britânicos para gerar a ovelha Dolly.

Folha de S. Paulo. 1º caderno – Mundo. 3 jul. 1998, p. 16.

Os dois textos tratam de clonagem. Qual aspecto dessa questão é tratado apenas no texto I?

a) A divulgação da clonagem de 50 ratos.

b) A referência à eficácia da nova técnica de clonagem.

c) O temor de que seres humanos sejam clonados.

d) A informação acerca dos pesquisadores envolvidos no experimento.

Encerrando a unidade

Nessa unidade, você conheceu os recursos empregados na organização dos gêneros texto de divulgação científica e texto paradidático; planejou e produziu um texto de divulgação científica; conheceu a relação entre regência e sentidos de certas preposições e participou de uma atividade de escuta ativa.

- Quais são as principais características do texto de divulgação científica?

- Aponte algumas semelhanças e diferenças entre o texto de divulgação científica e o texto paradidático.

- É importante reconhecer se uma regência verbal é a recomendada pela norma-padrão ou se é um uso mais informal? Por quê?

- Dê exemplos de frases em que ocorra crase diante de locuções indicativas de horas e de locuções com palavras femininas.

O corpo fala

Todos os seres humanos expressam emoções e sentimentos por meio do corpo. O jeito de andar, de cumprimentar, de falar, a roupa que usamos, o modo de demonstrar carinho são manifestações que revelam o que somos e como nos relacionamos com o mundo. Um andar mais apressado ou mais lento pode indicar que temos pressa ou não. Um grito pode revelar uma alegria ou um grande susto. Muitos dos gestos que conhecemos são culturais, aprendidos na família e nos grupos sociais dos quais fazemos parte (a escola, a vizinhança, os espaços de lazer e cultura). Todos esses aspectos revelados pela postura e pelos gestos do nosso corpo nos diferenciam dos demais indivíduos e formam nossa identidade.

Grupo de igorrotes (indígenas das Filipinas) realizando a dança da chuva em ritual para melhora das colheitas.

O corpo reflete a forma de sentir, pensar e agir

Geralmente, pessoas de um mesmo grupo social, de um mesmo país, de uma mesma região e com interesses em comum usam formas parecidas para expressar seus sentimentos, opiniões e emoções. Os jovens, em suas mais diversas "tribos", criam maneiras particulares de expressão que representam e identificam o grupo, seja na dança, no esporte ou nas atividades sociais.

A arte de expressar com o corpo

Uma das formas de expressão do corpo humano é a dança. Ela está presente na cultura de todos os povos e está relacionada à arte, à diversão e às cerimônias e crenças religiosas.

Quando conhecemos diferentes danças, aprendemos também sobre diferentes culturas, histórias e formas de organização social. Observe, por exemplo, na foto acima, a dança da chuva, uma manifestação típica de alguns grupos sociais. Nela, vemos indígenas filipinos durante um ritual para alcançar sucesso na colheita. Ao realizar essa dança, o grupo social fortalece suas raízes culturais e renova sua crença de que a chuva continuará alimentando a plantação.

Obra de Edgar Degas, intitulada *A primeira bailarina* (1876-7). Faz parte do acervo do Museu D'Orsay, em Paris.

A representação do corpo na obra de arte

As combinações e escolhas de elementos, como a cor, o traço, a expressão, a textura, o modo como os elementos ocupam o espaço podem sugerir a sensação de movimento do corpo nas obras de arte. O artista faz com que essas combinações provoquem, no olhar do observador, a reflexão, o encantamento, o prazer estético e a emoção.

1. Observe a cena retratada pelo artista francês Edgar Degas em *A primeira bailarina*. O que faz a figura central retratada? Que elementos da obra permitem identificar essa ação?

2. Agora observe a cena representada por Jean-François Millet na tela ao lado.

    a) Quem são as personagens retratadas?

    b) Observe a postura das personagens e compare-a com os movimentos da bailarina de Degas. Que diferenças você observa?

3. Há momentos em que não utilizamos o corpo para expressar sentimentos ou emoções, mas para cumprir tarefas profissionais ou cotidianas. Você conhece profissões que, por exigirem movimentos repetitivos, acabam causando transtornos à saúde? O que pode ser feito para minimizar esses problemas? Dê um exemplo.

4. Reúna-se com seus colegas e organizem um mural com imagens que mostrem os diferentes movimentos do corpo representados em telas de pintores famosos. Organizem as imagens e lembrem-se de colocar legendas com os nomes das telas e dos autores e uma breve descrição de como o artista explora o movimento em sua obra. Vocês poderão procurar em livros de arte ou em *sites* especializados detalhes das técnicas utilizadas para complementar o trabalho.

Tela de Jean-François Millet, intitulada *As respigadeiras* (1857). Faz parte do acervo do Museu d'Orsay, Paris.

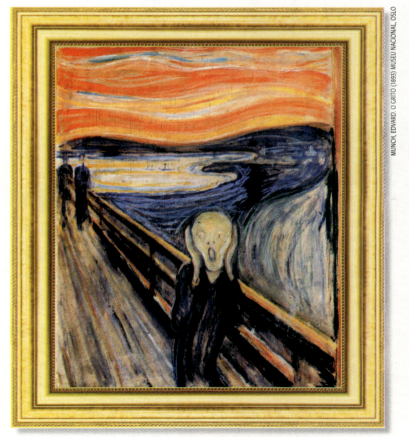

O grito, obra do pintor norueguês Edvard Munch, que exprime o sentimento de angústia, de terror, de desespero que muitas vezes domina o ser humano.

UNIDADE 7

Decifra-me ou te devoro

Nesta unidade você vai:

- ler contos de enigma e de suspense para identificar nos textos pistas que ajudem a desvendar a trama

- reconhecer como a descrição de personagens e cenas contribui para a construção do mistério e do suspense

- reproduzir as falas de personagens de modo eficaz

- planejar e produzir um conto de suspense

- identificar a diferença entre as vozes verbais e o efeito que esses usos provocam

TROCANDO IDEIAS

Esta imagem reproduz uma gravura em água-forte: *Sombras noturnas*, do pintor e gravurista norte-americano Edward Hopper (1882-1967). Observe-a seguindo o caminho que geralmente nossos olhos fazem: da esquerda para a direita e, depois, de baixo para cima.

1. Que elementos são representados na cena?
2. Esses elementos são representados por meio de pinceladas, manchas de cor, linhas ou pontilhados?
3. Que sentimentos essa gravura desperta em você?
4. Que cores predominam na imagem? Em que elas contribuem para criar o clima da obra?
5. Que parte da figura está mais iluminada? Onde a luz incide e que efeitos produz?
6. Esse cenário seria adequado para que tipo de história? Explique.

245

LEITURA 1

Você vai ler agora um conto que propõe um quebra-cabeça à personagem – e ao leitor. Será que você vai conseguir resolvê-lo antes do final do texto?

ANTES DE LER

1. Você já assistiu a algum filme ou série de televisão cuja personagem principal fosse um detetive? Se assistiu, conte aos colegas um pouco do enredo e da caracterização do detetive.
2. O que você acha que um bom filme de mistério ou suspense deve ter?

O enigma dos furtos temporários

[...] Nile pegou um canadense no comprido suporte de cachimbo e começou a enchê-lo.

Desde que abrira sua loja, trinta anos antes, Nile resolvera uma série de enigmas interessantes.

– Fico lisonjeado, mas não sei até onde posso ajudá-lo – disse, acendendo o cachimbo com um fósforo. Fale-me a respeito.

– Sim. Você sabe que tenho uma enorme coleção de livros sobre a história de Nova York. O assunto tornou-se meu passatempo desde que vim lecionar aqui há dez anos. A maioria dos livros é do século passado, e embora não sejam raros nem valiosos são muito importantes para mim. O fato é que alguém os está tomando emprestado sem a minha permissão.

O professor soltou uma baforada, furioso.

– Mas não é isso o mais estranho. A pessoa leva o livro por uma noite apenas e eles não têm nenhuma relação entre si. Uma noite foi um diário de bordo, outra um registro social e antes disso um livro de receitas publicado em 1887. Eu não estou conseguindo entender nada.

– E todos os livros voltam perfeitos depois de um dia de ausência?

– Sim. Um livro volta e outro desaparece. Examinei todos eles cuidadosamente, não faltava uma página e os livros estão em perfeitas condições. Estou começando a ficar maluco.

– Que enigma! – admitiu Nile.

– Você gosta de um bom conhaque?

Nile assentiu com a cabeça.

– Então apareça em minha casa hoje às 8. [...]

O professor morava numa pensão de tijolos à vista, no West Twenties. Atendeu à campainha pessoalmente e conduziu Nile pelo vestíbulo antiquado, mas muito limpo.

– Estava faltando outro livro quando voltei para casa e o que sumiu ontem à noite estava em seu lugar – cochichou.

Nile acompanhou-o nos dois lances de escada.

246

— Há só mais três pensionistas aqui, além de mim — Baxter disse, enquanto abria a porta. — Um pintor, que mora no fim do corredor, um arquiteto aposentado, que mora embaixo, e um jornalista, vizinho dele. Mrs. Rowan, dona de casa, tem todo o andar térreo. [...]

— Fale mais sobre seus vizinhos. Já que o *porquê* do assunto é quase incompreensível, talvez possamos ir mais adiante descobrindo *quem*. Logicamente o suspeito tem que ser alguém aqui da casa.

— Concordo, mas não compreendo por que quereriam os livros. Mrs. Rowan é honesta demais para levá-los sem minha ordem e depois a leitura predileta dela é romances de revistas. Melvore, o arquiteto aposentado, é inválido e raramente sai do quarto. Quanto a Sellman, o jornalista, a última coisa que eu poderia imaginar seria ele roubando um livro. Ele pode receber o livro que quiser — no trabalho ou numa biblioteca pública. O senhor de Haven, que mora em frente, é o inquilino mais novo — está aqui há quatro meses e não tem horário. Mas, como pintor, eu acho que ele só pode trabalhar com luz natural.

O professor virou a cabeça ao ouvir uma porta se fechar.

— É o senhor de Haven. Ele costuma sair a esta hora.

Os dois ficaram ouvindo o som dos passos cada vez mais abafados na escada. Nile pôs o seu copo na mesa.

— Seu vizinho mais próximo me parece o suspeito. Que tal aproveitarmos sua ausência e examinarmos seu quarto?

O professor ia protestar, mas Nile ergueu a mão:

— Se não acharmos nada que o incrimine, então ele é inocente. Precisamos começar em algum lugar.

Levando uma lanterna, Nile atravessou o corredor com o relutante professor acompanhando-o. A porta, como todas as outras da casa, estava sem fechadura. Nile abriu-a e os dois homens entraram no escuro. Acendeu a lanterna e lentamente correu o facho de luz pelo quarto. As paredes estavam cobertas de telas, pintadas em estilos e técnicas diferentes, mas todas tinham uma coisa em comum: estavam inacabadas. O facho de luz dirigiu-se para uma mesa com um abajur. Nile aproximou-se e acendeu a luz.

[...]

— Isso seria seu? — perguntou, retirando um livro encadernado em couro com uma pilha de papéis.

— Meu *Guia Compton da Vida Noturna do Bowery* — disse o professor emocionado. Começou a examinar o livro cuidadosamente, página por página.

Ao acaso, Nile apanhou um maço de desenhos sobre a mesa. À medida que folheava, seus olhos foram se arregalando. Em sua mão estava uma pequena, mas valiosíssima coleção de obras de arte. Havia três Daumier, um Whistler e seis Matisse. Não havia dúvida quanto ao motivo e ao traço de cada artista, e o papel era bastante velho.

De repente Nile juntou as peças do quebra-cabeça.

— O livro está intacto — disse o professor, colocando-o debaixo do braço.

— Posso dar uma olhada nele?

O professor entregou o livro a Nile, que o abriu sob a lâmpada. Depois de estudar o livro por alguns momentos, voltou-se para o professor e sorriu:

— Todas as páginas estão aí, mas nem todas estão.

Segurou o livro aberto na página do título e com o dedo mostrou uma pequena tira que sobrara da página que fora cortada.

— Mas era uma página em branco.

— Justamente — disse Nile com uma ponta de triunfo na voz. — Papel em branco manufaturado no século dezenove — exatamente o tipo exigido para falsificar um desenho de algum mestre daquela época, como Whistler. — Nile apontou para o desenho em cima da pilha.

— Seus bárbaros!

Os dois homens voltaram-se ao som da voz. Um homenzinho grisalho estava fazendo algo parecido com uma dança agitada diante da porta aberta. Seus olhos correram dos intrusos para a mesa e finalmente para o livro aberto na mão de Nile. Ele sabia que fora descoberto. Quando Nile começou a se aproximar dele, sacudiu o punho fechado no ar e desceu as escadas, correndo. Pouco depois a porta de entrada batia.

Nenhum dos dois homens fez um movimento para detê-lo. Olharam-se por alguns instantes e depois caíram na gargalhada...

Duas semanas depois o professor Baxter visitou novamente a loja do amigo. Encontrou Nile fumando calmamente no fundo.

— Encontraram de Haven — disse o professor colocando sua pasta no chão. — O proprietário de uma galeria de Boston chamou a polícia depois que ele tentou vender-lhe um desenho de Juan Gris não autenticado. Acontece que o proprietário é uma das maiores autoridades em Juan Gris do país.

— Não se pode evitar de ter pena de de Haven. O homem tem um grande talento.

HUNSBURGER, H. Edward. *Ellery Queen Mistério Magazine*.
São Paulo: Ideia Editorial, n. 22, jun. 1978.

Antes de iniciar o estudo do texto, tente descobrir o sentido das palavras desconhecidas pelo contexto em que elas aparecem. Se for preciso, consulte o dicionário.

EXPLORAÇÃO DO TEXTO

Nas linhas do texto

1. Qual o assunto do conto?

2. Os parágrafos iniciais apresentam as principais personagens do conto. Quem são? Que informações são dadas ao leitor sobre elas?

3. O que se fica sabendo a respeito dos livros roubados?

4. O que o crime tem de inusitado?

5. Quem são as pessoas que teriam condições de cometer os roubos?

6. Quem é o criminoso e por que ele roubava os livros?

7. O criminoso consegue fugir? Por quê?

Nas entrelinhas do texto

"O enigma dos furtos temporários" é um conto de enigma. Nesse tipo de narrativa de ficção, pequenos detalhes devem ser levados em conta para que se possa chegar à solução do enigma proposto inicialmente.

1. O detetive afirma que, logicamente, o suspeito tinha de ser alguém da casa. O que o leva a pensar assim?

2. Releia.

> "O professor virou a cabeça ao ouvir uma porta se fechar.
> — É o senhor de Haven. Ele costuma sair a esta hora.
> Os dois ficaram ouvindo o som dos passos cada vez mais abafados na escada. Nile pôs o seu copo na mesa.
> — Seu vizinho mais próximo me parece o suspeito. Que tal aproveitarmos sua ausência e examinarmos seu quarto?"

ROGÉRIO BORGES

O que torna o pintor o principal suspeito da investigação? Como o detetive chegou até ele?

3. Qual foi a primeira pista que atraiu a atenção do detetive ao entrar na casa do suspeito?

4. Qual o primeiro indício para a solução do enigma?

5. Explique a importância desse indício na solução do enigma.

Ellery Queen Mistério Magazine

O conto que você leu, de H. Edward Hunsburger, foi publicado na revista *Ellery Queen Mistério Magazine*, que reunia contos de escritores consagrados e estreantes. Criada em 1941, nos Estados Unidos, mais tarde passou a ser também editada no Brasil. Ellery Queen é um famoso escritor de romances policiais, ou melhor, esse é o pseudônimo usado pelos primos Frederic Dannay e Manford Lepofsky que, além de escrever sob esse pseudônimo, transformaram Ellery em protagonista de suas histórias.

IDEIA EDITORIAL

Capa de uma edição especial para colecionadores com três números da revista *Ellery Queen Mistério Magazine*.

249

6. O que o detetive quer dizer com "Todas as páginas estão aí, mas nem todas estão"?

7. O ladrão roubava os livros, mas os devolvia.

a) Se os devolvia, que interesse o levava a furtá-los?

b) Por que, em vez de conservar consigo os livros roubados, o ladrão os devolvia ao dono?

8. Quem faz a afirmação: "Não se pode evitar de ter pena de de Haven. O homem tem um grande talento"? Explique-a.

Além das linhas do texto

Leia a letra de uma canção de Gilberto Gil.

Domingo no parque

O rei da brincadeira (ê, José)
O rei da confusão (ê, João)
Um trabalhava na feira (ê, José)
Outro na construção (ê, João)

A semana passada, no fim da semana
João resolveu não brigar
No domingo de tarde saiu apressado
E não foi pra Ribeira jogar capoeira
Não foi pra lá, pra Ribeira, foi namorar
O José como sempre no fim da semana
Guardou a barraca e sumiu
Foi fazer no domingo um passeio no parque
Lá perto da Boca do Rio
Foi no parque que ele avistou Juliana
Foi que ele viu
Foi que ele viu Juliana na roda com João
Uma rosa e um sorvete na mão
Juliana seu sonho, uma ilusão
Juliana e o amigo João
O espinho da rosa feriu Zé
E o sorvete gelou seu coração

O sorvete e a rosa (ô, José)
A rosa e o sorvete (ô, José)
Foi dançando no peito (ô, José)
Do José brincalhão (ô, José)

O sorvete e a rosa (ô, José)
A rosa e o sorvete (ô, José)
Oi, girando na mente (ô, José)
Do José brincalhão (ô, José)
Juliana girando (oi, girando)
Oi, na roda gigante (oi, girando)
Oi, na roda gigante (oi, girando)
O amigo João (João)
O sorvete é morango (é vermelho)
Oi, girando e a rosa (é vermelha)
Oi, girando, girando (é vermelha)
Oi, girando, girando...
Olha a faca! (olha a faca!)

Olha o sangue na mão (ê, José)
Juliana no chão (ê, José)
Outro corpo caído (ê, José)
Seu amigo João (ê, José)
Amanhã não tem feira (ê, José)
Não tem mais construção (ê, João)
Não tem mais brincadeira (ê, José)
Não tem mais confusão (ê, João)

GIL, Gilberto. *A arte de Gilberto Gil.*
Universal Music Brasil, 2005.

Essa letra, que tem elementos de uma narrativa, conta a história de um crime.

1. Canções são um gênero adequado para falar de crimes? Existem temas e assuntos que sejam inadequados a uma canção ou a um poema?

2. Pelo assunto da canção, podemos considerá-la uma narrativa policial de enigma? Justifique.

COMO O TEXTO SE ORGANIZA

1. Em contos de enigma, nem sempre os primeiros suspeitos a serem investigados – os suspeitos mais óbvios – são os autores do crime. Isso se confirma no conto lido?

2. Responda no caderno.
   a) No ponto em que se inicia a narrativa, o crime já ocorreu ou vai ocorrer?
   b) Que fato, no início do conto, desencadeia toda a ação (isto é, a investigação)?
   c) Como começa a investigação propriamente dita?

   > Os **contos de enigma** costumam iniciar pelo momento em que o detetive é procurado para solucionar o caso.

3. Responda no caderno. Quais das situações abaixo estão associadas aos crimes (os roubos) e quais correspondem à investigação?
   a) Livros da biblioteca do professor Baxter desaparecem e reaparecem sem nenhuma explicação lógica.
   b) Nile, um detetive amador, é solicitado a decifrar o mistério.
   c) Perguntas são feitas e uma das personagens é considerada suspeita.
   d) A vítima é um colecionador de livros antigos.

   > No **conto de enigma**, enfatiza-se não o crime em si, mas a condução da **investigação**, realizada por um detetive ou pessoa interessada em solucionar o caso.
   > A inteligência e a argúcia dessa personagem permitem-lhe perceber todas as pistas e encaixá-las, como num quebra-cabeça.

4. Uma história pode ser narrada de diferentes pontos de vista:
   - pela personagem principal;
   - por uma personagem secundária (narrador testemunha), que conta a história ocorrida com a personagem principal;
   - por um observador que conta uma história da qual não participou;
   - por um observador onisciente (que sabe tudo sobre os fatos e as personagens, das quais conhece até pensamentos e emoções).

   a) "O enigma dos furtos temporários" tem qual desses tipos de narrador?
   b) Que efeito produz a escolha desse ponto de vista?

   > Em geral, o **conto de enigma** tem narrador observador ou narrador testemunha, que narra a investigação do fato a ser desvendado. É bem mais raro o próprio detetive ou o criminoso contarem a história.

5. Responda no caderno.
   a) Onde se desenrola a ação do conto lido?
   b) Quanto tempo, aproximadamente, decorre entre o momento em que Nile é procurado pelo professor e a resolução do enigma?

NÃO DEIXE DE LER

- **As melhores histórias de Sherlock Holmes**, de *Sir* Arthur Conan Doyle, editora L&PM

  Alguns dos melhores contos de Sherlock Holmes, em que ele desvenda enigmas junto com seu amigo e assistente, o doutor Watson.

Sherlock Holmes e o doutor Watson: uma dupla célebre

Um dos mais conhecidos casos de narrador testemunha da história da ficção detetivesca é o de Watson, o amigo de Sherlock Holmes, que narra aventuras que viveu ao lado do detetive. Ele acompanha a análise das pistas e indícios que levarão à descoberta do criminoso.

Cena de filme de 1959 baseado em *O cão dos Baskervilles*, de Conan Doyle.

> Nos contos de enigma, como nos contos em geral, **o espaço e o tempo são reduzidos**: toda a ação pode se desenrolar em uma casa ou uma rua, por exemplo, em questão de horas ou dias.

6. Nos contos de enigma, embora o mais importante seja a narração da investigação, encontramos algumas descrições, quer das personagens, quer do espaço onde a ação se desenrola. Veja um exemplo.

Lá fora a noite estava fresca, pois era início de outubro. O verão fora horrivelmente quente, e as noites frias da nova estação eram um alívio. Andei meio quarteirão na direção oeste e um homem saiu debaixo de uma marquise e me pediu um trocado. Estava usando um paletó que não combinava com as calças e um tênis bem puído, sem meia. Parecia ter trinta e cinco anos, mas devia ser mais novo. Morar na rua envelhece. [...]

BLOCK, Lawrence. *Na linha de frente*. São Paulo: Cia. das Letras, 2010.

Rua de Nova York.

NÃO DEIXE DE ASSISTIR
- **O enigma da pirâmide (Estados Unidos, 1985)**, direção de Barry Levinson

Quando uma série de bizarros e intrigantes crimes ataca Londres, o jovem Holmes e seu novo amigo, Watson, acabam envolvidos em um tenebroso mistério.

a) Qual a importância das descrições para o leitor de um conto de enigma?

b) No conto de Edward Hunsburger, aparecem algumas descrições. Indique no caderno se os trechos abaixo contêm descrição de cenário ou narração de ações de personagens.

   I. "O professor morava numa pensão de tijolos à vista, no West Twenties. [...] conduziu Nile pelo vestíbulo antiquado, mas muito limpo."

   II. "[...] A porta, como todas as outras da casa, estava sem fechadura. [...] As paredes estavam cobertas de telas pintadas em estilo e técnicas diferentes, mas todas tinham uma coisa em comum: estavam inacabadas."

   III. "Seus olhos correram dos intrusos para a mesa e finalmente para o livro aberto na mão de Nile. Ele sabia que fora descoberto. [...] Pouco depois a porta de entrada batia."

   IV. "O professor entregou o livro a Nile, que o abriu sob a lâmpada. Depois de estudar o livro por alguns momentos, voltou-se para o professor e sorriu [...]"

   V. "Duas semanas depois o professor Baxter visitou novamente a loja do amigo. Encontrou Nile fumando calmamente no fundo."

NÃO DEIXE DE LER
- **Histórias de detetive**, de *Sir* Arthur Conan Doyle e outros, editora Ática (coleção Para Gostar de Ler, v. 12)

Seis textos que mostram as diversas formas que o conto de detetive adquiriu ao longo do tempo nas mãos dos grandes mestres.

7. Responda no caderno.

a) No conto "O enigma dos furtos temporários", as ações são apresentadas em ordem cronológica? Explique.

b) No caderno, organize as etapas a seguir de acordo com a ordem em que acontecem.

investigação   destino do criminoso   crime
    solução do enigma   envolvimento do detetive

RECURSOS LINGUÍSTICOS

1. Imagine que um leitor, antes de ler o título do conto "O enigma dos furtos temporários" e sem saber do que ele trata, apenas lesse estes trechos.

> "Desde que abrira sua loja, trinta anos antes, Nile resolvera uma série de enigmas interessantes."
>
> "Já que o *porquê* do assunto é quase incompreensível, talvez possamos ir mais adiante descobrindo *quem*. Logicamente o suspeito tem que ser alguém aqui da casa."
>
> "– Se não acharmos nada que o incrimine, então ele é inocente."

a) Esse leitor poderia deduzir que o texto seria um conto de enigma? Explique.

b) No trecho, o que indicaria isso especificamente?

2. Releia o fragmento a seguir.

> "– Encontraram de Haven – disse o professor colocando sua pasta no chão. – O proprietário de uma galeria de Boston chamou a polícia depois que ele tentou vender-lhe um desenho de Juan Gris não autenticado. Acontece que o proprietário é uma das maiores autoridades em Juan Gris do país.
>
> – Não se pode evitar de ter pena de de Haven. O homem tem um grande talento."

a) O diálogo entre as personagens é reproduzido por discurso direto ou indireto?

b) Que pontuação foi utilizada para introduzir a fala das personagens? Que outro sinal se poderia empregar para reproduzir a fala das personagens?

c) Reescreva no caderno as duas últimas falas empregando outro tipo de discurso. Faça as modificações necessárias.

d) Compare sua versão com o trecho original. Em qual dos trechos é possível visualizar a cena com mais exatidão? Explique.

3. Releia.

I. "Estava faltando outro livro […] e o que sumiu ontem à noite estava em seu lugar."

II. "O fato é que alguém os está tomando emprestado sem a minha permissão."

III. "Examinei todos eles cuidadosamente, não faltava uma página e os livros estão em perfeitas condições."

a) Identifique nesses trechos adjuntos adverbiais de tempo, lugar ou modo.

b) Por que é importante empregar adjuntos adverbiais em um conto?

> **Quem fez isso?**
>
> Os contos, romances, peças ou filmes em que o centro do enredo é a descoberta do autor do crime são conhecidos como *whodunit*, abreviação da expressão inglesa *who done it?* ("quem fez isso?"). Na literatura *whodunit*, o leitor relaciona-se com a história como se ela fosse um quebra-cabeça que o desafia a descobrir indícios que levem à solução do enigma antes do final do livro. Para prender o leitor, capturar sua atenção, os autores costumam incluir falsas pistas e falsos suspeitos, promovendo grandes reviravoltas no desenvolvimento da história.

4. No texto, aparecem verbos no passado e no presente. Veja.

   I. "Sim. Um livro volta e outro desaparece."
   II. "Concordo, mas não compreendo por que quereriam os livros."
   III. "O professor virou a cabeça ao ouvir uma porta se fechar."
   IV. "Os dois ficaram ouvindo o som dos passos cada vez mais abafados na escada. Nile pôs o seu copo na mesa."
   V. "O professor ia protestar, mas Nile ergueu a mão [...]"
   VI. "Nile acompanhou-o nos dois lances de escada."

   a) Explique por que o narrador empregou esses tempos.
   b) Que efeito o emprego do presente cria nas frases I e II?
   c) Essas escolhas mantêm-se ao longo do texto? Explique.

Grandes pintores

Conheça obras de alguns dos pintores mencionados no conto.

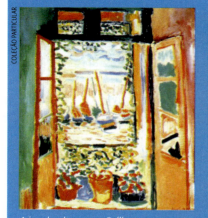

A janela aberta em Collioure, 1905, de Henri Matisse.

A rapariga branca, 1861, de James Whistler.

PARA LEMBRAR

Conto de enigma

- **Intenção principal** → propor um enigma a ser desvendado pelo detetive e pelo leitor
- **Leitores** → pessoas que apreciam mistério ou enigmas
- **Organização** →
  - a ação inicia quando o crime já ocorreu, e o detetive é procurado para solucionar o caso
  - ênfase na história da investigação, e não na do crime
  - centra-se em um mistério (um enigma) a resolver
  - narrador observador em terceira pessoa
  - final inesperado, surpreendente
- **Linguagem** →
  - objetiva
  - de acordo com a norma-padrão
  - mais ou menos formal, conforme o autor e o perfil do leitor

NÃO DEIXE DE ACESSAR

- http://sitededicas.uol.com.br/enigmas_logicos.htm
  Endereço para quem gosta de sentir-se desafiado a resolver enigmas que exigem poder de observação e dedução.

DEPOIS DA LEITURA

INTERTEXTUALIDADE

Algumas personagens de narrativas de enigma tornaram-se tão famosas que acabam sendo retomadas em outros gêneros, como cartuns e propagandas, por exemplo. Observe este cartum de Quino.

Quino. *Gente*. Lisboa: Dom Quixote, 1991.

Serviçal é a pessoa que presta serviços domésticos.

Foi o mordomo?

Possivelmente porque muitas narrativas *whodunit* terminam com a revelação de que o culpado do crime ocorrido na mansão era o mordomo, tornou-se um clichê dizer que "o culpado é o mordomo".

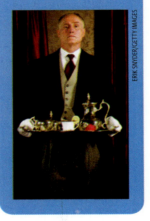

1. A relação que um texto mantém com outro ou outros chama-se **intertextualidade**. Esse cartum relaciona-se com o protagonista de uma série de narrativas de enigma e seu assistente. Você é capaz de reconhecê-los?

2. Onde eles estão?

3. Como a presença de uma personagem de narrativas de enigma, famosa por decifrar qualquer mistério, contribui para criar o sentido desse cartum?

4. Se não há suspeitos na cena do crime, então quem é o culpado da morte dessas pessoas?

DO TEXTO PARA O COTIDIANO

Os contos de enigma centram-se em um mistério que o detetive sempre soluciona no final. Vamos conhecer agora um mito grego, Édipo, cuja vida chegou a depender da solução de um enigma.

Édipo Rei

Devido a uma previsão segundo a qual morreria pelas mãos de seu próprio filho, o rei de Tebas, Laio, entregou o filho Édipo a um pastor para que o deixasse morrer. Entretanto, o pastor não conseguiu abandonar a criança. Em vez disso, levou-o para o rei de Corinto, que criou o menino.

Anos depois, querendo saber quem eram seus verdadeiros pais, Édipo consultou o oráculo, que não revelou a identidade deles, mas contou-lhe que estava destinado a matar seu pai e a casar-se com sua mãe. Horrorizado, Édipo fugiu.

Certo dia, o jovem cruzou com Laio, seu pai verdadeiro, a quem desconhecia. Um membro da escolta do rei ordenou-lhe que saísse do caminho. Como Édipo recusou-se, Laio golpeou-o com um bastão e este revidou, matando o rei, sem saber que era seu pai.

Continuando seu caminho, Édipo chegou a Tebas, que estava sendo aterrorizada pela Esfinge, um monstro parte leão alado, parte mulher, que detinha os forasteiros propondo um enigma: "Qual é o animal que pela manhã tem quatro pés, ao meio-dia dois e à tarde três?". Os que não conseguiam decifrar a charada eram mortos, porém Édipo resolveu-a sem dificuldade. Ao ouvir a resposta certa, a Esfinge ficou tão furiosa que se jogou no precipício e morreu.

Esfinge grega em mármore, de cerca de 560 a.C. Museu Arqueológico de Delfos, Grécia.

1. Você conseguiria derrotar a Esfinge e salvar sua vida? Que resposta daria a ela?

2. Como os gregos dos tempos mitológicos, ainda hoje muitas pessoas acreditam que resolverão os desafios que a vida lhes apresenta recorrendo a previsões de horóscopos, cartomantes, videntes, tarô, numerologia, runas etc.

   a) Você conhece pessoas que levam em conta previsões como essas? Se conhecer, procure saber o que as leva a confiar em tais previsões.

   b) O que você acha das práticas de previsão do futuro? Justifique.

Tebas e Corinto: cidades gregas que tiveram destaque como cenário de aventuras mitológicas.
Oráculo: divindade que fazia previsões e dava conselhos.

Vozes verbais: contexto e sentidos

Leia a propaganda.

15º *Anuário de Criação*. São Paulo, Clube de Criação de São Paulo.

1. Releia o título da propaganda e explique seu duplo sentido.
2. Que recursos visuais são empregados para que a expressão utilizada na frase possa ser entendida com esse novo sentido?
3. Releia.

   Nossa propaganda é feita de porta em porta.

   a) O sujeito da oração é "Nossa propaganda". Esse sujeito pratica a ação expressa pelo verbo?
   b) Pelo que é dito na oração, é possível saber quem pratica a ação de **fazer**?
   c) Agora veja.

   Nossas fechaduras são feitas por habilidosos artesãos.

   Nessa oração, é possível saber quem pratica a ação? Quem a pratica?

257

4. Releia este fragmento do conto de enigma.

> "Nile **abriu**-a [a porta] e os dois homens **entraram** no escuro."

a) Qual o sujeito de cada forma verbal destacada?
b) Esse período é formado por duas orações. É o sujeito quem pratica a ação expressa pelas formas verbais?

5. Compare.

> "Nile **abriu**-a [a porta] e os dois homens **entraram** no escuro."
> A porta **foi aberta** por Nile e os dois homens **entraram** no escuro.

a) Em "foi aberta" e "entraram", é o sujeito quem pratica a ação expressa por essas formas verbais? Explique sua resposta.
b) Em qual dos casos, temos um sujeito que recebe a ação e em qual temos um sujeito que age, que pratica a ação?

> Quando o sujeito pratica a ação expressa pelo verbo, dizemos que é um **sujeito agente** e, quando recebe a ação ou sofre a ação, dizemos que é um **sujeito paciente**.
> Se o sujeito é responsável pela ação verbal, dizemos que o verbo está na **voz ativa**.
> Se o sujeito recebe, sofre a ação, dizemos que o verbo está na **voz passiva**.

Voz verbal
Voz verbal é a forma que o verbo assume para indicar sua relação com o sujeito na oração. Pode ser uma relação de atividade, de passividade ou ambas ao mesmo tempo.

6. Leia esta frase tirada do site da Associação de Amigos da Criança com Câncer de Mato Grosso do Sul. Ela é a chamada de um texto que pede ao leitor que contribua com a associação.

a) A oração "Agora sua conta de água pode salvar vidas!" está na voz ativa ou passiva?
b) Como ficaria na voz passiva?
c) A passagem da voz ativa para a passiva muda o sentido do enunciado?

258

7. Releia.

> A porta foi aberta por Nile.

a) A forma verbal dessa oração está na voz ativa ou passiva?
b) Se o sujeito dessa oração não indica quem pratica a ação, que termo indica quem a pratica?

8. Observe o esquema.

Sujeito paciente (sofre a ação)	Locuções verbais	Termo que indica quem pratica a ação
A porta	foi aberta	por Nile.
As fechaduras	foram feitas	pelos habilidosos artesãos.

a) As locuções verbais estão na voz passiva ou ativa?
b) Nessas orações, quem é o agente, ou seja, quem pratica a ação?
c) De que forma os termos que indicam quem pratica a ação estão ligados às formas verbais?

> O termo que indica quem pratica a ação na voz passiva é chamado de **agente da passiva**. Vem introduzido pelas preposições **por** ou **de**.

9. Leia este trecho de notícia.

Olodum recebe dinossauros do reggae em noite internacional

O Olodum mostrou mais uma vez por que é considerada a maior banda percussiva do planeta. Em mais uma edição da "Terça da bênção", o afro do Pelô realizou a noite da música internacional nesta terça-feira, 25, dando continuidade aos ensaios pré-carnavalescos na Praça Tereza Batista, no Pelourinho.

Ao comando de Lucas de Fiori, Nadjane Souza e Mateus Vidal, o público formado por gente de várias partes do mundo curtiu os sucessos do Olodum e foi surpreendido pela entrada da banda jamaicana Inner Circle no palco ao som de *No woman no cry*. [...]

Tribuna da Bahia, 26 jan. 2011.

Apresentação do Olodum no Carnaval de Salvador, em 2009.

259

a) A quem se refere a expressão *"dinossauros do reggae"* no título da notícia? Em sua opinião, por que o termo **dinossauros** foi usado?

b) Observe e compare.

Olodum <u>recebe</u> dinossauros do *reggae*.
↓
voz ativa

Dinossauros do *reggae* <u>são recebidos</u> por Olodum.
↓
voz passiva

Indique agora, nas orações a seguir, qual delas está na voz passiva e qual na voz ativa.

I. O público foi surpreendido pela banda jamaicana.

II. A banda jamaicana surpreendeu o público.

c) Na oração em que ocorre a voz passiva, qual é o agente?

d) Nessa oração, qual é o verbo auxiliar empregado na construção da voz passiva?

e) Em que forma nominal está o verbo principal **surpreender** nessa mesma oração?

10. Observe e compare as formas verbais destacadas nestas orações.

O afro do *Pelô* <u>realizou</u> uma noite de música internacional.
↓
voz ativa

Uma noite de música internacional <u>foi realizada</u> pelo afro do *Pelô*.
↓
voz passiva

a) De que forma foi construída a oração na voz passiva?

b) E no trecho a seguir, de que modo foi construída a voz passiva?

> "Da foz até a nascente, lá na Serra do Cachimbo, no Pará, esse rio [Rio Teles Pires] percorre apenas áreas protegidas. Está cercado por floresta primária, que nunca sofreu a interferência do homem. Isso significa que esta é a porta de entrada para uma das regiões mais preservadas da Amazônia."
>
> Disponível em: <http://redeglobo.globo.com/sp/eptv/terra-da-gente/platb/materias/cristalino-alado/>.
> Acesso em 17 mar. 2015.

11. Leia estas frases, extraídas de notícias.

> A cantora comandará a atração a partir do dia 8 de fevereiro.
>
> *A Tarde*, 29 jan. 2011.

> A classe C ultrapassou as classes A e B no consumo de produtos e serviços para a manutenção do lar em 2010.
>
> *Estado de Minas*, 30 jan. 2011.

a) Reescreva as duas frases no caderno, passando os verbos para a voz passiva.

b) Observe os verbos utilizados nas orações originais e os que você empregou ao reescrevê-las. O que é possível observar quanto aos **tempos** verbais?

c) Ao passar um verbo da voz ativa para a passiva, o que se passa a valorizar na oração reformulada?

12. Observe, ao lado, a tela do pintor francês Pierre-Auguste Renoir.

a) Quem está penteando o cabelo?

b) Quem está sendo penteada?

Mulher penteando o cabelo (1908), de Renoir.

> Quando a ação verbal é praticada e recebida pelo mesmo ser, dizemos que ela está na voz **reflexiva**. Exemplos:
>
> Eu **me feri** com uma tesoura.
>
> Nós **nos transformamos** em pessoas insensíveis.

Na voz reflexiva, o verbo é acompanhado de um pronome oblíquo (**me**, **te**, **se**, **nos**, **vos**), que exerce o papel de objeto do verbo e é da mesma pessoa gramatical que o sujeito. Veja.

```
              verbo transitivo direto
                      ↑
        Eu  me  feri.
        ↓   ↓
    sujeito objeto direto (pronome oblíquo na primeira pessoa do singular)
```

13. Leia este trecho de uma resenha de peça de teatro.

> O amor apresenta-se à vida de Romeu e Julieta de modo traiçoeiro: **eles apaixonam-se** instantaneamente, em uma festa [...], desconhecendo a identidade um do outro. Ele é filho dos Montéquio, e ela, dos Capuleto, duas das mais poderosas famílias de Verona, inimigas entre si. Desobedecendo às restrições familiares e políticas, eles vivem a sua paixão explosiva e desesperançada, naquela que se tornou a mais famosa história de amor da literatura ocidental [...]
>
> Disponível em: <http://vejasp.abril.com.br/teatro/romeu-julieta>. Acesso em: 12 maio 2015.

Romeu e Julieta (1884), de Frank Dicksee.

a) Observe o trecho destacado. A quem se refere o pronome **eles**?

b) Quem se apaixonou por quem?

c) Quem pratica e quem recebe a ação expressa pelo verbo **apaixonar-se**?

> Quando o sujeito refere-se a dois ou mais seres, e um ser pratica a ação verbal sobre o outro, ao mesmo tempo que recebe a ação dele, dizemos que o verbo está na voz **reflexiva recíproca**. Exemplo:
>
> Os rapazes **se agrediram** no fim do jogo. (= Os rapazes agrediram-se uns aos outros no fim do jogo.)

teia do saber

1. Leia o fragmento de um conto popular africano.

O jabuti de asas

Os jabutis, contam os mais velhos, sempre foram respeitados por sua sabedoria e prudência. Mas, por causa da ganância de um deles, todos os parentes passaram a ter o casco rachado.

Há muito tempo, um jabuti soube que uma grande festa estava sendo organizada pelas aves que viviam voando entre os galhos das florestas.

– Eu também quero ir – disse ele, pondo a cabecinha para fora do casco. […]

E assim foi feito. A passarinhada, com pedacinhos de cordas, amarrou plumas coloridas nas patas dianteiras e traseiras do jabuti […]

Resultado: O jabuti se esborrachou contra os pedregulhos.

[…]

Por causa do tombo os descendentes do jabuti, além de passarem a andar devagar, carregam essa couraça rachada até hoje.

BARBOSA, Rogério Andrade. *Contos africanos para crianças brasileiras.* São Paulo: Paulinas, 2008.

Entre os contos populares, encontramos contos humorísticos (anedotas), contos de esperteza, contos de ensinamento, contos etiológicos (explicam a origem de um ser ou de alguma característica de um ser da natureza).

a) Pelo trecho reproduzido, é possível saber de que tipo de conto se trata? Explique.

b) Quem conta essa história?

2. Procure no fragmento acima:
a) uma oração com verbo na voz ativa;
b) uma oração com verbo na voz passiva.

3. Releia.

"Os jabutis […] sempre foram respeitados por sua sabedoria e prudência."

a) Nessa oração se diz quem sempre respeitou os jabutis?

b) Pelo contexto, é possível supor quem sempre respeitou os jabutis. Reescreva essa frase no caderno acrescentando essa informação.

c) Qual é a função do termo com o qual você completou a oração?

d) Reescreva a oração que você completou acima, usando o verbo na voz ativa.

4. Leia o *outdoor*.

OUTDOOR.
SEM QUERER VOCÊ JÁ LEU.

CENTRAL DE OUTDOOR

Disponível em: <http://ccsp.com.br/anuarios/pop_pecas.php?id=1259>. Acesso em: 12 maio 2015.

a) Como se pode entender o texto do *outdoor*?

b) Qual parece ser o objetivo desse *outdoor*?

c) A que público se dirige?

d) Em que voz o verbo **ler** foi utilizado?

e) Como ficaria o texto do *outdoor* na voz passiva?

f) Em um texto de *outdoor*, qual pode ser a vantagem de empregar a voz ativa?

5. Na voz reflexiva, o verbo vem acompanhado de um pronome oblíquo (**me**, **te**, **se**, **nos**, **vos**), que representa a mesma pessoa que o sujeito. Considerando essa afirmação, faça as atividades propostas.

Quino. *Toda Mafalda*. São Paulo: Martins Fontes, 2003.

a) Releia a fala no segundo quadrinho e continue a conjugação iniciada por Susanita.

b) Quais dessas formas verbais são necessariamente reflexivas?

c) Qual poderia ser empregada como reflexiva recíproca?

d) Explique a revolta de Susanita, relacionando-a a sua própria fala no último quadrinho.

LEITURA 2

ANTES DE LER

1. O que é um "crime perfeito"?
2. Você já ouviu falar de um crime que tenha sido considerado perfeito? Conte aos colegas.
3. Levante uma hipótese: O que seria um crime mais que perfeito?

Existem filmes que deixam o espectador em suspense, aguardando um desfecho anunciado, mas ainda incerto. A tensão produzida pelas cenas só é atenuada com um susto ou com alívio. Também existem narrativas escritas com essas características. O conto a seguir é uma delas.

Crime mais que perfeito

Quando o furgão da "Granja Holandesa" contornou a esquina e parou diante do número 168, Davi abriu a caderneta e anotou: quinta-feira, chegada, 4:15. Assistiu ao leiteiro, com passadas joviais, deixar o litro de leite na soleira da porta, e retornar ao furgão, posto logo em movimento. Davi escreveu: saída, 4:20. Embolsou a caderneta, desprendeu-se do pilar que lhe servia de esconderijo, inquiriu a neblina, avivou os passos. Parecia um operário em marcha para o trabalho. No tear da razão, urdia o crime original.

Ninguém o vira sair de casa, ninguém presenciara a sua volta. Subiu a escada, estacionando no corredor. O quarto de tia Olga estava fechado, mas no de Cláudia a luz riscava o chão pela fresta da porta. Achegou-se e, com a palma da mão, empurrou-a com cuidado. Pousando mansamente os pés no assoalho, introduziu-se na alcova, moveu-se até a mesa da cabeceira, reclinou-se, ergueu o interruptor do abajur e, antes de comprimi-lo, contemplou a irmã adormecida. [...] Para Davi, ela seria sempre uma criança. E que prazer divinal é fitar-se uma criança a dormir! Seus olhos foram ficando mansos, os lábios planejaram um sorriso, a cabeça se inclinou no êxtase, como a dos santos da Renascença a namorar o Jesus Menino. Um leve ruído: a adoração se encobriu de trevas.

264

Com a mesma cautela, saiu para o corredor, entrou em seu quarto. Na cômoda, os retratos de sua mãe e de Cláudia sorriam em idades diferentes. A lembrança súbita de Jorge Antar dissipou o enlevo deixado em seus olhos pela moça em doce sono. Virou-se para o retrato: "Juro, mamãe, que acabarei com isso". Revoltava-se com o amor de Cláudia pelo malandro. Conhecia-o muito bem: vivia de golpes engendrados com finura, em conluio com deputados negocistas; frequentava mulheres livres, atraídas pela sua aparência simpática. [...] Além de Cláudia, já de si um alvo excelso, visava o malandro à herança da moça, incauta e apaixonada. Não, Jorge não seria o homem de Cláudia, dessa Cláudia que ele, substituindo o pai, ajudara a criar.

[...] Para o plano, o quarto minguante contribuiria com a escuridão. O mês de junho, com a neblina. Tudo perfeito. E mais perfeito, ainda, porque Cláudia iria passar o fim de semana na fazenda de Doralice Neves. Davi conhecia os hábitos de Jorge: no sábado, acordava mais cedo para atender ao expediente da manhã e saía de casa antes da criada entrar em serviço. Seu plano era exato como a sucessão dos dias, infalível como a própria morte...

No dia seguinte, sexta-feira, Davi foi à estação. Cláudia exultava com a partida. O cabelo curto, colado nas têmporas e nas orelhas, era um gorro de cetim negro incumbido de revelar a brejeirice azul dos olhos. Davi recomendou cuidado nas cavalgadas, nos banhos na cascata, respondendo com um aceno ao sorriso levado vagarosamente pelo trem.

Sete horas da noite. Seu plano seria executado a partir das 3 horas da manhã. Desejava que a madrugada chegasse naquele instante, expirasse neblina, regelasse a escuridão, afugentando os homens e facultando-lhe a redenção de Cláudia. [...]

No quarto, ingeriu um excitante para combater o sono e o cansaço. Tia Olga, naquele momento, bebia, com seu remédio costumeiro, um sedativo inocente, preparado por Davi. Abriu a gaveta da cômoda, certificando-se de que o vidro e a lanterna lá estavam. Ergueu a coberta da cama para ver os sapatos de borracha. Um mágico verificando o instrumental antes de levantar-se o pano. Um mágico, porque aqueles objetos o auxiliariam no sortilégio fatal. [...]

Sentou-se na cama. Tirou os sapatos e calçou os de sola de borracha. Levantou-se, foi até a cômoda, abriu a gaveta e meteu o vidro no bolso. Apanhando a lanterna, clareou o relógio de pulso: 3:20. Atravessou o corredor iluminado, entreabriu a porta do quarto de tia Olga. O facho de luz percorreu o chão, trepou no criado-mudo, destacando o copo vazio, deslizou pela cama e incidiu sobre o tapete. Cruzou a porta, desceu a escada, aclarando os degraus, e afinal entocou-se no armário, desapareceu. Davi vestiu o sobretudo, abriu a porta apenas para que seu braço passasse, segurou o litro de leite pelo gargalo, trazendo-o para dentro do vestíbulo. Iluminado o caminho, seguiu para a copa; aí reclinou a lanterna na borda de uma lata e a pia se inundou de luz. Distorceu o arame fino da tampa da vasilha, retirou-a. Derramou um pouco de leite, substituindo-o pelo conteúdo do vidro que trouxera. Recolocou a tampa, enlaçando-a com o arame, torcido apenas uma vez. Abriu a torneira para lavar o vidro cuidadosamente. Meteu o litro de leite no bolso largo do casaco e, no outro, enfiou as luvas de borracha que tia Olga usava. Abotoou o sobretudo, saiu pela porta da cozinha. Fez sumir na lata de lixo o vidro lavado. Luz sobre o pulso: 3:35.

Seguiu para a casa de Jorge, atingindo-a pelos fundos. Agachando-se, atravessou a sebe e escondeu-se sob o telheiro do tanque. Relógio iluminado: 4 horas.

Durante dez minutos ali ficaram, confundidos com o negrume da noite, Davi e seus pensamentos. O furgão parou. Decifrou a jovialidade do entregador pelos passos meio dançados. Calçou lentamente as luvas. De novo, os passos, o motor pulsando, a neblina tragando as luzes vermelhas do furgão.

Sempre encostado à parede, Davi caminhou até a porta lateral da casa, onde uma pequena entrada o protegia da visão da rua. Na soleira de mármore, aproximou os dois litros de leite, trocou-lhes as tampas de papelão, reajustando as presilhas. Levantou-se, enfiou no bolso do casaco o que fora deixado para Jorge e, com a mesma precaução, dirigiu-se ao lugar da espera, perto do tanque. Aí descalçou as luvas e guardou-as. Retomou o caminho de volta, pisando sempre na parte cimentada do quintal a fim de não largar vestígios de seu sapato.

Na Rua Monsenhor Antunes, tomou pela direita e não pela esquerda, por onde viera. A neblina espessa não venceu a intrepidez da caminhada de volta, última pedra do mosaico delituoso. Fechando-se na cozinha de sua casa, sentiu-se liberto. Tonificado pelo descanso de alguns segundos, repôs em seus lugares as luvas, o sobretudo e o litro de leite. Precedido pelo irrequieto facho de luz, galgou a escada, transpôs o corredor, entrou no quarto. Depois de tirar os sapatos, acendeu o isqueiro e aqueceu-lhes as solas para secá-las mais rapidamente. Em seguida limpou-os com um pano e guardou-os no lugar costumeiro. Preparado para dormir, ingeriu uma pílula. Caiu no leito, com um suspiro de alívio. Em breve o cansaço e o hipnótico trouxeram o sono que surpreendeu Davi no gozo de sua obra perfeita.

— Davi, acorda. Acorda, menino!

E tia Olga continuava a agitá-lo.

— O que é que há, titia?

— Estão aí dois homens da polícia que querem falar com você.

— Da polícia? Diga-lhes que descerei imediatamente.

Enquanto as mãos trêmulas lavavam o rosto, pensou: "É impossível. Não cometi nenhum erro. Ninguém me viu". Revisou mentalmente todos os seus atos: não encontrou a menor falha. Amarrando o roupão, desceu a escada.

— Sr. Davi Ortiz? Carlos Antunes, delegado de plantão.

— Muito prazer.

— Estou aqui em cumprimento de um dever bastante desagradável. Jorge Antar foi encontrado morto, esta manhã, na casa em que morava.

— Que horror!

— Sua irmã Cláudia... também morta. Ao lado dele. Casamento contrariado, informou a empregada. Suicidaram-se com veneno misturado no leite.

A vida ficou pesada para Davi e, um dia, ele a jogou no mar.

COELHO, Luiz Lopes. *Maravilhas do conto moderno brasileiro.* São Paulo: Cultrix, 1958.

EXPLORAÇÃO DO TEXTO

Antes de iniciar o estudo do texto, tente descobrir o sentido das palavras desconhecidas pelo contexto em que elas aparecem. Se for preciso, consulte o dicionário.

1. Em um conto, há poucas personagens e ações que giram em torno de um único conflito.

a) Que problema dá origem aos acontecimentos narrados?

b) Que ações esse problema desencadeia?

c) A que desfecho conduzem as ações da personagem principal? Explique.

d) Em geral, o tempo e o espaço nos contos são bastante restritos. Isso também ocorre no conto lido? Explique.

2. As hipóteses que você levantou antes da leitura sobre o que seria "um crime mais que perfeito" se confirmaram? Qual o sentido dessa expressão no título do conto lido?

3. Uma história pode ser narrada em primeira pessoa (pela personagem principal ou por uma personagem secundária) ou em terceira pessoa (observador ou onisciente: que tudo sabe, inclusive pensamentos e sentimentos das personagens).

a) Qual deles foi utilizado nesse conto?

b) Procure um trecho que confirme sua resposta.

c) Por que foi escolhido esse ponto de vista no conto?

4. Uma personagem pode ser caracterizada não por suas características físicas ou psicológicas, mas por suas ações.

a) Pelas ações do protagonista, como você imagina que ele fosse?

b) As personagens têm nome ou são identificadas por seu papel no conto (o namorado, a avó, a irmã etc.)? Que efeito essa opção do autor provoca no leitor?

5. O conto "O enigma dos furtos temporários" conta a história da investigação de um crime. Esse é, também, o foco de "Crime mais que perfeito"? Explique.

> Ao contrário dos contos de enigma, cujo foco é a investigação, a elucidação, por meio da lógica, de um crime que já ocorreu, os contos como "Crime mais que perfeito" priorizam a criação de uma sensação de incerteza e tensão no leitor. São, por isso, chamados de **contos de suspense**.

6. Dois tipos de situação podem criar suspense:

- cria-se suspense, por exemplo, quando não é possível o leitor prever o desfecho da narrativa;

- também há suspense quando o leitor já sabe qual será o desfecho, mas ainda precisa saber quando e como ele ocorrerá.

O autor

O advogado paulistano Luiz Lopes Coelho (1911-1975) foi um dos primeiros autores de livros policiais do Brasil. Criou um detetive, o dr. Leite, que protagonizou diversas histórias.

a) Em qual dessas afirmações se encaixa o conto que lemos? Explique.

b) Como seria o conto se o autor se valesse da outra possibilidade para criar o suspense?

> Em um conto de enigma, o narrador olha para o passado; no de suspense, para o vir a ser. Assim, o leitor, em vez de desejar saber quem foi o culpado de um crime cometido, pode, por exemplo, conhecendo desde o início o nome do criminoso, fazer a leitura para saber o que será feito para capturá-lo.

7. Embora sejam construção da imaginação do autor, personagens e enredo devem ser verossímeis, isto é, parecer verdadeiros ao leitor. Você considera o conto lido verossímil? Por quê?

> O suspense não decorre do fato narrado em si, é produto do clima construído pelas escolhas do autor, produzido pelos recursos que ele manipula para caracterizar personagens, ambiente, conteúdo da ação. Quando habilmente desenvolvido, o conjunto desses fatores consegue despertar o interesse pela narrativa, levando o leitor a simpatizar com a personagem, rejeitá-la ou temer por seu destino e, portanto, a aguardar com impaciência o final do conto ou romance.

8. No texto, há vários momentos em que se utiliza a linguagem figurada. Leia o quadro ao lado.

Nos trechos abaixo, temos exemplos de figuras que você já conhece. Diga se se trata de eufemismo, metáfora ou personificação.

a) "A vida ficou pesada para Davi e, um dia, ele a jogou no mar."

b) "Na cômoda, os retratos de sua mãe e de Cláudia sorriam em idades diferentes."

c) "Um leve ruído: a adoração se encobriu de trevas."

Metáfora: utilização de uma palavra com sentido que não lhe é próprio a partir de uma relação de semelhança entre seres diferentes.

Eufemismo: imagem utilizada para suavizar expressões tristes ou desagradáveis.

Personificação: figura que consiste em atribuir características ou ações humanas a seres inanimados.

❗ PARA LEMBRAR

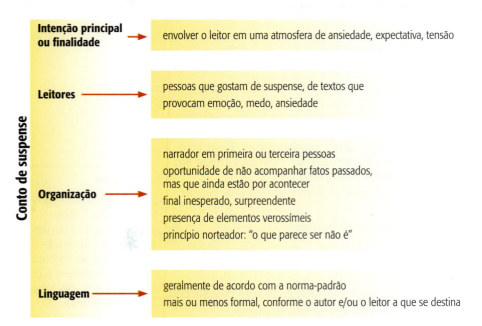

268

PRODUÇÃO ESCRITA

CONTO DE SUSPENSE

Vamos agora escrever nossos próprios contos de suspense para publicar na revista que organizaremos no final do ano. Para que você não se perca entre as dezenas de ideias que certamente lhe virão à cabeça, sugeriremos alguns passos importantes para que você os desenvolva à sua maneira.

Antes de começar

1. Para ajudá-lo a organizar o texto tendo em vista um final surpreendente, reproduzimos abaixo um trecho de um conto de suspense, para que você crie um final para ele. Depois, compare-o com os finais criados pelos colegas e ouça a leitura que seu professor fará do desfecho original.

Testemunha tranquila

O camarada chegou assim com ar suspeito, olhou pros lados e — como não parecia ter ninguém por perto — forçou a porta do apartamento e entrou. Eu estava parado olhando, para ver no que ia dar aquilo. Na verdade eu estava vendo nitidamente toda a cena e senti que o camarada era um mau caráter.

E foi batata. Entrou no apartamento e olhou em volta. Penumbra total. Caminhou até o telefone e desligou com cuidado, na certa para que o aparelho não tocasse enquanto ele estivesse ali. Isto — pensei — é porque ele não quer que ninguém note a sua presença: logo, só pode ser um ladrão, ou coisa assim.

Mas não era. Se fosse ladrão estaria revistando as gavetas, mexendo em tudo, procurando coisas para levar. O cara — ao contrário — parecia morar perfeitamente no ambiente, pois mesmo na penumbra se orientou muito bem e andou desembaraçado até uma poltrona, onde sentou e ficou quieto:

— Pior que ladrão. Esse cara deve ser um assassino e está esperando alguém chegar para matar — eu tornei a pensar e me lembro (inclusive) que cheguei a suspirar aliviado por não conhecer o homem e — portanto — ser difícil que ele estivesse esperando por mim. Pensamento bobo, de resto, pois eu não tinha nada a ver com aquilo.

De repente ele se retesou na cadeira. Passos no corredor. Os passos, ou melhor, a pessoa que dava os passos, parou em frente à porta do apartamento. O detalhe era visível pela réstia de luz, que vinha por baixo da porta.

Som de chave na fechadura e a porta se abriu lentamente e logo a silhueta de uma mulher se desenhou contra a luz. Bonita ou feia? — pensei eu. Pois era uma graça, meus caros. Quando ela acendeu a luz da sala é que eu pude ver. (...) Quando viu o cara na poltrona ainda tentou recuar, mas ele avançou e fechou a porta com um pontapé... e eu ali olhando. Fechou a porta, caminhou em direção à bonitinha e pataco... tacou-lhe a primeira bolacha. Ela estremeceu nos alicerces e pimpa... tacou outra.

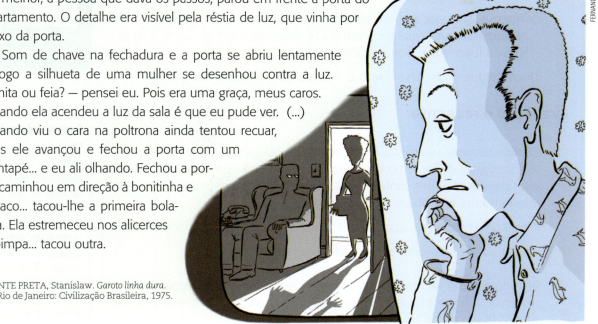

PONTE PRETA, Stanislaw. *Garoto linha dura*. Rio de Janeiro: Civilização Brasileira, 1975.

2. Dissemos que uma característica essencial do conto de suspense é parecer mas não ser, lembra-se? Agora que você já ouviu o conto original, responda:

a) Nesse conto, o que parece ser e não é?

b) Nesse conto, Stanislaw dá mais de uma pista de que não se trata de uma testemunha que acompanha um crime real que se desenrola diante de seus olhos. Você é capaz de descobrir essas pistas, esses indícios reveladores?

Planejando a produção

1. Planeje seu conto:

a) personagens, tempo e espaço: quem serão e como serão; onde e quando acontecerá a história?

b) conflito: o que desejam as personagens e que conflitos há entre os respectivos desejos? (Por exemplo, no conto "Crime mais que perfeito", a irmã deseja se casar, e o irmão quer evitar que isso aconteça.)

c) ações: o que a personagem pretende fazer, que ações realiza e de que forma age para resolver o conflito?

d) narrador: será uma das personagens, uma personagem testemunha ou um simples observador?

e) desfecho: como terminará a história? (Por exemplo, no conto "Crime mais que perfeito", o criminoso não é descoberto, mas é punido de outra forma.)

2. Observe o uso dos recursos típicos do gênero:

a) nas descrições, empregue palavras e expressões que caracterizem apropriadamente personagem, cenas e locais;

b) use palavras e expressões próprias do campo semântico "suspense", como crime, plano, pistas, álibi, suspeito etc.

c) marque adequadamente as ações com expressões de lugar (na rua escura, longe da casa etc.), tempo (à noite, de madrugada etc.), modo (cuidadosamente, sorrateiramente, às escondidas etc.).

d) empregue o discurso direto e indireto conforme for adequado.

Avaliação e reescrita

1. Quando terminar seu conto, entregue-o a um colega (ou a outra dupla), que se encarregará de ler seu conto e fazer sugestões para melhorá-lo. O colega leitor deverá levar em conta se e como você realizou os passos sugeridos anteriormente e também se conseguiu:

✓ criar uma história de suspense e manter a expectativa do leitor até o final;

✓ usar adequadamente as marcas típicas do gênero;

2. Quando receber seu texto com as sugestões, refaça-o e entregue-o a seu professor. Não se esqueça de guardar uma cópia de seu conto para ser publicado em nossa revista.

Stanislaw Ponte Preta

Stanislaw Ponte Preta, pseudônimo de Sérgio Porto (1923--1968), escritor carioca famoso por seus contos de humor e sátira, criou personagens inesquecíveis, como Tia Zulmira, Primo Altamirando, Rosamundo.

O escritor Stanislaw Ponte Preta.

Começando pelo fim

Edgar Allan Poe, famoso escritor de contos de mistério e suspense e também de algumas narrativas de enigma, sugere em seu ensaio "Método da composição" que a história seja escrita ao contrário, de trás para diante, para que todos os pontos abordados sejam importantes e coerentes com o fim desejado.

Voz passiva

Conversão da voz ativa em passiva

REFLEXÃO SOBRE A LÍNGUA

1. Leia e compare estas orações.

O detetive decifrou o complicado enigma.

- sujeito agente
- verbo na voz ativa
- objeto direto

O complicado enigma foi decifrado pelo detetive.

- sujeito paciente
- verbo na voz passiva
- agente da passiva

> Só é possível converter orações para a voz passiva quando o verbo da oração na voz ativa é transitivo direto ou transitivo direto e indireto.

a) Na conversão da voz ativa para a voz passiva, o que acontece com o sujeito na 2ª oração?

b) E o que acontece com o objeto direto?

2. Releia este trecho do conto.

> "A lembrança súbita de Jorge Antar dissipou o enlevo [que fora] deixado em seus olhos pela moça em doce sono."

a) Identifique, nesse trecho, uma oração cujo verbo esteja na voz ativa.

b) Nessa oração, identifique o verbo transitivo direto e o objeto direto que o complementa.

c) Reescreva essa oração passando o verbo para a voz passiva.

d) Qual o agente da passiva na frase que você construiu?

e) Em qual das duas versões da oração é enfatizada a emoção sentida pela personagem?

3. Observe que o verbo pode estar implícito, subentendido na oração. Releia este trecho.

> "[…] o enlevo [que fora] deixado em seus olhos **pela moça em doce sono**."

a) Em que voz está o verbo dessa oração?

b) Qual a função do termo destacado?

c) A voz passiva nesse trecho do conto:

  I. relata uma ação realizada pela personagem principal do conto;

  II. expressa o resultado de uma ação anterior ao que é narrado nesse momento.

Voz passiva analítica e voz passiva sintética (ou pronominal)

1. Leia.

> Antes da moeda, sal e gado eram usados como base de troca.
>
> Disponível em: <http://colunas.galileu.globo.com/segundosdesabedoria/>.
> Acesso em: 29 nov. 2011.

a) Em que voz está o verbo?

b) Que função exerce a expressão **sal e gado**?

c) Nessa oração, há objeto direto?

d) Há agente da passiva?

e) Explique sua resposta anterior, copiando no caderno as afirmações que considerar adequadas.

   I. Se o verbo passasse para a voz ativa, o sujeito passaria a objeto direto.

   II. O agente da passiva está explícito: **como base de troca**.

   III. É possível deduzir pelo contexto que o agente da passiva é **pelo povo/pelas pessoas**.

   IV. O agente da passiva é sempre o termo que vem depois do verbo na voz passiva.

> A voz passiva formada com um verbo auxiliar (**ser** ou **estar**) seguido do particípio do verbo principal denomina-se **voz passiva analítica**.
>
> Exemplos:
>
> O criminoso **fora descoberto** pelo detetive.
>
> O crime **seria desvendado** pela polícia.

2. Quando não há agente da passiva na oração, é possível estruturá-la de outra forma. Veja.

> Antes da moeda, <u>sal e gado</u> eram usados como base de troca.
>
> ↓
>
> sujeito paciente

> Antes da moeda, usavam-se <u>sal e gado</u> como base de troca.
>
> ↓
>
> sujeito paciente

a) Nessas orações, informa-se quem pratica a ação?

b) O verbo **usar** é transitivo direto ou indireto?

c) Na segunda oração, esse verbo é expresso por uma locução verbal acompanhada por um pronome. Qual?

> A voz passiva em que empregamos um verbo transitivo direto com o pronome **se** denomina-se **voz passiva sintética** ou **pronominal**. O pronome **se**, nesse caso, é chamado de **pronome apassivador**.

3. Leia a tirinha a seguir.

Laerte. Disponível em: <http://www.laerte.com.br/>. Acesso em: 23 abr. 2015.

a) No último quadrinho, descobrimos o local da festa. O que a personagem encontrou?

b) O que indica o grande número de placas colocadas na casa?

c) Qual das placas não é usual e surpreende o leitor? Explique sua resposta.

4. Observe as placas colocadas na casa. Depois, reescreva no caderno as afirmações que podemos fazer em relação a elas.

a) Por meio das placas ficamos sabendo quem está vendendo, doando ou alugando a casa.

b) Por meio delas sabemos apenas o que se pretende fazer em relação à casa: vender, alugar ou doar.

c) Nas três placas, há verbo transitivo direto.

d) Nas três placas, há verbo transitivo indireto.

e) Nas três placas, o verbo transitivo direto é acompanhado do pronome **se**.

f) Não há necessidade de usar o sujeito paciente (**esta casa**), porque essa informação está subentendida.

Sempre que tivermos **verbo transitivo direto** acompanhado do pronome apassivador **se**, teremos a **voz passiva sintética** ou **pronominal**. Nessas orações, o verbo geralmente antecede o sujeito.

Exemplos:

Vende-se casa.

VTD + se + sujeito no singular

Alugam-se quartos.

VTD + se + sujeito no plural

Na voz passiva pronominal, o verbo concorda sempre com o sujeito paciente.

273

Índice de indeterminação do sujeito

> **Relembre**
>
> Sujeito **indeterminado** é o que não aparece expresso na oração porque não se pode ou não se quer identificar o autor da ação verbal.

1. Leia os fragmentos de letras de músicas reproduzidos a seguir.

I

Queixo-me às rosas,
Mas que bobagem
As rosas não **falam**
Simplesmente as rosas **exalam**
O perfume que roubam de ti, ai...

(Cartola. "As rosas não falam".)

II

Proibiram que eu te amasse
Proibiram que eu te visse
Proibiram que eu saísse
E perguntasse a alguém por ti

(Miguel Gustavo. "E daí?".)

III

Acham que enlouqueci
Perguntam de você pra mim
E eu tento dizer que está tudo bem...

(Danilo Valbusa, Diego Silveira. "As cores".)

a) Em que pessoa e tempo estão as formas verbais destacadas?

b) Qual o sujeito de cada forma verbal? Em qual das orações não importa saber quem praticou a ação?

2. Observe agora as formas verbais destacadas.

I

Necessita-se de doadores de sangue e plaquetas.

Disponível em: <http://site.ufsm.br/noticias/exibir/necessita-se-de-doadores-de-sangue-e-plaquetas>. Acesso em: 23 abr. 2015.

II

As capitais do país onde **se vive** mais tempo – Brasília ganha

Disponível em: <http://exame.abril.com.br/brasil/noticias/as-capitais-com-as-maiores-expectativas-de-vida?p=1>. Acesso em: 23 abr. 2015.

III

Precisa-se de mecânico, urgente!

Disponível em: <http://www.revistamercadoautomotivo.com.br/Precisa-se-de-mecanico-urgente/572/r/>. Acesso em: 23 abr. 2015.

a) Em que voz estão os verbos dessas orações?

b) Trata-se de verbos transitivos ou intransitivos?

c) Qual o sujeito de cada verbo?

As orações com sujeitos indeterminados podem ser estruturadas de duas maneiras diferentes. Veja.

"Perguntam de você pra mim."

sujeito indeterminado → verbo na terceira pessoa do plural

Precisa-se de mecânico, urgente!

sujeito indeterminado → verbo (de qualquer tipo, exceto transitivo direto) na terceira pessoa do singular + pronome **se**

> Nas orações com sujeito indeterminado e verbos intransitivos, transitivos indiretos e de ligação, a forma verbal fica obrigatoriamente na terceira pessoa do singular e vem acompanhada do pronome **se**, que exerce a função de **índice de indeterminação do sujeito**.

3. Leia estes títulos de matérias jornalísticas e um anúncio classificado.

I **Como se dar bem nos primeiros meses de um novo emprego?**

Disponível em: <http://exame.abril.com.br/carreira/noticias/como-se-dar-bem-nos-primeiros-meses-de-um-novo-emprego>. Acesso em: 23 abr. 2015.

II **Falou-se de "Gripe A"**

Na passada sexta-feira à noite, no Auditório, falou-se sobre a Gripe A e como preveni-la

Disponível em: <http://fundacaoalord.pt/falou-se-de-gripe-a/>. Acesso em: 17 mar. 2015.

III **Na Alemanha trabalha-se muito menos do que em Portugal**

Disponível em: <http://economico.sapo.pt/noticias/na-alemanha-trabalhase-muito-menos-do-que-em-portugal_136796.html.> Acesso em: 23 abr. 2015.

IV

DIÁRIO DO NOROESTE
http://www.diariodonoroeste.com.br/

Multicoisas
// Vários

CONSERTA-SE COMPUTADOR

Disponível em: <http://www.diariodonoroeste.com.br/impressao-anuncio/7857>. Acesso em: 18 mar. 2015.

a) Em que voz estão as formas verbais dessas orações?
b) Qual o sujeito de cada oração?
c) No caderno, reescreva as orações II e IV, substituindo **"Gripe A"** por **doenças** e **computador** por **fogões**, respectivamente.
d) Quando você substituiu o termo destacado pelo termo no plural, ocorreu alguma modificação na flexão do verbo? Explique.

Observe os exemplos para flexionar corretamente o verbo.

• Voz passiva analítica: o verbo é sempre transitivo direto e concorda em número com o sujeito paciente.

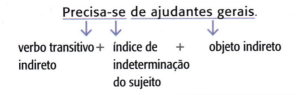

• Sujeito indeterminado por índice de indeterminação do sujeito: o verbo transitivo indireto, intransitivo ou de ligação fica sempre no singular.

Precisa-se de ajudantes gerais.
↓ ↓ ↓
verbo transitivo + índice de + objeto indireto
indireto   indeterminação
               do sujeito

teia do saber

1. Leia o texto de quarta capa do livro *Aranhas de ouro*, de Rex Stout.

> O que pode haver em comum entre uma mulher de classe, um garoto de rua e um agente do Serviço de Imigração? Certamente não muito; os três, porém, foram mortos da mesma forma: atropelamento. E fuga do culpado. Simples coincidência? Ou haveria uma conexão íntima entre os fatos? Só uma pessoa no mundo seria capaz de responder a estas questões, tendo como prova apenas um par de brincos, um Cadillac cinza, quatro dólares e trinta centavos em dinheiro além de dez mil em cheque: o brilhante e aristocrático detetive particular Nero Wolfe, que Rex Stout criou e imortalizou em seus romances policiais.

a) Pelo resumo, é possível saber a que gênero pertence o livro?

b) Encontre no texto um exemplo de oração com verbo na voz passiva que indica um fato já ocorrido.

c) Que informação essa oração não nos fornece? Que termo conteria tal informação?

d) Qual a relação entre a omissão desse termo e o gênero do texto?

2. Leia.

Treinador uruguaio convoca jogador machucado para time

Jogador machucado é convocado por treinador uruguaio

a) Qual dessas orações está na voz passiva?

b) Qual o sujeito paciente e qual o agente da passiva dessa oração?

c) Uma das manchetes dá ênfase à atitude do treinador; outra, ao estado do jogador. Identifique cada caso e explique por que isso ocorre.

3. Observe a capa deste livro e veja como a obra é apresentada no catálogo da editora.

Abelha-uruçu, águia-cinzenta, anta, arara-azul-grande, ararinha-azul, baleia-azul, preguiça-de-coleira, cágado-de-hogei, gato-maracajá, gavião-real, jacaré-açu, leão-marinho, lobo-guará, lontra, mico-leão-dourado, morceguinho-do-cerrado, onça-pintada, pavão-do-mato, peixe-boi-marinho, pica-pau-rei [...]. O que todos esses bichos têm comum? Eles estão ameaçados de extinção, seja por causa da caça, do desmatamento ou poluição do *habitat* em que vivem, do aprisionamento, entre tantos. Os artigos que compõem este livro apresentam 28 desses animais.

a) O título do livro é composto de uma frase exclamativa, "Procura-se!". Se ele aparecesse sozinho na capa, seria possível saber o assunto do livro? Explique.

b) O subtítulo fornece a informação que falta no título? Explique.

c) Imagine que o título fosse: "Procuram-se animais ameaçados de extinção". Por que, nesse caso, o verbo deve passar para o plural?

d) Esse novo título não informa quem pratica a ação de procurar. Isso seria necessário? Justifique no caderno.

4. Os cinco anúncios a seguir foram publicados na internet.

I

Dão-se cães bebês! Raça mastim...

Disponível em: <http://apacanimaiscadaval.wordpress.com>. Acesso em: 23 abr. 2015.

II **Doa-se lindos filhotes de gatinhos, que foram abandonados na rua**

Disponível em: <http://adotar-doar-filhote.vivastreet.com.br>. Acesso em: 12 maio 2015.

III **Alugam-se quartos em Lisboa**

Disponível em: <http://imobiliario.slando.pt/lisboa/>. Acesso em: 12 maio 2015.

IV **Oferta**

Aluga-se quartos para estudantes, quartos individuais ou duplos, incluso café da manhã, almoço ou jantar [...]

Disponível em: <http://www.classificados-brasil.com/>. Acesso em: 12 maio 2015.

V **Doam-se controles remotos originais**

Disponível em: <http://www.htforum.com>. Acesso em: 23 abr. 2015.

a) Observe a regência dos verbos dar, doar e alugar. Em cada oração, eles aparecem ligados ao seu sujeito ou a um complemento?

b) A presença da palavra **se** nas formas verbais destacadas indica sujeito indeterminado ou é um pronome ligado ao verbo?

c) Em quais dos anúncios o verbo concorda com o sujeito de acordo com a norma-padrão?

5. Observe.

Aluga-se sala.
Sala é alugada pelo proprietário.

Qual das duas formas é mais adequada para uma pequena placa ou um anúncio classificado de jornal? Por quê?

277

FIQUE ATENTO... à acentuação

Nesta unidade em que falamos de contos de enigma, mais um desafio para você. Leia.

O detetive

Muitos anos atr■s, um detective particular teve que contratar um novo assistente. Ele tinha tr■s candidatos para o cargo e resolveu lhes dar um pequeno teste. Ele disse:

— Olhem, rapazes, h■ um crime que precisa ser resolvido e existe uma pista em uma das b■bliotecas p■blicas da cidade. A pista est■ presa dentro de um livro, entre as p■ginas 165 e 166.

Dois dos candidatos imediatamente se retiraram, correndo atr■s da pista. O terceiro deles apenas ficou al■, sentado. O detetive deu o emprego a esse.

Por que ele ficou com o emprego? O que ■ que os outros dois candidatos não perceberam?

Disponível em: <http://eden.dei.uc.pt/~hmanuel/enigmas.html>.
Acesso em: 23 abr. 2015.

1. Primeiramente, decifre o enigma.

2. Lembrando-se das regras de acentuação que conhece, reescreva no caderno as palavras com o símbolo ■, substituindo-o adequadamente.

3. Responda no caderno.
   a) Entre as palavras que você reescreveu, quais são acentuadas?
   b) Essas palavras são monossílabas tônicas, oxítonas, paroxítonas ou proparoxítonas?
   c) Que regras orientam a acentuação dessas palavras?

REVISORES DO COTIDIANO

Detetives devem estar sempre atentos a detalhes que poderão levar à solução de enigmas. Você precisará dessa habilidade para descobrir que frase ambígua ou mal escrita, na notícia abaixo, tornou difícil a compreensão do conteúdo.

Japão prevê crise nuclear até janeiro

A Tokyo Eletric Power (Tepco), empresa que administra a usina de Fukushima, prevê até nove meses para controlar a crise nuclear provocada pelo acidente no complexo. A companhia pretende reduzir o vazamento de radiação e estabilizar os seis reatores afetados pelo terremoto seguido de *tsunami* de 11 de março, que deixou 28 mil mortos e desaparecidos. [...] Os reparos serão feitos em duas fases. [...] Na segunda etapa, de até seis meses, técnicos controlarão a liberação de material radioativo e desligarão os reatores.

O Estado de S. Paulo, 18 abr. 2011.

278

ATIVANDO HABILIDADES

(Saresp) Atenção: As questões de número 1 a 3 referem-se ao conto de ficção abaixo.

Os dragões

Os primeiros dragões que apareceram na cidade muito sofreram com o atraso dos nossos costumes. Receberam precários ensinamentos e a sua formação moral ficou irremediavelmente comprometida pelas absurdas discussões surgidas com a chegada deles ao lugar.

Poucos souberam compreendê-los e a ignorância geral fez com que, antes de iniciada a sua educação, nos perdêssemos em contraditórias suposições sobre o país e raça a que poderiam pertencer.

A controvérsia inicial foi desencadeada pelo vigário. Convencido de que eles, apesar da aparência dócil e meiga, não passavam de enviados do demônio, não me permitiu educá-los. Ordenou que fossem encerrados numa casa velha, previamente exorcismada, onde ninguém poderia penetrar. Ao se arrepender de seu erro, a polêmica já se alastrara e o velho gramático negava-lhes a qualidade de dragões, "coisa asiática, de importação europeia". Um leitor de jornais, com vagas ideias científicas e um curso ginasial feito pelo meio, falava em monstros antediluvianos. O povo benzia-se, mencionando mulas sem cabeça, lobisomens.

Apenas as crianças, que brincavam furtivamente com os nossos hóspedes, sabiam que os novos companheiros eram simples dragões. Entretanto, elas não foram ouvidas. [...]

Desejando encerrar a discussão, que se avolumava sem alcançar objetivos práticos, o padre firmou uma tese: os dragões receberiam nomes na pia batismal e seriam alfabetizados. [...]

RUBIÃO, Murilo. Os dragões. In: *Curso de Redação*. São Paulo: Moderna, v. 3, 1992, p. 60-61.

1. Dá para perceber que o autor participa do conto com o trecho:

a) "... muito sofreram..."

b) "... nossos costumes..."

c) "... apareceram na cidade..."

d) "Poucos souberam..."

2. O conflito do conto está presente:

a) na atitude do vigário.

b) nas brincadeiras das crianças.

c) na ignorância do povo.

d) no exorcismo dos dragões.

3. Ao usar as formas verbais "apareceram, sofreram, ficou", o autor indica que:

a) os fatos estão acontecendo no momento.

b) o pior ainda está por vir.

c) as situações apresentadas já ocorreram.

d) o tempo se incumbirá dos fatos.

Encerrando a unidade

Nesta unidade, você desvendou a trama de um conto de enigma; compreendeu a contribuição da descrição de personagens na construção do mistério e do suspense; planejou e produziu um conto de suspense e identificou a diferença entre as vozes verbais e o efeito que esses usos provocam no texto.

- Quais são as principais características de um conto de enigma?

- Aponte semelhanças e diferenças entre o conto de enigma e o conto de suspense.

- Dê exemplos de orações com pronome apassivador e com índice de indeterminação do sujeito.

UNIDADE 8
De olho na atualidade

Nesta unidade você vai:

- reconhecer uma reportagem por meio de suas principais características
- identificar sua finalidade, o público a que é destinada e em que contexto circula
- ler um infográfico para compreender como ele é utilizado na complementação e enriquecimento do texto escrito
- aprender a elaborar um mapa conceitual
- planejar e produzir uma reportagem
- refletir sobre o uso dos pronomes átonos no Português do Brasil

TROCANDO IDEIAS

1. A imagem é composta de inúmeras faces. Trata-se de uma fotomontagem.

   a) Você saberia dizer o que é uma fotomontagem?

   b) O que essa composição lhe sugere?

2. Observe que apenas um rosto sobressai, com seu contorno diluído numa multidão de faces diferentes.

   a) Para você, que efeito o autor da fotomontagem obteve ao dispor muitas imagens pequenas ao redor de uma foto maior?

   b) Que sensação essa fotomomontagem provoca em você: união e conexão entre as pessoas, excesso de interação entre as pessoas ou falta de privacidade e de individualidade? Converse com seus colegas e veja o que eles pensam a esse respeito.

LEITURA 1

ANTES DE LER

1. Você costuma ler jornais ou revistas semanais?

2. Você sabe o que é uma reportagem? Você já leu alguma? De que assunto ela tratava?

3. Leia o título a seguir e, antes de iniciar a leitura do texto, formule uma hipótese: a respeito do que o texto poderá tratar?

O texto que você vai ler é uma reportagem publicada na mídia impressa, com foco em problemas relacionados ao meio ambiente. Leia-a com atenção para obter informações sobre o assunto, observando os aspectos destacados pelo autor.

Sustentabilidade

O MUNDO EM TRANSFORMAÇÃO

IPCC 2014

Painel alerta para migração de espécies

Giovana Girardi – Enviada especial/*O Estado de S. Paulo*

29 março 2014 / 17h23

Problema deve aparecer no relatório sobre impactos, vulnerabilidades e adaptação, que será divulgado na noite deste domingo, 30, no Japão

YOKOHAMA (JAPÃO) – Mortalidade maior de árvores, migração de espécies, extinção. Esses são alguns dos piores prognósticos para o que vai acontecer com a biodiversidade do planeta diante do aumento da temperatura e das mudanças do clima.

O alerta deve aparecer no relatório sobre impactos, vulnerabilidades e adaptação, que será divulgado na noite deste domingo, 30, pelo Painel Intergovernamental de Mudanças Climáticas (IPCC) em Yokohama, no Japão. De acordo com uma versão preliminar do documento, que vazou na internet, "uma grande fração de espécies, tanto terrestres quanto de água doce, enfrenta um aumento do risco de extinção diante das mudanças climáticas projetadas ao longo do século 21 e depois". Isso é dito, no jargão do IPCC, com alto grau de confiança.

Para o painel, a ameaça é ainda maior quando combinada com outras pressões, como modificação do hábitat, superexploração, poluição e a presença de espécies invasoras. Já com as alterações sentidas hoje, apontam os cientistas, muitas espécies têm alterado a área de abrangência – plantas e animais estão migrando para localidades com clima mais favorável.

Em outros casos, há uma modificação na abundância das espécies – como no caso das abelhas – e em suas atividades sazonais. Isso está acontecendo em muitas regiões e vai continuar com o futuro de alteração do clima, dizem. "Mas muitas espécies serão incapazes de rastrear climas mais adequados, nos cenários de média ou mais alta mudança climática." Eles se referem a trabalhos científicos, baseados em observações e em modelagens, que mostram que existe uma velocidade máxima com a qual as espécies conseguem se mover pelas paisagens em relação à projeção da velocidade com que as temperaturas e outras alterações devem avançar por essas mesmas paisagens. Principalmente árvores, mas também muitos anfíbios e alguns pequenos mamíferos estarão nessas condições.

Morte de árvores. Outra alteração que já vem sendo observada e deve se intensificar com o aumento da temperatura é um alto grau de morte de árvores em todo o globo, da Amazônia à Floresta Boreal e à Tundra no Hemisfério Norte. Árvores estão morrendo mais rápido do que costumava ocorrer em muitas regiões, e em alguns casos a mudança do clima, especialmente o calor e a seca, parece ser o gatilho. Mas os cientistas admitem que essa relação é difícil de estabelecer.

Para o painel, as evidências do envolvimento no declínio de florestas é mais forte nas regiões temperadas da Europa, da América do Norte e da Rússia. Nas regiões tropicais, em especial no Brasil, vários estudos mostram que após as duas grandes secas recentes da Amazônia, em 2005 e em 2010, a mortalidade de árvores foi bem mais alta, mostrando que há um limiar da floresta para esses eventos. Mesmo com a queda expressiva da taxa de desmatamento desde 2008, condições extremas de seca aliadas ao fogo – comumente usado por agricultores na região – podem ser cruciais para a vegetação e, por consequência, para as espécies que dependem dela.

Um dos autores desses trabalhos mencionados no relatório do IPCC é o pesquisador Britaldo Soares-Filho, da Universidade Federal de Minas Gerais, especialista na dinâmica da floresta. Ele comenta que estudos mais recentes – um deles acabou de ser aceito para publicação na revista PNAS – revelam a interação entre seca e fogo, levando a aumento abrupto na mortalidade das árvores.

O pesquisador Daniel Nepstad, do Instituto de Pesquisa Ambiental da Amazônia, que também participou, conta que em uma versão anterior desse estudo, uma parcela da floresta foi queimada intencionalmente em Mato Grosso, nas cabeceiras do Xingu. O evento coincidiu com um momento de temperatura mais alta e ventos fortes. O resultado foi uma mortalidade de 50% das árvores.

Tundra. O capítulo que trata do assunto mostra que a morte de árvores está disseminada pelo planeta [...]. Chama a atenção o que ocorre no ecossistema boreal e de tundra, no Hemisfério Norte. No último relatório do IPCC, de 2007, ele parecia que estava ficando mais verde. Imaginava-se que a floresta estava migrando para áreas com menos neve. Mas estudos posteriores viram que há um *feedback* levando degradação para o sistema.

A morte de árvores tem um efeito ainda mais problemático que é a realimentação do efeito estufa, o principal responsável pelas mudanças do clima. As florestas absorvem uma quantidade enorme de carbono em seus troncos, folhas e debaixo do solo. Quando elas morrem, isso acaba sendo eliminado para a atmosfera, aumentando a concentração de gases de efeito estufa.

Na grande seca de 2005, a perda massiva de biomassa levou a uma liberação estimada de 5 bilhões de toneladas de CO_2, mostrou um estudo publicado na revista Science em 2009.

De acordo com Nepstad, estima-se que as árvores contenham cerca de 90 bilhões de toneladas de CO_2 armazenado. "É quase uma década do que a população libera por ano, que é de cerca de 10 bilhões."

O *Estado de S. Paulo*, Caderno Metrópole. 30 mar. 2014.

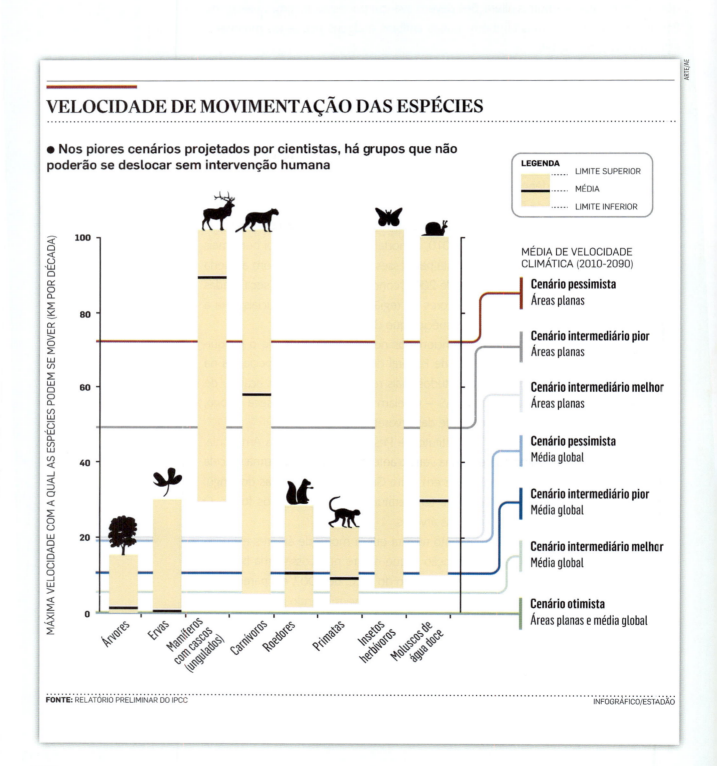

Antes de iniciar o estudo do texto, tente descobrir o sentido das palavras desconhecidas pelo contexto em que elas aparecem. Se for preciso, consulte o dicionário.

Nas linhas do texto

1. Leia o texto do quadro antes de responder às questões.

> Uma reportagem, em geral, tem origem em uma questão investigativa. Essa pergunta pode surgir a partir de uma notícia, de um fato ocorrido e presenciado ou observado pelo repórter ou de algo que esteja sendo assunto de discussão na sociedade em geral.

a) Qual é a questão investigada na reportagem reproduzida?

b) Com qual das possibilidades do quadro acima se relaciona a reportagem que estamos analisando?

c) Em que a repórter se baseia para desenvolver o texto principal?

2. Releia.

> "... a ameaça é ainda maior quando combinada com outras pressões".

a) Quais são essas outras pressões?

b) Como tem sido normalmente a migração de espécies com tantas novas pressões?

c) Por que a ameaça se torna maior em relação à situação anterior?

3. O relatório a que se refere a repórter baseou-se no trabalho de especialistas e pesquisadores.

a) O que afirmam dois dos autores mencionados na reportagem em relação à morte de árvores?

b) Além da perda de árvores, fato que contribui para o desmatamento, o que essa mortalidade traz como consequência?

Nas entrelinhas do texto

1. Esse texto foi publicado no jornal *O Estado de S. Paulo*. Observe o topo da página. No meio, aparece o sobretítulo da reportagem. Antes de responder, leia o quadro lateral.

a) Qual é a relação entre o sobretítulo e o título do texto, "Painel alerta para migração de espécies"?

b) Explique a relação entre o título e o assunto da reportagem.

c) Com que intenção foi empregado o termo **alerta**?

> A função do **título** de uma reportagem, em geral, é oferecer ao leitor uma síntese do assunto tratado. Pode ser informativo, antecipando o assunto, ou somente provocar a curiosidade, despertando o interesse pela leitura.

O IPCC (Painel Intergovernamental de Mudanças Climáticas), criado em 1988 pela ONU, faz parte do **Programa das Nações Unidas para o Meio Ambiente**. Com dados fornecidos por suas agências meteorológicas, o Programa tem o objetivo de coordenar ações internacionais de proteção ao meio ambiente e de promoção do desenvolvimento sustentável levando em conta os impactos e consequências das mudanças climáticas no globo.

O termo **sustentabilidade** designa um modelo de desenvolvimento para um país que busca conciliar as necessidades econômicas e sociais com as ambientais de modo a garantir o bem-estar da população e a preservação dos recursos naturais do país.

EXPLORAÇÃO DO TEXTO

2. Releia o título e compare-o ao subtítulo ou linha fina.

   a) Qual é a palavra na linha fina que retoma o assunto do título?

   b) A que se refere essa palavra no título?

3. A reportagem fornece ao leitor várias informações relacionadas ao assunto tratado. Releia.

   "uma grande fração de espécies [...] enfrenta aumento de risco de extinção"
   "A ameaça é ainda maior quando combinada com outras pressões."

   O que se pode inferir do uso das palavras **aumento** e **maior** nesses enunciados?

   > Fazer uma **inferência** é deduzir ou concluir algo a partir de determinada afirmação ou informação.

4. Releia.

   "... a ameaça é ainda maior quando combinada a outras pressões..."

   a) Em uma reportagem, há sempre várias "vozes", isto é, afirmações que podem ser atribuídas a pessoas ou órgãos oficiais ou a estudos feitos, por exemplo. No fragmento acima, quem são os responsáveis por essa afirmação na reportagem?

   b) Quais são as outras "vozes" que aparecem no texto além do depoimento de dois pesquisadores mencionados?

   c) Por que no gênero reportagem é importante a presença de diferentes "vozes"?

5. Em uma reportagem, as afirmações precisam vir acompanhadas de explicações e esclarecimentos para que o leitor tenha a possibilidade de se informar de forma completa. Releia.

   "Muitas espécies serão incapazes de rastrear climas mais adequados nos cenários de média ou mais alta mudança climática."

   Qual é a explicação que os cientistas dão para o fato apontado?

As morsas árticas sofrem com a mudança do clima.

6. Leia agora os textos que aparecem no infográfico "Velocidade de movimentação das espécies" e observe as imagens.

   a) Quais são as espécies que apresentam maior velocidade de deslocamento?

   b) Quais as espécies que se movem mais lentamente?

   c) De acordo com as informações do infográfico e considerando o texto da reportagem, quais espécies correm maior risco de extinção?

7. Compare as informações do texto da reportagem com as do infográfico e anote no caderno o trecho que melhor completa esta afirmação: Tanto o texto principal quanto o infográfico têm implícita a ideia fundamental de que:

   a) na migração, algumas espécies se deslocam com mais velocidade que outras.

   b) todas as espécies sempre realizam a migração independentemente das mudanças climáticas.

   c) a velocidade das mudanças climáticas é superior à velocidade com que determinadas espécies podem se deslocar na migração.

   d) as mudanças climáticas causam a extinção de algumas espécies que não conseguem realizar a migração.

> O **infográfico** que acompanha uma reportagem tem a função de sintetizar, complementar ou aprofundar as informações dadas no texto.

Além das linhas do texto

Este texto é um quadro que faz parte da reportagem "Painel alerta para migração de espécies", apontando que o problema já está acontecendo de modo concreto na natureza. Leia-o para responder às questões.

Queda da população de abelhas vai afetar a agricultura

Em vários países do mundo, há relatos de que os insetos estão sumindo por diversas causas ainda não claras [...]

YOKOHAMA

Trabalho. Abelhas "prestam serviço" com polinização.

A situação das plantas e de culturas agrícolas pode ser ainda mais prejudicada pelo impacto que a mudança do clima pode causar a abelhas, borboletas e outros insetos polinizadores. A versão preliminar do relatório aponta que "depois de mudanças do uso da terra, as mudanças climáticas são consideradas o segundo fator mais relevante responsável pelo declínio dos polinizadores".

Em vários países do mundo, há relatos de que as abelhas estão desaparecendo por diversas causas ainda não muito claras. Elas estão em situação de estresse pela perda de hábitat, de biodiversidade, além de doenças e uso de pesticidas. Todas essas condições, afirmam os cientistas, podem ser amplificadas pela alteração do clima.

Um dos trabalhos destacados no relatório do IPCC afirma que o declínio generalizado da **Apis meliferal** "é uma clara indicação da crescente suscetibilidade ao fenômeno de mudança global, com a aplicação de pesticidas, doenças e estresse".

[...]. "O mel é, na verdade, um subproduto pequeno quando comparado ao valor do serviço de polinização prestado pelas abelhas, que corresponde a quase 10% do valor da produção agrícola mundial", disse a ecóloga Vera Lúcia Imperatriz Fonseca, da USP.

Esse cálculo leva em conta estimativas do ano de 2007, quando o valor global do mel exportado foi de US$ 1,5 bilhão. [...]. Os dados estão reunidos no livro *Polinizadores no Brasil:* contribuição e perspectivas para a biodiversidade, uso sustentável, conservação e serviços ambientais. /G.G.

O Estado de S. Paulo, Caderno Metrópole. 30 mar. 2014.

A **polinização** é a transferência dos grãos de pólen entre as flores. Ao visitá-las, insetos como as abelhas, por exemplo, buscam o néctar. Ao pousarem nas pétalas, grãos de pólen ficam grudados no corpo desses insetos, chamados de polinizadores, e são carregados para outras flores nas quais vão pousar. Tanto os animais quanto as plantas se beneficiam dessa troca: os animais garantem sua alimentação; as plantas, a polinização das flores, o que permitirá a reprodução da espécie. A polinização é muito importante na agricultura, uma vez que plantas utilizadas para a alimentação humana dependem direta ou indiretamente desse processo.

---

1. De que modo esse texto se relaciona com a reportagem que lemos?

2. O texto menciona que uma das causas do sumiço das abelhas é o uso de pesticidas.
   a) Em sua opinião, por que agricultores aplicam pesticidas em suas lavouras?
   b) Para você, o uso de agrotóxicos deve ser proibido? Levante uma hipótese: sem o uso de pesticidas, qual seria a solução para evitar pragas e obter uma boa colheita?

3. Em uma reportagem, abordam-se assuntos de interesse da sociedade que permitem uma reflexão acerca de determinado assunto.
   a) Em relação ao assunto tratado nessa reportagem que lemos, o que você, como jovem cidadão, pode individualmente fazer para contribuir com a preservação de espécies de nosso planeta?
   b) Que outros assuntos poderiam ser tratados no tema sustentabilidade?

Os **pesticidas**, também chamados de agrotóxicos, são substâncias químicas usadas para destruir pragas como insetos, ervas daninhas ou vermes; devido a sua composição, podem causar danos à saúde das pessoas e desequilíbrio no meio ambiente, como mencionado no caso das abelhas.

COMO O TEXTO SE ORGANIZA

1. A reportagem foi publicada em um jornal de grande circulação.

    a) A que parcela da população você acha que essa matéria é especialmente destinada?

    b) Com que finalidade ela pode ter sido escrita pela jornalista que assina a matéria?

    c) Além de um jornal, onde mais podemos ler reportagens?

2. Observe novamente a reportagem. Anote no caderno os itens do quadro abaixo que você pode nela encontrar.

> figuras e ilustrações – infográfico – subtítulo – mapas – número da página, data e nome do jornal – nome da seção – nome do autor – título – quadros complementares – nome do destinatário – sobretítulo – texto organizado em colunas

3. Uma das características do gênero reportagem é estabelecer relações entre determinados fatos para explicar as informações apresentadas. Observe e compare.

Fato 1	Fato 2
Com as alterações climáticas atuais, muitas espécies têm ampliado os limites de sua migração, indo cada vez mais longe à procura de locais adequados.	Com as novas pressões sobre o meio ambiente, muitas espécies serão incapazes de encontrar climas mais adequados.

    a) Qual é a relação estabelecida entre os dois fatos: adição, conclusão, oposição ou causa?

    b) Compare agora estes fatos. Identifique a relação estabelecida entre eles e indique a conjunção que poderia ser usada para ligar os dois trechos.

Fato 1	Fato 2
Com as novas pressões sobre o meio ambiente, muitas espécies serão incapazes de encontrar climas mais adequados.	As espécies não conseguem se mover pelas paisagens na mesma velocidade com que as alterações climáticas avançam nessas mesmas paisagens.

    c) Agora indique a relação entre estes dois fatos e anote a conjunção que poderia ser usada para ligar os dois trechos.

Fato 1	Fato 2
As espécies não conseguem se mover pelas paisagens na mesma velocidade com que as alterações climáticas avançam nessas mesmas paisagens.	Há um aumento de risco de extinção de espécies.

4. Observe agora o infográfico.

    a) Que tipo de informação ele apresenta?

    b) Essas informações complementam o texto principal ou resumem o que nele já foi apresentado? Explique sua resposta.

    c) Quais as vantagens de incorporar um infográfico a uma reportagem?

5. No texto principal da reportagem, são mencionadas duas pessoas.

    a) Qual a razão de serem mencionadas?

b) As informações dadas por essas pessoas já estavam presentes no texto principal? Explique.

> Em uma reportagem, os **depoimentos** pessoais e **citações** de especialistas contribuem para ampliar e fundamentar o assunto em análise, dando credibilidade ao que é dito.

6. Releia e observe o emprego das formas verbais destacadas.

I. Uma grande fração de espécies [...] **enfrenta** uma aumento do risco de extinção.

II. Muitas espécies **serão** incapazes de rastrear climas mais adequados nos cenários de média ou mais alta mudança climática.

III. Na grande seca de 2005, a perda massiva de biomassa **levou** a uma liberação de 5 bilhões de toneladas de CO_2.

a) Em que tempo verbal foram empregadas?

b) Associe o que cada um desses usos nas frases expressa no texto: pesquisas, fatos ou prognóstico.

7. Observando as características de uma reportagem, que procedimentos do repórter são necessários, antes de começar a escrevê-la? Anote no caderno os que considerar adequados.

a) Ler textos relacionados ao assunto.

b) Entrevistar especialistas e pessoas com experiência no assunto.

c) Escrever a reportagem com os conhecimentos que tem.

d) Juntar as informações obtidas e passá-las para o jornal ou revista.

e) Juntar as informações recolhidas, analisá-las e elaborar o texto.

RECURSOS LINGUÍSTICOS

1. Em reportagens, usa-se um vocabulário específico da área (arte, ciência, profissão etc.) em que se insere o fato ou assunto apresentado, chamado de campo semântico.

a) Indique nos fragmentos abaixo as palavras e expressões que se relacionam diretamente a meio ambiente e sustentabilidade, assuntos tratados no texto.

I. Esses são alguns dos prognósticos para o que vai acontecer com a biodiversidade do planeta diante do aumento da temperatura e das mudanças climáticas.

II. A morte de árvores tem um efeito ainda mais problemático que é a realimentação do efeito estufa [...].

b) Encontre no texto da reportagem outras palavras que façam parte desse campo semântico.

2. Releia os trechos em que são reproduzidas as falas dos pesquisadores.

> I. Ele comenta que estudos mais recentes [...] revelam a interação entre seca e fogo, levando a aumento abrupto na mortalidade das árvores.
>
> II. O pesquisador Daniel Nepstad [...] conta que em uma versão anterior desse estudo, uma parcela da floresta foi queimada intencionalmente em Mato Grosso, nas cabeceiras do Xingu.

a) Quais são os verbos usados pela repórter para incluir essas falas no texto da reportagem?

b) Que outros verbos poderiam aparecer em uma reportagem para incluir depoimentos e citações?

c) Foi usado o discurso direto ou o discurso indireto?

3. Releia agora esta outra fala do mesmo pesquisador.

> De acordo com Nepstad, estima-se que as árvores contenham cerca de 90 bilhões de toneladas de CO_2 armazenado. "É quase uma década do que a população libera por ano, que é de cerca de 10 bilhões."

a) Qual foi o verbo usado para introduzir a fala e quais os sinais gráficos empregados para apresentá-la?

b) Nesse caso, temos uma ocorrência de discurso direto ou indireto?

c) Em sua opinião, a expressão "De acordo com", usada nesse trecho, tem a mesma função de verbos como dizer e afirmar no discurso direto ou indireto? Por quê?

4. Compare uma das falas citadas acima com estas, reportadas de outra forma.

> I. Ele comentou:
> — Estudos mais recentes revelam a interação entre seca e fogo, levando a aumento abrupto na mortalidade das árvores.
>
> II. Ele comentou que estudos mais recentes revelaram a interação entre seca e fogo, levando a aumento abrupto na mortalidade das árvores.
>
> III. De acordo com ele, estudos mais recentes revelaram a interação entre seca e fogo. "Essa interação leva ao aumento abrupto na mortalidade das árvores.", afirmou.
>
> IV. Segundo ele, estudos mais recentes revelaram a interação entre seca e fogo, levando a aumento abrupto na mortalidade das árvores.

a) Conforme você pôde observar acima, existe mais de um modo de introduzir a fala de alguém em uma reportagem. Mencione alguns e explique-os.

b) Em sua opinião, em qual dos modos de representar a fala de alguém em uma reportagem dá mais confiança ao leitor a respeito do que é afirmado?

A LÍNGUA NÃO É SEMPRE A MESMA

1. Releia.

    > Isso é dito, no jargão do IPCC, com alto grau de confiança.

    Procure no dicionário o sentido da palavra **jargão**. Por que a repórter usa esse termo?

2. O assunto tratado nessa reportagem é relativo à sustentabilidade. Na linguagem usada, que obedece à norma-padrão, podemos identificar algumas marcas características do uso técnico, coloquial ou formal da língua? Explique.

3. Em sua opinião, se essa reportagem fosse publicada em uma revista destinada a estudantes do ensino fundamental 2, a linguagem empregada seria igual ou diferente? Por quê?

DEPOIS DA LEITURA

Notícia *versus* reportagem

INCÊNDIO CRIMINOSO
Notícia Postada em 03/09/2014 às 19:22

Fogo consome Parque de Chapada dos Guimarães e exige atenção de motoristas

Brigadistas do Instituto Chico Mendes de Conservação da Biodiversidade (ICMBio) estão trabalhando nesta terça-feira (2) para conter vários focos de um incêndio criminoso às margens da rodovia Emanuel Pinheiro (MT-251) que liga Cuiabá à Chapada dos Guimarães (67 Km ao norte). Um veículo de cor prata e sem placa de identificação passou pela rodovia e um dos ocupantes colocou fogo em 3 pontos distintos da rodovia. As chamas se espalharam pela área seca e já consumiram uma boa parte da vegetação depois da Salgadeira sentido Cuiabá à Chapada. A visitação à cachoeira Véu de Noiva foi suspensa na nesta tarde por questões de segurança dos visitantes. [...]

Queimada consome as árvores.

O incêndio foi identificado por volta das 13h. Parte da vegetação localizada às margens da rodovia já foi consumida pelo fogo e animais mortos já foram encontrados pelas equipes que combatem as chamas.

Disponível em: <http://www.poconet.com.br/noticia/fogo-consome-parque-de-chapada-dos-guimaraes-e-exige-atencao-de-motoristas/14536>. Acesso em: 18 mar. 2015.

1. Qual é a informação principal dessa notícia?
2. O título da notícia é "Incêndio criminoso". Em sua opinião, o que poderia levar uma pessoa a atear fogo na mata, matando árvores e animais?
3. Quais são as diferenças entre uma notícia e uma reportagem?
4. O que seria necessário para transformar a notícia acima em uma reportagem?

DO TEXTO PARA O COTIDIANO

A questão da sustentabilidade e da discussão em torno das mudanças climáticas e do aquecimento global foram assunto da reportagem lida. No dia a dia, há diferentes modos de agir diante das questões a respeito do aquecimento global e da preservação do meio ambiente.

Sente-se com um colega. Leiam os textos a seguir e conversem entre si a respeito das questões. Preparem-se para compartilhar oralmente suas opiniões com seus colegas e o professor.

Texto 1

Unidos pelo clima

Publicado em 22/09/2014

Centenas de milhares de pessoas tomaram conta ontem das ruas de Nova Iorque pedindo mais atenção às mudanças climáticas no que pode ser considerado o maior protesto da história contra o aquecimento global.

Ambientalistas, professores, religiosos, sindicalistas e curiosos lotaram as ruas de Manhattan, em Nova Iorque (EUA), neste domingo, no evento que já vem sendo chamado de o maior protesto pelo clima já feito na história. Cerca de 300 mil pessoas compareceram à Marcha do Povo pelo Clima, poucos dias antes da Cúpula do Clima 2014, da Organização das Nações Unidas (ONU), que vai reunir governantes com o objetivo de firmar compromissos para frear o aquecimento global.

"Não existe planeta B", "Florestas não estão à venda", "Justiça climática já", "Ouça os povos indígenas" e "Aquecimento global é real, ensine Ciência" eram alguns dos lemas que podiam ser lidos nos cartazes dos manifestantes ao som de gritos como "Quem somos nós? Somos o povo! O que nós queremos? Justiça climática já!".

A descrença na reunião da ONU era corrente na marcha. Muitos manifestantes diziam estar ali justamente para fazer pressão para que alguma medida concreta contra as mudanças climáticas e o desrespeito ao meio ambiente fosse tomada no evento, que foi organizado pelo secretário geral da entidade com o propósito de catalisar ações entre os líderes globais.

Disponível em: <http://cienciahoje.uol.com.br/blogues/bussola/2014/09/unidos-pelo-clima-1>. Acesso em: 2 mar. 2015.

Todo tipo de 'tribo' estava reunido no protesto, que por cerca de quatro horas marchou pelas ruas de Nova Iorque neste domingo. (foto: Sofia Moutinho)

Texto 2

Que tal fazer a diferença pelo planeta ao nosso lado?

Se você já sabe da necessidade de protegermos o meio ambiente para a qualidade de vida de todos no futuro, então ajude-nos a mobilizar mais e mais defensores da natureza! Como fazer isso? Como começar?

[...]
Adotar estilos de vida mais equilibrados e amigáveis com o meio ambiente é fundamental para o planeta. Há muitas coisas que você pode fazer no seu dia a dia, basta ter disposição e prestar atenção no caminho. O planeta e a vida agradecem!

ALIMENTAÇÃO Evite alto consumo diário de proteínas (carne animal), de produtos industrializados e de *fast food*. Assim, além de uma dieta mais saudável, você irá evitar a produção de muitas embalagens, que logo viram lixo.	**HÁBITOS** Todos os nossos hábitos de moradia, alimentação, consumo, locomoção têm relação direta com a utilização dos recursos naturais, assim como nossas opções de lazer.	**CONSUMO** O excesso de hábitos consumistas é um dos fatores que mais contribui para o esgotamento das reservas naturais do planeta. Evite substituir aparelhos de alta tecnologia sem necessidade e reduza o consumo de descartáveis.	**MORADIA** Procure identificar vazamentos em sua casa ou no seu bairro, evite o uso da mangueira para limpar calçadas ou lavar o carro e junte roupas para lavar e passar.	**TRANSPORTE** O aquecimento global é causado, em grande parte, pelos gases da combustão dos motores dos automóveis. Por isso, um transporte sustentável tem de levar o máximo de carga gastando o mínimo de combustível.

Disponível em: <http://www.wwf.org.br/natureza_brasileira/especiais/pegada_ecologica/sua_pegada/reduza_sua_pegada/>. Acesso em: 2 mar. 2015.

1. No primeiro texto, qual é a forma de participação da sociedade em relação às questões ambientais e a uma vida sustentável no planeta?

2. No segundo texto, qual é a forma de participação?

3. Das ações mencionadas nos dois textos, há uma ou mais de uma que vocês já praticaram? Ou outra diferente dessas?

> **PRODUÇÃO ORAL**

Resumo de informações

Nesta seção, você preparará um resumo sobre um assunto de seu interesse para, depois, apresentá-lo oralmente a seus colegas e ao professor.

Sabemos que há muita possibilidade de escolha e que isso envolve muita leitura. Como nem tudo será usado no texto, é importante que você aprenda a selecionar e resumir informações. Com elas, você poderá fazer um roteiro que irá servir de apoio durante a apresentação oral.

Antes de começar

1. Leia o parágrafo a seguir para:

    a) identificar a ideia principal (ou central) do parágrafo;

    b) identificar a ideia secundária decorrente da principal.

O luar que nos fascina

O fascínio pela Lua estimulou o imaginário popular a atribuir a ela influências mágicas. Todos já ouvimos falar que, quando há mudança nas fases da Lua, ocorre o nascimento de bebês. Cabelos cortados ou árvores podadas na Lua minguante, por exemplo, enfrentam dificuldade para crescerem novamente. Por outro lado, se o corte (ou poda) for feito na Lua cheia, o efeito é o contrário. Além disso, a Lua aparece com destaque nas previsões astrológicas. Quando a Lua passa em frente a uma determinada constelação, segundo a astrologia, pode indicar problemas (ou soluções) para as pessoas de um determinado signo.

Lua cheia.

Disponível em: <http://cienciahoje.uol.com.br/colunas/fisica-sem-misterio/o-luar-que-nos-fascina>. Acesso em: 23 abr. 2015.

2. Na exposição da explicação (ou das explicações) da ideia principal, há trechos que podem ser dispensados em um resumo. Podemos nos concentrar apenas na palavra ou nas palavras mais importantes da frase, que são também chamadas de **palavras-chave**. Veja.

> **Palavra-chave** é o termo que sintetiza o conceito (ou os conceitos) mais importante de uma frase, parágrafo ou texto, exprimindo de forma objetiva e clara o assunto em torno do qual se organiza o contexto.

"Todos já ouvimos falar que, quando há mudança nas fases da Lua, ocorre o nascimento de bebês."

a) Quais são as palavras-chave, ou seja, as mais importantes desse período?

b) Você acha que o trecho "Todos já ouvimos falar que, quando há mudança nas fases da Lua" deve também constar do resumo do período? Por quê?

3. Localize no texto um exemplo da influência da Lua. Você acha que ele deve fazer parte do resumo? Por quê?

4. Escreva em duas ou três linhas o resumo do parágrafo apresentado inicialmente.

a) Você manteve a ideia principal?

b) Você manteve os exemplos?

Planejando a apresentação oral

1. Escolha o texto que quer apresentar a seus colegas.

2. Faça o resumo conforme os procedimentos que estudamos.

3. Prepare um roteiro de apoio; você pode escrevê-lo na lousa, usar um retroprojetor, preparar um cartaz ou *slides*.

Apresentando oralmente seu resumo

1. Inicialmente informe qual é o assunto que vai apresentar e a fonte consultada.

2. Ao expor, dirija-se diretamente ao público, com os olhos neles, evitando ler as anotações.

3. Movimente-se um pouco, mas sem caminhar, pois isso tira a atenção dos ouvintes.

4. Fale em voz alta e com calma, articulando bem as palavras para que todos o entendam claramente.

5. Use linguagem adequada à situação: empregue palavras que os colegas compreendam, mas sem gírias; evite palavras-muletas, como né, daí, aí.

Autoavaliação e reescrita

1. Faça uma autoavaliação, verificando se seu resumo atende às características de um resumo benfeito:

a) presença da ideia principal e das secundárias;

b) eliminação de exemplos, descrições e explicações detalhadas.

2. Certifique-se de que seus interlocutores entenderão o sentido do texto.

NÃO DEIXE DE ACESSAR

- http://revistagalileu.globo.com/Revista/Galileu/0,,EDG87064-7887-217,00-O+QUE+O+FACEBOOK+ESPERA+DO+BRASIL.html
Entrevista com Mark Zuckerberg, fundador da rede social Facebook.

Como elaborar um mapa conceitual

Não só a habilidade de fazer resumos é um instrumento útil no ambiente escolar e de trabalho. Aprender a elaborar um mapa conceitual é também uma habilidade que se torna ferramenta vantajosa em diversas situações. Ambos ajudam não só a planejar e produzir um texto, principalmente um texto expositivo ou argumentativo, como também a compreender melhor as inúmeras leituras do dia a dia.

Além disso, um mapa conceitual pode ajudá-lo a organizar suas ideias na preparação de uma exposição oral ou para um debate, ou ainda para dinamizar suas anotações durante uma aula, exposição oral ou palestra. Há várias maneiras de se elaborar um. O mais fácil é o que utiliza setas, dispondo as palavras em ordem hierárquica e estabelecendo relações entre elas. Esse tipo de mapa é útil, por exemplo, ao se trabalhar com disciplinas como Ciências da Natureza, Geografia e História ou na preparação de uma exposição oral. Veja um exemplo elaborado a partir da palavra **árvores**.

> **Mapas conceituais** são esquemas gráficos que indicam as relações existentes entre palavras e conceitos em um texto, partindo do mais amplo para o mais específico. São utilizados para ordenar a sequência dos conteúdos, estabelecendo a hierarquia entre a ideia principal e as secundárias. Facilitam o planejamento de um texto ou a compreensão de uma leitura.

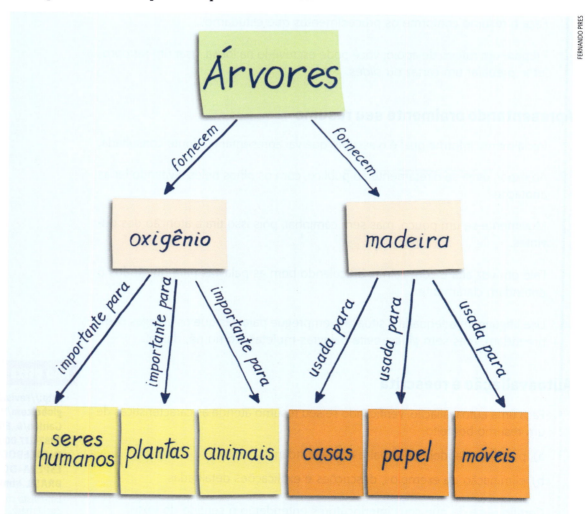

<http://pt.wikihow.com/Fazer-um-Mapa-Conceitual>. Acesso em: 2 mar. 2015.

1. Releia agora o título e linha fina da matéria que lemos anteriormente.

Queda da população de abelhas vai afetar a agricultura

Em vários países do mundo, há relatos de que os insetos estão sumindo por diversas causas ainda não claras.

O Estado de S. Paulo, 30 mar. 2014.

População de abelhas está diminuindo.

Vamos elaborar um mapa conceitual desse texto para visualizar graficamente o assunto da matéria.

Observe.

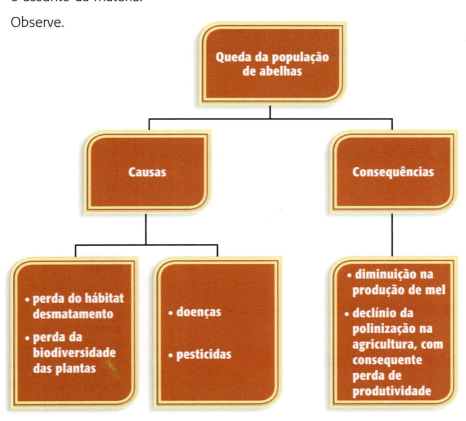

a) O que foi colocado no quadro do topo?

b) O quadro subdivide-se em dois outros. O que eles indicam que se vai apresentar em seguida?

2. No caderno, faça um mapa como esse, completando os últimos quadros inferiores com as informações adequadas do texto.

3. Escolha um assunto sobre o qual queira falar. Faça no caderno um mapa conceitual como os apresentados. Sugestões: derrubada das matas; aumento dos problemas do trânsito nas cidades; desemprego; violência no futebol etc.

Colocação pronominal

1. Leia esta tira.

SCHULZ, Charles. *Snoopy e sua turma*. Porto Alegre: L&PM, 2010.

a) Como você interpreta a fala da personagem no último balão?

b) O pronome **lhe** nos balões do terceiro e do quarto quadrinhos refere-se à mesma pessoa? Explique.

c) Observe o uso que a personagem faz do pronome oblíquo destacado.

"Indiretas não **lhe** caem bem, professora!"

Em que posição aparece esse pronome em relação ao verbo?

O pronome pessoal oblíquo átono pode ser colocado antes, no meio ou depois do verbo.

Quando é colocado antes do verbo, dizemos que ocorre próclise.

> **Próclise** é a colocação do pronome pessoal átono antes do verbo.

2. Leia agora o trecho de uma crônica.

> Qual o segredo das batatas fritas? Como se tornaram um dos nossos prazeres mais culposos? [...] Durante séculos comeram-se as batatas inocentemente. Mas vivemos sob o jugo das descobertas médicas. Tornaram-se perigosíssimas, por causa do alto índice de gordura. Atualmente, diante de uma porção de fritas, penso horrorizado em colesterol, obesidade e nos cavaleiros do Apocalipse! Mas hambúrguer sem fritas, impossível!
>
> CARRASCO, Walcyr. Batatas fritas. Revista *Veja São Paulo*, 12 jan. 2011.

a) De acordo com o texto, por que vivemos sob o jugo (o poder) das descobertas médicas?

Pronomes átonos e tônicos

O pronome pessoal **lhe** é átono, ou seja, é pronunciado sem intensidade, como se fosse uma das sílabas de uma palavra a seu lado. Os pronomes pessoais também podem ser tônicos, ou seja, pronunciados com intensidade, sem se unirem, na fala, às palavras vizinhas.
São átonos: me, te, se, lhe(s), nos, vos, o(s)/a(s), e as alterações que estes últimos sofrem (lo, la, los, las) quando colocados após verbos terminados em -r.
São tônicos: mim, ti, si, ele/ela, nós, vós, eles/elas.

b) Em "Tornaram-se perigosíssimas, por causa do alto índice de gordura." a quem se refere o verbo tornar-se?

c) Qual é a posição ocupada pelo pronome **se** em relação ao verbo nessa frase?

3. Compare.

> Tornaram-**se** perigosíssimas, por causa do alto índice de gordura.
>
> Como **se** tornaram um dos nossos prazeres mais culposos?

a) Qual a diferença de entonação e sentido nessas frases?

b) Que mudança ocorre com a posição do pronome **se** em relação ao verbo?

Em relação à colocação pronominal, a posição básica, de acordo com a norma-padrão, é o uso do pronome após o verbo. A essa posição do pronome átono em relação ao verbo damos o nome de **ênclise**.

> **Ênclise** é a colocação do pronome pessoal átono depois do verbo.

4. Leia a tira.

DAVIS, Jim. *Garfield 10 – O rei da preguiça*. Porto Alegre: L&PM, 2010.

a) No último quadrinho, Garfield expressa certeza de que agradecerá às pessoas pelo trabalho que fazem ou manifesta apenas essa possibilidade? Explique sua resposta.

b) Garfield usa o verbo **agradecer** no futuro do pretérito. De que modo ele emprega o pronome **lhe** no último balão de fala?

c) Compare os trechos detacados.

> Eu **lhes agradeceria** individualmente...
>
> Eu **agradecer-lhes-ia** individualmente....

As duas formas de empregar o pronome **lhe** estão de acordo com a norma-padrão. Na segunda, que posição ocupa o pronome átono em relação ao verbo?

299

d) Você já leu algum texto em que o pronome oblíquo aparece nessa posição?

Quando o pronome átono é intercalado à forma verbal a que se refere, temos a **mesóclise**.

> **Mesóclise** é a colocação do pronome pessoal átono intercalado à forma verbal. É raramente encontrada em textos escritos no português do Brasil, aparecendo apenas em registros muito formais.

A LÍNGUA NÃO É SEMPRE A MESMA

Compare estas duas versões de uma tira de Calvin: uma foi publicada no Brasil e a outra, em Portugal. Observe a colocação pronominal.

WATTERSON, Bill. Disponível em: <http://photos1.blogger.com/blogger/8140/903/1600/Calvin1.jpg>. Acesso em: 5 dez. 2011.

WATTERSON, Bill. *Calvin e Haroldo*. São Paulo: Cedibra, 1987.

a) Qual das tiras é de Portugal e qual é a versão brasileira? Como você chegou a essa conclusão?

b) Releia e compare os últimos quadrinhos das duas tiras. Que diferença você nota em relação à colocação pronominal entre o português do Brasil e o de Portugal?

> No português do Brasil, a tendência de colocação pronominal é a próclise. Em Portugal, a preferência é pelo uso da ênclise.

1. Leia esta crônica.

Papos

– Me disseram...
– Disseram-me.
– Hein?
– O correto é "disseram-me". Não "me disseram".
– Eu falo como quero. E te digo mais... Ou é "digo-te"?
– O quê?
– Digo-te que você...
– O "te" e o "você" não combinam.
– Lhe digo?
– Também não. O que você ia me dizer?
– Que você está sendo grosseiro, pedante e chato. E que eu vou te partir a cara. Lhe partir a cara. Como é que se diz?
– Partir-te a cara.
– Pois é. Parti-la hei de, se você não parar de me corrigir. Ou corrigir-me.
– É para o seu bem.
– Dispenso as suas correções. Vê se esquece-me. Falo como bem entender. Mais uma correção e eu...
– O quê?
– O mato.
– Que mato?
– Mato-o. Mato-lhe. Mato você. Matar-lhe-ei-te. Ouviu bem?
– Eu só estava querendo...
– Pois esqueça-o e para-te. Pronome no lugar certo é elitismo!
– Se você prefere falar errado...
– Falo como todo mundo fala. O importante é me entenderem. Ou entenderem-me?
– No caso... não sei.
– Ah, não sabe? Não o sabes? Sabes-lo não?
– Esquece.
– Não. Como "esquece"? Você prefere falar errado? E o certo é "esquece" ou "esqueça"? Ilumine-me. Me diga. Ensines-lo-me, vamos.
– Depende.
– Depende. Perfeito. Não sabes. Ensinar-me-lo-ias se o soubesses, mas não sabes-o.
– Está bem, está bem. Desculpe. Fale como quiser.
– Agradeço-lhe a permissão para falar errado que mas dás. Mas não posso mais dizer-lo-te o que dizer-te-ia.
– Por quê?
– Porque, com todo este papo, esqueci-lo.

VERISSIMO, Luis Fernando. *Comédias para se ler na escola*. Rio de Janeiro: Objetiva, 2001.

a) Qual o assunto do texto?

b) O que deseja o locutor? Como reage o interlocutor?

2. Releia.

> Falo como bem entender. Mais uma correção e eu...
> – O quê?
> – O mato.
> – Que mato?

a) De acordo com o contexto, a que se refere a palavra "o" em "O mato." na fala do locutor?

b) Por que o interlocutor responde: *"Que mato?"*?

3. Assim como essa, há outras situações narradas pelo cronista em relação ao uso dos pronomes. Com que intenção, provavelmente, o cronista as explorou?

4. Leia estas duas versões de outra tira de Calvin.

WATTERSON, Bill. Disponível em: <http://photos1.blogger.com/blogger/8140/903/1600/Calvin1.jpg>. Acesso em: 23 abr. 2015.

WATTERSON, Bill. *Calvin e Haroldo*. São Paulo: Cedibra, 1987.

a) Qual das tiras é de uma versão portuguesa das histórias de Calvin? Qual é de uma edição brasileira? Como você chegou a essa conclusão?

b) Encontre mais um exemplo da diferença em relação à colocação dos pronomes em Portugal e no Brasil.

c) Pela atitude da menina nos três primeiros quadrinhos, ela parece ter gostado do cartão?

d) O último quadrinho o surpreendeu? Por quê?

LEITURA 2

ANTES DE LER

- Você sabe para onde vão os resíduos que joga no lixo?
- Se você trocar as pilhas de algum brinquedo ou aparelho doméstico, o que faz com elas?
- Na sua casa, você e sua família separam materiais que podem ser reciclados? O que fazem com eles?

Você já estudou o que é um infográfico e viu, na Leitura 1, que ele pode complementar e enriquecer o texto de uma reportagem. Leia este texto e observe os detalhes do infográfico que mostra o destino de resíduos no Brasil e as consequências dos procedimentos que são adotados.

Em 2013, brasileiro produziu 3 milhões de toneladas de lixo a mais

ADRIANA FERRAZ – O ESTADO DE S. PAULO

02 Agosto 2014 | 03h00

Volume é 4,1% maior em relação ao ano anterior; prazo para fim de lixões venceu, mas 40% dos resíduos têm destinação inadequada

Em vez de reduzir, o brasileiro produziu mais lixo em 2013. O aumento foi de 4,1% em relação ao ano anterior, o que representa quase 3 milhões de toneladas a mais no ano. Tais números não só situam o Brasil na quinta posição entre os que mais produzem lixo no mundo – atrás de Estados Unidos, China, União Europeia e Japão –, como confirmam que o País está longe de atingir as metas estipuladas pela Política Nacional de Resíduos Sólidos, instituída pela Lei 12.305, de agosto de 2010.

Na média por habitante também houve alta, de 0,39%, segundo levantamento inédito da Associação Brasileira de Empresas de Limpeza Pública e Resíduos Especiais (Abrelpe). Já a coleta recuou. "Deixamos de coletar 10% de todo o lixo produzido. São cerca de 20 mil toneladas por dia que nem sequer foram para o lixão. Acabaram jogadas em córregos ou no meio da rua", afirma o diretor-presidente da entidade, Carlos Silva.

Na lista de avanços previstos pela lei, a redução do volume de lixo é tratada como prioridade, assim como a eliminação completa dos lixões e, em seu lugar, a construção de aterros sanitários. Nesse quesito, o cenário também é negativo: 40% dos resíduos ainda têm destino inadequado, apesar de o governo federal ter estipulado a data de 2 de agosto como limite para cumprir a meta.

Nem alguns dos lixões mais emblemáticos do Brasil foram fechados. O lixão da Estrutural, a 16 quilômetros do Palácio do Planalto, em Brasília, está na lista. Com 124 hectares, recebe diariamente 2.700 toneladas de lixo produzido pelos 2,8 milhões de moradores do Distrito Federal.

Só em 2060. Até a lei ser cumprida, porém, tanto o Estrutural quanto os demais lixões presentes em 3.344 dos 5.570 municípios brasileiros continuarão a receber milhares de toneladas de lixo por ano, contaminando o solo, o lençol freático e provocando danos à saúde da população. As regiões Norte e Nordeste são as que apresentam os piores índices. Em ambos os casos, mais de 75% dos municípios descartam o lixo de forma inadequada. Nesse ritmo, segundo a Abrelpe, os lixões só terão fim no Brasil em 2060.

"Após quatro anos, os dados mostram que faltou vontade política. A instalação de um aterro sanitário é complexa, mas dá para ser feita em dois ou três anos", diz o presidente do Sindicato das Empresas de Limpeza Urbana de São Paulo (Selur), Ariovaldo Caodaglio. No estado, a situação está quase controlada – no ano passado, somente 8,5% do lixo seguiu para lixões.

Já o diretor comercial Alberto Fissore, da Estre – empresa especializada em serviços ambientais –, defende a ampliação do prazo para o fim dos lixões no País. "Creio que quatro anos tenha sido pouco dentro da tradição brasileira de planejamento. O saneamento não é prioridade dos políticos. A maior parte nem cita o tema. Acho que dá para estender por mais quatro anos. Aí, sim, será tempo mais do que suficiente." [...]

"Esta é a hora de pressionar. Essa discussão precisa ir para as ruas", diz Silva, da Abrelpe.

O DESAFIO DO DESCARTE

Mais resíduos

Geração de resíduos sólidos urbanos no Brasil
EM TONELADAS POR DIA
AUMENTO DE **4,1%**

Ano	
2012	201.058
2013	**209.280**

Geração de lixo per capita
EM QUILOS POR HABITANTE POR DIA
AUMENTO DE **0,4%**

Ano	
2012	1,037
2013	**1,041**

Lixão x Aterro
● Confira as diferenças entre eles

Lixão
Lixão é apenas um local para descarte de lixo, sem proteção ao ambiente ou à população local

O que produz

Chorume
Líquido tóxico, resultado da decomposição do lixo. No lixão, ele penetra no solo e contamina o lençol freático

Gás metano
Gerado a partir da decomposição do material orgânico. Sem controle, cria risco de explosão e contribui para o efeito estufa

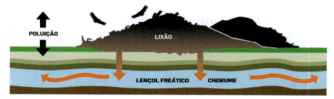

Qual é a consequência?

Doenças
Lixo exposto atrai bichos como ratos, baratas e urubus, que causam doenças

Trabalho ilegal
Catadores trabalham sem proteção e, por isso, ficam expostos a doenças e acidentes

Aterro sanitário
Local preparado para receber o descarte. Há regras para acondicionar o lixo, protegendo o solo, a água e o ar

Como funciona?

Armazenamento do lixo
Cada camada de um aterro sanitário é coberta com argila e uma manta de plástico

Cobertura
O lixo fica exposto por apenas algumas horas e logo é coberto. Assim, não atrai animais

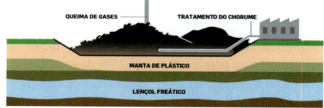

O que produz?

Água de reúso
Chorume é tratado e a água é usada no aterro para irrigar plantas e lavar equipamentos

Energia elétrica
Gás metano é canalizado e queimado, podendo gerar energia elétrica

O Estado de S. Paulo, Caderno Metrópole, 3 ago. 2014.

Antes de iniciar o estudo do texto, tente descobrir o sentido das palavras desconhecidas pelo contexto em que elas aparecem. Se for preciso, consulte o dicionário.

EXPLORAÇÃO DO TEXTO

1. Esta matéria, composta por duas partes – um texto e um infográfico – foi publicada em um jornal de circulação nacional.

a) Qual é seu assunto principal?

b) Onde foram obtidas as informações apresentadas no infográfico?

c) Que outros assuntos foram tratados?

d) De que modo os problemas apontados atingem todos os brasileiros?

2. A velocidade e expansão do potencial informativo dos atuais meios de comunicação é grande, por isso é possível que hoje algumas informações do infográfico estejam desatualizadas. No ano de 2013, segundo o texto, o Brasil era o 5º país que mais gerava lixo no mundo e vinha aumentando a produção.

a) De acordo com o infográfico (produzido em 2014), quantas toneladas de lixo o Brasil produzia por dia em 2013? Isso equivale a quantos quilos por dia?

b) Segundo o IBGE, em julho de 2014, o Brasil tinha 202.768.562 habitantes. Dividindo-se essa produção, medida em 2013, pelo número de habitantes, quantos quilos de lixo por dia o brasileiro produzia na época? Você produz essa quantidade?

c) Em sua opinião, algo mudou desde 2013? Em sua cidade, como é tratado o lixo? Há aterros ou lixões? E coleta seletiva?

d) A geração excessiva de lixo é um grave problema ambiental no Brasil. O que você pensa acerca desse grave problema?

3. Um infográfico é organizado em duas partes principais: parte verbal (o texto) e parte visual (as informações contidas nas imagens).

> Um **infográfico** é composto de título, subtítulo, texto, imagem, fonte das informações e autoria.

a) Na parte verbal, como são e como estão dispostos os textos?

b) Na parte não verbal, de que recursos se vale o autor do infográfico?

c) Qual a vantagem de se usarem esses recursos?

4. Releia e observe estes trechos.

> Lixão é apenas um local para descarte do lixo, sem proteção ao ambiente ou à população local.
>
> Catadores trabalham sem proteção e, por isso, ficam expostos a doenças e acidentes.

a) O trecho está escrito na terceira pessoa, com os verbos no presente do indicativo. Esse foco mantém-se no texto verbal do infográfico?

b) Qual a razão de o texto ser organizado dessa forma, com o emprego desse tempo verbal e foco narrativo? Explique.

c) Os fragmentos abaixo expressam fatos, explicações ou avaliações subjetivas? Por quê?

> "líquido tóxico, resultado da decomposição do lixo"
> "Lixo exposto atrai bichos"
> "forte crescimento"

d) De acordo com o que você observou, a linguagem verbal empregada em um infográfico apresenta objetividade ou subjetividade?

5. Na organização do infográfico, o recurso a diferentes figuras e desenhos, cores, linhas, símbolos e formas tem forte apelo visual.

Qual a vantagem da organização das informações em menor espaço e a exploração dos recursos gráficos em um infográfico?

> Em um **infográfico**, o uso de letras de formatos e cores diferentes, de setas e linhas e de desenhos autoexplicativos tem a função de aproximar o leitor do assunto abordado, facilitando a leitura e permitindo a rápida apreensão das informações.

305

PRODUÇÃO ESCRITA

REPORTAGEM

Vamos escrever em conjunto uma reportagem para o projeto de nosso jornal?

Você já aprendeu que uma reportagem pode se originar de um fato noticiado, de algo que o repórter presenciou ou pesquisou. Para redigir uma reportagem sobre um assunto de seu interesse, você e seus colegas terão de pesquisar material sobre o assunto, entrevistar pessoas, tirar fotos ou criar ilustrações, fazer resumos, redigir a reportagem no formato do gênero etc. Vamos começar?

Antes de começar

Leia esta notícia.

Fauna

Jiboia com filhotes é encontrada em fábrica

Policiais ambientais chamados para apanhar uma cobra que aparecera no pátio de uma multinacional em Sorocaba (SP), anteontem, tiveram uma surpresa: a serpente, uma jiboia, tinha um ninho com 20 filhotes. A ninhada estava num buraco próximo do alambrado que cerca a empresa ZF do Brasil, na zona industrial do município. Com a ajuda do veterinário Rodrigo Teixeira, do zoológico municipal, os policiais recolheram mãe e filhotes numa operação que durou cerca de uma hora. A jiboia mãe media cerca de 2 metros, e os filhos, em torno de 20 centímetros. Os répteis foram levados para o zoológico e serão soltos numa área de matas próxima da cidade.

O Estado de S. Paulo, 20 jan. 2011.

Jiboia encontrada com cerca de vinte filhotes no pátio de uma multinacional, em Sorocaba, SP.

1. A notícia relata a presença de uma jiboia e seus filhotes em um ambiente urbano. Por que, possivelmente, o animal buscou refúgio nesse local?

306

2. Que reportagem a leitura dessa notícia poderia sugerir?

3. Que questão investigativa ela poderia inspirar?

4. Encontre no texto as palavras específicas que se referem à jiboia e a seus filhotes.

Planejando o texto

1. Depois da escolha do assunto e da divisão da turma em grupos, sente-se com os colegas de seu grupo. Cada grupo receberá uma tarefa específica.

1º grupo – Pesquisa:

- Leitura e pesquisa de textos referentes ao assunto com elaboração dos resumos necessários.

2º grupo – Entrevistas:

- Preparação das perguntas e seleção dos entrevistados.

3º grupo – Elaboração do texto:

- Abertura, ampliação dos fatos e conclusão, com base nas entrevistas e resumos.
- Inclusão das falas dos entrevistados por meio de discurso direto ou indireto.
- Uso dos verbos de dizer (ou verbos de elocução).
- Vocabulário de acordo com o assunto.

4º grupo – Fotos, ilustrações:

- Seleção de fotos e redação de legendas; criação de ilustrações.

5º grupo – Quadros e infográfico:

- Elaboração de quadros e, se for o caso, de um infográfico: elaborar o texto de um ou mais quadros e montar o infográfico com base no texto da reportagem.

2. Em conjunto, a turma montará a reportagem com o resultado do trabalho dos grupos.

Avaliação e reescrita

1. Após finalizarem os textos, façam uma avaliação coletiva, considerando:

- Todos os elementos necessários a uma reportagem estão presentes?
- O objetivo da reportagem está claro para os leitores?
- Os leitores da revista da turma entenderão o texto facilmente?
- Os elementos de um texto de reportagem estão presentes (título, subtítulo, sobretítulos, quadros etc.)?
- A linguagem é adequada ao perfil dos leitores da publicação?

A colocação pronominal e a norma-padrão

1. Leia a tira e observe a colocação pronominal.

BROWNE, Dik. *Hagar, o horrível*. Porto Alegre: L&PM, 1997. v. 1.

a) Hagar tem razão em dizer aos soldados que não confiem em nada? Por quê?

b) Ao dar seu recado aos soldados, Hagar emprega o pronome no início, meio ou final de sua fala?

c) Hagar usa três orações em sua fala. Anote-as no caderno, reunindo-as em um único período.

> De acordo com a norma-padrão, de tradição portuguesa, não se inicia uma frase por pronome átono. No entanto, a pronúncia brasileira se diferencia da portuguesa, e, por isso, a colocação pronominal tende a ser diferente. Por exemplo: **me dê** em vez de **dê-me**.

2. Leia este trecho de uma canção.

Quase sem querer

Tenho andado distraído,
Impaciente e indeciso
E ainda estou confuso,
Só que agora é diferente:
Estou tão tranquilo e tão contente.
[...]
Me fiz em mil pedaços
Pra você juntar
E queria sempre achar
Explicação pro que eu sentia.

ROCHA, Renato; RUSSO, Renato; VILLA-LOBOS, Dado. Disponível em: <http://letras.terra.com.br/legiao-urbana/46972/>. Acesso em: 23 abr. 2015.

a) Qual é o verso que indica a consequência do estado de espírito em que o eu poético se encontra?

b) Na frase que expressa esse estado de espírito, a recomendação da norma-padrão em relação ao uso do pronome seria após o verbo (a ênclise). O poeta a seguiu? Por quê?

c) O uso do pronome no início do verso altera o sentido do que o eu poético quer exprimir?

d) Em canções e poemas, é fundamental seguir a recomendação da norma-padrão em relação à colocação pronominal? Por quê?

> No **português brasileiro contemporâneo**, principalmente na linguagem informal, não se costuma seguir as regras da norma-padrão na colocação pronominal.

3. Compare a posição que o pronome ocupa nestes trechos.

I.

O mar estava agitado novamente, e o barômetro, caindo aos poucos, anunciava uma nova depressão. Mas não **me** incomodava mais com isso.

> KLINK, Amyr. *Cem dias entre o céu e a terra*. São Paulo: Companhia das Letras, 2005.

II.

Helena Golabek Gandra, Rafael Vieira e Rachel Alves Alencar uniram-se a partir da paixão pelo universo dos *clowns* e formaram o grupo de estudos "Clownsciência". [...]

"Sempre **nos** perguntam a diferença entre o *clown* e o palhaço. De modo geral, o *clown* tem um humor mais sutil que os palhaços. Pode passar um ar mais misterioso e tem uma linguagem mais corporal do que verbal."

> *Diário do Nordeste*. Disponível em: <http://www.jornaisdehoje.com.br/jornais_estados.htm>.
> Acesso em: 23 abr, 2015.

a) Nessas frases, quais são as palavras que precedem os pronomes átonos?

b) A que classe pertencem essas palavras?

c) Quando essas palavras precedem o pronome átono, qual a posição do pronome em relação ao verbo?

> De acordo com a norma-padrão, usa-se o pronome anteposto ao verbo (próclise) quando o pronome é precedido de um advérbio ou locução adverbial (**sempre, nunca, hoje, certamente, às vezes, de manhã** etc.), de conjunção ou locução conjuntiva (**se, embora, quando, a fim de que, à medida que** etc.).

4. Leia estas citações.

Um quadro só vive para quem o olha.

> PICASSO, Pablo, 1881-1973. Disponível em:
> <http://www.citador.pt/>. Acesso em: 23 abr. 2015.

Não existe hóspede, por mais amigo que seja de quem o recebe, que não comece a incomodar depois de três dias.

> PLAUTO (230 a.C.-180 a.C.). Idem.

O maior problema e o único que nos deve preocupar é vivermos felizes.

VOLTAIRE (1694-1778). Idem.

Verdadeiramente bom só é o homem que nunca censura os outros pelos males que lhe acontecem.

VALÉRY, Paul (1871-1945). Idem.

a) Você concorda com as afirmações desses homens célebres? Discorda de alguma delas? Por quê?
b) Essas citações têm em comum o uso de um pronome oblíquo átono. Localize as palavras que precedem esses pronomes.
c) As palavras que você indicou são pronomes relativos. Qual a tendência de colocação do pronome átono nesses casos?

> Quando um pronome relativo (**que**, **quem**, **qual**, **cujo**) antecede o verbo, geralmente o pronome átono vem antes do verbo.

5. Observe, ao lado, a capa do livro *O que se passa na cabeça dos cachorros*.
   a) Se o título desse livro fosse uma pergunta, em vez de uma afirmação, o que você responderia?
   b) Qual é o pronome oblíquo empregado nesse título?
   c) Que posição o pronome oblíquo ocupa em relação ao verbo da oração: está antes ou depois do verbo?

6. Leia agora estes versos de canções populares.

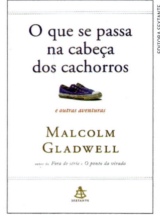

Capa do livro *O que se passa na cabeça dos cachorros*.

Quem **lhe** disse que eu chorei?

VILA, Martinho da. *Quem lhe disse que eu chorei?* Disponível em: <http://letras.terra.com.br/martinho-da-vila/287455/>. Acesso em: 23 abr. 2015.

Quem **me** dera ao menos uma vez
Ter de volta todo o ouro que entreguei a quem
Conseguiu me convencer [...]

RUSSO, Renato. *Índios*. Disponível em: <http://letras.terra.com.br/legiao-urbana/92/>. Acesso em: 23 abr. 2015.

Quem **te** disse isso
Não acredite que eu já não te quero

MENDES, Simaria. *Quem te disse isso*. Disponível em: <http://letras.terra.com.br/forro-do-muido/1759310/>. Acesso em: 23 abr. 2015.

a) Que palavra antecede cada pronome átono destacado?
b) As frases em que essas palavras aparecem são afirmativas, negativas, exclamativas ou interrogativas?

> Em frases iniciadas por palavra interrogativa ou exclamativa (**quem**, **que**, **quando**, **quanto**, **como**), a preferência é o uso da próclise.

7. O uso mais comum no Português atual é o pronome antes ou depois do verbo, dependendo da oração em que ele ocorre e das palavras com as quais se relaciona. O pronome intercalado no meio da forma verbal (a chamada mesóclise) é raramente usada no português do Brasil, tanto na modalidade escrita quanto na modalidade oral da língua; pode ocorrer ocasionalmente em textos literários. Leia este trecho do conto "O relógio do hospital".

[...]
Impossível saber se esta é a primeira noite que passo aqui. Desejo pedir os meus chinelos, mas tenho preguiça, a voz sai-me flácida, incompreensível. E esqueci o nome dos chinelos. Apesar de saber que eles são inúteis, desgosta-me não conseguir pedi-los. Se estivessem ao pé da cama, sentir-me-ia próximo da realidade, as pessoas que me cercam não seriam espectrais e absurdas. Enfadam-me, quero que me deixem. [...]
Aqueles soluços desenganados devem vir da enfermeira dos indigentes, talvez o homem dos esparadrapos esteja chorando. Com esforço, consigo encostar as palmas das mãos nas orelhas. Desejo ficar assim, mas a posição é incômoda, os braços fatigam-me, o choro escorrega-me entre os dedos. Se não fosse isso, distrair-me-ia vendo as árvores, o céu, os telhados, falaria aos enfermeiros e aos serventes.

RAMOS, Graciliano. O relógio do hospital. In: João Antônio et alii. *Antologia de contos brasileiros.* São Paulo: Ediouro, 2003.

a) Que palavras do texto se relacionam com o título do conto, descrevendo o ambiente?

b) No trecho em que elas ocorrem, o tempo verbal empregado exprime certeza, possibilidade ou impossibilidade de o fato ocorrer?

c) O pronome intercalado à forma verbal (mesóclise) ocorre em dois momentos. Localize-os. Em que tempo verbal estão as formas verbais?

> A **mesóclise**, com o pronome intercalado na forma verbal, é usada somente nos tempos do futuro do presente e futuro do pretérito do modo indicativo.

311

1. Os trechos a seguir foram tirados do livro *A última coisa que eu pretendo fazer na vida é morrer*, de Ciro Pellicano. Neles, o pronome aparece antes (próclise) ou depois do verbo (ênclise). De acordo com o que vimos sobre a colocação pronominal, do ponto de vista da norma urbana culta, explique a razão de cada escolha.

a) "Às vezes **me** bate uma certa saudade do Brasil, mas geralmente sou eu que bato nela."

b) "Sinto-**me** tão inútil quanto a segunda-feira que precede um feriado."

c) "Quando **lhe** prometerem casa, comida e roupa lavada, não se esqueça de perguntar quem passa."

d) "Nunca **se** deixe iludir pelo fato de estar com a faca e o queijo na mão. Lembre-**se** de que, infelizmente, ainda fica faltando a goiabada."

2. Leia esta tira.

LAERTE. Disponível em: <http://verbeat.org/laerte/2010/12/>. Acesso em: 23 abr.2015.

a) Qual é a contradição entre a fala da personagem e o que está acontecendo na tira?

b) Justifique a escolha da personagem na colocação do pronome em sua fala.

3. Leia o texto a seguir.

Segunda-feira, 29 de outubro de 2001

Gente, desculpe não ter respondido nada do que vcs perguntaram, mas eu tava realmente com muita raiva da minha mãe. Quero agradecer a todo mundo pelas mensagens de solidariedade, pelas palavras legais e pela compreensão.

Bárbara: Te adoro cada dia mais! Vc é uma superamiga, daquelas que a gente sabe que pode contar a qualquer hora, mesmo de madrugada, embaixo d'água, no alto do Everest... Nunca vou esquecer tudo que vc me disse, OK?

BRAZ, Júlio Emílio; VIEIRA, Janaina. *O blog da Marina*. São Paulo: Saraiva, 2003.

a) Pelo assunto desse texto, para que leitores foi escrito? Explique sua resposta.

b) Exemplifique sua resposta anterior com trechos do texto.

c) Ele está escrito em linguagem formal ou informal? Justifique.

d) Selecione no texto um exemplo de colocação pronominal que não segue a norma-padrão. Reescreva-o, observando o registro formal da língua. Qual das duas formas é mais usada no português do Brasil?

FIQUE ATENTO... AO USO DOS DOIS-PONTOS E DO PONTO E VÍRGULA

Você sabe o que é um estatuto? Já leu ou ouviu falar do *Estatuto do Idoso* ou do *Estatuto da Criança e do Adolescente*? Um estatuto é um conjunto de leis que regulamentam o funcionamento ou a organização de órgãos, instituições, setores da sociedade etc.

1. Leia este trecho de um capítulo da Lei nº 8.069, que dispõe sobre o *Estatuto da Criança e do Adolescente*.

Capítulo II
Do Direito à Liberdade, ao Respeito e à Dignidade

Art. 15. A criança e o adolescente têm direito à liberdade, ao respeito e à dignidade como pessoas humanas em processo de desenvolvimento e como sujeitos de direitos civis, humanos e sociais garantidos na Constituição e nas leis.

Art. 16. O direito à liberdade compreende os seguintes aspectos:

I – ir, vir e estar nos logradouros públicos e espaços comunitários, ressalvadas as restrições legais;
II – opinião e expressão;
III – crença e culto religioso;
IV – brincar, praticar esportes e divertir-se;
V – participar da vida familiar e comunitária, sem discriminação;
VI – participar da vida política, na forma da lei;
VII – buscar refúgio, auxílio e orientação.

Disponível em: <http://www.planalto.gov.br/ccivil_03/leis/L8069.htm>. Acesso em: 23 abr. 2015.

a) Observe a pontuação. Quais são os sinais de pontuação mais usados?
b) Por que foram usadas as vírgulas no trecho destacado abaixo?

"É dever de todos velar pela dignidade da criança e do adolescente, pondo-os a salvo de qualquer **tratamento desumano**, **violento**, **aterrorizante**, **vexatório** ou **constrangedor**.

2. Releia a sequência de itens de I a VII. Por que foram usados os dois-pontos antes do início dessa enumeração?

3. Leia este trecho e observe o emprego dos dois-pontos.

Não foram dois. Foram três: em 2002, também houve um terceiro campeonato mundial. [...] Mediram suas forças as duas piores seleções do planeta, e a última e a penúltima do *ranking* mundial: o reino do Butão e a ilha caribenha de Montserrat.

GALEANO, Eduardo. Coroação. In: _____. *Bocas do tempo*. Porto Alegre: L&PM, 2010.

Com que função os dois-pontos foram empregados nesse trecho?

> **Os dois-pontos** podem ser usados para antecipar uma enumeração, introduzir a explicação de um termo ou de uma expressão anterior e introduzir a fala de uma personagem.

313

4. Leia este trecho e observe o emprego do ponto e vírgula.

[...] Os urubus já voavam tão baixo, e pousavam tão perto, que luneta ou binóculo até atrapalhava a quem ainda quisesse olhá-los, quando não assustava a gente apontar uma luneta e dar de cara com aquela coisa preta enorme pairando quase que em cima da gente [...]. Desde o amanhecer ao entardecer eles nos olhavam, ou se catavam, ou cochilavam, aqueles milhares de pontos pretos em cima dos muros; quando eram enxotados voavam preguiçosos, davam uma voltinha e pousavam de novo, mostrando que não tinham intenção de arredar.

VEIGA, José J. *Sombras de reis barbudos*. Rio de Janeiro: Bertrand Brasil, 1997.

a) As ações realizadas pelas aves estão organizadas em enumerações cujos elementos já são separados por vírgulas. Anote duas dessas enumerações.

b) Qual é a função do ponto e vírgula empregado nesse trecho?

c) Essa função do ponto e vírgula é a mesma que vimos no texto do Estatuto?

O **ponto e vírgula** pode ser usado para separar os itens de uma enumeração em que já existam vírgulas. Em documentos oficiais, como estatutos, separa os itens de um artigo.

REVISORES DO COTIDIANO

Lendo um blogue, encontramos este texto.

Tropa de elite (1 e 2)

Publicado a 1º de dezembro de 2010 [por Sofia]

Com todo respeito ao Bráulio Mantovani e José Padilha, se eu os encontrasse hoje daria-lhes um enorme beijo pelos *Tropa de Elite 1* e *2* (2007 e 2010). Primeiro porque construíram uma história e, principalmente, um personagem que virou uma unanimidade nacional. [...]

Disponível em: <http://mainfluenciadesofia.blogspot.com.br/2010_12_01_archive.html> Acesso em: 23 abr.2015.

Cena do filme *Tropa de elite 2*.

O trecho comenta dois filmes que fizeram sucesso no Brasil e, com o uso do futuro do pretérito, seu autor expressa a possibilidade de encontrar-se com o roteirista e o cineasta responsáveis por eles. Entretanto, não usou o pronome oblíquo átono conforme recomenda a norma-padrão.

• Explique o que provavelmente levou o autor a fazê-lo e reescreva o trecho empregando o pronome em outra posição.

ATIVANDO HABILIDADES

(Prova Brasil)

Texto 1

Mapa da Devastação

A organização não governamental SOS Mata Atlântica e o Instituto Nacional de Pesquisas Espaciais terminaram mais uma etapa do mapeamento da Mata Atlântica (www.sosmataatlantica.org.br). O estudo iniciado em 1990 usa imagens de satélite para apontar o que restou da floresta que já ocupou 1,3 milhão de km^2, ou 15% do território brasileiro. O atlas mostra que o Rio de Janeiro continua o campeão da motosserra. Nos últimos 15 anos, sua média anual de desmatamento mais do que dobrou.

Revista *Isto É*, n. 1648,
São Paulo: Ed. Três, 2 maio 2001.

Texto 2

Há qualquer coisa no ar do Rio, além de favelas

Nem só as favelas brotam nos morros cariocas. As encostas cada vez mais povoadas no Rio de Janeiro disfarçam o avanço do reflorestamento na crista das serras, que espalha cerca de 2 milhões de mudas nativas da Mata Atlântica em espaço equivalente a 1.800 gramados do Maracanã. O replantio começou há 13 anos, para conter vertentes ameaçadas de desmoronamento. Fez mais do que isso. Mudou a paisagem. Vista do alto, ângulo que não faz parte do cotidiano de seus habitantes, a cidade aninha-se agora em colinas coroadas por labirintos verdes, formando desenhos em curva de nível, como cafezais.

Revista *Época*, n. 83.
Rio de Janeiro: Globo. 20 dez 1999. p. 9.

Uma declaração do segundo texto que CONTRADIZ o primeiro é

a) a Mata Atlântica está sendo recuperada no Rio de Janeiro.

b) as encostas cariocas estão cada vez mais povoadas.

c) as favelas continuam surgindo nos morros cariocas.

d) o replantio segura encostas ameaçadas de desabamento

Encerrando a unidade

Nessa unidade, você conheceu as principais características do gênero reportagem, bem como identificou o público a que se destina e em que contexto circula; reconheceu a utilização de um infográfico e aprendeu a elaborar um mapa conceitual; refletiu sobre o uso dos pronomes átonos no português do Brasil.

- Quais são as principais características da reportagem? O que a diferencia de uma notícia?

- Você acha importante entender as recomendações da norma-padrão para a colocação pronominal? Por quê?

Revoluções no modo de ler

Estamos vivenciando, no mundo contemporâneo, uma intensa presença da tecnologia em nosso cotidiano: o acesso à internet por celular, a comunicação com várias pessoas ao mesmo tempo pelas redes sociais, reuniões a distância em tempo real com pessoas de várias partes do mundo, TVs interativas, aparelhos acionados por comando de voz, enfim, fazemos parte da era digital ou era da informação.

Essa intensa influência da informática no nosso cotidiano possibilitou, além da troca de informações e da geração de conhecimento, novos modos de leitura. Ler reportagens, notícias, comentários e até livros – os *e-books* ou livros eletrônicos – na tela de um computador é algo que faz parte da rotina de muitas das pessoas que têm acesso à internet e a produtos eletrônicos que permitem essa interação.

Existem atualmente vários leitores digitais, alguns com capacidade de armazenamento para 1000 livros eletrônicos (*e-books*).

O ambiente virtual criou novos caminhos de leitura por meio do **hipertexto**, que permite ao leitor quebrar a sequência linear de leitura e construir seu próprio texto, seguindo o encadeamento das associações que se formam em sua mente por meio de um clique em palavras ou imagens que o levam a outros *sites* ou a outros assuntos.

A inscrição do texto na tela cria uma apresentação e uma organização que difere muito daquela com a qual estava acostumado o leitor do livro impresso. Tendo como horizonte um universo de possibilidades, o leitor do texto eletrônico é mais livre para fazer seu próprio caminho na busca daquilo que o interessa.

Será que é possível criar um hipertexto no papel? Muitos autores já recorreram a recursos característicos da leitura hipertextual para produção de significados. Observe a imagem a seguir.

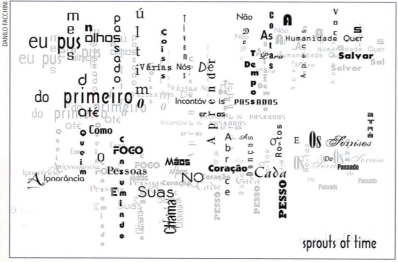

Poema em forma de hipertexto que pode ser lido a partir de qualquer direção, estabelecendo-se o sentido a partir de combinações entre as palavras. Esse trabalho foi feito por Danillo Facchini com algumas estrofes da música *Sprouts of time*, do grupo Angra, composta por Rafael Bittencourt.

Disponível em: <http://www.flickr.com/photos/danillofacchini/145397376>. Acesso em: 18 mar. 2015.

1. Observe esta página de um *site* de cinema.

Disponível em: <http://www.adorocinema.com/filmes/todos-filmes/notas-espectadores/>. Acesso em: fev. 2015.

a) Que elementos presentes na página são característicos do ambiente digital e não aparecem no texto impresso?

b) Qual função possuem os elementos que mencionou acima?

2. Você acha que a consulta a hipertextos em *sites* da internet pode enriquecer uma pesquisa escolar? Quais seriam os aspectos positivos e os possíveis problemas que o leitor poderia encontrar ao fazer essa pesquisa?

3. Em sua opinião, a linguagem hipertextual, característica própria do ambiente virtual, pode "matar", no futuro, a leitura tradicional do texto (leitura linear)? Explique.

317

PROJETO DO ANO

Revista

Vamos montar agora nossa revista, reunindo as produções realizadas ao longo do ano. Assim, vários leitores terão oportunidade de conhecer o trabalho da turma. Para isso, junte-se aos colegas do grupo definido no começo do ano: cada grupo produzirá uma revista.

Antes de começar, tragam para a sala de aula exemplares de diferentes revistas. No dia marcado pelo professor, folheiem cada uma delas, observando as capas, o índice, as seções que as compõem, o nome das seções, a sequência em que são apresentadas, se há propagandas, os recursos visuais utilizados etc.

Depois disso, com a(s) pasta(s) em que reuniram as produções textuais em mãos, leiam todas as orientações a seguir.

Planejamento e elaboração

Para o planejamento inicial, é preciso saber qual a data de entrega da revista – isso deve ser combinado com o professor.

Há várias providências a serem tomadas, e vocês devem dividir as tarefas de modo que todos participem.

Vai ser preciso:

a) escolher um nome para a revista;

b) definir a ordem de apresentação dos textos;

c) criar nomes para as seções;

d) selecionar, entre os textos que vocês produziram durante o ano, os que vão ser publicados;

e) fazer a capa, na qual devem constar:
- fotos e/ou ilustrações coloridas, recortes, desenhos;
- nome da revista, em destaque;
- nome dos componentes do grupo;

f) fazer também as duas contracapas e a quarta capa da revista;

Atenção: Deve haver textos de todos os componentes do grupo na revista, mas não é preciso que todos os textos produzidos pelo grupo em cada unidade sejam publicados.

BRUNO MAGALHÃES/NITRO IMAGENS/LATINSTOCK

318

g) fazer a apresentação e o sumário, no qual deve aparecer o nome do autor de todos os textos e o número da página em que se encontram;

h) decidir se os textos serão digitados, datilografados ou passados a limpo e quem ficará responsável por esse trabalho;

i) decidir as dimensões, cor e tipo de papel que será usado para a reprodução de todos os textos;

j) decidir como a revista será encadernada;

k) intercalar todos os textos a desenhos ou fotos para que a leitura fique leve e prazerosa;

l) decidir se a revista apresentará propagandas e, se sim, quem será o responsável por isso.

> **Sumário** é a enumeração dos textos que compõem a revista na mesma ordem em que aparecem ao longo da obra e com a indicação do número da página onde estão localizados.

A sequência de apresentação da revista

Para a montagem da revista, damos uma sugestão de sequência dos textos, mas vocês podem criar outra.

- Apresentação
- Texto de divulgação científica
- Entrevista fictícia
- Narrativa de aventura
- Poemas ilustrados
- Conto de enigma
- Conto de suspense
- Resenhas
- Textos teatrais
- Crônicas

A publicação

Decidam com o professor como será publicada a revista.

a) Será possível utilizar a internet para publicá-la, por exemplo, no site da escola?

b) Vocês poderão produzir a revista em papel e expô-la na biblioteca para a leitura por outras turmas ou pais? Cada componente do grupo poderá levá-la para casa por alguns dias, em sistema de rodízio?

Avaliação

Os grupos serão avaliados levando-se em conta:

a) envolvimento e dedicação ao projeto;

b) cumprimento dos prazos estabelecidos;

c) adequação do resultado à proposta;

d) adequação das seções às características do gênero;

e) grau de respeito e colaboração entre as equipes.

BIBLIOGRAFIA

ANTUNES, Irandê Costa. *Língua, gêneros textuais e ensino*. Florianópolis: Perspectiva, v. 20, n. 1, p. 65-76, jan./jun. 2002.

AZEREDO, José Carlos. *Fundamentos de gramática do português*. Rio de Janeiro: Zahar, 2008.

_____. *Gramática Houaiss da língua portuguesa*. São Paulo: Publifolha, 2010.

BAKHTIN, Mikhail. Os gêneros do discurso. In: _____. *Estética da criação verbal.* São Paulo: WMF Martins Fontes, 2011.

BARBOSA, Jaqueline Peixoto. *Trabalhando com os gêneros do discurso*: uma perspectiva enunciativa para o ensino de língua portuguesa. Tese de doutorado, Programa de Estudos Pós-Graduados em Linguística Aplicada e Estudos da Linguagem, Pontifícia Universidade Católica, São Paulo, 2001.

BAZERMAN, Charles. *Gêneros textuais*: tipificação e interação. São Paulo: Cortez, 2009.

BECHARA, Evanildo. *Gramática escolar da língua portuguesa*. Rio de Janeiro: Nova Fronteira, 2010.

_____. *Moderna gramática portuguesa*. Rio de Janeiro: Nova Fronteira, 2009.

BRASIL. Secretaria de Educação Fundamental. *Parâmetros curriculares nacionais: terceiro e quarto ciclos do ensino fundamental*: língua portuguesa. Brasília: MEC/SEF, 1998.

BRONCKART, Jean-Paul. *Atividade de linguagem, textos e discursos*: por um interacionismo sociodiscursivo, São Paulo: Educ, 2008.

CALKINS, Lucy M. *A arte de ensinar a escrever*. Porto Alegre: Artmed, 1989.

CANDIDO, Antônio. A vida ao rés do chão. In: FUNDAÇÃO CASA DE RUI BARBOSA. Setor de Filologia. *A crônica*: o gênero, sua fixação e suas transformações no Brasil. Campinas: Ed. da Unicamp, 1992.

CASCUDO, Luís da Câmara. *Literatura oral no Brasil*. São Paulo: Global, 2009.

CASTILHO, Ataliba Teixeira de (Org.). *Gramática do português falado*. Campinas: Ed. da Unicamp, 1996. v. I: A ordem.

_____. *Gramática do português falado*. Campinas: Ed. da Unicamp, 2000. v. IV: Estudos descritivos.

_____. *Nova gramática do português brasileiro*. São Paulo: Contexto, 2010.

CENPEC – Centro de Estudos e Pesquisas em Educação, Cultura e Ação Comunitária. *Estudar pra valer!*: leitura e produção de textos nos anos iniciais do ensino fundamental/módulo introdutório. São Paulo: Cenpec, 2005.

DIONISIO, Ângela Paiva et alii (Org.). *Gêneros textuais & ensino*. São Paulo: Parábola, 2010.

_____; BEZERRA, Maria Auxiliadora. *O livro didático de português*: múltiplos olhares. Rio de Janeiro: Lucerna, 2001.

ILARI, Rodolfo. *Introdução ao estudo do léxico*. São Paulo: Contexto, 2002.

_____. *Introdução à semântica*. São Paulo: Contexto, 2001.

KATO, Mary Aizawa. *Gramática do português falado*. Campinas: Ed. da Unicamp, 2002. v. V: Convergências.

KLEIMAN, Angela. *Texto & leitor:* aspectos cognitivos da leitura. Campinas: Pontes, 2005.

_____; MORAES, Sílvia E. *Tecendo redes nos projetos da escola*. Campinas: Mercado de Letras, 1999.

KOCH, Ingedore G. V. *A coesão textual*. São Paulo: Contexto, 2002.

_____. *Desvendando os segredos do texto*. São Paulo: Cortez, 2003.

_____; FÁVERO, Leonor L. *Linguística textual*: introdução. São Paulo: Cortez, 2002.

_____; VILELA, Mário. *Gramática da língua portuguesa*. Coimbra: Almedina, 2001.

MACHADO, Anna R. (Org.). *Resenha*. São Paulo: Parábola, 2007.

MARCUSCHI, Luiz Antônio. *Produção textual, análise de gêneros e compreensão*. São Paulo: Parábola, 2008.

_____. *Da fala para a escrita*: atividades de retextualização. São Paulo: Cortez, 2010.

MATEUS, Maria Helena Mira et alii. *Gramática da língua portuguesa*. Lisboa: Caminho, 1987.

MEURER, José Luiz; MOTTA-ROTH, Desirée (Org.). *Gêneros textuais e práticas discursivas*. São Paulo: Edusc, 2002.

NEVES, Maria Helena de Moura. *A gramática funcional*. São Paulo: Martins, 2001.

_____. *Gramática de usos do português*. São Paulo: Ed. da Unesp, 2011.

_____. *Gramática na escola*. São Paulo: Contexto, 2003.

_____. *Que gramática ensinar na escola?* São Paulo: Contexto, 2003.

PRETI, Dino (Org.). *Fala e escrita em questão*. São Paulo: Humanitas/FFLCH/USP, 2006.

ROJO, Roxane. *A prática de linguagem em sala de aula*: praticando os PCNs. Campinas: Mercado de Letras, 2001.

_____. Letramento e capacidades de leitura para a cidadania. In: _____. *Letramentos múltiplos, escola e inclusão social.* São Paulo: Parábola, 2009.

_____ ; GOMES BATISTA, Antônio A. (Org.). *Livro didático de língua portuguesa*: letramento e cultura da escrita. Campinas: Mercado de Letras, 2003.

SACRISTÁN, J. Gimeno. *A educação obrigatória*: seu sentido educativo e social. Porto Alegre: Artmed, 2001.

SCHNEUWLY, Bernard; DOLZ, Joaquim e colaboradores. *Gêneros orais e escritos na escola*. Campinas: Mercado de Letras, 2004.

SOARES, Magda. *Alfabetização e letramento*. São Paulo: Contexto, 2003.

_____. Letramento e alfabetização: as muitas facetas. Disponível em: <http://www.scielo.br/pdf/rbedu/n25/n25a01.pdf>. Acesso em: 12 mai. 2015.

TRASK, R. Larry. *Dicionário de linguagem e linguística*. São Paulo: Contexto, 2004.

TRAVAGLIA, Luiz Carlos. *Gramática e interação*. São Paulo: Cortez, 2005.

_____. *Gramática*: ensino plural. São Paulo: Cortez, 2011.